Les
Grandes Affaires
Criminelles de Normandie

Lionel Acher, Roger Delaporte,
Lenaïc Gravis, Jean-François Miniac,
Brigitte Sesboüé, Eddy Simon

Les
Grandes Affaires
Criminelles de Normandie

De Borée

Imprimé dans l'U.E. en novembre 2009
Dépôt légal : novembre 2009
ISBN : 978-2-84494-950-9

Une nouvelle affaire Calas

Affaire Wilfrid Regnauld, Amfreville-la-Campagne
Cour d'assises de l'Eure, 29 août 1817

JEAN ENOUT, ancien marchand de bois devenu arpenteur, célibataire, soixante-huit ans, vit seul dans une petite maison d'Amfreville-la-Campagne, petit bourg de l'est du département de l'Eure. Il a à son service Marguerite Heuzé, veuve Jouvin, une femme d'une cinquantaine d'années, qui tient sa maison.

En ce samedi 1er mars 1817, il a accepté, pour rendre service à son propriétaire, Wilfrid Regnauld, d'aller à Elbeuf s'occuper d'une affaire d'argent. Il rentre à 6 heures du soir, la transaction effectuée. Personne dans la maison. Un couvert est mis sur la table de la cuisine mais pas de servante. Le repas de la veuve Jouvin est intact. Enout fouille l'appartement : pas de trace de l'employée. Dans sa propre chambre, le secrétaire a été forcé, les serrures ont été arrachées et les tiroirs ont été ouverts : on lui a volé 260 francs en pièces d'or et d'argent.

Mais où est donc passée la veuve Jouvin ? Jean cherche pendant toute une partie de la nuit et conclut logiquement au petit matin qu'elle a disparu. Il en est surpris car elle n'est pas du genre à faire une fugue.

Le dimanche 2 mars, Enout va prévenir Eustache Brouard, le juge de paix de Tourville, village distant de quelques kilomètres, de la disparition de sa servante. Le magistrat se rend alors sur place pour enquêter. Fouillant la maison de fond en comble, lui et Enout découvrent ensemble le cadavre de la veuve Jouvin dans le cellier. Le corps est couvert de blessures. Le meurtrier lui a fendu le crâne avec un objet contondant. La malheureuse a été achevée par étranglement à l'aide d'une corde serrée autour du cou.

Le juge commence immédiatement son enquête. Il fait le tour de la masure et remarque des traces de pas près d'une fenêtre. Il fixe l'heure du crime vers 2 heures de l'après-midi. Il se base sur le fait que la servante a préparé son repas mais ne l'a pas consommé. Elle allait sans doute chercher son pichet de cidre du midi quand elle a été agressée.

Les voisins remarquent l'animation insolite de ce matin dominical et viennent voir de quoi il ressort. C'est la stupeur générale. Personne n'a de soupçons sur qui que ce soit. Les voisins les plus proches n'ont rien vu, ni rien entendu. Pourtant, la veuve Jouvin a dû crier et les chiens ont dû aboyer ?

Enout trouve alors, posé sur un fagot, un outil qui sert aux couvreurs en chaume. Cette découverte peut laisser supposer que ce crime est l'œuvre d'un certain Dupuis, couvreur travaillant à Tourville.

On demande alors à Wilfrid Regnauld d'aller s'assurer que Dupuis est encore dans ce village et de se renseigner : le couvreur est-il venu à Amfreville la veille ? Regnauld se met en route.

Dans l'attente de nouveaux éléments, le juge Brouard cesse ses investigations et va rendre compte au procureur du roi.

L'enquête reprend le lundi. Le chirurgien Diard, venu tout exprès d'Elbeuf, examine le corps et constate des blessures en forme de T sur la tête, sans doute produites par une serpe ou une hachette, voire par un des outils du couvreur suspecté.

Le substitut du procureur du roi, M. Lemercier, et son greffier, accompagné du maire du pays, le marquis de Blosseville, et du juge de paix Eustache Brouard, poursuivent l'enquête de concert. Ils entendent le chirurgien et lui font signer le procès-verbal.

Wilfrid Regnauld arrive à son tour. Il rentre de Tourville où il a vu Dupuis. Un autre témoin disculpe définitivement le couvreur.

Les enquêteurs relèvent quelques témoignages. En tout, neuf témoins déposent, qui n'apportent guère de grain à moudre, seulement des ragots de village qui ne sont que des insinuations plus ou moins pernicieuses dépourvues de preuves.

Soudain, vers 4 heures de l'après-midi, le substitut et le marquis de Blosseville, accompagnés d'un gendarme et du garde champêtre, sortent de la mairie. Ils vont chez Wilfrid Regnauld et perquisitionnent. Un habit taché de sang y est découvert. Wilfrid affirme qu'il le portait lorsqu'il a tué une dinde. Malgré ces explications, et « vu les pièces relatives à l'assassinat et attendu les soupçons qui s'élèvent contre lui », on l'arrête. Enchaîné, Regnauld part entre deux gendarmes pour Le Neubourg.

On continue l'audition des témoins. Honoré Coquerel, un voisin, qui a remplacé le père Regnauld en tant que maire après le 9 thermidor, déclare :

« Mon soupçon plane sur Wilfrid Regnauld d'après son air, sa contenance et son entretien avec Enout. » (Enout avait demandé à Regnauld s'il avait vu l'outil d'ouvrier, ce dernier avait répondu que non, mais semblait gêné.)

Immédiatement après, l'audition des témoins est close. On termine le procès-verbal et, sur ces entrefaites, le juge Eustache Brouard autorise l'inhumation de la veuve Jouvin.

Le procureur du roi instruit l'affaire et demande des renseignements concernant l'inculpé au juge Eustache Brouard, qui connaît bien la région.

La famille Regnauld est originaire d'Amfreville. Pierre-Jacques Regnauld s'y marie en 1761. Son fils, Wilfrid, naît l'année suivante. Il apprend à lire et à compter et, grandissant, apporte son petit gain de domestique au foyer de ses parents.

En 1783, Wilfrid part tenter sa chance à Paris comme commis épicier. Travailleur et économe comme son père, il réussit et se marie en 1787. Il a alors vingt-cinq ans et épouse Denise Girard, dix-neuf ans, la fille d'un marchand de Vincennes. Le mariage est une grande fête familiale. Le jeune ménage prend possession d'une épicerie dans le faubourg Saint-Antoine, un quartier animé. Wilfrid devient commerçant à son compte cependant que son père, travailleur opiniâtre, s'affranchit pour devenir laboureur. Il possède une grande maison et fait valoir ses terres.

La Révolution est en marche. En 1789, à Paris, les ouvriers se déchaînent. Wilfrid se joint à eux. Il sera inscrit sur la liste des « vainqueurs de la Bastille ». En 1791, le père est élu maire d'Amfreville-la-Campagne. Père et fils sont heureux. Ils partagent les mêmes idées jacobines.

Le marquis de Blosseville émigre et devient « secrétaire des commandements » du comte d'Artois, le futur Charles X. Le château des Blosseville devient quant à lui une fabrique de salpêtre. Regnauld père érige à l'entrée de sa cour un grand portique sur lequel sont gravés ces mots : « Fait en l'an II de la République. » Il croit vraiment en la Révolution. Son fils aussi.

À Paris, Wilfrid suit en spectateur intéressé l'évolution de la section des Quinze-Vingts, puis celle des sans-culottes. Il déménage et habite alors à proximité du séminaire Saint-Firmin, où sont massacrés soixante-seize ecclésiastiques le 2 septembre 1792.

Arrivent le 9 thermidor et l'effondrement des espoirs. Le père Regnauld démissionne de son poste de maire. De son côté, Wilfrid végète. Il est difficile de garder le moral quand on a perdu l'espoir d'un vrai changement. Sa femme décède de mort naturelle. Il revient alors en 1804 à Amfreville en tant que marchand de bois.

En 1806, âgé de quarante-quatre ans, Wilfrid se remarie avec Marie-Louise Nerot, dite « Mathie », de quatorze ans son aînée. Le ménage ne tient pas. Mathie repart pour Paris avec une rente sympathique. Wilfrid se rend compte qu'il a été plumé. Il ne s'en remet pas et est déclaré en faillite de son commerce, le 4 juillet 1814. En réalité, depuis que Denise est décédée, il est complètement désorienté et déstabilisé. Il l'aimait vraiment. Des sentiments qui arrivent parfois.

Comme il n'a plus d'argent, il retourne vivre chez ses parents et loue sa maison à Jean Enout. L'argent de la location lui sert à payer la pension de Mathie. Il est surtout déçu, lui qui avait tant espéré de la Révolution. Il en parle souvent avec son père vieillissant mais aussi avec tous ceux qu'il rencontre. Peut-être un peu trop. Il ne s'est pas réintégré dans son village d'origine, problème que rencontrent très souvent ceux qui retournent au pays. On l'appelle « le Parisien », une appellation contrôlée pas vraiment bienveillante, inspirée par le mépris et teintée de jalousie.

Il a envie de changer d'air et décide de s'expatrier. On dit qu'au Sénégal une société française se lance dans l'exploitation des fabuleuses richesses que recèle ce pays encore inexploité. On parle entre autres de forêts de bois précieux, ce qui l'attire. Et là-bas, la main-d'œuvre n'est pas chère. Il ne demande qu'à partir et refaire sa vie. Pour cela, il faut prendre une part de 1 000 francs dans les actions de la société. Il n'a pas cet argent. Il n'est pas question de vendre la maison louée à Enout. Ses parents ne peuvent pas l'aider et il faut bien qu'ils se gardent de quoi vivre. De toute façon, il ne leur demande rien.

Wilfrid réfléchit et s'adresse à Enout. Il lui propose de payer d'avance le loyer pour quelque temps. Ce n'est pas grave si Mathie ne touche plus de pension. Le temps que les plaintes aboutissent, il aura fait fortune au Sénégal. Enout accepte et lui signe des billets à ordre. Mais il faut de l'argent frais et, pour cela, Wilfrid va les faire escompter. Enout a un ami qui peut arranger l'affaire moyennant une petite commission. Il faut se dépêcher car le bateau part pour l'Afrique entre le 20 et le 25 avril. Le 1er mars arrive… et le drame.

L'enquête reprend le 5 mars, dirigée cette fois par le juge d'instruction de Louviers. Quelques autres pistes se font jour. On parle de deux individus qui ont escaladé le mur d'Enout le jour du crime et qui sont en difficulté pour justifier de leur emploi du temps. Les enquêteurs n'insistent pas.

Les voisins Lemoine affirment aussi que Nanette, la servante des Regnauld, est venue dans la ruelle le soir du 1er mars. Mais la veuve Jouvin a été tuée vers 2 heures de l'après-midi, donc Nanette ne peut être suspectée. Curieusement supposée complice, elle sera arrêtée plus tard, le 14 avril, et relâchée le 29.

Enfin, le cas des Lemoine est étudié : il semble qu'ils s'intéressent à la vie des Enout, installant fréquemment une échelle sur leur mur de façon à voir ce qui se passe à côté. Normal, on aime bien savoir ce que font les voisins. L'homme a entendu un chien aboyer « sur le midi ». Ce jour-là, pour une fois, il n'a pas fait preuve de curiosité et n'a pas regardé dans la cour d'Enout. Dommage. Il est parti le dimanche matin pour Pont-Audemer et n'est rentré que le lundi, après avoir couché à Elbeuf.

Le 7 mars 1817, Wilfrid Regnauld est arrêté en vertu d'un mandat d'amener délivré par le juge d'instruction de l'arrondissement de Louviers et écroué dans cette même ville.

Le 8 mars 1817, le marquis de Blosseville dirige seul les deux derniers jours de l'enquête. Des recherches sont effectuées dans la mare de la cour d'Enout. On y trouve, profondément enfoncée dans la vase, une pierre enveloppée de vieux linges sur lesquels le marquis affirme avoir remarqué des taches de sang.

Le 12 mars 1817, le procureur du roi ayant écrit que l'instruction « ne présente qu'une preuve d'induction assez délicate », le marquis de Goyon, préfet de l'Eure, rend compte au ministre, sous-secrétaire d'État à la Police générale. Il expose la situation de l'enquête. Il indique que, si l'on en croit les dires populaires, Wilfrid Regnauld a participé aux massacres dans les prisons des 2 et 3 septembre 1792. On le soupçonne d'être un « septembriseur ». Le préfet demande au ministre que ce point soit vérifié.

Le 2 avril, le ministre, le comte Decazes, veut savoir dans quel quartier de Paris habitait l'accusé. On fournit les détails nécessaires à la poursuite des recherches. Et, finalement, le 7 avril, un rapport de moralité du préfet de police est rédigé. Il y est mentionné que « Regnauld a épousé la fille d'un député de la Convention. Il a divorcé après avoir dissipé la dot. Il n'existe aucun écrit officiel associant cet individu avec les massacres de septembre. Il était épicier rue Lenoir, n'a pas su gérer ses affaires et a fait banqueroute ».

Le procureur du roi, fin psychologue, en déduit immédiatement que « Wilfrid Regnauld a le regard faux et sait composer son visage : il a vécu vingt ans à Paris et s'y est fait connaître par son inconduite ».

Quarante jours après que Wilfrid a été incarcéré, l'enquête n'avance guère et rien ne permet d'affirmer sa culpabilité. C'est alors que, dans l'après-midi du 10 avril, se présente au juge de paix Jean-Pierre Ménil, soixante ans, batteur en grange à Amfreville, surnommé « le Bêta ». Un ouvrier consciencieux et honnête mais crédule à l'excès, qui admet en effet les plus grandes stupidités. Il affirme sous serment que, le 1er mars, « [il a] vu Regnauld, à 10 heures du matin, sur le pas de la porte de la maison de son père causer avec un nommé Lemaire. Vers 2 heures et demie, allant chez un certain Montier acheter une vergée de terre, [il est] passé par la ruelle de l'Escalier et [il a] vu Wilfrid Regnauld vêtu d'un habit court, taché de sang, ainsi que sa culotte et ses mains, portant des bas blancs... et une lame en forme de sabre longue d'un pied et demi. [Il ne l'avait] pas vu jusque-là près de la masure d'Enout ». En sortant, Regnauld aurait déclaré : « Ne dis pas que tu m'as vu, car il t'en souviendrait. » Et pour expliquer la présence de sang sur les habits, Wilfrid a prétendu avoir tué une dinde.

Ce n'est pas tout : le 2 mars, Ménil allait sur le chemin de Tourville avec Wilfrid, son frère François, un nommé Lepage et le boulanger Dabiel. Pendant la conversation, Regnauld aurait dit :

« Une de tuée, deux de retrouvées. »

Sur sa lancée, Ménil raconte aussi que, le 7 mars, il s'est rendu à Louviers le jour de l'enfermement de Regnauld. Sur le chemin du retour, il a rencontré diverses personnes. Il leur aurait affirmé avoir vu Wilfrid sortir de la cour d'Enout. Et il leur aurait aussi confié que la veuve Jouvin lui avait raconté, le 10 février, Lundi gras, que Wilfrid avait menacé de la tuer. Il peut faire témoigner les personnes rencontrées pour prouver sa bonne foi. Le juge demande alors à Ménil pourquoi il a tant tardé à témoigner :

« J'avais la crainte qu'il m'arrive du mal », lui répond Ménil.

Suite à ce témoignage qu'elle estime convaincant, la chambre des mises en accusation renvoie l'affaire devant la cour d'assises de l'Eure. Le 4 août 1817, Wilfrid Regnauld est conduit à la prison d'Évreux et écroué.

Le retour des émigrés s'est effectué progressivement. Mais la chute de Napoléon a été suivie par leur retour au pouvoir. Après vingt-cinq années souvent difficiles, nombreux sont ceux qui pensent qu'il faut remettre la France en l'état d'avant 1789. Les ultras ne pensent qu'à se venger et triomphent aux élections de 1815, constituant la fameuse « Chambre introuvable ». Le marquis de Blosseville en fait partie. Le fanatisme réactionnaire de cette chambre inquiète Louis XVIII, qui craint un nouveau soulèvement si l'on exagère. Il n'a pas du tout envie d'entreprendre un nouveau tour d'Europe. Prenant conseil du comte Decazes, il prononce la dissolution de cette assemblée en septembre 1816. Les nouvelles élections donnent une majorité plus modérée qui change la loi électorale en février 1817. Dans ce nouveau cadre, un renouvellement par cinquième des députés est prévu le 20 septembre 1817.

Dupont de l'Eure, maire du Neubourg, est candidat de l'opposition au roi, et François Regnauld, frère de Wilfrid, est un de ses agents électoraux les plus dynamiques. Wilfrid devient un symbole et sa tête, un des thèmes de la campagne électorale. Les libéraux le jurent innocent ; les royalistes sont persuadés qu'il est coupable.

L'ouverture du procès Regnauld a lieu le vendredi 29 août 1817 devant les Assises de l'Eure. La petite salle d'audience est pleine à craquer. L'accusé est défendu par Me Avril de Burey, un avocat expérimenté. Tout d'abord, on compose le jury. Après bien des récusations, il est finalement constitué de neuf nobles de vieille souche dont trois chevaliers de Saint-Louis et de trois roturiers dont deux sont royalistes.

Le président Simonin, conseiller à la cour royale de Rouen, a tendance à bégayer. Il bredouille fréquemment, ce qui serait amusant dans d'autres circonstances.

L'acte d'accusation est basé sur deux points : le rapport du procureur concernant la moralité de l'accusé et le témoignage de Ménil. Wilfrid Regnauld est accusé de meurtre. Lui et son défenseur manifestent un grand étonnement à l'écoute du rapport du procureur. Ils n'en avaient pas eu connaissance.

De nombreux témoins défilent ensuite, pas vraiment convaincants. On envisage même un court instant la possibilité d'un crime passionnel, mais l'âge et le physique de la malheureuse Marguerite Jouvin ne font pas d'elle une affriolante séductrice.

Le seul vrai témoignage accusateur est celui de Ménil. L'homme est interrogé avec beaucoup de bienveillance par le président. Celui-ci lui pose toutefois quelques questions embarrassantes. En effet, Ménil a varié dans ses déclarations et certaines ont été contredites par des témoins.

Le réquisitoire de M. Hébert, substitut du procureur du roi, commence par évoquer la note fournie par le ministre de la Police. Ensuite, il considère que la déclaration de Ménil établit définitivement la culpabilité de Regnauld. Il demande une condamnation impitoyable, autrement dit la peine capitale.

L'avocat de la défense, Me Avril de Burey, commence sa plaidoirie en s'attaquant immédiatement au rapport de moralité. Après s'être étonné de ne pas en avoir eu connaissance avant le procès, il peut facilement montrer que :

– marié en 1787, Wilfrid n'a pu épouser la fille d'un conventionnel, le début de la Convention se situant le 20 septembre 1792. C'est évident ;

– il n'a pas divorcé puisque sa femme est décédée naturellement ;

– il n'a pas fait banqueroute.

Le défenseur s'attaque ensuite à la partie du rapport dans laquelle il est affirmé que l'on ne peut dire si Wilfrid a participé aux massacres de septembre, une formulation qu'il affirme « suspicieuse ». Le président l'interrompt :

« Ce n'est pas le sujet de ce procès. »

Concernant le meurtre, Me Avril de Burey signale l'absence de pièces à conviction, le défaut de précision sur l'heure du crime tandis que la déposition de Ménil, malgré tout le respect dû à l'individu, est sujette à caution.

Enfin, le président résume l'affaire et le jury se retire pour délibérer. L'attente n'est pas longue. Wilfrid Regnauld est condamné à mort par huit voix sur douze.

Le 30 août 1817, Regnauld signe son pourvoi en cassation, sans grand espoir. Il faut trouver à Paris un avocat auprès de la Cour de cassation qui accepte de défendre cette cause ingrate. Ce sera Odilon Barrot. Celui-ci raconte dans ses Mémoires :

« Je vois encore les parents de ce malheureux, avec leur costume de paysans normands et leur figure honnête, entrer dans mon cabinet, me demander tout éplorés de sauver leur parent dont ils attestaient sur leur grand Dieu la parfaite innocence. »

Odilon Barrot a vingt-six ans, il débute dans la carrière et va mettre toute son énergie au service de cette cause. Il étudie le dossier et y découvre un billet écrit à la main, non signé, adressé à MM. les jurés, décrivant Wilfrid Regnauld comme « un buveur de sang qui a figuré dans les massacres de septembre, on ne peut que lui faire bonne justice en lui faisant expier sur l'échafaud ses anciens crimes ».

L'avocat comprend immédiatement que le verdict est l'œuvre d'un jury composé aux trois quarts d'anciens émigrés. Il va tout essayer pour sauver Wilfrid. Pour cela, il faut d'abord gagner du temps. Sur conseil de son avocat, le condamné porte plainte contre Ménil pour faux témoignage.

Le 7 septembre 1817, on peut lire dans le *Journal des Débats* l'article suivant, rédigé par l'abbé Martin :

« La cour d'assises d'Évreux a condamné le 29 août à la peine capitale le nommé Regnauld, convaincu d'avoir horriblement assassiné une servante en l'absence de son maître, et d'avoir volé celui-ci. Ce Regnauld ne fait que d'ajouter un dernier crime à ses crimes précédents. Il fut septembriseur en 1792, un des satellites de Fouquier-Tinville en 1793 puis commissaire à la Commune de Paris pour le maximum, ce qui lui fournit les moyens d'établir après l'époque de la Terreur une boutique de marchand-épicier au faubourg Saint-Antoine et ensuite rue Saint-Victor. »

Cette information est reprise avec délices par les journaux ultras *La Quotidienne* et *L'ami du Roi* et soulève la colère de la presse libérale. De sa prison, Regnauld, assisté cette fois par Me Gaillard Laferrière, son nouvel avocat, assigne les trois journaux parisiens en calomnie.

Le 20 septembre 1817, Dupont de l'Eure est élu par 601 voix sur 968 votants et 2 073 inscrits. La fièvre électorale continue encore un peu dans le département, mais finit par se calmer. On va oublier Wilfrid quelques instants.

Comme prévu, l'audience relative aux plaintes en calomnie s'ouvre le 17 octobre.

Le premier interrogé, l'abbé Martin, affirme qu'il a agi en toute bonne foi, s'inspirant d'une note écrite déposée par un inconnu dans les bureaux du journal. Au dos de cette note, il avait lu le nom du maire d'Amfreville-la-Campagne, le marquis de Blosseville, une référence sympathique à ses yeux. Le président demande qu'on lui remette cette lettre, mais elle est perdue. On convoque M. de Blosseville, qui se présente devant le tribunal. Il reconnaît volontiers être l'auteur du mot, mais affirme qu'il n'a pas été reproduit exactement. Il ne se souvient pas de la rédaction exacte. Le seul motif qui puisse expliquer cette intervention du marquis, selon Me Gaillard Laferrière, est la vengeance.

Après que le substitut du procureur surprend l'assistance en déclarant que Wilfrid Regnauld n'est pas « calomniable », puisque, condamné à mort, il a accumulé sur sa tête « toute la masse de mépris et d'aversion sociale possible », la Cour condamne M. de Blosseville à 8 francs d'amende et accorde 25 francs de dommages-intérêts à Regnauld.

Le 31 octobre 1817, le pourvoi en cassation est étudié. L'intention d'Odilon Barrot est évidente : obtenir la révision du procès. Il se sert de cette audience comme tribune, mais la Cour ne juge que la forme et la demande est rejetée.

En novembre 1817, le tribunal étudie la plainte en faux témoignage contre Ménil. En effet, il y a dans son récit de nombreuses invraisemblances, ainsi que des contradictions. Par ailleurs, des témoins démentent un certain nombre de ses affirmations. Ménil se contente de confirmer l'essentiel : il a vu Regnauld et lui a parlé.

La plainte de Regnauld est rejetée. Il devient exécutable à tout instant dans les sept mois qui viennent.

Dernier recours : l'opinion publique. En janvier 1818, Odilon Barrot saisit les journalistes de la presse libérale avec un argument de poids : si M. de Blosseville a calomnié Regnauld à la suite du procès, il a très bien pu le faire avant et influencer le jury, voire peut-être l'enquête.

Les articles parus dans le *Censeur* et *L'Hermite de la Chaussée d'Antin* attirent l'attention de Benjamin Constant. Écrivain romantique – il vient de publier *Adolphe* –, ce dernier est aussi un théoricien du régime parlementaire classique, un journaliste apprécié et un polémiste redoutable. Il a ses entrées dans les coulisses du pouvoir et va prendre fait et cause pour Wilfrid Regnauld. Il rédige et publie, le 24 janvier 1818, une première lettre à Odilon Barrot dans laquelle il affirme que la condamnation est le résultat d'une machination. L'enquête a été conduite « à charge » contre l'accusé. Cette lettre est diffusée largement, la notoriété de son auteur étant considérable. On parle dès lors d'une nouvelle « affaire Calas ».

Une seconde lettre ne tarde pas : Benjamin Constant y étudie cette fois en détail tous les éléments de l'enquête. Dans un premier temps, analysant la lettre du ministre répondant à la demande de renseignements émanant du procureur sur la moralité de l'accusé, il énumère les éléments faux qui y figurent, la rendant, en fait, invraisemblable. Pour lui, cette lettre a servi à conditionner le jury d'assises.

Ensuite, il met en exergue la façon dont a été interrogé le seul témoin à charge, Ménil « le Bêta ». On lit dans l'acte d'accusation : « Il raconte bien le fait principal, quoiqu'il y ait des contradictions dans ce qu'il dit des personnes et qu'il confonde les temps et les lieux. » Ces contradictions « peuvent être séparées de la preuve complète du crime ». En clair, on a retenu ce qui accusait Regnauld et gommé le reste. L'écrivain se demande l'intérêt que pouvait avoir Regnauld de voler Enout de 260 francs en pièces alors que celui-ci devait lui apporter 1 100 francs le lendemain. Et où est passé l'argent volé ?

Benjamin Constant étudie ensuite l'emploi du temps d'après les témoignages. Ainsi, il note que, à 11 h 30, Cyrille Lecomte est entré pour emprunter une brouette et qu'il est ensuite revenu pour la rendre ; il n'a rien remarqué. Par ailleurs, deux charpentiers qui travaillaient dans sa cour ont vu Wilfrid à 12 h 30. Il a mangé avec eux et causé avec pendant tout le repas jusqu'à 1 h 30 de l'après-midi. Les charpentiers disent que, une demi-heure plus tard, un habitant de la commune est arrivé. Celui-ci prétend lui n'être venu qu'à 2 h 45 ; cependant, il admet la possibilité d'être arrivé plus tôt. Il a trouvé alors Regnauld avec sa mère et un petit neveu malade qu'il tenait sur ses genoux. Enfin, Ménil affirme avoir vu entre 2 h 15 et 2 h 30 Regnauld tout couvert de sang. Le crime aurait donc été commis par Wilfrid entre 1 h 30 de l'après-midi et 2 h 30 en comptant très large. Durant une période de trois quarts d'heure, Regnauld a dû :

– se rendre sur les lieux de l'assassinat, distants de quatre cent cinquante mètres, son sabre sous le bras ;

– observer les lieux : si la veuve n'était pas seule dans le cellier, la tentative d'assassinat aurait été compromise, car les voisins Lemoine auraient tout vu et tout entendu ;

– pénétrer dans le cellier ;

– lutter avec la veuve Jouvin qui s'est certainement défendue ;

– la frapper ;

– achever le meurtre par strangulation, opération qui prend du temps ;

– essuyer le sabre, l'envelopper dans des linges et jeter le tout dans la mare ;

– fouiller la maison ;

– forcer les secrétaires pour y trouver l'argent ;

– cacher l'argent ;

– cacher ses habits ;

– enterrer son ou ses armes ;

– se nettoyer ;

– revenir chez lui, pour finalement se retrouver jouant avec l'enfant de son frère comme si de rien n'était.

Tout cela est bien difficile à croire. Il n'y a d'ailleurs pas eu la moindre velléité de reconstitution. Benjamin Constant en déduit que l'accusé est innocent et que, à la suite d'une erreur judiciaire, on va envoyer un innocent à l'échafaud. Cette seconde lettre, diffusée dans toute la France, fait grand bruit et soulève des controverses sans fin. Libéraux et ultras campent évidemment sur leurs positions respectives.

En février 1818, il y a urgence, car le verdict date de sept mois déjà et l'exécution ne saurait tarder. Cette année 1818 est particulièrement riche en exécutions capitales. Curieusement, le grand peintre Géricault se fait livrer les têtes fraîchement coupées de bon matin pour en croquer les expressions et l'évolution.

Odilon Barrot signe quant à lui une supplique au roi. Il insiste sur le rapport de la police : signé du comte Decazes, il est complètement erroné et a détérioré l'image de l'accusé auprès du jury.

Même s'il a été démenti, l'impression est restée. Il met ainsi en cause, sans le citer, le conseiller favori de Louis XVIII et remue encore plus l'opinion publique. Pour simplifier, on pourrait murmurer que le bras droit du roi contribue à conduire un humain au pied de l'échafaud alors que de plus en plus de gens croient à l'innocence de Wilfrid Regnauld. Conscient du problème, Louis XVIII demande au garde des Sceaux Pasquier de rencontrer Odilon Barrot pour faire le point sur cette affaire.

Le garde des Sceaux reçoit l'avocat et lui reproche d'avoir employé des moyens extérieurs au fonctionnement de la justice pour en arrêter le cours.

« Il faut que la loi s'exécute », lui dit-il.

Odilon Barrot lui répond qu'il n'est pas en son pouvoir de l'empêcher. Le ministre réplique :

« Vous avez si bien fait que l'exécution est aujourd'hui impossible. »

Évidemment, guillotiner un homme dont une grande partie du pays croit qu'il est innocent est bien difficile : on crierait à l'arbitraire, au retour du « bon plaisir », ce qui ne renforcerait pas vraiment la popularité d'un gouvernement en délicatesse avec l'opinion publique. Cette période est déjà riche en affaires bizarres comme le procès du « Nain tricolore », la conspiration du « Lion dormant », l'affaire Didier et l'affaire Fualdès. Il est inutile d'en rajouter.

De fait, le 1er avril 1818, Louis XVIII commue la peine de mort qui frappait Wilfrid Regnauld en vingt ans d'emprisonnement. Il y a deux partis en présence et le roi ne veut pas que l'un des deux crie victoire. Il admet que Wilfrid n'est que « véhémentement soupçonné » et que l'unique témoignage n'est pas suffisant pour envoyer un homme à l'échafaud. Mais il se refuse à le remettre en liberté, ce qui reviendrait à désavouer indirectement son conseiller favori, le comte Decazes. Benjamin Constant a sauvé la tête de Wilfrid Regnauld.

Après avoir entendu la commutation de la sentence, Wilfrid Regnauld est écroué à Rouen, le 24 avril.

Aussitôt qu'il apprend la nouvelle, M. de Blosseville fait appel du jugement en calomnie qui, le 30 octobre 1817, l'a condamné à

8 francs d'amende. L'avocat de M. de Blosseville, Me Roussialle, expose sa théorie le 24 juin 1818 devant la chambre des appels correctionnels :

« Wilfrid Regnauld, en acceptant la commutation de sa peine, a fait l'aveu légal de son crime. »

Et Me Roussialle soutient qu'aucune défense ne peut être présentée par Wilfrid Regnauld puisqu'il est, en tant que condamné à mort, « civilement décédé ».

L'avocat général, M. Hua, étudie cette situation particulière, à savoir « que l'on puisse plaider contre lui sans qu'il puisse se défendre ». Le magistrat considère que la mort civile est effacée par la commutation de la peine en une détention « administrative » et il en conclut que l'assistance d'un avocat ne peut lui être refusée. Il rapporte les propos du procureur général de Rouen : « Les lettres de commutation ont effacé l'arrêt de mort. » Effectivement, Regnauld a été condamné à vingt ans et non à perpétuité, on peut donc arguer que, une fois sa peine purgée, il redeviendra vivant, ce sera une résurrection légale. Il a donc le droit de se défendre et d'être défendu.

Le lendemain, le nouveau défenseur de Regnauld, Me Mauguin, demande le report à la session suivante. Accepté.

Immédiatement informé, Benjamin Constant fait paraître son troisième mémoire sur l'affaire, intitulé : *De l'appel en calomnie de M. de Blosseville*. L'écrivain refuse d'admettre que l'acceptation de la commutation par le condamné soit considérée comme un aveu de culpabilité. Cette intervention se révèle inutile. La Cour retient que la note du marquis de Blosseville, écrite de sa main, a subi une altération « plus ou moins forte » et qu'il ne peut donc y avoir preuve tangible de calomnie. Regnauld est condamné aux dépens.

Après quelques années à la prison d'Évreux, Wilfrid Regnauld est transféré en 1824 à la maison centrale de Gaillon. Sa mère est morte le 3 avril de l'année. Elle a vu mourir son fils François, le défenseur de Wilfrid et agent électoral de Dupont de l'Eure, à l'âge de quarante et un ans. La petite sœur, Marie-Françoise, est aussi partie pour un monde généralement considéré comme meilleur, laissant deux enfants, Pierre et Clotilde Périnelle, qui sont venus vivre à Amfreville.

Ménil décède au soir du 31 mai 1824, à l'âge de soixante-huit ans. Monsieur de Blosseville, qui est toujours maire, en est avisé.

Wilfrid n'est pas vraiment malheureux à la prison de Gaillon. Il est employé à l'infirmerie, obéit aux ordres du médecin et satisfait volontiers aux exigences des impotents. Il s'est assagi, est respecté : ses avocats sont célèbres. Il profite de certaines tolérances : un peu mieux nourri, une relative liberté d'aller et venir, il a le droit de trier les lentilles, parfois aussi les autres légumes secs. Une faveur rare qui lui évite les travaux les plus durs dans les caves malsaines.

Le 16 septembre 1824, la mort du roi Louis XVIII donne la couronne de France au comte d'Artois, qui devient Charles X. Il n'a rien compris de l'évolution des esprits, en est resté à 1815, et même à avant 1789. L'affaire du « Milliard des émigrés », la tentative de rétablissement du droit d'aînesse... confirment l'incompréhension profonde entre le monarque et la Nation. C'est l'époque où le peuple fournit des savants, des poètes et des artistes. La véritable pensée française centrée sur la liberté sous toutes ses formes se développe. Le projet de loi sur la presse soulève une tempête de protestations.

Un comble : en 1827, on donne l'ordre aux fonctionnaires de voter et de faire voter selon les instructions du roi. En colère, les partis hostiles au régime s'unissent.

À Paris, les élections voient le succès de Benjamin Constant par 1 035 voix contre 32 !

Émeutes ; gouvernement provisoire ; le duc d'Orléans est proclamé roi des Français le 9 août 1830.

Dupont de l'Eure devient ministre de la Justice ; Odilon Barrot, préfet de la Seine ; et Benjamin Constant, président du comité de législation du Conseil d'État. C'est une incroyable alternance ! Tous ses défenseurs étant arrivés au pouvoir, l'aide infirmier de la prison de Gaillon est devenu une figure d'importance, un prisonnier auquel on doit des égards.

Le marquis de Blosseville se résigne à quitter la mairie d'Amfreville. Avoir voulu régler ses comptes avec la Révolution n'a pas été une bonne idée. Il est déconsidéré de ses pairs : « Le noble marquis est rentré dans l'obscurité dont il n'aurait pas dû sortir », dit la *Biographie des Contemporains*. Il a quand même été député de l'Eure, du temps de la Chambre introuvable.

En septembre 1830, le nouveau roi signe une ordonnance qui accorde à Wilfrid Regnauld une remise de sa peine. Il est libre, après avoir passé douze ans derrière les barreaux. Odilon Barrot raconte :

« Je vis entrer dans mon cabinet un vieillard à cheveux blancs qui, avec une figure sereine et un air joyeux, se jeta dans mes bras : c'était Wilfrid Regnauld. Sa longue détention ne l'avait pas corrompu. »

Regnauld a alors soixante-huit ans et vient rejoindre son père, qui a quatre-vingt-onze ans, à Amfreville. Ils vivent avec les petits-enfants Périnelle dans la maison de famille, rue Vautier.

Benjamin Constant meurt dans l'année. Il a droit à des funérailles nationales. Il laisse une œuvre juridique importante, les bases du droit constitutionnel, encore étudiées de nos jours. Ses écrits dans le cadre de l'affaire Regnauld sont d'une inspiration et d'une qualité littéraire comparables au *Traité sur la Tolérance* de Voltaire ou au *J'accuse* de Zola.

Odilon Barrot et Dupont de l'Eure poursuivront des carrières politiques brillantes, qui les conduiront à de hautes responsabilités nationales.

Le père et le fils Regnauld termineront leur vie tranquillement, « en roue libre » dirait-on maintenant. On imagine les discussions de ces deux vieux révolutionnaires, leurs regrets, leurs espoirs, leurs rêves brisés ainsi que leur amertume. Le père mourra le 22 décembre 1834, à quatre-vingt-seize ans ; Wilfrid, le 28 décembre 1843, à soixante-seize ans.

On ne connaîtra jamais le meurtrier de la veuve Jouvin.

Bien des années plus tard... Nous sommes en 1937. Les demeures rustiques des paysans de jadis sont devenues des maisons, des fermes, ou des taudis. Certaines sont tombées en ruine ; d'autres ont disparu. Mais les petits murs qui essaient de camoufler la vie personnelle tout en permettant de s'intéresser à celle des autres sont encore debout, de même que les clos et autres ruelles plus ou moins passantes ainsi que les petites échelles si commodes pour épier.

Un beau matin, le maire du pays, M. de Boury, est appelé en urgence : un crime a été commis. Il se rend à la maison en question, celle qui jadis hébergeait l'arpenteur Enout et, après avoir enjambé une mare de sang, découvre une femme morte, Mme Digard, le crâne éclaté. Selon toute évidence, on lui a défoncé le crâne à coups de marteau. L'arme a disparu, probablement emportée par l'assassin dans sa fuite. Dans la cour, sur le tas de fumier, gît le corps de son mari, l'époux Digard. Il a lui aussi le crâne fracassé en plusieurs endroits.

On procède à l'enquête, une autopsie est pratiquée... Et on est obligé de conclure au suicide ! L'homme s'est administré suffisamment de coups de marteau sur le crâne pour l'exploser et en mourir ! Une forme d'autodestruction assez rare. Digard ayant de gros problèmes financiers, il a mis fin à ses jours, emmenant sa femme avec lui dans son dernier voyage.

Les murs du logis d'Enout ont probablement gardé en mémoire le premier assassinat et, devenant maudite, l'âme de la veuve Jouvin s'est installée dans l'esprit de Digard. Pour se venger de la justice des hommes, elle l'aurait rendu frappeur. En tout cas, c'est la rumeur qui chemine dans les masures d'Amfreville-la-Campagne...

Roger Delaporte,
Les Grandes Affaires Criminelles de l'Eure, 2008.

Mes meilleurs amis

Affaire Edmé-Samuel Castaing, Saint-Cloud
Cour d'assises de Paris, 10-17 novembre 1823

« VOILÀ UNE JEUNE PERSONNE BIEN PIEUSE ! » dit un sacristain au curé de Saint-Cloud.
Le bedeau s'étonne de la ferveur de cet homme agenouillé devant lui, priant Dieu les mains jointes alors que le prêtre administre l'extrême-onction à son ami, moribond sans connaissance couché sur son lit de douleur, dans une chambre d'une petite auberge de la ville.

À la suite de l'ecclésiastique regagnant l'église Saint-Clodoald, le jeune homme sort de l'auberge de la Tête-Noire. Il part s'égayer à l'extérieur pendant deux heures, dans Saint-Cloud, chef-lieu de canton dans l'arrondissement de Boulogne-Billancourt et villégiature rustique d'à peine deux mille habitants dans l'Ouest parisien. Le promeneur ne rentre à l'auberge que vers 3 heures, lorsqu'un médecin arrive de Paris. Pas n'importe lequel ! En effet, celui-ci et son père, Philippe-Gabriel Pelletan, un chirurgien en chef de l'hôtel-Dieu, détiennent secrètement la relique du cœur de Louis XVII, prélevé par le plus âgé au lendemain du décès de l'enfant du Temple le 9 juin 1795 et dissimulé dans un bocal d'alcool de vin caché dans une bibliothèque. Ainsi, le jeune Philippe-Jean Pelletan accourt au chevet du mourant, suivi bientôt du docteur Pigache, un médecin de Saint-Cloud. Ce dernier a été appelé la veille par l'homme éploré, lui aussi docteur en médecine, Edmé-Samuel Castaing. Le vif désespoir du jeune praticien en sanglots marque Pigache.

« Ce qui me fait le plus de peine dans tout cela, c'est que je suis légataire de mon malheureux ami, confesse Castaing.

– Avez-vous réfléchi, monsieur, au danger de votre position ? lui demande Pelletan. Vous êtes venu ici avec votre ami pour deux jours, vous êtes médecin, vous êtes son légataire... L'homme qui vous a légué toute sa fortune est sur le point de mourir après l'apparition soudaine de symptômes extraordinaires. S'il meurt, comme c'est probable, on prendra toutes les précautions imaginables pour s'assurer des causes de la mort. Quant à M. Pigache et à moi, en ce qui nous concerne, nous déclarons que l'ouverture doit être faite juridiquement... »

Cette dernière annonce réjouit le jeune homme, soucieux de la parfaite transparence de cette embarrassante situation.

Trente à quarante minutes après cet échange, entre midi et 1 heure de l'après-midi en ce dimanche 1er juin 1823, le moribond passe de vie à trépas. Auguste Ballet, jeune avocat parisien, avait vingt-cinq ans, il expire sept mois après son frère Hippolyte, ce dernier l'ayant instauré légataire universel.

Une heure après, Martignon, le beau-frère d'Auguste, arrive et trouve le malade ayant expiré. Alors qu'on cherche dans l'auberge toute preuve de la mort, Castaing s'absente pendant deux heures, prétextant une promenade au proche bois de Boulogne.

Le lendemain, lundi, à 10 heures, le docteur Pelletan vient pratiquer l'autopsie sur le cadavre d'Auguste Ballet, étonné de retrouver son jeune confrère gardé à vue par la gendarmerie alors qu'il l'avait quitté libre hier. Malgré l'inquiétude du prévenu, qui espère être remis immédiatement en liberté, l'autopsie du corps ne révèle aucune trace de poison, ni sur la langue, ni dans l'estomac, ni dans les intestins...

Pourtant, bien qu'il n'y ait pas de preuves matérielles, Castaing est incarcéré à Paris avant d'être transféré à Versailles. Commence alors une instruction qui, de juin à fin septembre, met au jour la personnalité d'Edmé-Samuel Castaing, si bien que par ordonnance royale du 26 août 1823 il est renvoyé devant la cour d'assises de la Seine.

Fils cadet d'un honorable inspecteur général des bois et forêts, chevalier de la Légion d'honneur décédé à Alençon il y a une vingtaine d'années, Castaing n'a pas suivi la même voie que son père, tel son frère aîné, et n'est pas non plus devenu ingénieur comme le cadet. Ancien élève au collège d'Angers, il est monté à Paris faire ses études de médecine dès l'âge de dix-neuf ans.

Travailleur, ivre d'ambition, persévérant, assoiffé d'argent, le jeune homme de vingt-sept ans a été reçu docteur en médecine il y a deux ans, en juillet 1821. Durant ses études à la faculté, il a abordé l'anatomie, la botanique et surtout la chimie. Ses cahiers d'étude attestent de l'étude approfondie des poisons, de leurs espèces, leurs effets, leurs traces dénonciatrices. Il les a même expérimentés sur des animaux. Ces poisons sont d'origine végétale, brucine, strychnine comme morphine…

Or, étrange coïncidence, le 18 septembre 1822, le jeune docteur a acheté à la pharmacie Caylus dix grains d'acétate de morphine, un poison végétal qui ne laisse aucune trace. Hippolyte Ballet revenait alors d'une cure thermale à Enghien au mois d'août. En pleine forme. Douze jours après, le jeune homme a été saisi d'un soudain accident morbide et est mort cinq jours plus tard, le 5 octobre… Il est décédé dans les bras de son meilleur ami, Edmé-Samuel, isolé de ses deux domestiques, sans que ni son frère ni sa demi-sœur, Mme Martignon, ne puissent être présents, interdits d'entrer dans la chambre quatre jours durant par le fidèle médecin. L'autopsie ne révéla rien, aucune trace de poison, mais elle fut pratiquée, il est vrai, par les docteurs Ségalas et… Castaing !

Toujours en septembre, Hippolyte avait confié à Me Lebret son intention de faire un testament déshéritant en partie son frère Auguste au profit de sa demi-sœur. Il avait vu son aîné dilapider sa part d'héritage de leur père, soit 260 000 francs, en accumulant maîtresses, voitures et chevaux.

Résidant au numéro 31 de la rue d'Enfer, une ancienne voie romaine menant à la place Saint-Michel et longeant l'actuel jardin du Luxembourg, près du couvent-noviciat des Feuillants, Castaing vivait jusque-là des modestes émoluments médicaux et d'une modique pension versée par sa mère afin de subvenir à sa famille nombreuse. En effet, fin 1819, le jeune Alençonnais s'était amouraché de la veuve d'un ancien juge, très pauvre, mère de trois enfants et plus âgée que lui ; il avait eu avec elle deux autres enfants, dont le premier était né en juillet 1821.

Soudainement et curieusement, après le décès d'Hippolyte, la situation financière du médecin sans clientèle mais si dévoué s'est améliorée, lui permettant de prêter 30 000 francs à sa mère et de placer 70 000 francs sous des noms d'emprunt. En fait, son ami Auguste lui a donné 100 000 francs ce mois-là... Peut-être le prix de la disparition du testament d'Hippolyte, qui ne fut jamais retrouvé dans sa succession ! Auguste, jaloux de son cadet... Auguste, le vilain petit canard...

Ce n'est que la mort d'Auguste qui attire l'attention de la Justice. Pourtant, depuis l'introduction de Castaing dans le cercle amical des Ballet vers 1817, les disparitions se sont succédé à quelques mois d'intervalle : le père, Claude-Nicolas Ballet, septuagénaire mort le 25 mai 1821 ; la mère, Anne Delafont ; un oncle, qui a laissé une fortune considérable aux deux fils, Hippolyte et Auguste. Claude-Nicolas était titulaire d'une charge notariale place du Bonnet-de-la-Liberté, près du Luxembourg, et avait été pendant près de trente ans une figure du 10e arrondissement de Paris.

Plus jeunes que Castaing, les deux frères Ballet, tous deux avocats, subissaient son ascendance. Et ce d'autant plus qu'un ami médecin aussi prévenant pouvait se révéler être une relation judicieuse pour Hippolyte, dont la phtisie pulmonaire héritée de sa mère s'aggravait au fil des ans, au désespoir de cette dernière, débordant d'affection pour ce cadet travailleur et discipliné. Au détriment de son aîné, qu'elle avait mal aimé dès sa naissance, le négligeant injustement, délaissant son éducation, le faisant manger en cuisine avec les domestiques, si bien qu'Auguste était devenu aussi dissolu qu'extravagant. C'est dire si la jalousie de celui-ci avait longtemps été grande, même si après la disparition de leurs parents une complicité fraternelle les avait enfin réunis.

L'instruction révèle aussi qu'au soir du jeudi 29 mai 1823, Auguste Ballet et Edmé-Samuel Castaing sont arrivés par les petites voitures à Saint-Cloud et sont descendus à l'auberge de la

Tête-Noire. Edmé venait de déposer à Malassis, un cousin clerc du notaire Colin de Saint-Menge, le testament d'Auguste, daté du 1er décembre dernier, qui le désignait comme légataire. Il s'était récemment assuré auprès de ce dépositaire de la validité d'un tel acte d'un malade envers son médecin. Pourquoi Auguste avait-il fait de Castaing son héritier ? Par peur d'une révélation du jeune praticien ? Par gratitude ? Toujours est-il que le testament était antidaté, il avait probablement été écrit le jour même à Saint-Germain-en-Laye. Les deux jeunes gens étaient ensuite partis sans parler de leur destination, Saint-Cloud.

Après une nuit passée dans une chambre à deux lits, Edmé et Auguste se sont promenés le vendredi sur le balcon naturel des coteaux surplombant la Seine, admirant le panorama sur le bois de Boulogne ou encore le vaste parc du château de Saint-Cloud, résidence favorite de l'empereur Napoléon, disparu l'année précédente.

En rentrant à 9 heures du soir à l'auberge clodoaldienne, Castaing a demandé qu'on leur monte une demi-bouteille de vin chaud, indiquant qu'il était inutile de le sucrer. Le praticien a utilisé son propre sucre et a acidulé la boisson avec des citrons achetés dans la journée. En fait, ce « bon ami » a mélangé au vin une solution d'acétate de morphine. Auguste n'en a bu qu'une gorgée, attribuant l'amertume désagréable du breuvage au zeste de citron.

Toute la nuit, le jeune avocat a été agité de tremblements nerveux. Puis, vers 2 heures, il a eu des coliques, si bien que le pauvre a déclaré vers 3 h 30 qu'il n'avait pas la force de se lever, et ses jambes étaient enflées.

Le samedi matin, le médecin s'est curieusement absenté de l'auberge, en conseillant à son ami de dormir et en prétextant une promenade au parc. Il en a profité pour filer en voiture à Paris acheter de l'acétate de morphine dans deux pharmacies, en dissimulant sa qualité de médecin. Il affirmera plus tard qu'il envisageait d'empoisonner des chiens et des chats dont les aboiements et les miaulements l'incommodaient, ainsi que son ami.

L'acétate de morphine, à l'instar de la brucine ou de la strychnine, a la particularité de ne pas laisser d'autres traces que celles qu'engendrerait une congestion cérébrale. C'est sans doute la raison pour laquelle Castaing répondra au curé de Saint-Cloud que son ami avait « une fièvre cérébrale ».

Le parc du château de Saint-Cloud, qui servit de prétexte à Castaing pour s'absenter le samedi 31 mai 1823.
(Collection de l'auteur.)

À 8 heures du soir, le médecin est rentré à l'auberge, demandant du lait froid pour le malade. Ce dernier a bu la tasse de lait préparée par son ami, puis a été saisi presque aussitôt de vomissements, suivis de coliques. On s'est débarrassé sur-le-champ des déjections. L'administration de cette potion a rendu inutile toute pharmacopée ultérieure : cette « soupe de onze heures » avait fait son effet, rédhibitoire.

À 11 heures est arrivé le docteur Pigache, réclamé par le souffrant. Il a prescrit une potion calmante, mais c'est son confrère Castaing qui l'a administrée. Cinq minutes après avoir bu la potion, le malade a été saisi de telles convulsions qu'il en a perdu connaissance, si bien que le jeune médecin, éploré, a annoncé à un domestique de l'auberge la mort imminente de son ami. Revenu aussitôt, le docteur Pigache a trouvé le moribond couché sur le dos, tendu, contracté, bouche fermé, ruisselant d'une sueur froide, macéré de taches bleuâtres, ne pouvant plus respirer. Malgré l'amélioration entraînée par deux saignées, Pigache a exigé la venue d'un confrère parisien.

Averti de l'indisposition d'Auguste par un courrier de Castaing envoyé le jour même, un domestique noir des Ballet est arrivé à Saint-Cloud sur ces entrefaites, avec un cabriolet et un cheval gris. Prétextant l'heure tardive, Edmé a attendu trois heures pour renvoyer la voiture à Paris avec deux lettres de Pigache à l'intention de deux médecins de ses amis.

Déjà, la mort d'Hippolyte Ballet aurait été l'œuvre commune de Castaing et d'Auguste, cette complicité criminelle expliquant la faiblesse de ce dernier pour le médecin, le testament en sa faveur daté du 1er décembre dernier, leur étroite intimité malgré la répugnance que l'aîné des Ballet aurait confiée alors à propos de son ami. Étonnant de constater que le jeune homme de vingt-quatre ans, bien portant, a fait un testament par lequel il institue Castaing comme légataire universel, outre quelques legs secondaires à des amis et des domestiques. Tout aussi étonnant, Auguste, éventuel complice d'un crime par empoisonnement, n'a rien révélé alors que son propre acolyte était en train de lui faire subir le même sort…

Ainsi, aussi vénal que vénéneux, Edmé-Samuel Castaing aurait empoisonné ses meilleurs amis, les deux frères Ballet, en moins de huit mois, à l'aide de cet acétate de morphine. Bien au-delà du bourg de Saint-Cloud, administré par Abraham Silly, l'affaire fait grand bruit à Paris ; aussi quand le lundi 10 novembre 1823 Castaing paraît sur le banc des accusés, toute une foule frémissante amassée dans la salle de la cour d'assises de la Seine se courbe vers lui. Hommes élégants et jolies femmes découvrent un jeune garçon soigné, à la figure douce et ponctuée de grandes moustaches. Étonnante apparence que celle de cet homme candide, respirant l'humilité et la tranquillité, eu égard aux terribles accusations portées contre lui. Le spectacle judiciaire auquel les curieux ont accouru comme à une première représentation théâtrale risque d'être à la hauteur de leurs attentes…

Défendu par deux avocats, Roussel et Berryer, que les rapports contradictoires des experts auraient pu aider dans leurs plaidoiries, Castaing ne peut qu'offrir sa tête au jury malgré ses constantes dénégations. Connu comme l'un des plus éloquents orateurs depuis Mirabeau, Pierre-Antoine Berryer ne pourra rien faire.

Tête nue, debout, l'accusé attend l'arrêt avec résignation et froideur pendant les deux longues heures que dure la délibération des jurés. À 11 heures du soir le 17 novembre, le jury revient dans la salle d'audience. La sentence tombe, inéluctable. Le jeune homme accueille le verdict avec sérénité. Pourtant, il vient d'être condamné pour le meurtre d'Auguste Baillet, bien qu'ayant été acquitté du premier chef d'accusation, le meurtre d'Hippolyte. Par simple majorité d'une voix, c'est-à-dire par sept voix contre cinq.

Lorsque le président lui demande sa réaction, Edmé-Samuel Castaing répond calmement, de sa voix douce :

« Je saurai mourir, quoi qu'il soit malheureux de mourir. On m'accuse d'avoir lâchement assassiné mes deux amis, et je suis innocent... Après l'accusation qui a pesé sur moi, rien d'humain ne me touche. Maintenant, je n'implore pas la miséricorde humaine, je n'implore que ce qui est divin ; je monterai courageusement sur l'échafaud. »

Puis, il s'adresse à son avocat, Me Roussel :

« Vous m'avez défendu, croyant à mon innocence. Embrassez pour moi mon père, mes frères, ma mère, ma fille !... »

Malgré la théâtrale acceptation de son sort, le jeune Castaing se pourvoit en cassation.

Qui décrira le sentiment de ces hommes observant l'un des leurs en train de dormir, juste avant de le réveiller pour lui annoncer son dernier jour ? Le samedi 6 décembre, dans la froidure matinale, à 7 heures, deux hommes sont sur le point de réveiller un de ces condamnés. Le célèbre empoisonneur alençonnais dort profondément quand il est extirpé d'un des cachots blancs et transféré de la terrible prison de Bicêtre, celle des condamnés aux travaux forcés en attente de la chaîne du bagne, à celle de la Conciergerie, dans le 1er arrondissement.

Ce jour de Saint-Nicolas 1823, le protecteur des prisonniers a dû s'égarer dans les cieux. Nul doute que le saint préféré des enfants a oublié ce prisonnier-là. Dans sa geôle, accompagné d'un abbé, un greffier annonce au jeune homme de vingt-sept ans le rejet de son pourvoi devant la Cour de cassation, dernier degré de juridiction en matière pénale. Après de longues et religieuses prières auprès de l'abbé Montès, Castaing passe dans le vestibule de la prison, cette salle de la toilette où il est préparé au supplice tant redouté. Muet. Dépouillé de ses effets personnels au profit de l'État, les mains attachées derrière le dos, le col de la chemise échancrée, les cheveux tondus au ras de la nuque, le voici prêt pour l'ultime voyage. Peut-être pense-t-il à sa demande de visite de son père et au refus de ce dernier, qui l'a obligé à demander par écrit sa bénédiction. Bénédiction paternelle qu'il attend toujours. Ensuite, le jeune homme écrit une longue lettre à sa maîtresse chérie.

Encadré par des gendarmes, le condamné traverse la salle du guichet, puis la cour du Mai, jetant un regard à la foule murmurante l'attendant rue de la Barillerie. Il monte dans la charrette et blanchit soudainement ; cette pâleur mortelle ne le quittera plus. Il reste tête penchée contre la poitrine ou l'épaule de son confesseur durant tout le trajet vers la grande et funeste place de grève, lieu des supplices et exécutions publiques depuis le Moyen Âge, aujourd'hui place de l'Hôtel-de-Ville. C'est sur cette place, où les Cartouche, Ravaillac et autres La Fontanelle ont vu leur dernière heure, qu'eut lieu la première exécution publique par guillotine, le 25 avril 1792.

« Vous, mes contemporains, assistez aussi à mon exécution, avait lancé théâtralement Castaing, exalté, après le verdict, si l'on a jugé mon sang nécessaire à la société, eh bien, je le sentirai couler sans regret ! »

Il ne croyait pas si bien dire, la foule est immense. Ce n'est qu'au bas de la sinistre machine que le jeune empoisonneur relève la tête. Ayant promené une dernière fois son regard sur la masse des gens présents, il s'agenouille, embrassant le crucifix puis l'ecclésiastique. Il reste en prière pendant quatre minutes, puis, n'ayant plus la force de se relever avant de monter sur l'échafaud, il est soulevé, soutenu par les deux assistants du bourreau. Par deux fois, alors que les aides le lient à la planche, le jeune homme regarde le ciel. Un ciel hivernal. Puis, plus rien, même pas le noir. Jamais il n'entendra sonner le quart des 2 h 15 de l'après-midi. Pas plus qu'il ne lira la bénédiction paternelle qui arrivera finalement après son exécution. Les autorités craignaient que la lettre ne dissimule un quelconque poison grâce auquel Castaing aurait pu éviter le remède expéditif du bon docteur

Guillotin. Il est vrai qu'il avait tenté de se suicider à l'aide d'un poison contenu dans la boîte d'une montre introduite en prison par un de ses amis.

L'histoire judiciaire retiendra que ce jeune médecin meurtrier aura été le premier à employer une nouvelle drogue découverte en 1805, l'acétate de morphine, un alcaloïde sédatif et convulsivant nouvellement isolé dans cet opium aussi voluptueux que sinistre par le chimiste Friedrich Sertürner.

Par la suite, le jeune Alençonnais trouvera de nombreux défenseurs… En 1856, Alexandre Dumas consacrera un chapitre de ses mémoires à ce célèbre procès.

Jean-François Miniac,
Les Grandes Affaires Criminelles de l'Orne, 2008.

Gravure issue des Mémoires sur la vie de Lemaire de Clermont, écrits par lui-même, en prison, pour faire suite au procès, *publiés dès 1825, à Caen, chez Mancel, libraire-éditeur.* (Archives départementales du Calvados.)

Déjà un tueur en série...

Affaire P. Lemaire de Clermont, J. Carabeuf, femme Lemaire, M.-F. Duchesne, veuve Couet, E. Yvonnet, M. Dupart, femme Yvonnet, L.-F. Gallis et F.-J. Lecourtois, Caen et Rennes
Cour d'assises du Calvados, 7-11 mars 1825

OÙ EN ÉTAIS-JE dans ce funeste et trop malheureux récit de ma vie tracé par ma main meurtrière ? Ah, oui ! À la période et aux événements qui m'ont conduit à la cour d'assises et à ma condamnation à mort[1]...

Quand je sortis de la maison de détention de Beaulieu, à Caen, le 23 décembre 1823, je retrouvai en ville de vieilles connaissances, Y. et C.[2], des farceurs, des bambocheurs aussi peu portés que moi sur un travail honnête. C'est étonnant comme, toute ma vie, où que je fusse, je trouvais des « associés », des « mauvais gars », pour me seconder dans mes coupables desseins. Toute ma vie aussi, soit dit sans forfanterie, je fus un dangereux séducteur : que de filles, de femmes, même honnêtes, séduites, abandonnées, flouées ! À quoi puis-je attribuer cela ? Peut-être à un art chez moi de déguiser sous une apparence de tranquillité et de vertu une immoralité impitoyable... Mais revenons au cours de mon histoire...

1. *Récit librement – mais le plus fidèlement possible – inspiré du compte rendu du procès et des* Mémoires de Lemaire de Clermont *(note des auteurs).*
2. *On comprendra que j'abrège pour ne pas donner à la police trop à puiser de connaissances de mes propos.*

Le 25 mars 1824, mes complices d'alors et moi avisâmes un certain Jean Delord, commis d'un marchand de couvertures, un nommé Cornet. Nous prîmes langue avec lui. Je m'étais présenté comme étant moi-même un marchand, Pierre Lemaire, en ajoutant « de Clermont », ce qui faisait bien dans le tableau et lui avait donné confiance. Y., qui était censé être mon domestique, lui commanda une couverture pour l'appâter et le persuader de venir le lendemain nous présenter sa marchandise dans « ma » maison de Fontaine-Henry, où il serait payé de la totalité de ce que nous lui aurions acheté. Le 26, Y., C. et moi vînmes chercher Delord à *L'Image Saint-Pierre*, l'auberge du sieur Poret, chez qui il louait une chambre. Le béjaune portait un paquet de couvertures. J'accompagnai les trois hommes jusqu'à la Demi-Lune de Creully, puis je les quittai, car j'avais une autre affaire à traiter en ville. Quand je les rejoignis plus tard à Fontaine-Henry, mes deux complices avaient étranglé avec une corde de fil de fouet le représentant de commerce Jean Delord. Nous l'enterrâmes dans le jardin de la maison, une de ses couvertures lui tint lieu de linceul. Bilan de l'affaire : 15 francs, une montre, neuf couvertures de laine et de coton, et ses vêtements que nous nous partageâmes. Puis nous nous séparâmes...

La demoiselle Thouroude était une marchande revenderesse, tenant boutique de friperie rue des Croisiers à Caen. Une vieille fille menue, agitée comme un oiseau dans sa cage, que j'avais visitée plusieurs fois pour la mettre en confiance et que j'avais persuadée de venir chez moi pour, avais-je prétendu, estimer un lot de vieux effets dont je souhaitais me débarrasser. Le soir du 24 avril, la demoiselle Thouroude se décida enfin à se rendre jusqu'à la maison que j'avais louée au Cotil-Saint-Julien, du côté de la Demi-Lune. Trois de mes associés, X., L. et Y., nous y attendaient.

« Asseyez-vous, lui dis-je, il n'est pas question de marchandise à vous vendre. Il faut que vous signiez ce papier...

– Quel papier ?

– Celui-ci... Celui par lequel vous nous vendez, à un de mes amis et à moi, votre boutique de la rue des Croisiers...

– Sûrement pas ! Et moi qui vous croyais honnête homme... »

J'attachai les poignets de la demoiselle, et nous la gardâmes prisonnière jusqu'au lendemain. Nous lui donnâmes à manger, mais, en soirée, comme elle refusait toujours de signer, je lui fis quatre ou cinq tours de corde autour du cou.

« Malheureux, qu'allez-vous faire ? Mon Dieu, ayez pitié de moi... », dit-elle quand elle comprit le sort qui l'attendait.

Nous l'enterrâmes dans le hangar au fond de la cour, dans une petite fosse que nous dissimulâmes sous des morceaux de bois et de la ferraille. Ce fut atroce, je ne l'oublierai jamais...

Le 26, je me rendis à la boutique de friperie en compagnie d'une amie, la veuve Couet, qui présentait bien et dont la réputation de grande dévotion pouvait être utile. Comme si de rien n'était, nous ouvrîmes le magasin à la vente, nous faisant passer pour des amis de la demoiselle Thouroude qui la remplaçaient momentanément. La veuve Couet, Marguerite Duchesne, moi, je l'aimais bien. Je la connaissais depuis longtemps. On s'était un peu perdus de vue, mais, lors de mon séjour à la maison d'arrêt de Beaulieu, elle était venue me rendre visite. À ma sortie de prison, je l'avais retrouvée, et elle m'avait parfois hébergé. On s'entendait bien, et j'avais décidé de l'utiliser pour mes escroqueries. Comme elle était un peu naïve, je lui avais dit que la demoiselle Thouroude m'avait cédé son affaire, et elle m'avait cru.

Pendant plusieurs semaines, tout alla pour le mieux « dans le meilleur des mondes possibles ». La veuve Couet était douée pour le commerce ! La fripe se vendait bien ! Je passais tous les soirs récupérer l'argent. À la pratique habituelle qui demandait des nouvelles de la demoiselle Thouroude, Marguerite répondait la fable que je lui avais racontée :

« Elle a dû se rendre au Mans pour régler une succession... Une dame lui a laissé 2 000 ou 3 000 francs... »

Pendant que j'y étais, je parachevai le travail – car j'ai un côté perfectionniste – en allant déposer le 16 mai avec deux comparses, Gallis et Lecourtois, « sous seing privé » chez le sieur Lepelletier, notaire à Bretteville-l'Orgueilleuse, deux actes (qui, évidemment, étaient des faux) : l'un, en date du 15 avril, certifiait que la demoiselle Thouroude m'avait vendu, à moi, Pierre Lemaire, la totalité des marchandises de son fonds de commerce de la rue des Croisiers ; dans l'autre, la même demoiselle donnait procuration à

Louis-François Gallis, dit « la Rosière », un de nos comparses, pour tout ce qui concernait la friperie.

La veuve Couet et moi prospérions, quand, le 27 mai, une rumeur me parvint à l'estaminet où je me désaltérais. Par je ne sais quel coup du sort, on avait, d'après ce qui se disait, trouvé le cadavre nu d'une femme enterrée dans un hangar d'une maison du Cotil-Saint-Julien. La victime avait manifestement été assassinée par étranglement. Une enquête avait été ouverte, et l'on recherchait le locataire de la maison. Je compris que ce ne pouvait être que le corps de Mlle Thouroude qui refaisait surface et que c'était bien moi que l'on suspectait. La police se rendit à la friperie et y apposa les scellés, la Marguerite fut arrêtée, interrogée, puis relâchée sur sa bonne foi et, justement, son excellente réputation. Elle regagna son logement le soir même. J'avais bien fait de la choisir comme complice !

Quant à moi, je ne reparus pas au Cotil-Saint-Julien et je me fis héberger par l'un ou l'autre des mauvais garçons avec qui je m'étais associé par le passé. Mais je savais qu'on était à mes trousses. Ma cavale ne durerait pas éternellement. J'estimai donc qu'il devenait fort à propos pour ma santé et pour ma tête que je changeasse d'air promptement. Rennes me parut tout à fait convenir, une ville que je connaissais, suffisamment grande et suffisamment éloignée pour que je pusse y disparaître en toute quiétude. J'y fus donc après un voyage du 7 au 11 juin.

Sous le nom de Jean Poulain, j'avais trouvé à louer une maison dans un quartier tranquille de Rennes, une maison dite « de la Retenue de Lorette », non loin de la place du Champ-de-Mars. Je ne tardai pas à y prendre mes habitudes. Je me fis des relations et j'eus bientôt de l'inclination pour Anne Lemettayer, la jeune et fort honnête cuisinière employée par ma loueuse, qui, en retour, me fit l'aveu de son amitié. Nous allâmes même jusqu'à publier les bans en vue d'un mariage. Évidemment, je ne lui dis pas que j'étais déjà marié avec une payse, Jeanne Carabeuf, née comme moi au Manoir, près de Bayeux, et qui devait m'y attendre avec notre fils... Mais notre idylle tourna court pour des raisons que l'on verra sous peu.

Au bout de quelque temps, je fis connaissance du sieur Julien Turmel, un petit vieux un brin radoteur mais sympathique. Il était veuf, vivait seul, avait un fils qui habitait Saint-Servan, près de Saint-Malo, et qui ne venait pas le voir tous les jours, cela va de soi. Je m'étais présenté à lui comme le domestique d'un homme très riche et généreux – quelquefois, même, auprès d'autres gens, je m'inventais « marquis de Beauregard[1] ». Ce septuagénaire m'invita bientôt chez lui. Fichtre ! Son intérieur était cossu, cela sentait l'argent à plein nez. Cela me donna des idées, et, une fois que je me fus procuré un pistolet, je ne voulus pas être en reste et l'invitai en retour à venir me rendre visite. Le 6 août, le voilà donc qui arriva chez moi, comme je l'en avais prié. Il n'en repartit pas. Un coup de pistolet mit fin à l'éloge qu'il me faisait pour la mille et unième fois de sa chère Françoise disparue. Il la rejoignit immédiatement dans l'au-delà, car, quel que soit l'âge, on survit rarement à un lingot de plomb[2] tiré à bout portant ! Je l'enterrai sous le pavage de l'une des salles... Je faillis même me faire surprendre par le jardinier, Chardonnet, que j'employais quelquefois. Heureusement, je venais de terminer !

« Je m'amusais à égaliser la terre... », lui dis-je devant son étonnement.

Il n'insista pas. Dans la nuit du 6 au 7, je me rendis discrètement chez le vieil homme et récupérai de l'argent, des titres et quelques objets de valeur que je pus transporter dans ma maison de la Retenue de Lorette... Une dizaine de jours plus tard, je déposai une montre à réparer chez un horloger de Rennes.

« Repassez la chercher samedi... Ce sera prêt. »

Je n'en eus pas l'occasion. Peu après, je m'autorisai une soirée de plaisir dans l'une des maisons accueillantes non loin de l'hôtel de ville. Je n'étais pas un bordelier assidu, mais, de temps à autre,

1. *Je m'inventai ce nom en souvenir d'une aventure cocasse survenue dans la lande d'Elvin, près de Vannes (Morbihan), où je me trouvais en juillet 1824. Surpris par un orage, je me réfugiai chez un fermier dont le fils crut reconnaître en moi le fils de feu la vicomtesse de B., disparu pendant les guerres de Vendée. Je fus présenté comme tel à l'actuelle héritière du château. J'y demeurai huit jours, et sa fille commençait à me faire les yeux doux, quand un chemineau qui m'avait connu au bagne de Brest dénonça l'imposture. Je dus m'enfuir incontinent.*
2. *Morceau de métal cylindrique grossièrement façonné qui pouvait remplacer une balle, notamment dans la chasse au sanglier.*

je pouvais me le permettre… Quand les filles publiques virent mon argent, elles me firent fête, et je passai même la nuit dans l'une des chambres avec Félicité Poirier, qui se disait lingère. Bien m'en avait pris, car, le lendemain 18 août, vers midi, une autre « lingère », Anne Pérondel, qui croyait que j'étais commis-voyageur, me narra l'histoire qu'elle avait apprise au marché.

« Je vais vous conter un grand malheur, on a trouvé un homme assassiné à Lorette, je craignais que ce ne fût vous… Figurez-vous que le fils d'un vieil homme, inquiet de ne pas avoir de nouvelles de son père, est venu hier (il habite Saint-Servan, près de Saint-Malo) voir ce qui se passait. Son père n'était pas chez lui, mais un des voisins lui dit que la dernière fois qu'il l'avait vu (cela remonte au début du mois), il lui avait dit qu'il allait voir un ami qui louait une maison à la Retenue de Lorette. Le fils y va. Personne. Alors, il alerte la police qui vient avec un serrurier. Et quand ils entrent, le fils reconnaît plein d'affaires qui appartenaient à son père. Ils trouvent cela bizarre, ils fouillent la maison et, dans une des salles, ils sont intrigués par des pavés qui avaient été déplacés y avait pas longtemps. Ils les enlèvent, et, en dessous, à peine enterré, qu'est-ce qu'ils trouvent, je vous le donne en mille ?

– Le corps du vieux bonhomme…

– Exactement… Quelqu'un, sûrement le locataire, lui avait tiré un sacré coup de pistolet à bout portant… C'est pas banal, non ?

– En effet ! Et le locataire ?

– On sait pas qui c'est… La police va aller voir le propriétaire… »

Bénies soient les filles publiques pour les services qu'elles rendent ! Je m'empressai de les quitter, sans toutefois manifester trop de hâte afin de ne pas les alerter. En arrivant non loin de ma maison, j'aperçus un attroupement. Je ne demandai pas mon reste. Il était une fois de plus urgent que j'allasse voir ailleurs si j'y étais ! Je quittai donc Rennes au plus tôt…

Mon intention était de me rendre au Manoir, le petit village du Calvados où je suis né, sur la Seulles, à deux lieues à peu près de Bayeux, en direction de Creully. C'est là, je l'ai dit, qu'habitaient mon épouse, Jeanne, que j'avais mariée il y avait maintenant neuf ans, et notre fils. Pauvre femme ! Nous ne nous étions pas beaucoup vus ces derniers temps, puisque j'avais fait cinq ans à la prison de Beaulieu et que, en sortant, j'étais resté à Caen avec la veuve Couet. Mais ça n'empêchait pas les sentiments ! La preuve, aux mois d'avril et de mai, j'avais fait profiter ma Jeanne, sa mère, ainsi qu'Esther Yvonnet – avec qui j'avais couché à Caen – et sa belle-sœur, Marie Dupart, d'une partie de la marchandise volée à Delord, le commis en couvertures, et à la demoiselle Thouroude, la fripière. J'étais sûr que mon épouse m'accueillerait à bras ouverts.

Je fis tout un circuit dans les villes du Morbihan, des Côtes-du-Nord et de la Manche. Je cheminais sans être inquiété. Quelquefois, un marchand ou paysan me prenait dans sa charrette. J'avais de l'argent pour me payer une soupe ou du pain dans des estaminets ou des auberges isolés. Je dormais à la belle étoile – nous étions fin août –, dans une grange ou un bâtiment de ferme. Je m'arrêtai à Granville, où ma femme avait de la famille. Ce fut là que j'appris, sans autres détails, que l'enquête sur les crimes de Caen avait progressé et que ma femme, Jeanne, ainsi que Marguerite – la veuve Clouet – et les femmes Yvonnet et Dupart avaient été incarcérées pour recel. Dans la nuit du 26 août, j'étais au Manoir, près de Bayeux. Je ne trouvai personne, évidemment. Je repartis, en évitant Coutances, jusqu'à Carentan. Là, à la poste, je me fendis d'une lettre à « Mme Lemaire de Clermont, détenue en la prison civile, à Caen, proche le palais de Justice », dont je pesai soigneusement les termes :

« Carentan, le 9 septembre 1824.

« Madame,

« J'ai vu M. de Beauregard à Londres, en Angleterre, le 15 août dernier ; il partait pour se rendre à Dublin en Irlande ; il m'a chargé de m'informer de votre santé ; je m'en suis inquiété à Granville à de vos parents. Ils m'ont appris la position où vous vous trouvez, par une fatalité inconcevable qu'ils m'ont dit être de la faute de monsieur votre mari. Je vous envoie 12 francs par la poste de la ville de Carentan, je vous préviens, et vous prie de les recevoir et d'avoir la bonté d'agréer les sentiments d'estime et de considération avec lesquels je suis,

« Madame,

« Votre très humble et très obéissant serviteur.

« Jean Poulain. »

Je repartis aussitôt pour Saint-Lô[1], en n'empruntant pas la route directe. Malheureusement, à Carentan, j'avais « oublié » de payer mon écot chez un aubergiste, qui s'adressa à la gendarmerie. Au bout de quelques jours, le 14 septembre, je me faisais héberger chez une demoiselle Lepoitevin, fille publique à qui j'avais raconté que je me trouvais là pour vendre deux propriétés à Montmartin, quand deux pandores me réclamèrent mon *passe-port*. Je ne m'inquiétai pas outre mesure. Mon *passe-port* était authentique et signé du maire de Rennes, je me l'étais fait faire, à partir d'un faux extrait de naissance, au moment de la publication des bans pour mon mariage avec la jeune cuisinière rennaise... Comment cela avait-il été possible ? Je préférerais garder le silence sur toutes les intrigues que les mauvais sujets qui sortent tant des bagnes que des maisons de détention mettent en usage pour changer leurs noms contre des noms sans reproche ; ils sont porteurs d'actes de naissance et *passe-ports* qu'ils se font délivrer à la suite ; ils contractent mariage deux ou trois fois, à l'aide de ces papiers, tel que j'avais été sur le point de le faire à Rennes...

« Vous vous nommez Jean Poulain ? me demanda l'un des policiers.

– Oui... Poulain, dit "de Beauregard". Tenez, j'ai même un papier de la mairie de Rennes comme quoi je suis fils de Jacques et Anne Poulain, né à Rennes il y a trente-sept ans...

– Rennes... Rennes... Cela me dit quelque chose, reprit l'autre en me considérant avec suspicion. Suivez-nous pour vérification... »

Et me voilà embarqué à la gendarmerie par les deux pandores. Là, ils fouillèrent dans leur paperasse et, bientôt, ils me regardèrent, l'air triomphant.

« Eh bien ! Jean Poulain... dit "de Beauregard", bravo ! Vous êtes recherché pour vol et homicide sur la personne de Julien Turmel !

1. *En cours de route, avec des « associés » de rencontre, des malandrins comme moi, nous dévalisâmes un marchand de parapluies que nous avions croisé. Nous l'enterrâmes quelque part sur le bord du chemin. Quelques instants plus tard, comme l'un de nos complices menaçait de nous dénoncer, nous le pendîmes à un pommier à Marigny. Je peux bien avouer ces deux crimes aujourd'hui, cela ne changera rien à mon destin.*

– Qu'est-ce que c'est que cette histoire ? protestai-je.

– Allons, mon gars, vous êtes fait ! Vous vous expliquerez devant le parquet de Rennes que nous allons immédiatement informer... »

Je fus aussitôt conduit derrière les barreaux de la prison de la ville. C'est là, au greffe, que je compris que j'avais commis une autre erreur. Comme je remettais mes maigres affaires personnelles au gardien, celui-ci me désigna l'alliance que j'avais à l'annulaire de la main gauche.

« Cela aussi... »

J'obéis.

« Brigadier, dit-il alors en s'adressant au gendarme qui attendait au fond de la pièce, venez donc voir... »

Et le pandore déchiffra, péniblement, les signes que l'on pouvait voir à l'intérieur de l'anneau :

« Julien Turmel... 1793... Françoise Chaume-Blanche... »

Quel imbécile j'avais été ! Quand j'avais mis le cadavre du vieil homme dans le trou que j'avais creusé dans la salle, je lui avais ôté son alliance et me l'étais, dans ma précipitation, passée au doigt sans faire attention qu'il y avait une inscription gravée dedans. Quel idiot ! Ils tenaient maintenant une preuve irréfutable contre moi ! Comment pourrais-je soutenir à présent que je n'avais rien à voir avec l'assassinat du septuagénaire !

Qu'est-ce qui se passa exactement ? Je n'en sais rien, mais ce qui est sûr, c'est que je n'eus pas de chance. Je me trouvais en prison à Saint-Lô en attente de mon renvoi dans la capitale bretonne. Je continuais à proclamer m'appeler Poulain de Beauregard, en m'appuyant sur les papiers que j'avais montrés, et, en même temps, je racontais un peu n'importe quoi, arguant que je ne m'expliquerais que devant le tribunal de Rennes. Je n'étais pas fou. Je ne tenais pas du tout à ce qu'on fît le rapprochement entre ce Poulain de Saint-Lô et le Lemaire de Caen. Le commissaire Vachot, de Saint-Lô, était un âne qui ne m'avait pas identifié comme Lemaire, mais il avait rendu compte à Caen, et là, malheureusement, quelqu'un, sans doute à cause de ma lettre de Carentan à ma femme signée Poulain, eut l'idée d'envoyer à Saint-Lô le sieur Lavigne, concierge à la prison de Beaulieu, qui m'avait gardé huit à neuf mois en 1818, lequel me reconnut aussitôt malgré mes dénégations. Du coup, au lieu de Rennes, direction Caen. Chose amusante, dans le fourgon cellulaire, un gendarme à la trogne drôlement avinée me fit la remarque suivante :

« Avec les papiers que vous aviez, vous auriez mieux fait de vous embarquer pour l'Angleterre... »

Sacré pandore ! Je me contentai de sourire... J'eus beau m'obstiner à prétendre me nommer Poulain, natif de Rennes, le juge d'instruction auquel je fus confronté s'obstina, lui, à voir en moi Lemaire de Clermont. Évidemment, les gardiens de la prison de Beaulieu, qui me connaissaient bien puisque j'y avais passé cinq ans, témoignèrent contre moi. J'eus confirmation aussi que, pendant que je m'étais mis au vert en Bretagne, la police et la justice n'avaient pas perdu leur temps. À partir de la découverte du cadavre de la demoiselle Thouroude dans la maison du Cotil-Saint-Julien, elles avaient remonté la piste jusqu'à ma complice, la Marguerite, veuve Couet, puis jusqu'à tous ceux qui, à des degrés divers, m'avaient servi de receleurs. Au total, cinq autres personnes : mon épouse, Jeanne Carabeuf, les deux belles-sœurs Yvonnet, Louis-François Gallis, dit « la Rosière », et Lecourtois. Du coup, je faisais figure de chef d'une redoutable bande de brigands. Tous avaient été arrêtés et furent mis en ma présence pour m'identifier, ce qu'ils firent. Je ne leur en veux pas, ils avaient sans doute été soumis à forte pression. Comble de malchance pour couronner le tout, suite à mon arrestation, la police était retournée regarder d'un peu plus près la maison du Cotil-Saint-Julien et, toujours sous le hangar, avait fini, le 19 septembre, par découvrir un autre cadavre, mais dans un tel état de putréfaction qu'il ne put être formellement identifié. Cependant, les policiers estimèrent que c'était celui du sieur Delord, le commis du marchand[1]. Alors, toujours malgré mes dénégations, le juge d'instruction, confondant Poulain de Rennes et Lemaire de Caen, me tint pour responsable de trois homicides : Delord, Thouroude, Turmel. Décidément, les choses prenaient de plus en plus une mauvaise tournure pour moi ! J'y trouvai une raison supplémentaire pour me cramponner

1. *En réalité, c'était celui d'un marchand de bœufs qu'Y., C. et moi avions estourbi en février et enterré là. Jean Delord doit toujours se trouver dans le jardin de Fontaine-Henry.*

à ma fausse identité de Poulain de Beauregard, le Rennais ! Au moins, celui-ci ne pouvait être chargé que d'un seul crime !

Quand, le 7 mars 1825, on nous emmena, mes coaccusés et moi, de la prison de Beaulieu aux Assises, un monde fou nous attendait rue Guillaume-le-Conquérant et place des Tribunaux, se pressant pour pénétrer dans la salle d'audience. Ma parole, ma bande et moi étions les héros du jour ! Mon avocat, Me Delaville, me l'apprit, les journaux avaient excité la curiosité publique au plus haut degré. À n'en pas douter, « la bande à Lemaire », comme ils disaient, faisait recette, et les tribunes étaient combles depuis 8 heures. Nous pénétrâmes dans le prétoire à 10 h 45. Je portais une redingote verte et un gilet rouge, et je tenais à me présenter à mon avantage, mais mon avocat me conseilla, pour mon bien, de ne pas trop montrer de suffisance. Dès l'interrogatoire d'identité, je m'en tins à mon système de défense.

« Premier accusé – c'était moi –, quel est votre nom ?

– Jean Poulain, dit “de Beauregard”...

– Où demeurez-vous ?

– À Rennes.

– Votre profession ?

– Je n'en ai pas... »

Le président Sauvage, pas dupe, poussa un soupir, puis passa aux autres accusés au milieu d'un brouhaha indescriptible. Nous étions sept sur le banc : moi, Pierre Lemaire de Clermont, trente-neuf ans, né au Manoir (Calvados), se disant « Jean Poulain de Beauregard », né à Rennes (Ille-et-Vilaine) ; Marguerite-Françoise Duchesne, veuve Couet, quarante ans, dentellière, née à Coutances (Manche) ; Esther Yvonnet, trente-deux ans, dentellière, née à Crépon (Calvados) ; Marie Dupart, épouse Yvonnet, quarante et un ans, dentellière, née à Crépon (Calvados) ; Jeanne Carabeuf, épouse Lemaire, trente-sept ans, née et habitant au Manoir (Calvados) ; Louis-François Gallis, dit « la Rosière », soixante-sept ans, écrivain public, de Caen ; François-Joseph Lecourtois, cinquante-six ans, écorcheur, d'Amayé-sur-Orne. Ça, pour une belle clique, nous formions une belle clique !

La lecture de l'acte d'accusation se fit dans un tel tumulte, à cause des gens qui protestaient, mécontents de ne pouvoir entrer dans la salle, que personne n'entendait plus rien. Excédé, le président donna l'ordre de fermer les portes. Aussitôt, mon avocat proclama que c'était contraire à l'article 64 de la charte constitutionnelle et à l'article 313 du code d'instruction criminelle. Le substitut du procureur général, M. Lecerf, requit de passer outre. Finalement, la Cour ordonna de procéder à une seconde lecture. Étonnant ! Je suis sans doute l'un des rares accusés, peut-être même le seul, dont l'acte d'accusation fut lu deux fois ! Nouvelle chamaillerie à propos de l'ordre des débats, finalement fixé par le substitut du procureur Lecerf (article 317 du code d'instruction criminelle) : Turmel, Delord, Thouroude. Mais quelle importance pour moi, après tout ?

Évidemment, ma « carrière » retracée par le président ne plaidait guère en ma faveur. À vingt-six ans, en janvier 1806, j'avais été condamné à Paris[1] à huit ans de fers et à la flétrissure[2] pour crime de « faux en écriture publique et authentique, faux commis sur des pièces de comptabilité ». Libéré du bagne de Lorient le 7 février 1814, après avoir été transféré de celui de Brest, j'avais écopé pour escroqueries diverses de dix ans d'emprisonnement par le tribunal correctionnel de Bayeux. J'étais sorti de la prison de Beaulieu au bout de cinq ans, en décembre 1823. On connaît la suite... À chaque fois que le président me demandait une précision, fidèle à ma ligne de défense qui voulait que je fusse Poulain et non Lemaire, je répondais quelque chose comme : « Je ne sais pas, je ne suis pas Lemaire, cela ne me concerne pas. » Chance pour moi ! Le docteur Dominel, médecin des prisons qui m'avait examiné, vint dire que je n'avais rien sur l'épaule gauche, et que, sur la droite, des deux traits formant vaguement un « T », il ne pouvait affirmer, en toute honnêteté, qu'il s'agissait d'une marque de flétrissure, donc que j'étais un ancien bagnard ! Et ce n'était pas parce que mes coaccusés témoignaient tous que j'étais Lemaire que j'allais pour cela capituler ! Même, quand ce gros lourdaud de Gallis déclara, ce qui fit rigoler tout le monde : « Il prétend être Poulain ; mais le coup de pied qu'il m'a donné n'est

1. *En vertu de la loi du 11 floréal an XI.*
2. *La marque que l'on appliquait au fer rouge sur l'épaule du condamné au bagne ; cette pratique fut abolie par la loi du 28 avril 1832 (note des auteurs).*

pas celui d'un poulain ; c'est celui d'un vieux cheval qui a tous les vices rédhibitoires ! », je répondis au président Sauvage qui me demandait ce que je disais de cela :

« Si le véritable Lemaire était poursuivi, il révélerait les faits dont ils sont tous coupables... »

En fait, pendant les trois premiers jours d'audience, je compris que le président jouait en quelque sorte au chat et à la souris avec moi. Il essayait, directement ou indirectement, de me piéger pour me faire reconnaître que j'étais Pierre Lemaire. Ainsi, à la fin de la déposition de presque chaque témoin – il y en eut près de quatre-vingts en comptant ceux du quatrième jour –, il me demandait si j'avais un commentaire à ajouter sur la déclaration qui venait d'être faite. Évidemment, si j'avais rectifié un détail, je me serais vendu ! Mais pas folle la guêpe ! Je répondais donc invariablement :

« Je ne suis pas Lemaire, aussi tout cela m'est totalement étranger... »

Pour embrouiller un peu plus les choses, je m'inventai du côté de Falaise une sœur qui – évidemment – demeura introuvable ; je m'employai à discréditer les témoins, soit en affirmant que leurs déclarations étaient « de complaisance » pour garder leur place, soit en jetant la suspicion sur eux : s'ils me chargeaient, c'était parce qu'ils avaient quelque chose à cacher sur eux-mêmes. Enfin, comme il est toujours bon de mettre les rieurs de son côté, je ne m'en privai pas. Les femmes ? Je déclarai que, pour la plupart, elles parlaient par dépit parce que j'avais couché avec elles en leur promettant le mariage, promesse que je n'avais pas tenue. Je fis des jeux de mots sur le nom des témoins, comme la femme Pageot – facile ! – ou la femme Restout, qui aurait dû plutôt s'appeler « Reste à tous » pour son inconduite. En outre, certaines personnes citées à la barre m'aidaient bien. Ainsi, le sieur Radiguet, loueur à Caen, que je dis ne pas connaître, s'exclama :

« Que le diable vous *rapatafiole* ! »

Grand moment de rigolade aussi avec un certain Lessard, de Rennes, à qui le président s'échina à répéter des questions que l'autre, sourd comme un pot, n'entendait pas ! D'un certain Tribouillard, je remarquai :

« Son regard annonce un homme qui est un peu en démence... »

Du coup, la salle riait des béjaunes. Au pandore Lemarchand qui rapportait des propos que je lui aurais tenus dans le fourgon qui m'emmenait de Bayeux à Caen, je lançai en prenant le public à témoin :

« Pouvais-je faire une pareille confidence à un gendarme porteur d'une physionomie aussi ingrate, et qui était perdu ivre ? Allez, témoin digne de foi, recevoir le prix de votre complaisance ! »

Je me payai un franc succès aux dépens du sieur Marie, qui dit reconnaître en moi celui qui l'avait escroqué autrefois à Caen. Or, le malheureux louchait comme ça n'était pas possible, et bien malin qui aurait pu dire qui il « zieutait » ! D'où ces propos :

« Si le témoin me regardait bien droit dans les yeux, il verrait que je ne suis pas Lemaire ! dis-je à la Cour.

– Si j'ai l'œil équivoque, ma raison ne l'est pas… », me répondit le sieur Marie.

On imagine facilement le chahut…

Tantôt le président s'agaçait de ce jeu sur mon identité.

« Peu importe votre nom, c'est vous, ici présent, que la femme Lebaron a reconnu. Après cela, prenez le nom que vous voudrez : il s'agit seulement de savoir si c'est vous qui vous êtes présenté chez elle… »

Tantôt il s'en amusait. Ainsi, comme j'affirmais ne pas connaître un témoin puisque je n'étais pas Lemaire, il lança bien fort :

« Faites venir Lemaire, il va répondre pour lui… »

Et la journée du 9 se termina sur cet échange :

« Accusé, vos dénégations tournent à l'absurde…

– Quand on en dirait encore moitié davantage, on ne me fera pas convenir d'une chose qui n'est pas… »

Le 10 mars, à 10 heures, ce fut là que tout bascula… D'entrée, le président m'adjura, au nom de l'Être suprême et des sentiments religieux qui étaient les miens, de rompre mon silence et, par respect pour mes complices, de rendre hommage à la vérité. Il ne prononça pas de telles paroles au hasard. Il savait pertinemment toucher là une corde sensible. Il savait, parce qu'il avait lu les réflexions sur l'immortalité de l'âme et les pensées sur l'éternité que j'avais écrites en prison, et qui lui avaient été communiquées, qu'au fond de moi je n'étais pas le rigolo qui plastronnait en public dans la journée, mais quelqu'un qui, le soir venu et la solitude retrouvée, était assailli de mille et une questions qui le torturaient. J'en eus tous les sangs remués, au point de faillir m'évanouir. Pendant toute l'audience et la nuit qui suivit, dans ma cellule, je fus accablé par les reproches de ma conscience, qui ne me laissait pas un instant de repos. Et je connus mon chemin de Damas... Je compris qu'il était temps de mettre fin à cette comédie. C'est pourquoi, le lendemain, 11 mars, lorsque le président Sauvage m'interrogea à nouveau, je ne me sentis plus le courage de mentir.

« Êtes-vous Pierre Lemaire de Clermont ?

– Oui, je le suis.

– Est-ce vous qui avez assassiné le sieur Turmel à Rennes ?

– Oui, monsieur.

– Est-ce vous qui avez assassiné la demoiselle Thouroude ?

– Oui, monsieur.

– Est-ce vous qui avez assassiné le sieur Delord ?

– Oui, monsieur. »

À partir de là, j'assurai ma femme, qui n'avait fait que m'obéir et qu'un témoin avait « chargée » à outrance, de « toute la tendresse et l'amitié possible ». Je m'efforçai aussi de dédouaner au maximum Marguerite Duchesne, veuve Couet – « Elle n'a appris la mort de Mlle Thouroude que le lendemain » –, et mes coaccusés que j'avais manipulés, roulés dans la farine pour servir mes desseins. Cependant, dans mes déclarations, je ne dis pas tout ce que je savais : les larcins non découverts (les petits vieux à Amiens en 1814, l'escroquerie à Milly, près de Beaune, etc.) ; les cadavres inconnus de la justice (le colporteur en 1814 à Mondrainville, le marchand de toile sur le chemin de Saint-Hellier, etc.) qui « émaillaient » mon parcours... C'était inutile, au point où j'en étais...

Tout le reste du procès, aussi bien en ce qui concernait mes complices – accusés de vol, de recel et de faux en écritures – que le réquisitoire du procureur général Lecerf, la plaidoirie de Me Delaville, et même le président Sauvage qui rappela que mes crimes « emportaient la peine capitale », j'avoue que je n'en fis pas plus cas qu'un âne d'un coup de bonnet. À quoi bon ! Je n'avais aucune illusion à me faire sur mon sort…

Moi, Pierre Lemaire de Clermont, alias Jean Poulain de Beauregard, je fus condamné à mort. Marguerite Duchesne, veuve Couet, à cinq ans de travaux forcés pour vol et recel d'effets de boutique, et à une heure d'exposition en carcan sur la place publique. Nos coaccusés n'eurent qu'une peine minime ou même, comme ma femme, furent acquittés.

Aujourd'hui, lundi 2 mai 1825, je vais expier l'énigme sanglante d'une vie qui sembla vouée tout entière au crime et à l'infamie. Après le rejet de mon pourvoi en cassation, le roi Charles X ne pouvait me gracier : mon nom, dans toute la contrée et les départements de l'Ouest, est trop synonyme de terreur.

« C'est pour midi… », m'a dit mon avocat, avec qui je viens de régler les derniers détails de la publication de mes manuscrits[1].

Je ne serai pas seul, paraît-il, une jeune fille condamnée pour infanticide sera exécutée juste avant moi. Pauvre femme ! Son crime est horrible, mais qu'est-il à côté de mes péchés énormes et sans nombre… ?

Dans ma cellule, j'ai écrit cette histoire de ma vie afin que l'on me connaisse dans toute mon horreur. Je meurs avec un sincère regret d'avoir commis tous ces crimes. Je prie Dieu, la société, ma mère, mon épouse, les filles que j'ai bafouées de me pardonner. Je souhaite que mon récit serve à éduquer mon fils et les jeunes gens dans l'amour du bien…

À quarante-trois ans et quatre mois, je monterai à l'échafaud d'un pied ferme au milieu des huées de la foule impatiente de ce spectacle longtemps attendu et désiré, mais l'essentiel est que je me sens enfin en paix avec moi-même…

La longue série des vols, escroqueries et assassinats de Pierre Lemaire ainsi que le retentissement de son procès furent tels qu'on en fit une chanson que diffusèrent les colporteurs :

---

1. Mémoires sur la vie de Lemaire de Clermont, écrits par lui-même, en prison, pour faire suite au procès, *publiés dès 1825, à Caen, chez Mancel, libraire-éditeur (note des auteurs).*

Déjà un tueur en série...

« Je tuais et j'enterrais mes malheureuses victimes,
Pour effacer après les traces de mes crimes !
Je cherchais à tromper l'œil de la justice,
En me disant Poulain, le soutenant avec front,
Mais je m'avoue coupable, l'auteur et le complice
De trois assassinats : Dieu, pour moi, quel affront !
De ma dernière victime je porte les habits !
Malgré tous mes efforts, cent témoins m'ont reconnu
Pour le monstre cruel que chacun ne craint plus.
Mais je l'avoue : c'est moi qui suis
Lemaire de Clermont, me disant Jean Poulain. »

Son image de redoutable chef de bande marqua tellement durablement les esprits que, près de trente ans plus tard, en 1854, Barbey d'Aurevilly, pour dater certains épisodes de son roman *L'Ensorcelée*, fit dire à un personnage :

« Mais de cela il y a maintenant des années ; c'était dans le temps du fameux Lemaire, qui a été guillotiné à Caen... »

Lionel Acher et Brigitte Sesboüé,
Les Nouvelles Affaires Criminelles du Calvados, 2009.

Les carnages de Saint-Martin-le-Gaillard et Douvrend

Affaire Fournier-Godry, 1831-1838

L'AFFAIRE, l'une des plus célèbres de Seine-Maritime au XIXe siècle, a suscité force passions. Voici les faits...
En ce lundi 17 octobre 1836, Mme Doré, fervente croyante, se dirige vers l'église de Saint-Martin-le-Gaillard afin d'assister à la messe du matin.

Elle pénètre dans l'édifice, s'agenouille sur un prie-Dieu en attendant la venue du curé. Ce dernier tarde à venir. La bigote file alors vers le bedeau qui s'affaire dans le cimetière. Que fait M. le curé ?

« Sans doute n'est-il pas encore levé... lui répond l'humble serviteur. Tout est fermé au presbytère. »

Surprenant ! Le prêtre n'a pas coutume de rester couché au moment de la messe. Si portes et volets sont clos, c'est pour une autre raison. Le père est peut-être malade...

Mme Doré frappe à la porte de la cuisine avec une légère appréhension... Normalement, la servante devrait lui répondre. Rien. Nouveau coup aux carreaux. Toujours le silence. La visiteuse sent comme une faiblesse monter dans ses jambes. À terre, ses souliers heurtent une clé. Elle tente d'ouvrir la serrure avec. En vain !

Inquiète, la commère s'en va questionner le voisinage :

« Non, nous n'avons pas vu l'abbé Lhermina ce matin », entend-elle un peu partout.

Accompagnée de quelques voisins, Mme Doré retourne interroger Vincent Godry, le bedeau. Tous ensuite tentent d'ouvrir cette damnée porte de cuisine qui ne veut pas céder.

Godry fait alors le tour du bâtiment. Coup de chance, l'auvent de la chambre du curé est juste poussé contre la croisée.

Dans la pièce à coucher règne un désordre sans nom. On présage le pire... à raison. Dans la cuisine, le spectacle retourne les tripes des plus endurcis ! Gisent sur le carrelage poisseux de sang noir trois corps. L'abbé Lhermina, sa jeune nièce et sa servante ont été tués comme des bêtes à l'abattoir.

Le bedeau fonce alerter le maire. Choqué, le magistrat lui commande de filer à Eu prévenir la gendarmerie et le juge de paix.

Une paire d'heures plus tard, dans le presbytère se pressent juge et maréchaussée. Les premières constatations commencent.

L'abbé Lhermina, âgé de soixante-dix-neuf ans, a la tête méchamment enfoncée : des morceaux de cervelle et du sang ont giclé sur les meubles alentour. En place depuis cinquante-trois ans dans la commune, il était aimé de tous.

Céleste Paris, sa servante âgée d'une quarantaine d'années, a connu un sort tout aussi horrible. Elle est méconnaissable tant la tête a subi de coups. Seuls ses vêtements permettent de l'identifier.

Même traitement pour la nièce du curé, Marie-Rose Cayeux, dix-huit ans, dont le visage marqué, entaillé, abîmé, témoigne d'une rare barbarie. Comme si l'assassin avait voulu tuer cent fois, mille fois, avec un acharnement de dément.

D'après l'enquête, les trois crimes ont eu lieu entre 9 heures et 10 heures du soir. Des témoins affirment qu'entre 8 heures et 9 h 30, ils ont vu de la lumière dans le presbytère, mais n'ont entendu aucun bruit. Le ou les voleurs ont, après les meurtres, fouillé la maison de fond en comble. On estime qu'ils ont dérobé entre deux et trois mille francs, ainsi qu'un certain nombre d'objets précieux.

Les militaires reconstituent la scène du crime, pour mieux traquer la vérité.

Ainsi ils imaginent le prêtre assis dans la cuisine à côté de la cheminée. Lorsque les voleurs entrent, il se lève, mais un coup de barre de fer à la tête le fauche. La servante, se déshabillant dans sa chambre, entend du bruit. Elle accourt. Les intrus l'achèvent avec leur arme improvisée. Son crâne éclate comme un fruit mûr. Folle de terreur, la jeune nièce tente de s'échapper. Les malfrats la cognent à son tour jusqu'à ce que mort s'ensuive. Ils ont alors tout le loisir de fouiner dans la cure, faisant main basse sur l'argent liquide, les bijoux, les objets sacrés, l'argenterie. Fêtant leurs macabres exploits, ils ouvrent quelques bouteilles de vin de messe avant de s'enfuir en traversant le verger.

Saint-Martin-le-Gaillard est sous le choc. La paroisse pleure son curé bien-aimé. Les hommes n'ont qu'une seule idée : retrouver le ou les auteurs d'une telle boucherie.

Le désir de vengeance est à son comble, ainsi que l'accablement devant ce coup du sort. Sophie Godry et son mari Toussaint Fournier gardent, eux, à la fois raison et les yeux secs.

Les hommes de justice investissent le village, en bousculent les habitudes ancestrales. Tous, sans exception, du plus riche propriétaire au plus humble des commis de ferme sont interrogés. Il devient évident que le triple meurtre a été commis par plusieurs personnes.

Déjà la rumeur pointe son nez. À travers différents témoignages reviennent les noms de Toussaint Fournier et de Sophie Godry :

« Alors que je lui demandais comment ils faisaient pour vivre avec le peu d'argent que Fournier rapporte chez eux, Sophie m'a répondu que son mari ne dort pas toujours et qu'il gagne plus de nuit que de jour », confie une commère aux gendarmes.

« Toussaint m'a dit qu'il tuerait bien deux ou trois personnes pour leur voler leur argent, raconte un moissonneur. Il m'a fait remarquer que le curé était vieux et qu'il devait avoir de l'argent. »

« Toussaint nous a raconté que selon lui, un seul homme pouvait commettre ces crimes s'il était courageux ! », rapporte un commerçant.

Les soupçons convergent sur le couple, uni mais mal aimé à Saint-Martin-le-Gaillard. Toussaint Fournier travaille comme boucher occasionnel. C'est un homme rustre et costaud qui en impose. Les villageois le craignent. Il ne fréquente que des hommes peu recommandables. Il apparaît qu'il a eu déjà maille à partir avec la justice pour des affaires de vol. Le suspect et son épouse font des coupables idéals.

Les gendarmes perquisitionnent leur domicile. On n'y trouve rien, pas même des couteaux de boucher. Étrange pour un professionnel... L'enquête révèle que Toussaint est gaucher comme devait l'être l'assassin de l'abbé. Un enquêteur met la main sur un petit sac en toile ayant appartenu au prêtre :

« Je sais pas d'où il vient ! », répond simplement Fournier.

Les preuves sont maigres mais suffisantes pour qu'on transfère le suspect à Dieppe. Solidaire de son mari, Sophie fait courir des bruits sur des hommes susceptibles, selon elle, d'être les coupables. Elle accuse notamment l'instituteur du village et le bedeau Vincent Godry, son propre frère !

Personne ne prête foi à ses allégations. De nouveaux témoins certifient que le soir des meurtres, ils ont aperçu la femme de Toussaint faire le guet devant le presbytère.

On finit par lui passer les poucettes et la conduire en salle de sûreté. Mais le tableau de chasse est-il complet ? Rien n'est moins sûr aux yeux des militaires, persuadés que le couple avait des complices.

Nicolas Fournier, père de Toussaint, et Napoléon Godry, frère de Sophie, compléteraient idéalement la brochette de tueurs ! Un quatuor parfait aux yeux de beaucoup, capable des pires exactions ! Sauf que le manque de preuves interdit d'incarcérer Nicolas et Napoléon. Quitte à faire des déçus dans la population de Saint-Martin-le-Gaillard !

Commune de Douvrend. La femme Blondel obéit à un rituel immuable. Chaque matin, elle apporte à 7 h 30 le lait au presbytère destiné à l'abbé Michel. Ce 21 novembre 1837, elle trouve porte et volets clos. Sans doute est-elle arrivée un peu trop tôt.

Mme Blondel s'en retourne pour revenir quinze minutes plus tard. La cure est toujours fermée.

L'instituteur habite la maison d'à côté. La visiteuse alerte sa femme qui l'accompagne à nouveau au presbytère. L'épouse du maître d'école est d'autant plus inquiète que sa propre fille dort chez le curé. On frappe aux volets, secoue la porte.

« Élisa, c'est maman ! »

La gamine finit par repousser un volet, le visage ensanglanté. Elle descend et parvient tant bien que mal à entrouvrir la porte d'entrée. Quand sa mère lui demande ce qui lui est arrivé, Élisa répond qu'elle a dû se cogner au rebord du lit pendant la nuit. Personne ne croit à cette version des faits. Les plaies sur son joli minois n'ont rien d'accidentel.

Les deux femmes pénètrent dans la maison. L'effroi les glace avant de leur faire pousser des cris d'horreur. Ce qu'elles découvrent dépasse leurs pires cauchemars...

L'abbé Michel, respectable curé âgé de quatre-vingt-cinq ans, a quasiment baptisé et marié tous les paroissiens de Douvrend. C'est dire l'ascendant qu'il exerce sur ses ouailles.

Le bon père habite un vieux presbytère bâti jadis par les archevêques de Rouen. Sa servante, Javotte Latteux, partage sa vie quotidienne, tout comme Élisa Testu.

Suite au triple meurtre de Saint-Martin-le-Gaillard, le vieux prêtre a montré quelques inquiétudes. Il se sait incapable de se défendre en cas d'attaque.

« Mes amis, on pourrait tenter de m'assassiner comme mon confrère », lance-t-il du haut de sa chaire, un dimanche pendant la messe, avant de préciser : « J'ai fait poser à mon domicile une sonnette qui était à l'église. Si jamais vous l'entendez sonner, volez tout de suite chez moi, car alors j'aurai besoin de votre secours. »

Mme Blondel se remémore ces paroles devant le corps inerte de l'abbé. Ses agresseurs se sont acharnés sur le visage, bouillie informe de peau déchirée, écrasée. Les assassins se sont servis d'une masse.

Dans la même chambre gît également la servante. Elle porte de nombreuses fractures au crâne, au visage et... ô miracle ? elle vit encore. Pas pour longtemps hélas ! Le peu de souffle qui la retient encore dans ce bas monde la quittera deux jours plus tard. Elle n'aura pas repris connaissance.

Au premier étage de la maison, les femmes découvrent une troisième victime : M. Carpentier, beau-frère de l'abbé Michel, venu en visite de courtoisie pendant quelques jours. La scène du crime prouve que l'homme plus alerte a dû entendre et voir ses agresseurs. Il s'est battu. Les profondes plaies sur son visage et son front montrent que les assassins ont frappé fort pour l'abattre. Dans la chambre, l'un des tueurs a laissé sa signature : une empreinte de main ensanglantée sur le drap du traversin.

Quant à la jeune Élisa Testu, c'est un miracle si elle vit encore. Les coups reçus sur la tête l'ont assommée. On pense que ses bourreaux l'ont crue morte.

La maison, fouillée de fond en comble, a été vidée de tout argent, bijoux, argenterie... Les malfrats sont enfin descendus dans la cave où ils ont fait une véritable razzia sur les bouteilles.

Les similitudes avec les meurtres de Saint-Martin-le-Gaillard sautent aux yeux des gendarmes : même violence sauvage, mêmes vols des biens, avec, pour conclure, l'orgie d'alcool, de vin...

Rien ne manque, sauf que...

Sauf que pour les meurtres de Saint-Martin, on a mis sous les verrous Toussaint Fournier et sa femme. Dans le cas présent, ils ne peuvent être les coupables !

Plus de quatre cents personnes venues de Douvrend et des communes voisines assistent à l'enterrement des trois victimes. En souvenir de l'abbé, les fidèles se sont cotisés pour lui offrir un monument funéraire. Dans la pierre, ils ont fait graver :

« Ici repose le corps de maître J.H. Sauveur Michel, curé de cette paroisse, né à Alby le 14 avril 1752, assassiné au presbytère dans la nuit du 20 au 21 novembre 1837. »

Un versificateur local compose une chanson reproduite au début du présent ouvrage. Relisons la fin. Dans ce royaume de

France où règne le roi Louis-Philippe, la religion n'est pas oubliée :

« Chrétiens, adressons nos prières
À Dieu, le suprême vengeur ;
Prions-le de tous nos cœurs
Qu'il ne laisse plus sur la terre
Ces exécrables scélérats,
Et l'échafaud les punira. »

Oui, mais l'échafaud pour qui ? La nuit des meurtres, on a aperçu deux hommes rôdant dans les rues du village. Les assassins, en plus d'une empreinte de main, ont également marqué le sol du jardin du presbytère de leurs pieds.

Les soupçons qui deviendront rapidement certitudes s'orientent vers François Fournier, le frère de Toussaint, et Napoléon Godry, son beau-frère.

Il est évident que la façon d'agir est une signature familiale. Et puis quelle belle preuve de l'innocence de Toussaint Fournier et son épouse, alors derrière les barreaux ! En œuvrant ainsi, on lave le couple de tout soupçon.

François et Napoléon sont conduits sous bonne garde dans le jardin du presbytère. On leur fait enlever leurs chaussures qu'on pose sur les empreintes. Identiques !

La preuve est suffisante pour envoyer les deux paysans en prison, le temps de l'enquête. Les deux suspects se défendent comme de beaux diables :

« Mais ce n'est pas possible ; nos pieds n'ont pourtant point passé par là ! »

Manque un troisième complice, car sur le sol demeurent des empreintes inconnues. On cherche dans l'entourage de la famille Toussaint qui pourrait avoir rejoint la bande.

Nicolas Fournier, le père de Toussaint et de François, est encore présumé innocent. Les preuves contre le patriarche sont minimes, pour ne pas dire inexistantes. Deux ou trois propos qui peuvent porter à confusion et encore... On l'embarque cependant rejoindre sa progéniture derrière les barreaux. Le voilà purement et simplement accusé de meurtres et vols au même titre que les autres.

Les magistrats ont décidé de frapper fort et vite. Dans la région, depuis quelques années sévissent des bandes organisées qui volent et tuent des honnêtes gens. Il a été décidé en haut lieu d'éradiquer le mal.

Des crimes restent non élucidés dans les villages proches. Les hommes de justice y vont à la pêche aux témoignages. On ne sait jamais, les Fournier sont peut-être coupables, là aussi !

Un meurtre retient tout particulièrement l'attention des gendarmes. Il a pour cadre le village de Saint-Pierre-des-Jonquières.

Il faut remonter six ans plus tôt. La veuve Lambert, encore robuste malgré ses quatre-vingt-sept ans, possède des terres. Elle est obligée de vendre quelques parcelles pour survivre. Dans le village, la nouvelle tombe dans des oreilles mal intentionnées. Le soir même, la bonne vieille est sauvagement assassinée à coups de coutre de charrue. Son argent, fruit de la vente, a disparu.

Pour les magistrats, cette affaire et la méthode utilisée, à savoir l'acharnement sur la victime, le vol, la consommation d'alcool et de nourriture sur place sont la signature de la famille Fournier.

« Rien à voir avec cette histoire ! protestent les intéressés pendant l'interrogatoire.

– Et ça ! dit l'enquêteur en tendant devant François le drap avec l'empreinte de main, c'est pas votre main qui a fait cela ?

– C'est une main droite, répond le suspect, ce n'est pas la mienne car elle est crochue !

– À la fin de tout ! hurle à son tour Napoléon Godry. Je ne veux plus rien dire ; j'en ai la tête cassée. Si vous me trouvez coupable, menez-moi à la guillotine, j'en serai bien aise ; s'il y a un Dieu, il me récompensera. »

Jeudi 15 mars 1838, les curieux se poussent devant le palais de justice de Rouen. On veut voir les faciès des « monstres ». Chacun espère garder en mémoire un visage qui bientôt ne sera plus qu'une figure barbouillée de sang, jetée au fond d'un panier d'osier. Personne en effet parmi les journalistes, les badauds et les justiciers de comptoir ne donne cher de la vie des accusés.

Le président des assises prévient d'emblée les jurés :

« Jamais peut-être, depuis longtemps du moins, des accusations plus graves que celles qui vous seront soumises ne réclamèrent du jury plus de lumières, plus de judicieuse fermeté ; jamais notre pays, qui aimait à s'applaudir de ses mœurs douces, de son heureuse civilisation, n'eut plus besoin d'être rassuré de l'épouvante causée par des attentats dont la barbarie semble n'être ni de son temps ni de notre patrie. Ici, comme toujours, le jury sera fidèle à sa mission, et là où la vérité apparaîtra à sa raison, sa conscience saura faire justice. »

Les accusés entrent dans la salle à la queue leu leu et s'installent sur le banc, face aux jurés. Le silence soudain qui se fait dans le public est à la mesure de la terreur qu'inspire la famille du boucher...

Les chefs d'accusation lus par le greffier sont interminables. Une longue litanie d'horreurs !

Puis commencent les débats.

À la barre défilent les témoins, certains en sabots, d'autres en souliers de ville. Chacun raconte à sa manière la saga des Fournier, leur mauvais fond, leur violence, leur légende... Le village vide son sac et se libère. La peur a changé de camp !

Peu nombreux sont les témoignages en faveur de la famille.

« Un jour qu'on travaillait ensemble, on a vu M. le curé de Saint-Martin à sa fenêtre. Le boucher m'a dit : “Ces sacrés canailles-là, j'en tuerais dix pour dix mille francs. Je tuerais mon père pour mille francs” », confie un *grangier* à la barre.

Le contraste ville-campagne provoque des fous rires. Le patois divertit les journalistes et les bourgeois.

Godry Napoléon s'amuse comme un gamin. Il interrompt la procédure pour des raisons futiles. Les Fournier restent calmes, comme indifférents aux débats.

Les audiences passent. La Cour a finalement peu de preuves pour étayer l'accusation. Cependant celles qui demeurent sont suffisantes. Le chef, l'instigateur et *l'assassineu*, comme on dit à la campagne, c'est Toussaint.

Prenant enfin conscience que la situation ne va guère en s'arrangeant, les Fournier se défendent maladroitement. Il faut tout le brio de leur avocat respectif pour faire régner un semblant d'ordre. Experts et médecins attestent, quant à eux, de la responsabilité pleine et entière des accusés au moment des faits.

« Il y a une confirmation identique avec l'empreinte en cire et le pied de Napoléon. Cette identité résulte de la courbure du pied et de l'épaisseur de l'orteil. Sur des milliers d'individus, on ne retrouverait pas un pied semblable. Mon opinion est qu'il y a identité parfaite », explique le docteur Pihorel à la barre.

Le jeudi 22 mars voit débuter les réquisitoires. L'avocat général ouvre les hostilités avec un discours clair et sans appel.

« Messieurs, faites que cette horrible famille ne puisse plus spéculer sur le meurtre et sur le vol, faites que vieillards, femmes et enfants puissent dormir à l'abri de la hache des assommeurs. Faites que le cauchemar de l'assassinat ne pèse plus sur nos campagnes avec ses terreurs et ses insomnies. Enfin, que votre verdict soit un acte de justice et de courage, et la conscience du jury trouvera des échos dans la conscience du pays », termine-t-il avec emphase avant de regagner sa chaise.

Après pareille tirade, il est difficile à la défense d'attendrir des jurés chauffés à blanc.

« Rappelez-vous cette sainte loi écrite dans tous les cœurs avant de l'être dans tous les codes, cette loi qui veut que, dans le doute, l'accusé soit absous. »

Le doute, les jurés ne connaissent pas. Ils doivent répondre à soixante-trois questions. Cinquante-trois réponses sont affirmatives. C'est suffisant pour envoyer Toussaint, François et Nicolas

Fournier à la guillotine, ainsi que Napoléon Godry. L'épouse de Toussaint se voit octroyer les travaux forcés à perpétuité.

« Vous êtes une bande d'*assassineux* ! » s'écrie Toussaint, fou de rage, tandis que l'on emmène ses comparses hors de la salle du tribunal.

Les condamnés regagnent leur cachot où, par mesure de sécurité, on les attache par le pied avec une grosse chaîne fixée au lit de camp. Chacun doit rester couché sur sa paillasse.

À plusieurs reprises, l'annonce de leur exécution révolutionne la prison. Ce ne sont que des rumeurs avant que n'arrive le mardi 12 juin.

Le pourvoi ayant été rejeté, l'exécuteur des arrêts criminels fait dresser l'échafaud sur une place publique de Saint-Martin-le-Gaillard. La foule piétine en attendant que le couperet dégringole à quatre reprises des montants de bois peint en rouge sombre.

« Si encore on me laissait vivre quinze jours pour découvrir les assassins ! pleurniche le patriarche. Je réponds de moi et de François, mais pas des autres ! »

La charrette transportant les futurs suppliciés au pied de l'échafaud attend ses passagers. Le cheval fait quelques pas et stoppe brutalement. Il ne veut plus avancer. Dans la foule, les clameurs s'amplifient :

« Ils sont innocents !

– C'est le père Fournier qui fait ses tours ! »

On va quérir deux autres charrettes. Fournier père étrenne « la bascule à Charlot », suivi de François, Napoléon et Toussaint.

Les têtes sont expédiées à l'hôpital Saint-Yon de Rouen pour examen. Un employé municipal enterre à la va-vite les cadavres tronqués dans une fosse commune du cimetière municipal.

Si la famille Fournier est disloquée, son souvenir reste présent dans les mémoires, et ce pour de nombreuses années encore. Ainsi, lorsqu'en 1839, l'administration met en vente leurs biens, la maison ne trouve pas acquéreur. Le lieu est considéré comme maudit. Dans un village voisin, un chasseur découvre par hasard un cadavre enterré depuis belle lurette. La rumeur impute le meurtre aux Fournier.

En 1847, enfin, une grange prend feu. L'origine de l'incendie est criminelle. On arrête la pyromane : une fille Fournier. Les assises du département la condamnent à dix ans de prison.

Peu à peu cependant, le temps fait son œuvre et les traces de cette famille peu ordinaire se perdent dans la mémoire collective. Le clan Fournier, malgré l'horreur de ses crimes, ne pouvait soutenir la comparaison avec un Mandrin ou un Landru.

Eddy Simon,
Les Grandes Affaires Criminelles de Seine-Maritime, 2006.

La justice en balance

Affaire Emmanuel Busnel, Pont-Farcy
Cour d'assises du Calvados, 18 et 19 mai 1846

« Ce 14 octobre 1845, j'étais tranquillement chez moi à nettoyer mon fusil de chasse quand on toqua à notre porte. Ma femme, affairée à la cuisine, alla ouvrir. Je jetai un coup d'œil : deux gendarmes la saluaient, raides et un peu compassés.

« "Madame Harmand ?

« – Euh, oui... C'est pour quoi ?

« – Nous désirerions parler à votre mari..."

« Je posai l'écouvillon et me dirigeai vers les deux hommes à qui je tendis la main.

« "Bonjour, messieurs, c'est moi... Que puis-je pour vous en cette heure matinale ?

« – Nous avons une convocation pour vous, monsieur, il faudrait nous suivre à la gendarmerie...

« – Maintenant ?

« – Oui, s'il vous plaît."

« Ma femme tenta de s'interposer :

« "Mais pourquoi ? Qu'a-t-il fait ? Qu'est-ce qui se passe ? Vous n'avez pas le droit...

« – Laisse, lui dis-je, ça ne doit pas être bien grave. Je serai bientôt rentré. Allez, ne t'en fais pas !"

« Durant le trajet, j'essayai de comprendre le pourquoi de cette interpellation. Je tentai de questionner les gendarmes, mais ceux-ci restèrent très évasifs, se réfugiant derrière la phrase bien commode :

« "On ne sait pas, nous, on obéit aux ordres..."

« Pourtant, j'avais le sentiment d'être plutôt bien accepté dans cette petite bourgade du Calvados, limitrophe de la Manche. Pendant plusieurs années, j'avais tenu un commerce à Paris et j'avais correctement mené mon négoce, si bien que j'avais amassé une coquette petite fortune, assez pour me retirer des affaires et vivre de mes rentes. Il y a dix-huit mois, ma femme et moi avions acheté une sorte de maison de maître à Pont-Farcy, et nous nous y étions installés avec le reste de la famille. Enfin, à quarante-trois ans, j'allais quitter Paris, son bruit et ses tracas, et j'allais alors pouvoir m'adonner à mon loisir favori, la chasse ! Ma femme et moi, nous n'avions pas tardé à nouer quelques relations, et mes enfants menaient une vie au grand air inconnue d'eux jusqu'alors. Nous étions aimés et respectés, alors, que me voulait-on ? »

Quelques jours avant, le 3 octobre 1845. À 8 h 30 en ce matin d'automne, la petite Marie Esther, dite « Legras », avait conduit les bestiaux dans un herbage, près d'un bois. La gamine n'avait que onze ans, mais elle était d'une famille si miséreuse que le sieur Lebrun, un des notables de Pont-Farcy, pris de pitié pour cette pauvrette, avait décidé de lui faire gagner quelques sous en lui confiant ses bêtes à garder pour la journée. Vers 3 heures de l'après-midi, Élisabeth Deshaies, la servante de M. Lebrun, vint apporter son repas à Marie : des galettes de sarrasin dans une écuelle. Élisabeth plaisanta avec la petite qui était plutôt farouche, sauf avec elle. À 5 heures, M. Lebrun demanda à son domestique, un certain Mauger, d'aller chercher un cheval dans le troupeau que gardait Marie et, éventuellement, de l'aider à rentrer les bestiaux. Arrivé à la pièce de terre, pas de gamine !

« Bon sang, Marie, où donc que t'es passée ? T'as laissé les bêtes toutes seules ! Marie ! Marie ! Réponds ! »

Mauger aperçut à ce moment, au pied d'un chêne, le panier à provisions et la gamelle vide, et, un peu plus loin, en bordure de la haie, la petite qui semblait endormie, allongée dans ses haillons. Il s'approcha... et, comble de l'horreur, se rendit compte que Marie Esther ne dormait pas, mais qu'elle baignait dans une mare de sang ! Épouvanté, il hurla et appela au secours. En vain, il n'y avait personne alentour. Alors, il courut au village et se précipita chez M. Thouroude, le médecin de Pont-Farcy.

« Venez vite, docteur ! La petite Marie... On l'a tuée... Là-bas... près du bois... y a du sang partout... »

Aussitôt, la nouvelle se répandit, et tout le village fut en émoi. Quelques minutes plus tard, le docteur Thouroude, le maire, M. Paris et M. Lebrun, guidés par le commis Mauger, se rendaient sur les lieux et découvraient le corps de la petite Marie Esther, les jupes à moitié relevées. Le médecin se pencha sur le petit cadavre et ôta avec précaution le chiffon qui cachait le cou de la victime.

« Elle est encore tiède... La pauvre enfant a été égorgée ! Regardez, la plaie, ici... La partie supérieure de la trachée-artère a été sectionnée... Il y a aussi des marques sur ses bras, et, là, l'empreinte d'une main ensanglantée sur la cuisse droite, comme si... Mais le médecin légiste sera plus à même de nous dire... »

Peu après, une charrette venait chercher le corps... Chose étonnante, en route, le conducteur avait croisé Emmanuel Busnel, le fils d'un cultivateur de Pont-Farcy, qui, lui, s'en retournait au village. Le brave homme le connaissait bien, l'Emmanuel, et il s'apprêtait à lui apprendre ce qui était arrivé quand l'autre, « tout *songeux* », était passé à côté de lui sans rien dire, semblant même ne pas le voir.

Quelques jours plus tard, les résultats de l'autopsie révélaient des détails atroces, témoignant de la sauvagerie peu commune avec laquelle l'assassin avait traité Marie. La malheureuse enfant avait été égorgée, la trachée-artère sectionnée. L'assassin s'y était repris à deux fois. En outre, *ante mortem*, il y avait eu viol et, *post mortem*, pénétration des parties sexuelles par un objet disproportionné, quelque chose comme, par exemple, le manche d'un couteau ou d'une faucille. Cela était attesté par « la fourchette[1]

---

1. *« Commissure postérieure des grandes lèvres de la vulve. »*

déchirée, l'épanchement de gouttes de sang dans la fosse naviculaire et la membrane de l'hymen brisée en quatre lambeaux ».

« Ce même jour du 14 octobre 1845, je supposais que les gendarmes voulait m'entendre à propos de mes chiens qui, parfois, quand je chassais, avaient tendance à vagabonder çà et là, ce qui n'était pas du goût de l'un de mes voisins. Mais j'étais loin du compte. Le brigadier de Pont-Farcy m'apprit que, l'après-midi même, je serais transféré à Vire, où un juge d'instruction m'interrogerait au sujet du meurtre d'une gamine dont on avait trouvé le cadavre, le 3 octobre dernier, près du bois où j'avais coutume de chasser… Ah ! Ça, alors ! Je n'y croyais pas ! Et pourtant… je me retrouvai bel et bien le jour même incarcéré à Vire.

« "Monsieur Harmand, me dit le juge d'instruction de Vire devant qui je fus présenté le lendemain, je suis chargé d'enquêter sur le meurtre de Marie Esther, dite 'Legras', survenu le 3 octobre dernier, près des bois où vous chassez habituellement. Pouvez-vous me donner votre emploi du temps de ce jour-là ?

« – Le 3 ? C'est-à-dire il y a une douzaine de jours ? Attendez… Attendez… Eh bien, j'ai dû aller à la chasse avec mes chiens… et, comme d'habitude, je dois être rentré chez moi vers 11 heures du matin… Mais j'avoue que je ne sais plus très bien…

« – Et après ?

« – J'ai dû m'allonger sur mon lit, parce que cela fait une quinzaine de jours que j'ai des crises de maux de tête… Je suis sujet à des fièvres cérébrales…

« – Et vous n'êtes pas ressorti de chez vous ?

« – Cela m'arrive… Mais, ce jour-là précisément, je ne sais plus… Comment voulez-vous que je m'en souvienne ?

« – Pourtant, on a entendu vos chiens dans l'après-midi près du bois…

« – C'est possible, mais je ne saurais vous dire… Pourquoi ?

« – La gamelle de la petite Marie Esther a été retrouvée entièrement propre, comme si elle avait été léchée et nettoyée par un chien… Cela pourrait laisser penser que vous vous trouviez dans les bois, non loin du lieu du crime, vers 4 heures…

« – Vous savez, toutes mes journées à la campagne se ressemblent... Comment vous dire si, ce jour-là... ? Et d'abord, cette gamine dont vous parlez, je ne la connaissais même pas...

« – Ce n'est pas une raison..."

« J'étais sincère. Je ne me souvenais plus, à cause de mes maux de tête, si j'étais ou non ressorti l'après-midi. Et comme c'était une semaine où ma femme était allée chez des cousins à Caen, je n'avais aucun témoin pour m'aider à m'en souvenir.

« "Je ne sais pas quoi vous dire, monsieur le juge, c'est horrible, certes, mais je n'ai rien à voir avec cette histoire ! Ce n'est pas moi ! Je vous assure que, ce jour-là, je devais être tranquillement chez moi à l'heure dont vous parlez. Mais, je le reconnais, j'étais seul et, de ce fait, je ne peux évidemment pas le prouver.

« – Il est en effet très regrettable que vous ne puissiez pas fournir de témoins... En attendant de plus amples informations, je suis dans l'obligation de vous mettre en garde à vue..."

« Ce fut le début d'un chemin de croix invraisemblable. Je subis je ne sais combien d'interrogatoires au cours desquels je ne pus dire autre chose que ce que j'avais dit la première fois. Je ne me souvenais pas de mon emploi du temps du 3 octobre, qu'est-ce que j'y pouvais ? On compara ma main avec l'empreinte sanglante qu'on avait, paraît-il, trouvée sur la cuisse de la petite Marie Esther. Heureusement, ce ne fut guère probant : ma main était trop grande. Cela n'empêcha pas que, malgré les témoins qui vinrent attester ma bonne moralité et la probité de mes mœurs, on me maintint sous les verrous quatre mois. Quatre mois ! Quatre mois pendant lesquels, à cause de l'enfermement, de la solitude et de mes maux de tête, il m'arrivait, certains jours, de ne même plus savoir ce que je disais ! Je gardais, malgré tout, durant ce temps, un petit espoir. Par mon avocat-conseil, j'avais appris que, dès le 19 octobre, la justice avait incarcéré un autre suspect, un certain Busnel, que je connaissais vaguement. Ainsi, elle courait deux lièvres à la fois ! Et comme j'étais sûr de mon innocence... »

Dès la découverte du meurtre, les enquêteurs avaient consigné le moindre détail qui pourrait ouvrir une piste. C'est ainsi qu'ils en étaient venus à suspecter le sieur Harmand : la proximité des bois où il chassait, l'écuelle qui paraissait avoir été léchée par un chien, le flou de son emploi du temps les avaient alertés. En même temps, ils s'intéressèrent à un autre villageois : Busnel.

Emmanuel Busnel, fils d'un cultivateur aisé, avait la réputation déplorable de quelqu'un de libidineux. Il débitait régulièrement des obscénités aux villageoises et cherchait constamment à leur tripoter un sein par-ci, une fesse par-là. Il n'était femme ou fille de Pont-Farcy qui n'eût eu à souffrir de ses privautés. L'après-midi du crime, il se trouvait dans une pièce de terre non loin de l'herbage où Marie Esther paissait les bestiaux. Il soutenait que, vers 4 heures, comme il avait un peu trop bu, il dormait à poings fermés, et n'était retourné à Pont-Farcy que vers 7 heures du soir. Il en voulait pour preuve le témoignage des deux commis qui étaient avec lui, Aumont et Levillain.

Malheureusement pour lui, cinq personnes au moins affirmaient l'avoir vu revenir au village vers 6 heures et repartir ensuite pour la pièce de terre. Deux dames, les femmes Gernigon (près de la barrière au Seigneur) et Desrues, lui avaient parlé du crime qui venait d'être découvert : il n'avait rien répondu et, bizarrement, il tenait de ses deux mains le bas de sa blouse replié, comme s'il cachait quelque chose. Thomas Gorot l'avait vu laver ses bottes dans la rivière, puis repartir à toute vitesse vers le champ. Il paraissait curieux aussi qu'il n'eût pas dit un mot au conducteur de la charrette qu'il avait rencontré se rendant chercher le corps. Le soir, chez Mme Lepileur, contrairement à tous les villageois qui ne parlaient que de cela, lui avait cherché à détourner la conversation de ce sujet. Le 4, Busnel avait dit à quelqu'un que l'assassin, avec un couteau ou une faucille, s'y était repris à deux fois pour égorger la petite, détail que l'autopsie n'avait pas encore révélé. Le 6, les lessivières avaient trouvé dans le linge de la famille Busnel une chemise d'homme ensanglantée. Emmanuel s'était justifié en prétendant qu'il s'était blessé au doigt en août, mais les femmes n'avaient pas été dupes : le fait que le sang s'était dilué immédiatement prouvait bien que ces taches étaient récentes. Enfin, le 16, la petite sœur du suspect avait laissé échapper que, le 3, elle avait vu son frère revenir à la ferme vers 6 heures du soir pour se débarrasser d'une blouse où il y avait tout plein de sang.

Le 19 octobre, Emmanuel avait été à son tour incarcéré à la maison d'arrêt de Vire.

« Je ne saurais dire combien grande fut ma joie quand mon avocat m'annonça au parloir, fin février 1846 :

« "Bonne nouvelle, monsieur Harmand ! Vous allez être libéré. La chambre du conseil de Vire va rendre incessamment une ordonnance de non-lieu vous concernant.

« – Enfin ! Cela fait quatre mois que je clame mon innocence ! Alors, cela veut dire que c'est le Busnel qui a fait le coup ?

« – Non... Détrompez-vous...

« – Comment cela ?

« – Busnel a été arrêté et interrogé comme vous. Comme pour vous, on a comparé sa main avec l'empreinte sur la cuisse droite de la petite Marie Esther. Le résultat a été douteux. Du coup, la justice n'a aucune preuve décisive contre lui. Il va bénéficier lui aussi d'une ordonnance de non-lieu.

« – Je ne comprends pas...

« – J'ai l'impression que le procureur du roi, qui, je vous l'ai dit la dernière fois, vient récemment d'être nommé à Vire, n'a pas envie d'inaugurer sa charge en prenant le risque d'une erreur judiciaire... Alors, malgré toutes les présomptions qui pèsent contre Busnel, la justice préfère encore le libérer..."

« Busnel et moi nous retrouvâmes donc dehors... Pas pour longtemps, car, bien que les magistrats de Vire eussent décidé à l'unanimité qu'il n'y avait lieu de poursuivre ni l'un ni l'autre, la cour royale de Caen ordonna un supplément d'instruction et, pour ce faire, désigna deux nouveaux magistrats. De nouveau emprisonnés, Busnel et moi fûmes derechef interrogés. À n'en pas douter, pour les magistrats instructeurs, l'un de nous deux était coupable, mais lequel ? J'eus la chance que, cette fois, on me crût quand je réaffirmai n'être pour rien dans cette affaire. Au bout de seize jours, la probité de mes mœurs fut reconnue, et je fus libéré... définitivement ! Ouf ! »

Les deux magistrats désignés par Caen n'avaient pas chômé. Non seulement ils avaient repris et vérifié chacun des témoignages, dressé un plan des lieux, établi minutieusement la chronologie des déplacements des uns et des autres, mais encore ils avaient élargi le champ de leurs investigations en écoutant ce que les habitants de Pont-Farcy avaient éventuellement à dire. Il leur parut évident que Busnel mentait quand il disait ne pas être retourné chez lui dans l'après-midi du 3 octobre. Nombre de témoins affirmaient le contraire, seuls ses deux commis le soutenaient. Il y avait aussi cette histoire de chemise – ou de blouse – ensanglantée... En outre, à la suite de sa nouvelle incarcération, les langues se délièrent. Ainsi, après le non-lieu, comme ragaillardi d'avoir échappé à la justice, Busnel s'était rendu chez une certaine Valentine Marion (qui avait juré l'avoir vu quitter la pièce de terre), lui avait tenu des propos « d'une obscénité révoltante », témoignant de « tous les degrés du vice », et s'était livré sur elle à des attouchements impudiques. Et quatre femmes – dont trois maintenant mariées – révélèrent avoir été victimes, dans un passé plus ou moins récent, de la lubricité du jeune homme.

À la suite de quoi, bien qu'ils n'eussent toujours qu'un faisceau de présomptions, les deux magistrats, raisonnant par induction, conclurent qu'il y avait lieu d'inculper Busnel d'attentats à la pudeur, d'homicide et de viol de Marie Esther, et de mutilation de cadavre. Monsieur Dangerville, l'un des deux nouveaux juges d'instruction, qui rédigea le rapport et transmit le dossier à Caen, terminait par cette phrase :

« Busnel est un homme pour lequel rien n'est sacré, ni la vie, ni la mort. »

« Bien entendu, les 18 et 19 mai 1846, jours prévus pour le procès de Busnel devant les Assises du Calvados, j'étais là. Je n'aurais voulu pour rien au monde rater cela, l'affaire m'avait touché de trop près. De toute façon, pour une raison qui m'échappait – car je n'étais pas cité comme témoin, puisqu'il était établi maintenant que tout ce qui concernait ce drame m'était étranger –, moi, “le sieur Harmand”, j'avais été convoqué à l'audience.

« La salle était pleine à craquer quand, à 10 h 30, le conseiller Lemenuet, qui présidait, ouvrit la séance. Tout de suite, on tira au sort le jury et on ajouta, étant donné la longueur prévue des débats, deux jurés et un quatrième conseiller suppléants. Soixante-cinq témoins cités pour l'accusation, quarante pour la défense ! Puis ce fut la lecture de l'acte d'accusation. Quel *pensum* ! En regardant Busnel – que je connaissais à peine – tassé sur son banc, front saillant, yeux brillants et sombres, un petit collier de barbe rousse, je me disais qu'il s'en était fallu de peu que je fusse à sa place, et j'en frémissais.

« Après l'interrogatoire d'identité, le président annonça que les attentats aux mœurs sur la fille Louise Allain (dix ans au moment des faits) et sur Anne Lelevé (dix ans à l'époque), datant d'il y a quatre ans ; les paroles et gestes obscènes envers Léocadie Lemenorel, à présent femme Lucas ; les attouchements lubriques sur Nathalie Desrues, en septembre 1845, seraient jugés à huis clos. On nous pria d'évacuer. Nous revînmes dans la salle à 2 heures de l'après-midi pour l'homicide volontaire et le viol de Marie Esther, mineure de moins de quinze ans. C'était la première fois que j'assistais à un procès. Tout ce que cela pouvait avoir de théâtral m'impressionna fortement.

« L'avocat général fit distribuer un plan des lieux afin que chacun pût s'y retrouver dans les déplacements des uns et des autres, tant cela était complexe. Jamais je n'aurais imaginé que l'on cherchait à reconstituer avec autant de précision affreuse la matérialité des faits. La palme de l'horreur dans l'après-midi revint au médecin légiste, qui ne nous épargna aucun détail anatomique et de l'égorgement, et du viol, et des mutilations infligées au cadavre avec, semblait-il, un manche de faucille. Je ne comprenais pas tout ce qu'il disait, mais ce que je comprenais me suffisait largement, j'aurais voulu être à cent lieues ! Heureusement, plus tard, l'affrontement entre les deux commis de Busnel père et le président Lemenuet détendit quelque peu l'atmosphère. Celui-ci était persuadé qu'Aumont et Levillain mentaient en affirmant que Busnel était demeuré tout le temps avec eux dans la pièce de terre, ce que contredisaient au moins cinq autres témoins.

« “Le code pénal punit le faux témoignage de cinq à vingt ans de travaux forcés... Alors, réfléchissez à ce que vous dites...

« – C'est la vérité vraie que j'dis... répondit Aumont en regardant désespérément du côté de Busnel fils, qui, lui, demeurait la figure cachée dans ses mains.

« – Très bien ! Aumont, je vous mets en état d'arrestation, cela vous laissera le temps de réfléchir... Gardes, emmenez-le !”

« Quelques minutes plus tard, *bis repetita* avec Levillain, tout éberlué que le ciel lui tombât pareillement sur la tête. Enfin, vers 7 heures du soir, le président me fit appeler à la barre. Je m'avançai, penaud, me demandant bien ce qu'on me voulait. Et voilà le magistrat qui proclame bien haut qu'il convient que je sois publiquement réhabilité et lavé de tout soupçon, que mes quatre mois d'emprisonnement à Vire ont été une erreur regrettable. Et l'avocat général Caussin de Perceval de lui faire écho ! Et la foule d'applaudir ! Je buvais du petit-lait, j'avais la tête dans les étoiles... Aussitôt après, l'audience fut suspendue.

« Le lendemain matin, ma convocation me servit de nouveau de laissez-passer pour entrer dans la salle et prendre place dans les premiers rangs. Suite et fin de l'audition des témoins, à l'issue de laquelle le président Lemenuet fit revenir Aumont et Levillain.

« "Maintenez-vous vos déclarations d'hier ?

« – Euh... Euh... C'est que... Oui, monsieur le président..."

« Ils se retrouvèrent immédiatement expédiés en prison. L'après-midi, l'avocat général prononça son réquisitoire. Il fit de Busnel le portrait d'un individu "à la conduite dissolue", accumulant les turpitudes, "d'une débauche et d'un cynisme révoltants". Pour lui, il n'y avait aucun doute : ce monstre était l'assassin de la petite Marie Esther. Puis, un frisson d'horreur parcourut la salle quand il retraça les moments de l'assassinat, le viol de l'enfant vivante et les mutilations honteuses de son corps après sa mort. Ce qu'il dépeignait était épouvantable et soulevait le cœur. Enfin, il conclut en demandant la peine capitale.

« Après cela, je me demandais ce que Me Bayeux, qui avait été commis d'office, pourrait bien dire pour la défense de son client. Je ne dus d'ailleurs pas être le seul... Si j'ai bien compris son raisonnement, il s'appuyait sur le fait que l'accusation n'avait apporté aucune preuve décisive que c'était bien Busnel l'auteur du crime pour poser une question fondamentale : "Est-ce qu'on allait condamner Busnel parce qu'il pourrait l'avoir fait ou parce qu'il l'avait fait réellement ?" Et il s'efforça de jeter le doute sur tout. Il rappela, après m'avoir rendu, lui aussi, hommage au passage, que la justice à Vire avait hésité. Si elle s'était trompée dans mon cas, pourquoi ne se serait-elle pas aussi trompée à propos de Busnel ? Il cita un poète – lequel ? Je l'ignore – : "Devine si tu peux, choisis si tu l'oses." Mais, précisément, les juges de Vire n'avaient pas osé. Les preuves ? Il n'y avait qu'un faisceau de présomptions. Il eut alors une formule – une métaphore, je crois, sans doute très belle, mais un peu trop subtile pour moi, je l'avoue – : "Quand on laboure les champs de l'imagination, on récolte des suppositions qui sont des présomptions dont on veut faire des preuves." Je pense qu'il voulait dire par là qu'il ne fallait pas s'abuser et que le doute devait profiter à l'accusé. Finalement, il concéda que, à supposer que Busnel fût l'assassin – l'avocat devait sentir combien pesaient les témoignages concordants sur la personnalité de son client –, ce ne pouvait être que suite à un moment de folie. Busnel avait peut-être prémédité le viol, mais certainement pas l'assassinat, c'est pourquoi le défenseur demandait les circonstances atténuantes. Quoique j'eusse eu parfois du mal à suivre les méandres de la pensée de Me Bayeux, j'eus le sentiment qu'il ne s'en était pas trop mal tiré. Il n'empêche que, à la fin de sa plaidoirie, je n'aurais, en mon for intérieur, pas donné cher de la tête de son client. L'audience fut alors suspendue.

« À 8 h 30 du soir, à la reprise, il y avait encore deux ou trois mille personnes à attendre place des Tribunaux. Il fallut deux heures au président Lemenuet pour résumer l'essentiel des débats, si bien que le jury ne se retira pour délibérer que vers 11 heures. Quand il revint, à 1 h 10 du matin, il répondit par l'affirmative à toutes les questions qui lui avaient été posées et ne fit mention d'aucune circonstance atténuante. Busnel, debout, le visage impénétrable, écouta la Cour le condamner à la peine capitale. Mais quand le président lui demanda s'il avait des observations à faire, il chancela et dut se cramponner aux barreaux du banc.

« J'avoue que, quelle que fût l'horreur de ce qu'il avait commis, cela me remua singulièrement l'âme et les sens d'entendre, là, devant moi, un homme être condamné à mort. J'en frémis encore... »

Lionel Acher et Brigitte Sesboüé,
Les Nouvelles Affaires Criminelles du Calvados, 2009.

Le secret de Justine

Affaire Neveu, 1872-1873

NOVEMBRE 1872 dans la côte de Canteleu. La nuit est d'un noir anthracite et le froid perce sous les vêtements. Un homme marche rapidement pour regagner son domicile. Matin et soir, il emprunte ce chemin qui le conduit de chez lui à son lieu de travail. C'est le plus court, le plus tranquille. Les jours de beau temps, on profite pleinement de l'endroit où alternent arbres et bosquets. Seuls les gens du coin connaissent et apprécient.

Le marcheur presse le pas en ce début de soirée. Vivement la soupe chaude au coin du feu !

Un bruit, puis plus rien... sans doute un chien errant.

À nouveau, comme un râle.

Pas celui d'un animal, plutôt un être humain.

L'homme cherche du regard, tente dans la pénombre de percevoir quelque chose, une forme. Peu de lumière dans ce coin perdu, et la lune qui tarde à se montrer ! Le gémissement à nouveau... Le marcheur se guide sur lui et bute contre quelque chose de mou : horreur, il s'agit d'un bras, puis d'une tête d'enfant, écrasée, rendue méconnaissable sous les coups.

Malgré la bile qu'il sent monter en lui, l'homme se penche et identifie un gamin de dix ans tout au plus, comme l'indiquent sa taille et ses vêtements. Il peut même lui donner un nom : Delphin Luce.

Mais ce n'est pas Delphin qui râle. Une jeune fille gisant dans un fossé, à quelques mètres de là, halète comme une louve blessée. Elle a été sévèrement battue. Justine Boulard, âgée de vingt-deux ans, lutte à présent pour retenir un filet de vie s'échappant à travers mille plaies. Les deux jeunes travaillent chez un retordeur du coin. Ils devaient être sur le chemin du retour quand on les a attaqués.

9 h 45. M. Luce ouvre sa porte à un homme affolé, essouflé, gesticulant comme un beau diable. Luce comprend qu'il s'agit de son fils à qui est arrivé un drame. Les deux hommes partent en courant. Le garde champêtre, prévenu par des voisins, se transporte également sur les lieux. Il fait si sombre que l'on a du mal à retrouver les deux corps. Des marques de sang coagulé mettent la petite troupe dans la bonne direction. Le père de famille hurle sa colère devant l'indicible.

L'agresseur a dû traîner les jeunes, comme l'indiquent les traces sur le sol. Pour assassiner le jeune Delphin, il s'est probablement servi d'un outil de menuisier, déduit le garde-chasse.

Justine continue de gémir. On la porte chez ses parents alors que Luce, le visage tordu par la douleur, prend en charge la dépouille de son fils. Le malheur vient de frapper doublement Canteleu. C'est une horreur sans nom qui s'est déroulée dans la nuit du petit chemin. Les villageois, de plus en plus nombreux sur le lieu du crime, crient vengeance. La chasse à l'homme est ouverte !

Justine Boulard, soignée, pansée par des infirmières improvisées mais attentives, recouvre peu à peu ses esprits. On l'interroge. Non, elle ne connaît pas l'agresseur. Elle ne l'avait jamais vu avant ce jour fatal. Elle décrit un individu d'une quarantaine d'années, fort physiquement. Il aurait des favoris qui lui mangent la moitié du visage. La jeune femme indique que l'assassin était habillé d'une blouse bleue, d'un pantalon gris et qu'il tenait au bras droit un autre vêtement. Décidée à témoigner pour confondre le tueur, la blessée, entre deux cris de douleur, explique que le bonhomme les avait suivis pendant un certain temps avant de les doubler, elle et le gamin. Il s'était arrêté pour uriner devant eux. Il chantonnait.

Guère rassurée par cette attitude, Justine avait pressé le pas, imitée par Delphin. Lorsqu'ils arrivèrent à hauteur de l'individu, ce dernier à l'aide d'un objet contondant et tranchant frappa violemment le garçon qui s'écroula, sans un cri, tué sur le coup. Affolée, Justine s'était mise à courir, poursuivie par le fou furieux. Avec le même instrument, il la frappa, lui assenant ensuite coups de poing et coups de pied pour la faire taire… Il la traîna sur le sol et la jeta, évanouie, sur le bas-côté.

Épuisée par la confession, la demoiselle sombre à nouveau dans l'inconscience. Son corps tremblant est embrasé par la fièvre.

Le père de la blessée, le garde champêtre et quelques hommes du village présents tentent de comprendre. Boulard sait que sa fille garde sur elle son porte-monnaie et une montre. On fouille les vêtements. Les maigres biens sont toujours en place. Alors pourquoi cette sauvagerie ? Il n'y a pas eu viol, juste un déchaînement de violence, comme si les portes de l'enfer s'étaient brusquement ouvertes sur deux innocents. On ne sait que penser.

Le lendemain matin, Canteleu se réveille avec la gueule de bois. Les habitants ne parlent que de la tragédie de la veille. La peur qu'un tueur rôde dans les parages se mue en panique.

« Quand on pense que le petit devait bientôt aller à l'école… pleure une femme.

– Et elle qui devait se marier, elle n'aurait plus travaillé et n'aurait pas eu à prendre ce chemin maudit ! », renchérit une commère.

Le fiancé de Justine est effondré. Il reste au chevet de sa bien-aimée priant le ciel qu'elle se rétablisse au plus vite. Il ne semble pas entendu. L'état de santé de la promise ne connaît aucune amélioration. La fièvre l'hallucine. Elle revit dans ses cauchemars sa terrible agression.

Les médecins légistes autopsient le corps du garçonnet. Les gendarmes, fouillant la scène du double crime, cherchent des indices. Mais les nombreux passages de la veille ont brouillé les traces. Le village est investi par les militaires qui interrogent, vérifient les alibis des uns et des autres... Canteleu se serait bien passé d'une telle notoriété. Des hordes de curieux venus de Rouen et des communes environnantes envahissent également les rues, la grand-place. On flaire les traces de sang et dévisage tout paroissien à l'attitude suspecte. Certains se persuadent que l'assassin fait partie des badauds. Il est bien connu qu'il revient toujours sur les lieux de son crime !

Justine Boulard sort de son coma. Le procureur de la République, les gendarmes et les journalistes se précipitent à son chevet. Elle confirme son témoignage, précisant tel ou tel point concernant les circonstances de l'agression :

« Je disais à Delphin de partir en courant, murmure-t-elle entre deux sanglots, mais il est resté accroché à ma robe... »

Elle apporte un fait nouveau :

« L'inconnu avait un petit chien blanc qui l'accompagnait. J'ai remarqué son animal parce qu'il avait une clochette sur son collier.

– Vous seriez en mesure de reconnaître votre agresseur s'il était en face de vous ? » demande le procureur.

L'alitée soulève sa tête tuméfiée. Au fond de ses yeux passe un éclat sauvage :

« Je l'ai assez dévisagé pour ne jamais l'oublier ! »

Un portrait-robot est affiché dans les lieux publics. Le témoignage de la survivante ne répond toujours pas à la question lancinante du motif. Pas le vol, pas le viol... à moins que l'individu n'ait été dérangé avant d'avoir eu le temps d'accomplir son acte criminel ? Une éventualité qui devient probabilité.

Parmi les personnes interrogées, un contremaître travaillant pour la même entreprise artisanale que les deux victimes rapporte que le soir du crime, il est parti peu de temps après eux. Il a emprunté le même chemin. Il témoigne avoir entendu des cris et avoir vu un homme s'enfuir en direction de la côte. Selon lui, l'assassin a longé la Seine. En fouillant l'endroit, un militaire met la main sur une barre de fer. Un premier indice d'importance que le juge d'instruction fait examiner et verser au dossier.

Arrive l'inévitable temps des dénonciations. Dans la foule des badauds, un bourgeois porte des favoris. Se sentant dévisagé, il file chez un coiffeur du village et en ressort rasé. Ses traits se rapprochent du portrait publié dans la presse locale ! Il est arrêté, interrogé puis rapidement relâché. Autre témoignage : celui de la boulangère qui affirme avoir vu le soir du drame un homme fuir. Il portait une perruque de femme pour ne pas être reconnu. La déposition semble trop fantaisiste pour être retenue.

Le 23 novembre au matin ont lieu les funérailles du jeune Delphin. La petite église de Canteleu ne peut accueillir tous ceux qui tiennent à rendre un dernier hommage au garçon. L'émotion est à son comble et le prêtre a bien du mal à trouver les mots qui consolent.

Sur les visages, la douleur se mêle à l'incompréhension. Secrètement, les bons chrétiens ne souhaitent qu'une chose : faire payer l'assassin.

Le maire, ses adjoints, les notables du village, les ouvriers et les paysans escortent le petit cercueil. Tous sont graves, recueillis. Le père s'effondre sur la tombe de son fils et hurle au ciel son désir de vengeance !

Noyé volontaire ! À Saint-Sever, un homme de quarante ans est repêché dans la Seine. On témoigne l'avoir vu plonger. Il correspond physiquement au suspect recherché par toutes les polices du département. Le coupable aurait-il mis fin à ses jours, rongé par le remords ? L'enquête révèle qu'il s'agit d'un désespéré, lassé de l'existence par des problèmes de cœur. Fausse piste ! « Une de plus ! » pensent les plus blasés.

Rouen. Devant le palais de Justice patientent à longueur de journée curieux, journalistes et commères au verbe haut. Dès que la gendarmerie à cheval amène un homme, on en fait immédiatement le meurtrier de Canteleu. Les justiciers à la petite semaine n'hésitent pas à invectiver, agresser des voyous interpellés pour des faits tout autres. Il faut parfois mettre sabre au clair pour éviter aux prévenus un lynchage collectif.

Des semaines durant, la presse locale publie des affirmations aux relents de ragots invérifiables. Un rédacteur en chef, plus sage que ses confrères, s'en inquiète :

« Il est fort possible que ces témoignages n'aient rien de commun avec le drame lugubre qui s'est accompli, mais il n'est peut-être pas inutile de signaler le fait. Dans des affaires de ce genre, il n'y a pas de détails inutiles, hormis ceux qui sont purement du domaine du bavardage et dont le contrôle est impossible. »

Pendant ce temps, à Canteleu, les forces reprennent possession du corps martyrisé de Justine. La fièvre l'a quittée. Chaque jour, elle reçoit des mots d'encouragement, des fleurs. Les paysans patrouillent toujours dans les rues, arpentent les bois, les prés, gourdins et faux à la main. Le quotidien a retrouvé son cours mais le traumatisme perdure. Tant que le « monstre » ne sera pas capturé, le calme ne sera qu'apparent.

Et puis un jour, c'est officiel. Le garde champêtre l'annonce : l'assassin est sous les verrous !

Un jeune homme s'est rendu à la gendarmerie. En flânant dans les bois de Barentin, il est tombé sur un tas de vêtements ensanglantés. Les pandores se précipitent aussitôt sur les lieux. Le témoin n'a pas menti. Dans un coin traînent une chemise, un pantalon et une blouse tachés de sang. Quelqu'un s'est débarrassé de ses frusques compromettantes. Voilà plusieurs jours qu'on affirme avoir vu un homme rôdant dans les bois. Il aurait tenté de prendre un train pour Fécamp. Il a prétendu ne pas avoir assez d'argent pour payer son billet.

Dans le même temps, à Saint-Jean-de-Cardonnay un trimardeur s'arrête devant une maison. Il mendie au couple qui l'habite un verre d'eau. Généreux, les propriétaires lui proposent de venir le boire tranquillement chez eux. Mais l'hôte, observant attentivement les traits du roulier, fait le rapprochement avec le portrait établi par les autorités. Alors que l'inconnu étanche sa soif, le maître de céans se jette sur lui et l'immobilise. Sa femme alerte le voisinage :

« À l'aide, nous tenons l'assassin de Canteleu ! »

Les hommes accourent, manches retroussées, une trique ou une bêche à la main. Le suspect se laisse emmener sans résistance à la gendarmerie.

« Allez-y, je crains rien ! », répète-t-il aux militaires de Maromme qui le fouillent et lui passent les poucettes. On a trouvé sur lui un vieux couteau et un vieux pistolet, mais point d'argent.

Le suspect est transféré en train à Rouen où il subit un interrogatoire en règle. Les marques de griffures qu'il porte sur le visage datent de plusieurs jours.

« Comment t'appelles-tu ?

– Ernest-Alexandre Chenest.

– Où habites-tu ?

– Je suis de Sotteville mais j'habite Rouen.

– Profession ?

– Je suis saltimbanque. J'ai une baraque foraine *Le massacre des innocents.*

– Tu vis seul ?

– Nan, j'ai une femme et un gosse. »

Au sujet des égratignures, l'interpellé s'embrouille. Il prétend s'être battu avec une femme, puis quelques minutes plus tard soutient que c'est en démontant sa baraque foraine qu'il s'est fait une estafilade. Tant de contradictions confortent les gendarmes : ils détiennent l'assassin du petit Delphin ! Autre preuve : sur les lieux de son méfait, l'homme a laissé des empreintes de pas attestant qu'il a un pied un peu plus petit que l'autre. On retrouve cette particularité chez Ernest-Alexandre.

Un juge d'instruction lui signifie son incarcération le soir même. La presse est informée. Dans les campagnes, on pourra dormir sur ses deux oreilles.

L'interrogatoire reprend le lendemain matin. La priorité est de savoir où se trouvait Chenest le jour du meurtre. Le vagabond prétend avoir séjourné à Pavilly. Personne ne veut le croire. Les gendarmes ainsi que le procureur mettent la pression. Au sujet des griffures, le douteux personnage donne une troisième version : il jure être tombé.

Il réintègre sa cellule de la prison Bonne-Nouvelle et entame, dans la foulée, une grève de la faim. Il crie son innocence, accusant la justice d'être partiale « avec le pauv'monde ».

Deux jours plus tard, la vérité éclate. Le présumé coupable n'en est pas un. Toutes ses explications, ses alibis ont été vérifiés. Des témoins dignes de foi certifient qu'il se trouvait bien à Pavilly le jour des agressions. Quant aux griffures, elles proviennent d'une chute. La justice relâche le misérable qui rejoint sa famille.

Le coup est rude ; la déception, immense. À Canteleu les habitants reprennent une bien illusoire chasse à l'homme. Des témoignages affluent à nouveau. Les seuls indices que détienne la justice sont les vêtements trouvés dans le bois de Barentin. Une bien maigre récompense après des jours de mobilisation, des heures d'interrogatoires, de vérifications.

Les jours succèdent aux jours. Un nouveau suspect fait la une des journaux : un voyageur de commerce ayant séjourné à Maromme et qui répond, une fois de plus, au signalement. Il est interpellé à Mortagne. Une fois de plus, l'alibi du soi-disant coupable est en béton. Il est relâché avec les excuses du juge. Y a-t-il un Dieu pour les meurtriers d'enfant ?

Justine Boulard, complètement rétablie, est priée pour la énième fois de replonger dans ses souvenirs. Son attitude laisse à penser que... C'est idiot, une intuition, mais quand le doute se faufile dans l'esprit d'un magistrat...

« Vous ne connaissiez vraiment pas votre agresseur ? demande avec insistance le procureur.

– Non, je ne le connaissais pas ! assure la jeune fille.

– Vous êtes prête à le jurer devant Dieu ?

– Je le jure ! »

Le sens des questions n'est pas innocent. Le juge instructeur est persuadé que l'agresseur est un proche. Les pistes concernant des étrangers au village de Canteleu ont toutes mené à une impasse. Et ce n'est pas la recherche d'un dénommé Dubois que l'on localise en Amérique qui inversera l'intime conviction de la justice.

Il fallait connaître le chemin, l'heure de passage des habitués, savoir où s'enfuir sans se faire repérer, bref, des pistes de réflexion qui conduisent à une quasi-certitude : seul un habitant de Canteleu peut être le « monstre ».

Mais pourquoi Justine mentirait-elle ? se demande le sous-brigadier de gendarmerie, qui, dans la seconde, trouve la réponse. C'est une évidence : Justine a peur.

Si son bourreau habite la commune, peut-être lui rend-il visite afin de s'assurer de son silence. Va-t-il jusqu'à la menacer ?

L'année nouvelle pointe son nez. Toujours pas de coupable à l'horizon ! Pourtant la vigilance des pandores ne s'est pas relâchée. La presse locale publie régulièrement des articles sur le sujet. On suspecte des quidams parmi les inconnus aux comportements jugés bizarres.

Justine repasse une nouvelle fois devant le bureau du juge d'instruction qu'une idée taraude depuis longtemps. Le magistrat a relu les dépositions des individus présents sur les lieux le jour de la double agression. Il les convoque à nouveau. Le contremaître Neveu qui a vu l'assassin s'enfuir, la boulangère qui a aperçu un homme travesti... Tous doivent répondre promptement au feu croisé des questions sans trop réfléchir...

La version de Neveu diffère soudain. Ses souvenirs s'embrouillent, ses mots hésitent. Son interrogateur jubile secrètement. Il a le sentiment d'arriver enfin au bout du tunnel :

« Vous dites avoir aperçu un homme s'enfuir ?

– Oui, j'ai entendu des cris, j'ai pensé que c'étaient des enfants qui s'amusaient et quand je me suis approché du talus, j'ai vu un homme s'enfuir, répond Neveu, se tortillant sur sa chaise, mal à l'aise.

– Pourtant vous dites avoir quitté la filature peu après Mlle Boulard et son jeune ami, vous auriez dû assister au drame ?

– Oui... heu, pas vraiment...

– Vous ne preniez pas ce chemin d'habitude pour rentrer chez vous. Pourquoi l'avez-vous fait ce soir-là ? »

Neveu prend un mouchoir dans sa poche pour essuyer la sueur qui coule le long de son visage :

« Je ne sais pas... parce que je voulais aller chez un ami... »

L'heure de vérité est proche, chacun le sent.

Mlle Boulard passe une dernière fois à la question. On lui dit connaître l'identité de son tortionnaire. Elle fond en larmes, blanche comme une morte. À demi-mot, elle reconnaît que le tueur de Delphin pourrait bien être le contremaître Neveu qui « tournait autour d'elle » depuis pas mal de temps.

Le juge pousse un soupir de soulagement. Il a enfin un coupable crédible et un mobile !

« Mme Neveu, pouvez-vous nous dire où se trouvait votre mari le soir des agressions ? » demande plus tard le procureur à l'épouse terrifiée qui ne peut répondre. Le domicile du couple est perquisitionné sans que rien de probant ne soit découvert.

Le 2 janvier, Neveu est interpellé. Le contremaître, depuis des mois, faisait des avances de plus en plus explicites à Justine. Sans succès. La damoiselle le repoussait, gentiment, puis fermement. Comment aurait-elle pu, à vingt-deux ans, accepter les propositions d'un homme de plus de quarante ans ? N'était-elle pas d'ailleurs fiancée avec un garçon de son âge ?

Neveu ne fut pas beau joueur. Voir chaque jour à l'usine son impossible amour rire, chanter devenait une vraie souffrance. Un soir de novembre, n'y tenant plus, l'amoureux éconduit laissait ses démons l'envahir et guider la partie la plus noire de son âme.

Neveu s'arrête pour satisfaire un besoin qu'il pourrait faire ailleurs. Lorsque les jeunes passent devant lui, il sourit étrangement. Justine panique, commande au gosse de fuir. Delphin ne comprend pas et s'accroche à sa robe. Le quadragénaire tente de déshabiller sa proie qui se débat, griffe. Ivre de rage, le satyre frappe de ses poings. Justine tombe au sol. Le gosse hurle, appelle au secours. Le contremaître sort un outil de sa poche et frappe comme un boucher.

Il n'a pas le temps d'abuser sexuellement de Justine. Au loin, du monde arrive. Il court jusqu'à la forêt de Barentin où il se débarrasse de ses frusques tachées de sang, avant de rentrer chez lui.

La découverte du carnage met le village en émoi. Le tueur se mêle à la foule des vengeurs, lève le poing comme eux...

Le secret de Justine

Justine, par peur, par honte et par culpabilité tout simplement, n'a pas voulu dénoncer son bourreau. Elle se sent coupable de la mort de Delphin, coupable d'avoir provoqué le désir du contremaître, d'avoir, à l'occasion, profité de son ascendant sur lui pour obtenir de meilleures conditions de travail...

La nouvelle fait sur Canteleu l'effet d'une bombe. Chacun veut lyncher le coupable. On réclame sa tête ! Là, tout de suite !

Lors du procès ouvert aux assises de Rouen, la salle d'audience est pleine à craquer. Il faut aux forces de l'ordre patience et diplomatie musclée pour calmer une vindicte populaire avide de justice expéditive.

Justine témoigne et bouleverse jurés et magistrats. Le père Luce promet à l'assassin de son fils qu'il le tuera de ses propres mains. L'émotion côtoie la haine. Neveu ne bronche pas, ne se justifie pas, n'explique rien, acquiesce à toutes les accusations. Dans la presse, on relaie le sentiment général : il faut châtier le tortionnaire sans faiblesse.

Les jurés se font l'écho de la *vox populi* en condamnant Neveu à la peine de mort. Le verdict est salué par les applaudissements d'un public satisfait.

L'assassin sauve pourtant sa tête. Le tout nouveau président Mac-Mahon commue la condamnation en travaux forcés à perpétuité.

Eddy Simon,
Les Grandes Affaires Criminelles de Seine-Maritime, 2006.

La preuve que le mauvais goût ne date pas d'aujourd'hui...
(Collection des auteurs.)

Les amants terribles

Affaire M.-L. Maurissette, veuve Aveline
et A. Garnier, Foulognes
Cour d'assises du Calvados, 21 novembre 1884

« Ô MON BEL ARTILLEUR, serre-moi fort contre toi, roucoulait Marie-Lucie en se lovant contre la poitrine de son amant. – Ô ma douce », ronronnait en retour le beau militaire, en refermant les bras sur le corps menu de sa maîtresse.

Marie-Lucie entreprenait alors de défaire un à un les brandebourgs de la veste d'uniforme d'Auguste, entrecoupant la chose de baisers enflammés. Lui, tel le servant se saisissant d'un obus, posait ses mains bien à plat sur le postérieur de son aimée et en épousait les rondeurs. Quelques minutes plus tard, tantôt ils se retrouvaient nus sur le lit de la chambre spartiate de l'ordonnance du général Desplax, au second ; tantôt Marie-Lucie se laissait trousser sur le lit conjugal, au premier, demeurant dans sa petite robe noire pour le cas où sa patronne, une vieille demoiselle de quatre-vingt-deux ans, heureusement de plus en plus sourde, l'appellerait.

De bien agréables scènes en vérité, telles que les amants auraient voulu en vivre plus souvent, s'ils n'avaient dû prendre de multiples précautions et si saint Valentin leur avait été plus favorable...

Ils s'étaient rencontrés de la manière la plus banale qui fût : dans l'escalier. Le général Desplax, en garnison à l'école d'artillerie de La Fère dans l'Aisne, venait très souvent à Paris, et, à cette occasion, occupait un appartement au second étage d'une maison bourgeoise, au numéro 9 de la rue Roquépine. Son ordonnance, Auguste Garnier, vingt-cinq ans, logeait dans une petite pièce dudit appartement. Au premier étage résidait une vieille demoiselle, Emma Fournier, qui depuis 1871 – cela faisait maintenant treize ans, puisqu'on était en 1884 – avait à son service un couple de domestiques dont elle était d'ailleurs fort satisfaite : Alexandre Aveline, quarante-cinq ans, cuisinier, et Marie-Lucie Georgette Maurissette, son épouse, femme de chambre, qui disposaient de deux petites pièces pour eux-mêmes. Les Aveline s'étaient mariés à Versailles en août 1869, et, depuis, le couple paraissait sans histoire. Alexandre ne tarissait pas d'éloges sur sa femme, et si quelquefois on entendait des éclats de voix, c'était parce qu'il arrivait au mari de rentrer un peu éméché et agressif du café où il avait pris l'habitude de s'attarder presque tous les soirs jusque vers minuit, ce qui n'était pas du goût de Marie-Lucie. Les mauvaises langues du quartier avaient un temps laissé filtrer que peut-être un certain valet Lenoir aurait profité de ces absences, mais les ragots n'avaient guère tenu. Jusqu'au jour où, fin 1883...

Marie-Lucie montait l'escalier ; Auguste le descendait. Ah ! l'adorable ligne de mire de ce visage candide et de ces yeux timides qui se levaient vers lui ! Et ces petits seins à vous mettre le fût à la hausse ! Ils se saluèrent de manière fort civile, ils se sourirent... Quand Auguste, l'ayant croisée, se retourna quelques marches plus bas, cette cheville entraperçue et ce balancement chaloupé de rondeurs sous l'étoffe noire achevèrent de mettre le feu aux poudres de l'artilleur ! Quant à Marie-Lucie, elle avait apprécié ce gaillard de vingt-cinq ans qui avait si belle prestance et paraissait si vigoureux. Son petit cœur d'amadou se consumait déjà...

« Madame...

– Monsieur... »

De civilités en civilités, de sourire en sourire, leurs rencontres ne durent bientôt plus rien au hasard, et ils finirent par convenir que les marches de cet escalier étaient tout à fait propres à les mener ensemble au septième ciel. Ils devinrent amants... Passion charnelle, amour torride qu'attisaient les difficultés à se voir à l'insu du général, heureusement souvent invité à des réceptions mondaines, et du mari, heureusement fidèle à ses soirées à l'estaminet. De plus, Auguste était obligé de repartir pour La Fère quand le général retournait à son casernement. Alors, Marie-Lucie lui adressait lettre enflammée sur lettre enflammée...

Auguste n'en revenait pas de la chance qu'il avait. Lui qui avait quitté sans guère d'expérience sa Sarthe natale à vingt ans pour accomplir ses cinq ans et demi de service militaire actif, voilà qu'il se retrouvait l'amant d'une femme mariée de trente-quatre ans, qui plus est « de la ville », bien qu'elle ne fût parisienne que d'adoption, étant née à Loches en Indre-et-Loire. Auguste était émerveillé de coucher avec cette brunette dont le corps, pour menu qu'il était, ne manquait pas d'éloquence là où ses mains le souhaitaient. Elle l'initiait en lui offrant tous les plaisirs. Lui, en retour, se serait fait damner pour elle, si bien qu'à tous les points de vue, elle le faisait passer par un trou de souris... Marie-Lucie se donnait corps et âme à son bel artilleur qui avait su réveiller ses ardeurs assoupies. Mais, sous sa fragilité apparente de petite femme gracile, elle cachait non seulement un tempérament, mais aussi un caractère solidement trempé, et elle voyait plus loin que la pointe de ses seins, bien plus loin.

Si, comme le ressassent à l'envi les maires ou adjoints qui célèbrent un mariage et veulent faire voir qu'ils ont des lettres, « s'aimer, ce n'est pas se regarder l'un l'autre, mais regarder ensemble dans la même direction », Marie-Lucie et Auguste, parce qu'ils s'aimaient, ne tardèrent pas à voir que dans leur ligne de mire – et de tir – il y avait un obstacle : le mari, Alexandre Aveline. Comment s'en débarrasser ?

« Admettons... Mais où irons-nous après ? s'inquiéta Auguste.

– Je ne sais pas... En tout cas, ce sera loin d'ici...

– Et de quoi vivrons-nous ?

– Ne t'inquiète pas, mon chéri. Nous trouverons bien à nous employer comme domestiques chez quelqu'un. Et puis, tu sais, j'aurai du bien. Mon mari et moi, nous nous sommes fait en 1881 une donation au dernier vivant d'une pièce de terre à Foulognes et d'une autre à Planquery. Je les vendrai. »

Alors, d'après l'enquête, commença, animé par la volonté de Marie-Lucie, le lent travail d'élaboration d'un plan pour éliminer « l'obstacle ».

D'abord, le moment et le lieu. Puisque Auguste serait libéré de l'armée en août 1884, les deux amants convinrent qu'il serait peut-être plus prudent de laisser passer un certain délai, par exemple jusqu'en 1885, afin de ne pas immédiatement attirer les soupçons sur eux. Mais le 10 avril, dans une lettre, Marie-Lucie changeait d'avis : « Je t'ai dit de reculer jusqu'à l'année prochaine, je crois maintenant que je n'en aurai pas le courage, car j'ai hâte d'être avec toi et avec toi pour toujours. »

Ce que femme veut, le diable le veut. Il fut décidé que « l'affaire » – délicat euphémisme dont usait Marie-Lucie dans ses lettres pour désigner l'élimination de son mari – se ferait en septembre 1884.

Pourquoi en septembre ? Ainsi en avait décidé Marie-Lucie pour des questions de lieu et de « faisabilité » en fonction du plan qu'elle avait imaginé. Chaque année, en effet, Alexandre avait obtenu de Mlle Fournier, sa patronne, de prendre environ un mois de congé avec sa femme pour se rendre à la chasse chez son beau-frère, Montgaubert, à Foulognes, dans le Calvados, à mi-chemin entre Balleroy et Caumont-l'Éventé. C'était le plaisir de cet homme que de revenir dans ce village dont il était originaire et sur des terres particulièrement giboyeuses, puisque situées non loin de la forêt de Cérisy.

« Comme cela, si l'affaire se fait, expliqua Marie-Lucie à Auguste, toi, tu seras loin, du côté d'Alençon, après avoir quitté l'armée. Il sera difficile d'établir un lien entre toi et moi... C'est plus sûr. »

Ensuite, le moyen. Le couple se tortura les méninges pour imaginer des solutions. L'idée première de Marie-Lucie était d'empoisonner son mari à l'aide d'une substance quelconque que lui procurerait Auguste. Son esprit inventif lui suggéra un autre moyen, au cas où...

« De la dynamite ? s'étonna l'artilleur.
– Oui... On pourrait remplacer la poudre des cartouches du fusil de chasse d'Alexandre par de la dynamite, et, comme ça, quand il tirerait, ça lui exploserait à la figure...
– Et si ça rate encore ?
– Je pense... malheureusement... dit après un temps de réflexion Marie-Lucie en se faisant câline contre lui, qu'il ne nous restera qu'une solution : ce sera que tu viennes à Foulognes, que tu te caches à proximité de la maison de mon beau-frère Montgaubert et que tu abattes toi-même Alexandre d'un coup de fusil...
– Moi ! Mais je n'ai même pas de fusil ! protesta Auguste.
– Tu trouveras sûrement quelqu'un à qui en emprunter un, n'est-ce pas, mon chéri ? Après, tu verras, nous serons l'un à l'autre pour toujours... » minauda la diablesse en se tortillant langoureusement comme une chatte contre son amant qui avala sa salive et acquiesça en silence.

Restait, pour que le dispositif fût complet, à régler un point important. Si Marie-Lucie devait avoir recours à Auguste à Foulognes même, il fallait trouver un prétexte pour l'y faire venir. Aussi la rusée brunette organisa-t-elle une rencontre « fortuite » entre son mari et son amant, qui, dans la conversation, ne tardèrent pas à se trouver des points communs :

« Ah, vous avez de la famille à Carpiquet, à côté de Caen ? Vous savez que ce n'est pas loin de chez moi ! Moi, je suis de Foulognes, près de Balleroy. J'y vais tous les mois de septembre à la chasse...
– La chasse ! Moi, j'adore ça...
– Bah ! Si vous aimez ça, venez donc nous voir là-bas, chez mon beau-frère ! Je vous invite. Hein, Marie-Lucie, qu'est-ce que t'en dis ?
– Oh, moi, tu sais ! » murmure l'épouse, indifférente.

« Il y a des cœurs débonnaires qui d'eux-mêmes se convient à cette fête du cocuage... » (Brantôme.)

En août, Auguste, libéré de l'armée, retournait à Alençon.

Le 9 septembre, Alexandre Aveline débarquait à Foulognes chez son beau-frère pour sa partie de chasse annuelle. Le 16, Marie-Lucie le rejoint, après avoir passé plusieurs jours à Paris à mignoter son Auguste, lequel lui remit à cette occasion un poison dont l'enquête n'a pu déterminer la nature, peut-être cinquante grammes de cristaux de chloroforme qu'il avait achetés à La Fère avant sa démobilisation. Dès le lendemain, de Foulognes, Marie-Lucie lui écrit : « Je commence à attaquer l'ennemi, mais j'ignore si j'arriverai à une victoire. Tu auras une lettre pour le 24 pour te dire si j'ai réussi et puis tu sauras ce que cela veut dire. »

Le 19, elle s'arrange pour glisser le poison qu'elle a sur elle dans la tisane que la belle-sœur Montgaubert vient de préparer et que la nièce porte à l'oncle :

« Pouah ! Imbuvable, ton machin ! Un vrai bouillon de 11 heures ! Tu vois pas comme c'est salé ? » s'exclame celui-ci en recrachant le breuvage.

Impossible donc d'empoisonner Alexandre : le poison a vraiment trop mauvais goût. Impossible non plus de mettre de la dynamite dans ses cartouches de chasse, Auguste n'est pas parvenu à s'en procurer. Il ne reste que la troisième solution : le coup de fusil...

Garnier s'attendait à cet appel. Aussi, dès le 22, il couchait à Cormolain, à peine à deux ou trois kilomètres de Foulognes, après avoir emprunté un fusil et un carnier à Alençon et s'être fait délivrer un permis de chasse. Au matin suivant, il se présentait chez Montgaubert, prétextant avoir été invité. En fin d'après-midi, comme Alexandre n'était pas encore rentré, Marie-Lucie et lui firent une promenade alentour et la jeune femme lui indiqua où se mettre en embuscade. Mais, quand Alexandre survint, l'ex-soldat n'eut pas le courage de tirer. Quelle ne fut pas la fureur de sa maîtresse quand elle vit revenir son mari, et, peu après son amant !

Le lendemain, vendredi 26, Auguste partit de chez Montgaubert pour Bayeux. Au soir, il revenait dans les environs de la maison, et, vers 6 h 30 retrouvait sa maîtresse plus déterminée que jamais.

« Cette fois, j'espère que tu auras le courage de tirer ! Tu dis que tu as été soldat, eh bien, on ne le dirait vraiment pas ! »

L'amant, la mort dans l'âme, erra dans les parages toute la journée du samedi, et revint vers 6 heures du soir se cacher au coin d'un herbage et du chemin qui menait à l'église de Foulognes. Il demeura ainsi embusqué jusqu'à ce que, vers 7 h 30, il vît Alexandre

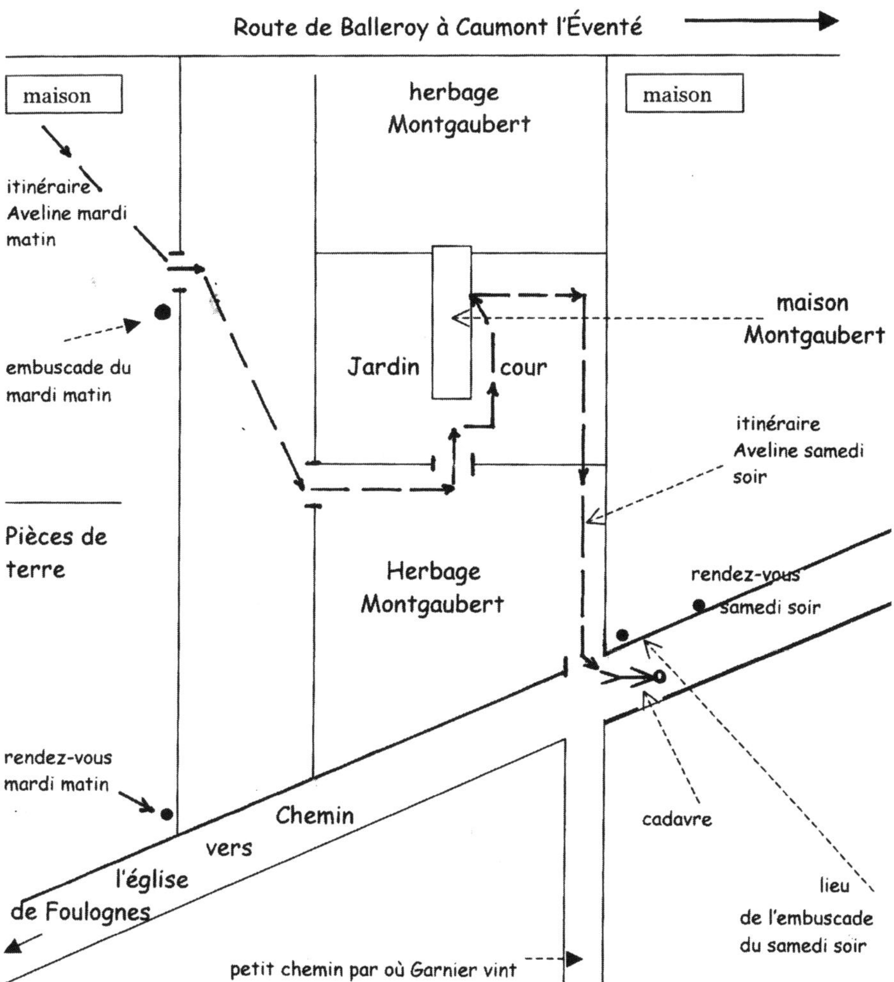

Les lieux du crime.
(D'après un croquis du juge d'instruction Galliot,
conservé aux archives du Calvados.)

sortir de chez son beau-frère, franchir la barrière et s'engager dans le chemin vicinal pour se rendre chez un voisin. Il le laissa passer devant lui, puis, se dressant soudain de toute sa taille, tira par-dessus la haie dans le dos du mari gênant. La mort fut instantanée, foudroyante. Les plombs lui avaient brisé la colonne vertébrale, perforé la veine jugulaire et l'artère carotide.

Le lendemain dimanche, Garnier était de retour à Alençon... Mission accomplie.

Dès le lundi 29, donc le surlendemain, le procureur de la République et le juge d'instruction de Bayeux, Norbert Galliot, tombaient d'accord sur les hypothèses possibles pour expliquer ce meurtre : soit la vengeance de quelqu'un du pays ; soit l'individu qui était soi-disant venu de Carpiquet, ou encore un parent proche de Mlle Fournier qui aurait pris ombrage de l'ascendant d'Aveline sur la demoiselle octogénaire et qui aurait craint pour l'héritage.

De ces trois hypothèses, la deuxième ne tarda pas à s'imposer comme la plus plausible. Surtout que la désormais veuve Aveline commit la maladresse de déclarer qu'elle ignorait quel était le visiteur du jeudi 25, qu'elle savait simplement que son prénom était Auguste. Or, il fut facile de vérifier qu'à Paris le général Desplax avait pour ordonnance un certain Auguste que Marie-Lucie ne pouvait pas ne pas connaître. Il y avait manifestement là anguille sous roche ! À partir de quoi... Le 5 octobre, Garnier était arrêté à Alençon et transféré à Bayeux. Devant le juge Galliot, il commença par nier, s'inventant même un emploi du temps complètement invraisemblable pour les journées des 25, 26 et 27 septembre. Il finit cependant par craquer et fit des aveux complets, donnant tous les détails sur sa liaison avec Marie-Lucie, sur la préparation et la réalisation de l'assassinat. Toutefois il répétait : « ... Mais je suis bien innocent. »

Le 19 octobre, Marie-Lucie, veuve Aveline, retournée à Paris après les obsèques, était à son tour arrêtée et transférée à Bayeux.

Le juge Galliot mena alors nombre d'interrogatoires et de confrontations entre les deux amants. Avec Auguste, il n'eut guère de problèmes. Depuis ses aveux, Garnier paraissait écrasé par son geste. Il n'en allait pas de même avec Marie-Lucie. La jeune femme, intelligente, avait parfaitement compris qu'il était de son intérêt de minimiser son rôle dans l'affaire, et elle s'y employa, niant avoir eu entre les mains autre chose qu'un flacon d'aloès et une douzaine de pilules d'opium pour soigner la maladie de son mari qui s'aggravait. Elle n'avait pas relancé son amant ni ne l'avait placé en embuscade aussi bien le 23 que le 25 ; elle alla même jusqu'à manifester un profond chagrin de la mort d'Alexandre qui, selon elle, était « un mari idéal ». Elle écrivit au procureur de la République, lequel refusa, pour demander sa mise en liberté provisoire, se plaignant de l'inhumanité des conditions de sa détention et menaçant de se suicider. Malheureusement pour elle, en prison, elle trouva plus rouée qu'elle. Un soir de détresse, elle confia à une codétenue, une certaine dame Lemasquier, avoir effectivement indiqué à Auguste l'endroit de l'embuscade du 23, laquelle « bonne âme » – « une moutonne » ? – s'empressa de la dénoncer dans une lettre au procureur.

Sur la foi de ce que lui dit aussi cette belle garce, toujours elle : « Si tu veux faire passer un mot à l'extérieur, t'as qu'à me le donner, j'ai un moyen sûr de faire passer ce que je veux... », Marie-Lucie lui remit une lettre dans laquelle elle demandait à son père de l'aider à s'évader en lui procurant des limes pour scier les barreaux, de l'attendre un jour convenu avec une échelle, après quoi elle se déguiserait et prendrait le train pour Paris. La lettre atterrit aussitôt dans la poche d'une gardienne qui transmit aux autorités. De plus, une partie de la correspondance adressée par elle à Auguste dans les semaines et les mois précédents fut retrouvée : elle contenait des phrases tout à fait explicites sur ses desseins. Tout cela fit que, lors d'une confrontation avec Garnier devant le juge, la veuve dut admettre avoir été complice de l'assassinat. Le couple se retrouva alors mis en accusation : Auguste pour avoir commis l'homicide ; Marie-Lucie pour en avoir été l'instigatrice et complice.

Le juge d'instruction Galliot faillit aussi inculper de complicité Marie-Rachel Maurissette, sœur de Marie-Lucie, qui avait servi de boîte aux lettres aux deux amants dans leur échange de correspondance. Finalement le procureur de la République de Bayeux et le juge Galliot décidèrent de ne pas retenir de charges contre elle.

Les « amants terribles » font toujours recette. Lorsque le procès d'Auguste Garnier et de Marie-Lucie Maurissette, veuve Aveline, s'ouvrit le matin du 21 novembre 1884, la salle de la cour d'assises de Caen était comble. À l'entrée des accusés, un murmure d'étonnement parcourut le public : comment une aussi petite bonne femme avait-elle pu pareillement mener par le bout du nez ce gaillard de vingt-cinq ans ?

Les débats, menés par le conseiller Guichard, apportèrent la réponse à cette question en mettant en lumière les différences de tempérament entre les accusés. Auguste apparut plutôt gauche et, tel que le décrivait l'acte d'accusation, « d'un caractère faible, facile à dominer ». Marie-Lucie, trente-quatre ans, d'une taille moyenne, chevelure brune avec une raie au milieu, les traits assez fins, un ruban noir avec une perle autour du cou, vêtue d'une stricte robe noire à bavette de dentelle blanche, ne manquait pas d'un certain charme. Tantôt elle en jouait, donnant l'impression qu'on pouvait lui donner le bon Dieu sans confession, tantôt elle laissait percer par l'éclat de ses yeux et le ton de ses interventions le côté passionné et la volonté de fer qui l'animaient sous une apparente fragilité. Il était évident que, des deux, c'était elle, l'âme forte.

À 4 heures de l'après-midi, tous les témoins ayant été entendus, il y eut une interruption de séance jusqu'à 6 heures. À la reprise, l'avocat général, M. Lerebours-Pigeonnière prononça un réquisitoire dur, surtout envers la veuve. Puis les avocats, Me Chauvel pour Auguste et Me Lachaud pour Marie-Lucie s'exprimèrent. Enfin le président lut les questions posées aux douze jurés :

– Garnier avait-il commis un homicide sur Louis-Alexandre Aveline à Foulognes le 27 septembre 1884 ?

– Maurissette, veuve Aveline, était-elle coupable d'avoir « par dons et promesses provoqué à commettre cet homicide » ?

– Avait-elle été complice en donnant des instructions pour… ?

– L'homicide avait-il été commis avec « préméditation et de guet-apens » ?

À 11 h 30, le jury se retirait pour délibérer. À minuit et demi, en l'absence des accusés, le chef du jury énonçait les réponses et les remettait au président : oui à toutes les questions, mais les jurés accordaient les circonstances atténuantes à Auguste. Puis, les accusés étant présents, le greffier lut la déclaration du jury. Un bref échange à mi-voix entre le président et ses assesseurs et ce fut l'arrêt à 1 heure du matin : Auguste Garnier était condamné aux travaux forcés à perpétuité ; pour Marie-Lucie Maurissette, veuve Aveline, c'était la mort.

Le 18 décembre 1884, le pourvoi en cassation des deux condamnés fut rejeté.

Le 16 janvier 1885, Marie-Lucie Maurissette, veuve Aveline, échappa aux mains du bourreau par la grâce du président de la République, Jules Grévy. Sa peine fut commuée en travaux forcés à perpétuité.

Lionel Acher et Brigitte Sesboüé,
Les Grandes Affaires Criminelles du Calvados, 2007.

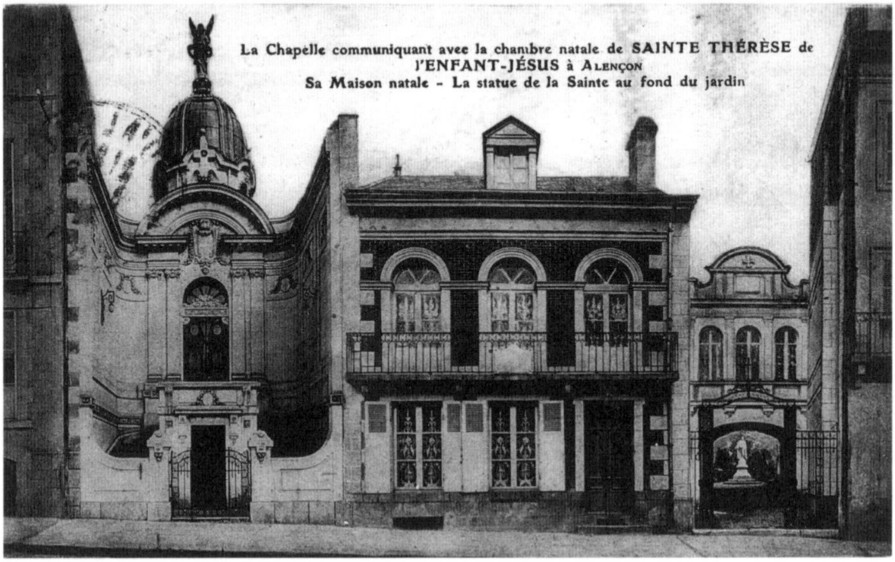

La maison natale de sainte Thérèse, la « mère » de Pranzini.
(Collection de l'auteur.)

Le premier enfant de la sainte

Affaire Henri-Jacques-Ernest Pranzini, Paris
Cour d'assises de la Seine, 13 juillet 1887

En 1888, une jeune Alençonnaise prénommée Thérèse entre au carmel de Lisieux à l'âge de quinze ans. Ce que l'on sait peu, c'est que sœur Thérèse de l'Enfant-Jésus, comme on l'appelle désormais, s'est passionnée l'année précédente pour un assassin qu'elle a suivi jusqu'à la mort de celui-ci. Une dizaine d'années plus tard, le 30 septembre 1897, elle décédera à son tour ; une trentaine de personnes seulement assisteront à son enterrement.

En 1894, pour obéir à sœur Agnès, Thérèse commence l'écriture de ce qui deviendra l'*Histoire d'une âme*, y racontant initialement ses souvenirs d'enfance, tout en insérant « l'histoire de Dieu dans sa vie ». Dans sa cellule, elle écrit sur un petit cahier d'écolier posé sur ses genoux, avec un porte-plume en bois, et relate notamment l'épisode d'un autre homme dans une autre cellule, l'assassin Pranzini. La première édition de ce livre, sorti à deux mille exemplaires en 1897, est envoyée dans tous les carmels du pays. Depuis, devant l'exceptionnel et immédiat succès, l'ouvrage a été traduit en une soixantaine de langues et de dialectes, comptabilisant une quarantaine d'éditions.

Aujourd'hui, qui se souviendrait de Henri-Jacques-Ernest Pranzini sans cette petite Alençonnaise prénommée Thérèse ? Certes, son affaire fera plus tard l'objet de deux livres, un roman policier d'Arthur Bernède et un ouvrage d'Henri de Rothschild, publié en 1933 sous le pseudonyme d'André Pascal. Certes, son affaire sera rejugée en 1957 au cours de la célèbre émission télévisée *En votre âme et conscience* du trio Desgraupes, Dumayet et Barma. Mais c'était voici cinquante ans...

Tout commence à Paris. Depuis quelques jours, un crime s'immisce dans toutes les conversations. En cette fin mars 1887, toute la capitale bruisse de ce triple assassinat commis quelques jours plus tôt dans les beaux quartiers, dans le 8e arrondissement précisément, un quartier aisé de la rive droite. Le 17 mars, trois corps ont été découverts au numéro 17 de la rue Montaigne, une large artère partant du rond-point des Champs-Élysées et finissant rue du Faubourg-Saint-Honoré. Le numéro 17 tutoie le 18, qui abritait en 1832 les amours cachées de l'actrice Marie Dorval et d'Alfred de Vigny. L'opinion publique s'émeut de ce drame commis dans une telle maison bourgeoise, où le crime semble devoir rester au seuil, dans l'imaginaire populaire. Une femme d'une certaine notoriété, sa bonne et sa fille illégitime ont toutes trois été retrouvées mortes, sauvagement égorgées.

Le jour même de la découverte, dès 4 heures de l'après-midi, le docteur Paul Brouardel se transporte dans le joli appartement pour effectuer l'autopsie et, accessoirement, déterminer l'heure du crime et ses modalités. Ce Brouardel n'est pas n'importe quel médecin légiste : il est titulaire d'une chaire de médecine légale, doyen de la faculté de Paris et est entré de surcroît à l'Académie de médecine le 26 février dernier.

Dans la chambre de la maîtresse des lieux, la quadragénaire Marie Regnault, le corps de cette grande femme vigoureuse est étendu sur le tapis, le long d'un lit, couché sur le côté droit. Les muscles du visage contractés conservent l'expression de la plus vive terreur. Une large plaie nette se discerne au niveau de l'aisselle. Les artères carotides sont sectionnées. Un autre corps de femme, celui d'Annette Gremmeret, repose dans la même pièce, les deux artères carotides sectionnées elles aussi. Dans le lit commun à la bonne et à la jeune Regnault, se trouve le troisième cadavre, celui de la petite fille justement, Marie-Louise, couchée en chien de fusil sur la gauche, dans la partie adossée au mur, la chemise imbibée de sang. Une large blessure marque son cou.

Tous ces corps sont d'une rigidité absolue, ce qui prouve que la mort est passée dans la nuit. Le médecin quinquagénaire conclut que le triple assassinat a été commis par un instrument coupant et piquant, tel un couteau possédant un excellent tranchant. C'est une main vigoureuse et très déterminée qui a manié cette puissante arme, avec précision, dextérité même... L'homme de l'art constate aussi qu'une tirelire en porcelaine est brisée sur le lit de la pauvre Marie Regnault et qu'un portefeuille en cuir noir est déposé dans la cheminée de celle-ci. Il s'agit sans doute d'un crime crapuleux... Curieusement, des manchettes ensanglantées sont trouvées à côté des deux femmes.

Bientôt, la personnalité de Marie Regnault s'éclaire singulièrement. Originaire de Chalon-sur-Saône, la jeune femme avait quitté sa Bourgogne natale pour tenter de faire fortune dans la capitale. Depuis, entretenue par le comte Bizouard de Montille, un authentique aristocrate dont la famille, venant de Saône-et-Loire elle aussi, est enregistrée au carré d'Hozier, l'armorial de Louis XIV, la courtisane Marie se faisait appeler Régine de Montille, bien que le comte ne l'ait jamais épousée. Une prostituée, une poule de luxe somme toute, riche et célèbre, maîtresse de plusieurs hommes comme de plusieurs femmes, des personnes dont le point commun était d'avoir une situation aisée. C'est dire si l'enquête se révèle délicate...

Pendant la Commune de Paris, de mars à mai 1871, Marie Regnault, républicaine convaincue, lutta contre les Versaillais de Thiers. Ainsi, dans le fort d'Issy pilonné par l'artillerie de l'armée et dont les coteaux étaient l'enjeu d'âpres combats, elle soigna courageusement les blessés du proche champ de bataille... Cet engagement, doublé par sa participation à l'enterrement de Victor Noir en 1870, lui valut par ailleurs de solides amitiés avec les communards les plus influents.

De nombreuses personnes s'interrogent sur l'identité de l'auteur de ce crime horrible... Au premier chef, le juge d'instruction

Guillot, chargé de l'enquête dès le 17 mars. Il ne se pose pas longtemps de questions. Bientôt, le meurtrier est arrêté à Marseille alors qu'il était en partance pour le Moyen-Orient, puis il est inculpé. Il s'agit d'un Égyptien de trente et un ans, né en 1856 à Alexandrie, ancien employé des postes de son pays, aujourd'hui sans profession ni domicile fixe, répondant au nom d'Henri-Jacques-Ernest Pranzini. Pranzini, l'affaire Pranzini, Enrico Pranzini : ce nom alimentera désormais les chroniques judiciaires de cette fin de siècle.

Pour l'heure, le 15 avril, le juge d'instruction charge le docteur Brouardel d'effectuer des vérifications sur le pantalon noir que portait le criminel lors de son arrestation. Sage vérification : le docteur discerne une tache de sang !

Bien loin de Paris, en Normandie précisément, une Alençonnaise s'intéresse de près à ce destin criminel. La petite Thérèse Martin prend connaissance du triple crime de Pranzini par la presse. Née le 2 janvier 1873 au numéro 12 de la rue Saint-Blaise, la jeune fille est profondément croyante. Il est vrai qu'elle a été élevée dans une famille catholique pieuse et aisée de la ville dentellière. Si pieuse que sa mère comme son père avaient souhaité intégrer les ordres l'un comme l'autre.

D'emblée, étonnamment, la naïve Normande se sent pleine d'amitié pour ce criminel égyptien et elle décide de tout faire pour le convertir à son Dieu. Âgée de quatorze ans, elle multiplie les prières afin qu'il se repente. Confiant son secret à sa sœur Céline, l'adolescente lui demande aussi de faire dire une messe pour l'âme du triple criminel, de l'aider « à sauver son pêcheur ».

Naturellement, la personnalité du jeune Égyptien éveille la curiosité. Bien que l'accusé s'enferme dans un mutisme quasi absolu sur son passé, on sait que sa vie a été aventureuse, si épique que l'imagination des uns et des autres ne peut que s'enflammer : l'homme est chargé au passage de tous les crimes similaires commis dans la capitale depuis quelques années.

Rapidement, on apprend qu'il a eu des succès auprès de dames et de jeunes filles de bonne condition, succès auxquels sa position sociale ne semblait pas l'appeler, ni son visage massif et poupon à la fois, encadré par un bouc épais et ponctué par un nez épaté. Les constatations physiques du docteur Brouardel effectuées lors de sa visite du cadavre de Pranzini, après l'exécution de ce dernier, pourront peut-être en partie expliquer ses succès. En effet, le docte légiste mesurera les dimensions d'un membre à rendre jalouses les admiratrices de la tombe de Victor Noir au Père-Lachaise !

Ah ! Marie Regnault ! Que d'hommes célèbres se sont épris d'elle, jusqu'à ce qu'elle tombe amoureuse de cet Enrico Pranzini, à la suite d'une déception sentimentale ! Fatale rencontre. L'homme était brillant, certes. Élève surdoué, il parlait huit langues. Aventurier, il avait servi dans l'armée des Indes et traîné ses guêtres à travers le vaste et exotique monde, en Afghanistan ou au Soudan avec les Anglais par exemple. Trafiquant, il avait traversé tous les continents à l'affût de l'affaire qui ferait sa fortune. La courtisane ignorait sans doute qu'il avait escroqué ses divers employeurs au fil des ans, vivant aussi aux crochets d'une kyrielle de femmes pour assouvir son insatiable passion du jeu et des paris, multipliant à cette fin les conquêtes féminines en usant de son charme de séducteur oriental aux yeux langoureux...

Lors du procès, qui débute quelques mois plus tard, chacun s'attend à des révélations scandaleuses. Mais il n'en est rien : l'accusé persiste dans son système de simple dénégation. Il tente uniquement de faire entrevoir qu'un mystère galant plane sur la nuit du crime, la discrétion ne lui permettant pas de l'éclaircir ! La belle excuse ! Pourtant, jusqu'au dernier moment, certains crédules attendent des révélations tardives. En vain.

Condamné à mort le 13 juillet 1887 par la cour d'assises de Paris, Pranzini est incarcéré à la prison parisienne de la Roquette. Pendant les quelques semaines qui lui restent à vivre, le criminel occupe son temps à la traduction d'extraits de l'œuvre d'Alexandre Dumas. La veille de sa décapitation, il passe deux heures en tête à tête avec l'abbé Faure, aumônier de la prison. Il est vrai qu'au cours de son incarcération il a déjà assisté à plusieurs messes, s'entretenant aussi avec le prêtre.

L'exécution a lieu à la prison de la Roquette le 31 août 1887. Une des hautes œuvres de Louis Deibler et de ses assistants. Le bourreau le plus célèbre de la République couche minutieusement ses impressions sur la mise à mort dans un carnet de notes tenu longtemps secret.

La popularité de Pranzini est telle que bientôt la manufacture Fiolet, à Saint-Omer, crée un modèle de pipe en terre cuite le représentant, rare privilège pour un assassin. Son nom alimente alors les colonnes judiciaires de la grande presse, à l'égal d'un Lacenaire ou d'un Ravachol. Le lendemain de la décapitation, les journaux relatent les derniers instants du criminel :

« L'aumônier se met devant lui pour lui cacher la sinistre machine. Les aides le soutiennent : il repousse et le prêtre et les bourreaux. Le voici devant la bascule. Deibler le pousse et l'y jette. Un aide, placé de l'autre côté, lui empoigne la tête, l'amène sous la lunette, le maintient par les cheveux. Mais avant que ce mouvement se soit produit, peut-être un éclair de repentir a-t-il traversé sa conscience. Il a demandé à l'aumônier son crucifix. Il l'a deux fois embrassé. Et quand le couteau tomba, quand un des aides saisit par une oreille la tête détachée, nous nous disons que si la justice humaine est satisfaite, peut-être ce dernier baiser aura satisfait aussi la justice divine, qui demande surtout le repentir. »

À Alençon, la jeune Thérèse découvre les derniers instants de Pranzini à la lecture du quotidien *La Croix*. Quelle magnifique surprise à ses yeux ! Le journal se fait l'écho de sa conversion ! Exaucée, pensant que ce Dieu qu'elle vénère a entendu ses prières, la jeune fille pleure de joie. La jeune Alençonnaise comprend que Pranzini, par un simple geste qui signifie beaucoup pour elle, est « revenu dans les bras de son Père ». Jamais Thérèse n'oubliera la joie reçue ce jour-là. Désormais, celle qui deviendra sainte Thérèse de Lisieux en 1925 l'appellera son « premier enfant ».

Jean-François Miniac,
Les Grandes Affaires Criminelles de l'Orne, 2008.

Portraits de Pauline Druaux et de sa fille retrouvée.

Innocente ou empoisonneuse ?

Affaire Druaux, 1887-1896

Avril 1887. Dimanche de Pâques à Malaunay. La traditionnelle messe dominicale s'étire, plus longue en ce jour saint, alors que les mécréants boudent ostensiblement l'église du village. On fait ses emplettes sur la grand-place. Le café-débit situé sur la route de Montville n'a pas ouvert ses portes. Pour les habitués, ce n'est pas normal. L'estaminet est toujours ouvert, surtout le dimanche matin. Un client inquiet frappe aux volets :

« Ohé, y a quelqu'un ? »

Les minutes passent. Aucun signe de vie. Doit-on appeler les gendarmes ? On secoue encore une fois les volets. En vain ! Personne ne peut se résoudre à quitter les lieux. À l'inexplicable doit répondre une explication ! Après tout, les Druaux, tenanciers du café, tètent du goulot ! Sans doute, la veille ont-ils forcé sur la dive bouteille. Ce matin, ils doivent cuver sans pouvoir se lever. Sauf que laisser comme ça le client sur le pas de la porte, ça ne se fait pas.

Chacun frappe, tambourine, martèle, crie, improvise un chant. Tant et si bien qu'au bout d'un moment qui paraît une éternité aux soiffards empressés, un volet s'ouvre, puis la fenêtre tout entière.

Apparaît Pauline Druaux, jeune femme de vingt-huit ans, totalement débraillée et visiblement non dessaoulée, ce qui n'étonne pas plus que cela les clients connaissant la descente de la patronne. Tout au plus sont-ils surpris qu'elle soit encore ivre.

Pauline veut parler. En phrases courtes entrecoupées de sanglots, elle parvient à se faire comprendre. Il est là, dans la chambre, sans bouger ! Mais qui ?

On se précipite. Sur le carrelage de la cuisine gît le frère de Pauline Druaux.

« C'est rien, il est juste saoul comme un cochon ! », bredouille l'ivrognesse.

Le plus courageux de la troupe s'approche du corps, constate qu'il ne respire plus. Un autre se penche sur la poitrine : le cœur a cessé de battre.

Pauline, entre deux hoquets, bredouille :

« C'est Ursin qu'était pas bien lui aussi, il est mort. Allez à côté ! »

La jeune femme s'écroule sur une chaise de la cuisine. Dans la chambre à coucher du couple, on découvre le corps sans vie d'Ursin Druaux, allongé sur son lit. Il paraît s'être endormi dans son sommeil. Rien ne présage d'une mort violente ou d'une quelconque agression. C'est étrange, mais il en est de même pour Delacroix, le frère de Pauline. Les deux hommes sont passés, en apparence, de vie à trépas en toute sérénité. Aucune trace de bagarre, de coups portés sur les corps.

Alors que quelques voisins veillent sur Pauline, d'autres filent alerter les gendarmes.

Les questions posées à Pauline demeurent sans réponse. En totale léthargie, elle s'enferme dans un mutisme suspect. Comment une femme dont le frère et le mari sont morts peut-elle montrer une telle insensibilité ?

Les militaires investissent les lieux, alors qu'une foule de plus en plus dense se presse devant le café. Les commérages ne tardent pas. La Druaux n'a-t-elle pas dit à certains clients : « Si mon mari mourait, il serait vite remplacé. »

Les gendarmes constatent les faits. Les circonstances du décès des deux hommes restent inconnues. Seul témoin, la suspecte s'est plongée dans un état mental tel que les enquêteurs ne peuvent rien en tirer. Ils l'embarquent à la gendarmerie de Maromme où elle est enfermée en chambre de sûreté. Elle s'y endort instantanément. Pour les militaires, une telle attitude est un aveu : Pauline Druaux a tué son mari et son frère. Encore faut-il connaître les motifs de son acte. Le juge attend son réveil avec impatience.

La presse régionale rapidement prévenue envoie le jour même sur les lieux du drame ses reporters. En quête de racontars, ces derniers interrogent le voisinage. Si Ursin est apprécié, il en va différemment pour sa femme qualifiée de coureuse, dépensière, vulgaire, violente, alcoolique notoire et pour finir mauvaise mère.

Le couple Druaux a en effet une petite fille de cinq ans. Après l'arrestation de sa mère, la justice la confie à des proches. La petite n'a aucunement conscience du drame. Elle ignore encore la disparition de son père et de son oncle.

Leurs cadavres sont maintenant entre les mains du médecin légiste. À lui de déterminer la cause du décès.

À la gendarmerie, Pauline enfin à jeun est soumise à un interrogatoire sans faiblesse :

« La soirée a été bien arrosée, reconnaît-elle. Ursin ne se sentait pas bien, il est allé se coucher et je l'ai rejoint peu après. Mon frère avait trop bu et s'est endormi sur sa chaise, la tête contre la table de la cuisine. C'est quand je me suis réveillée à cause des clients qui frappaient et qui appelaient que je me suis aperçue que mon mari était mort à côté de moi dans le lit. »

L'explication ne convainc guère. La suspecte se plaint à plusieurs reprises de ne pas se sentir bien. Elle éprouve des nausées. Un mal au crâne la taraude... Pour les gendarmes, il s'agit des symptômes d'une bonne gueule de bois. À aucun moment, on ne lui accorde ce qu'elle demande : la visite d'un médecin.

De leur côté, les légistes concluent à l'empoisonnement des défunts. Mais la nature du poison reste un mystère. Pauline Druaux est officiellement inculpée de meurtres.

Dès le lendemain, les gros titres de la presse régionale ameutent l'opinion :

« Le crime de Malaunay. Deux hommes empoisonnés. »

L'affaire démarre. Les journalistes en mal de sensationnel se frottent les mains. Pendant plusieurs semaines, le dossier Druaux fait doubler les ventes des périodiques.

Le portrait de la femme Druaux, basé sur des ragots et commérages, n'est guère élogieux. Pauline est décrite comme une traînée, une dévergondée, depuis sa plus tendre enfance. Elle a toujours tourné autour des hommes. Elle aurait perdu sa virginité à l'âge de quinze ans.

En plus d'être une *« Marie-couche-toi-là »* infidèle à son pauvre mari, la mère indigne néglige sa fille, sale, mal fagotée. Trop heureuse de tenir un débit de boissons dont elle est la première cliente, elle humilie son époux en public. Son homme est traité comme un chien, une lavette qu'elle n'hésiterait pas à remplacer, le cas échéant. Elle aurait dérobé du poison dans une usine des environs. Ne restait plus qu'à le mélanger au repas du soir !

Rien n'est épargné à la suspecte, pas même une première accusation rapportée par la presse : quinze jours avant le drame, elle aurait déjà tenté d'empoisonner son conjoint en versant un produit nocif dans son café. Ursin serait tombé gravement malade, vomissant tripes et boyaux pendant plusieurs heures.

Une récidiviste donc à qui les gendarmes demandent des explications :

« Mais non, Ursin avait mangé des moules pas fraîches, c'est pour cela qu'il a été malade comme un chien », se défend la femme, gémissant que jamais, au grand jamais, elle n'a intoxiqué son mari ni son frère. Et pourquoi l'aurait-elle fait ? Le mobile du double crime en effet reste flou.

Les localiers ont réponse à tout et rapportent le témoignage de voisins. Selon eux, quelques mois avant le drame, Ursin Druaux avait fait publier dans *Le Petit Rouennais* une annonce dans laquelle il disait qu'il n'était plus solidaire des dettes de sa femme, outrageusement « panier percé ». Pauline n'avait pas du tout apprécié. Le double meurtre serait une basse vengeance.

Et le poison ? Comment la femme indigne aurait-elle pu se le procurer si facilement ? Mais en le volant dans une entreprise de la région, pardi ! assure le même plumitif...

La perquisition effectuée au domicile de Pauline n'apporte aucune preuve. Pas la moindre trace de poison. Et pas une seule entreprise de la région n'a porté plainte pour un quelconque vol de produit toxique.

L'opinion publique, chauffée à blanc, imagine alors que la présumée criminelle n'a pas agi seule. En retrouvant son complice, on connaîtra la vérité.

M. Leborgne est marchand de poisson à Notre-Dame-de-Bondeville. Le commerçant ne roule pas sur l'or. En plus de sa petite poissonnerie, il verserait dans... la sorcellerie. Détenteur de pouvoirs surnaturels, féru de magie noire apprise dans des grimoires secrets, il aurait été vu parlant avec Pauline ! On aurait surpris des paroles telles que :

« Je te parie que pour quarante francs, je te délivre de ton mari ! »

Le doute n'a plus sa place, Leborgne est complice. Il est arrêté, récuse les accusations qui pèsent sur lui. Une perquisition de son domicile est ordonnée.

Le « sorcier » habite un grenier auquel on accède par une échelle bringuebalante. C'est un véritable taudis où la crasse et les odeurs nauséabondes obligent les gendarmes à se boucher le nez. On met au jour quelques vieux bouquins. Rien de probant. Le « sorcier » est relâché dans l'heure.

La petite fille des Druaux est confiée à l'Assistance publique alors que sa mère attend en prison son procès aux assises qui s'ouvre le 15 novembre 1887.

Le journal de Rouen n'hésite pas à titrer :

« Le procès le plus intéressant de ces dix dernières années ! »

L'affaire a tenu en effet en haleine les lecteurs pendant des mois. Elle connaît enfin son dénouement. Gilles Dubosc, un versificateur local, prend la plume :

« Écoutez, gens de Maromme

De Rouen et d'autre part :

Le récit simple et sans fard
D'une cause qui vous fera voir comme
On peut mener à l'échafaud
Une brave femme comme m'ame Druaux. »

Pendant plusieurs jours défilent à la barre les témoins, tous à charge contre Pauline Druaux. Ses tentatives pour se défendre sont dérisoires. L'accusation impose à tous une image : celle d'une fille de mauvaise vie, dépensière, flirtant sans vergogne avec la clientèle du bar. Son mari a tenté de la chasser du domicile conjugal, mais le brave type s'est laissé attendrir et l'a laissée revenir. L'infidèle n'a trouvé qu'une solution pour le remercier : le tuer. La raison de son crime s'impose : se venger d'un mari qui ne voulait plus honorer ses dettes. Quant au malheureux frère, il était le témoin gênant.

Le procureur se sert du rapport d'autopsie pour appuyer ses accusations. Elles restent cependant peu probantes et le doute s'installe dans l'esprit des jurés. Certes, l'accusée est une femme de mauvaise réputation, mais de là à commettre un double meurtre...

Pour Me Goujon, avocat de Pauline Druaux, sa cliente est l'objet d'un mauvais concours de circonstances. Les accusations ne s'appuient sur aucune base solide. Le défenseur a sa propre explication de la mort des deux hommes : le four à chaux accolé à la maison montre des fissures qui ont pu laisser entrer des émanations toxiques d'oxyde de carbone. Et par conséquent tuer dans leur sommeil les deux victimes.

Cette hypothèse laisse dubitatif. Pourquoi le mari et le frère auraient succombé, mais ni la femme ni l'enfant ?

Montrant un certain cran, le maire de Malaunay témoigne en faveur de l'accusée. Il n'est guère convaincant.

Les jurés se retirent. La foule attend la condamnation à mort de « l'empoisonneuse de Malaunay » avec une impatience mêlée d'excitation.

Après plusieurs heures de délibéré, le jury fait son entrée dans la salle d'audience. À la question « L'accusée est-elle coupable de meurtres ? », il répond par l'affirmative tout en lui reconnaissant des circonstances atténuantes. Pauline Druaux est condamnée aux travaux forcés à perpétuité. Le président fait taire les sifflets et les murmures indignés à grands coups de maillet.

Le dossier est clos. La justice est passée. Pour certains journalistes parisiens convaincus de l'innocence de Pauline, rien au contraire n'est joué. Selon eux, l'enquête fut mal conduite, influencée par une presse régionale défavorable à l'accusée.

Six années s'écoulent avant que ne paraisse dans un quotidien parisien un article proposant une nouvelle version des faits.

Son auteur reprend la thèse de Me Goujon : le coupable serait le four à chaux accolé à la maison. L'explication s'appuie sur divers témoignages dignes de foi. Le couple Gauthier, qui a repris la maison des Druaux a connu d'étranges symptômes. Victime de malaises à l'intérieur de l'habitation, Mme Gauthier meurt en mai 1888 d'une intoxication pulmonaire. Les poumons de Druaux et Delacroix n'ayant jamais été examinés, il est impossible de faire une comparaison avec tout le sérieux scientifique voulu.

M. Gauthier est à son tour la proie d'étourdissements. Il atteste que le poisson entreposé dans la cave pourrit plus rapidement que de coutume. Un nouveau couple, les Dubeaux, emménage dans la maison maudite... Eux aussi éprouvent des malaises réguliers. Leur chat est retrouvé mort dans la cave. Ils portent plainte et obligent le propriétaire du four à chaux, à le reconstruire loin de la maison qui lui appartient également.

Les articles des journaux de la capitale agacent les journalistes rouennais. Plutôt que de reconnaître qu'ils se sont peut-être acharnés à tort sur Pauline Druaux, ils « cherchent des poux » aux confrères parisiens, relevant les coquilles, les fautes de français... Un prétendu reporter orthographiant Buraux pour Druaux, confondant Loire-Inférieure et Seine-Inférieure, mérite-t-il un quelconque crédit...

L'opinion publique, versatile, pense à présent que oui. Pour beaucoup, Pauline Druaux est seulement coupable d'avoir montré si peu d'amour pour ses proches. Est-ce que cela suffit à la pousser au crime ? Les journaux locaux n'ont-ils pas exagéré les faits et accordé trop d'importance aux ragots pour vendre du papier ?

Le sensationnalisme ne l'a-t-il pas emporté sur une vraie enquête ?

Me Goujon, le défenseur de Pauline, n'a jamais laissé tomber sa cliente. Convaincu de son innocence, il demande une révision de l'arrêt de la cour d'assises. Il sera entendu en juin 1896.

Un premier arrêt de la Cour de cassation casse celui de la cour d'assises du 15 novembre 1887. Un second arrêt en date du mois d'août de la même année annule toutes les procédures et renvoie Pauline Druaux devant les assises d'Amiens, aptes à prononcer sa possible réhabilitation.

Pour l'avocat, c'est un premier pas vers la victoire. Le maire de Malaunay, toujours convaincu de l'innocence de son administrée, fait connaître publiquement sa joie.

La condamnée, incarcérée depuis neuf ans, peine à croire ce que lui annoncent ses fervents défenseurs. Enfin, elle va revoir sa fille aujourd'hui âgée de quinze ans.

Le 21 octobre 1896, s'ouvre le nouveau procès de Pauline. Cette fois-ci, moins de commères à la barre, moins de calomnies gratuites. La Cour veut des preuves. L'accusée émet des regrets sur sa vie passée tout en clamant son innocence. Les arguments des uns et des autres restent très techniques. Les experts s'affrontent autour des manques d'investigations précédentes. Le fameux four à chaux focalise l'attention.

L'ingénieur Mordret démontre sans ambiguïté que les fissures entre le four à chaux et le cellier ont laissé passer des émanations d'oxyde de carbone. Les deux hommes sont morts par intoxication et non par empoisonnement. Pour les experts rouennais que sont le chimiste Renard et les docteurs Pennetier et Cerné, les conclusions restent les mêmes que lors du premier procès : empoisonnement. Un tel entêtement ne convainc ni la Cour ni les trois experts parisiens appelés à la barre. Pour eux, il aurait fallu analyser aussitôt le sang des victimes pour comprendre les causes de leur mort. L'hypothèse du four à chaux est la plus vraisemblable : pour preuves, les nombreuses victimes qui ont suivi la location de la maison Druaux.

Les débats se poursuivent. Le passé « indigne » de Pauline s'estompe. Pour sa fille présente dans la salle d'audience, la vérité se fait jour. Non, sa mère n'est pas l'assassin de son père et de son oncle comme on a voulu le lui faire croire pendant des années. Cette femme assise en face d'elle, dont finalement elle ne connaît pas grand-chose, n'est pas le monstre qu'on lui a décrit. L'adolescente se sent prête à reprendre une vie commune avec elle.

Arrive le temps des réquisitoires. Me Goujon résume la situation et décrit comment la vindicte populaire soutenue par la presse locale a pu aveugler la justice au point de faire condamner une innocente. Il expose en plein jour le peu de professionnalisme des experts rouennais, leur manque de rigueur scientifique.

Le défenseur de l'accusée évoque les vies brisées d'une mère et de sa fille. Il termine son réquisitoire en demandant, comme la nouvelle loi le permet, une indemnité réparatrice de cent mille francs pour sa cliente, emprisonnée à tort pendant dix années.

L'avocat général se lève pour prendre à son tour la parole. Son réquisitoire attaque la presse locale, parle de lynchage médiatique, condamne ceux qui donnent foi aux ragots. Les quotidiens régionaux font leur mea-culpa dès le lendemain. *Le Journal de Rouen* se dédouane en accusant l'opinion publique. C'est facile et peu courageux !

Le verdict de la Cour ne surprend personne. Pauline Druaux est acquittée. La justice lui octroie une indemnité réparatrice de quarante mille francs. Me Goujon exulte. Après des années de combat, on reconnaît l'innocence de sa cliente. Pauline se retourne vers sa fille. L'adolescente craque et se met à pleurer. Cette mère qu'elle a haïe, il va falloir apprendre à l'aimer.

Tout le monde ne sort pas la tête haute du procès, notamment les experts rouennais qui, quelques mois plus tard, contre-attaquent. Le docteur Cerné publie un article dans la revue *Normandie Médicale ;* pour lui, son autopsie fut effectuée dans les règles de l'art et n'appelle aucune critique. Aucun doute que les deux corps qu'il a examinés sont morts par empoisonnement. Les lésions causées au tube digestif l'attestent formellement. Il attaque l'expert parisien Brouardel qui, selon lui, ne s'appuie sur aucune preuve tangible. De leur côté, le chimiste Renard et le docteur Pennetier publient un petit ouvrage dans lequel ils se justifient et récusent les accusations de laxisme et d'incompétence dont ils furent l'objet.

En décembre 1896, Pauline Druaux reçoit des mains du receveur de l'enregistrement d'Amiens l'indemnité promise. Il a fallu plusieurs interventions pour qu'elle puisse toucher son argent. Elle reste sans doute la première victime d'erreur judiciaire à se voir attribuer une telle somme. Cette « richesse » soudaine attise les convoitises. Des célibataires de la France entière écrivent à Me Goujon se proposant d'épouser sa cliente. Certains vont même jusqu'à demander la main de sa fille.

Pauline est repartie pour le Havre. Elle s'y marie le 26 décembre 1896 avec l'ouvrier qui l'a accueillie lors de son arrivée dans la ville. Sa fille est sa demoiselle d'honneur. Journalistes et curieux assistent en nombre à la cérémonie. On compte parmi les invités Me Goujon qui abandonne ses honoraires de trois mille francs au profit de la fille de sa cliente :

« Cela lui fera une bonne dot ! »

Pauline Druaux, son nouveau mari et l'adolescente connaissent enfin une existence normale. Âgée de trente-huit ans, la jeune épouse désire plus que jamais mener une vie simple loin du bruit et des rumeurs. Après les quelques articles de journaux qui ont « couvert » son mariage, on n'entendra plus jamais parler d'elle. Fondue dans l'anonymat, elle a voulu enfin bénéficier d'un droit que chacun peut attendre de la société : celui à l'indifférence.

Eddy Simon,
Les Grandes Affaires Criminelles de Seine-Maritime, 2006.

La maison du massacre de Nassandres.
(L'Illustration, *juillet 1898.)*

Le massacre de Nassandres

Affaire Alphonse Caillard, Nassandres
Cour d'assises de l'Eure, 9 juillet 1898

À PEINE la porte ouverte, les deux hommes s'immobilisent, épouvantés : à l'entrée, ils découvrent d'abord, dans une mare de sang, le cadavre d'une petite fille, une enfant de cinq ans, vêtue de sa chemise et la gorge ouverte d'un coup de couteau. L'arme utilisée par l'assassin, un couteau de table très pointu et très effilé d'au moins vingt-cinq centimètres de long, probablement un couteau à couper le gigot, est posée à côté de la gamine. On peut distinguer, sur la poitrine ensanglantée de la fillette, la trace d'une chaussure. L'assassin a marché sur elle.

Enjambant la malheureuse gamine, ils voient entre la table, le poêle et un mur les corps ensanglantés de deux petits garçons. Tout à côté, gît une femme, leur mère, la tête horriblement mutilée. Elle a essayé de se protéger le visage avec son bras. Inutilement. Ensuite, ils découvrent, couché sur le côté, le visage incliné vers le mur, un homme défiguré, le père de famille, qui a probablement reçu un coup de fusil en pleine figure. Poursuivant leurs macabres investigations, ils arrivent dans la chambre de la grand-mère : elle aussi a été assassinée, couchée dans son lit, d'un coup de fusil tiré à bout portant. Elle a les yeux révulsés.

Les deux hommes n'en reviennent pas. Six cadavres ! Rendu malade par l'horreur, le plus jeune des deux, Arthur, sort de la maison et part vomir sur le paillé.

C'est lui, Arthur Bennestier, dix-neuf ans, qui, arrivant à son travail vers 6 heures du matin ce lundi 28 mars 1898, a été étonné de ne voir personne s'agiter dans la maison. Monsieur et Mme Leblond avaient l'habitude de se lever de très bonne heure. Le mari qui se rendait fréquemment pour son travail dans la plaine de Caen devait partir tôt. Sur le coup, Arthur ne s'en est pas formalisé.

Quelque peu surpris malgré tout, le journalier s'est mis à son ouvrage et a commencé à bêcher un petit coin de jardin. Une demi-heure plus tard, ne percevant toujours aucun mouvement dans la maison, il s'est approché et a regardé, intrigué, à travers le vitrage d'une porte dont un carreau est cassé, donnant accès à la pièce qui sert à la fois de cuisine et de salle à manger. Il a reculé immédiatement, épouvanté : à travers le vitrage, étendus par terre, des cadavres, du sang...

« Il est arrivé malheur ! » a compris Arthur.

Affolé, il a couru à toutes jambes prévenir le directeur de la sucrerie, M. Bouchon, qui toutes affaires cessantes l'a aussitôt accompagné. Ensemble, ils sont entrés dans la maison. On connaît la suite.

Monsieur et Mme Leblond étaient de braves gens, nouveaux venus dans le pays, habitant au hameau du Val, sur la route de Brionne à Beaumont-le-Roger, à environ un kilomètre de la Rivière-Thibouville, sur la commune de Nassandres. Une famille sympathique...

Le père, M. Leblond, trente-sept ans, chef de culture à la sucrerie Bouchon de Nassandres, surveillait les plantations de betteraves sucrières dans la région. Sa femme, âgée de quarante-trois ans, était très gentille et, bien que parisienne d'origine, toujours prête à rendre service. Les trois enfants, Léonce, dix ans, Paul, sept ans, et Jeanne, cinq ans, étaient adorables. La belle-mère de M. Leblond, une petite vieille de soixante-quinze ans presque toujours alitée, vivait aussi avec eux.

Le maire donne l'alarme. À 1 h 30 de l'après-midi, le parquet de Bernay, suivi, un peu plus tard, du commandant de gendarmerie d'Évreux, arrive sur les lieux de ce sextuple meurtre. Les autorités sont ensuite rejointes par le docteur Halbout, médecin légiste à Bernay, qui fait les constatations des décès. Le médecin fait étendre les victimes côte à côte dans l'une des pièces intérieures, à l'abri des nombreux curieux qui sont venus aux nouvelles.

Les blessures relevées sur les cadavres sont effroyables. Monsieur Leblond, qui lisait tranquillement son journal, a été atteint au côté droit de la figure par un coup de feu qui a provoqué la mort immédiate. Sa femme a aussi été assassinée d'un coup de feu en pleine face. Le jeune Léonce a été frappé dans le dos par un coup de fusil, en essayant sans doute de s'enfuir. Le petit Paul et sa grand-mère ont été exécutés par des coups de fusil au-dessous de l'oreille droite. Toutes ces blessures ont été faites à bout portant. Quant à la petite Jeanne, elle a été ni plus ni moins égorgée.

Le plus grand désordre règne dans toutes les pièces. Les meubles ont été vidés après que les serrures ont été forcées. Sur la table de la salle à manger, on trouve une assiette avec quelques restes de nourriture, un verre sale et une bouteille de rhum pratiquement vide. L'assassin a mangé et bu après avoir accompli son terrible forfait, puis il a fouillé toute la maison. En fait, il a tué six personnes pour pouvoir voler tranquillement.

L'émotion dans le village est considérable. La coopération de la population est immédiate et totale. Une cinquantaine d'habitants se proposent même de partir, armés de fusils, pour la chasse à l'homme et les gendarmes ont bien du mal à les en dissuader. En effet, on aurait vu un trimardeur avec un gros sac. En particulier, un garde témoigne qu'il l'a rencontré dans les bois entre Brionne et Nassandres. L'alerte est donnée à toutes les gendarmeries de la région.

L'assassin, un nommé Alphonse Caillard, est arrêté le lendemain à 10 heures du matin à Lisieux. Il a été vu dans le train, ivre et nanti d'un sac gonflé. Revenu chez lui avec des habits ensanglantés, il a fait l'objet d'une dénonciation par sa concubine : interloquée par le volume des objets volés, ainsi que par les bijoux et l'argent, elle a pris peur et a voulu se dégager de cette histoire.

Appréhendé, Caillard a avoué sans aucune difficulté, à peine remis de l'excès d'alcool ingéré. Les gendarmes l'ont raccompagné en train jusqu'à Bernay où il est arrivé le mardi à 5 h 30 de l'après-midi. Avertie de son retour, une foule de cinq cents personnes voulait le lyncher et la police a dû le protéger.

Présidée par M. Lecaisne, conseiller à la cour d'appel de Rouen, la cour d'assises de l'Eure siège le 9 juillet 1898 pour juger Alphonse Caillard, auteur de ce que les journaux désignent désormais sous le nom de « sextuple meurtre de Nassandres ». L'assistance est nombreuse, mais il n'y a pas beaucoup de femmes, contrairement à l'habitude. L'audience s'ouvre à 11 heures.

Alphonse Caillard est assis sur son banc. L'homme, d'une trentaine d'années, est de petite taille, très maigre, et a la figure jaune. Il semble épuisé. Ses mains tombent sur ses genoux. Il ne bouge absolument pas. Totalement inerte, il donne l'impression d'être absent. En réalité, il est conscient qu'il va être condamné à mort. Le président l'interroge d'abord sur son enfance :

« Je signale à messieurs les jurés que les parents du prévenu étaient des alcooliques invétérés bien connus dans toute la région. Qu'avez-vous à dire à ce sujet ?

– C'est vrai, répond simplement Caillard.

– Vous vous êtes fait remarquer tout jeune par votre comportement agressif. Comment se fait-il que vous ne soyez pas allé en maison de correction ?

– J'assurais la nourriture de mes parents.

– En volant ?

– Oui.

– Que sont-ils devenus ?

– Mon père est mort d'une crise de délire.

– Vous voulez dire de *delirium tremens* ?

– Oui, c'est ça. Et ma mère l'a suivi de peu.

– C'est après sa mort que vous avez commencé à traîner ?

– Oui.

– Vous n'avez pas essayé de travailler de façon régulière ?

– Si, mais ça ne m'a pas réussi. Personne n'a voulu me garder. Il fallait bien que je vive de quelque chose. »

Le meurtrier, Alphonse Caillard.
(L'Illustration, *juillet 1898.)*

Le président présente ensuite les antécédents judiciaires de Caillard :

« Vous avez été arrêté plusieurs fois depuis quelques années. En août 1895, vous avez comparu devant la cour d'assises du Calvados. Vous louiez une maison aux époux Nicolas, à Ouville-la-Bien-Tournée, près de Saint-Pierre-sur-Dives. Le mari était un cantonnier en retraite.

– C'est exact.

– Vous n'aviez pas payé le loyer depuis plusieurs mois. Ils vous avaient probablement menacé de vous donner congé ?

– Oui.

– Leur maison a brûlé dans la nuit du 13 au 14 février 1895. On a retrouvé leurs cadavres carbonisés sous les décombres. Et aussi, on a saisi des habits maculés de sang. L'enquête permet d'affirmer que l'incendiaire aurait d'abord assassiné les deux époux, puis mis le feu à la maison pour camoufler ses crimes. Vous avez été soupçonné de ce forfait pour diverses raisons. Le loyer, bien sûr. Mais aussi, il est curieux que, étant le plus proche voisin, vous n'ayez pas donné l'alerte à l'incendie. Vous n'auriez rien entendu... Cela semble invraisemblable.

– Pourtant, c'est vrai.

– On vous a mis en prison à Saint-Pierre-sur-Dives en attendant le jugement de la cour d'assises du Calvados. Finalement, le jury de Caen vous a acquitté, estimant que la prévention n'était pas nettement établie, et jugeant les preuves de culpabilité insuffisantes, mais vous avez dû quitter le pays.

– J'ai été acquitté, c'est vrai. Je n'avais rien fait, je le jure.

– Soit, c'est une affaire classée. À Bernay, le 5 décembre 1895, vous avez volé Mme Coquart, la débitante de tabac. Pendant qu'elle était occupée avec un autre client, vous avez dérobé des timbres-poste, des cigares et une pipe. Vous avez pris la fuite et, une fois arrêté, vous avez été condamné à trois mois de prison. Exact ?

– Oui, mais ce n'était pas bien grave.

– Vous avez été condamné une nouvelle fois pour vol en décembre de l'année dernière. Vous êtes sorti le 7 mars de cette année et reparti pour Lisieux, chez votre concubine.

– Oui, et je suis tombé assez gravement malade en sortant de prison. Une grosse jaunisse que j'avais déjà derrière les barreaux. J'ai rechuté. Je n'ai pas pu sortir de la maison avant le 24 mars.

– C'est ce jour-là que vous vous êtes mis en route pour Brionne. Dans la nuit du 25 au 26, vous cambriolez M. Picard, l'armurier ; vous lui volez deux fusils Lefaucheux, une carabine et deux revolvers. Et ensuite ?

– Je n'avais rien mangé depuis trois jours. Je me suis dit que je trouverais de la nourriture dans cette ferme. Il y avait une brèche dans la haie, sans doute pour laisser passer les chiens. Je me suis glissé par là.

– Pensiez-vous qu'il n'y avait personne dans la maison ?

– Je ne savais pas qui y habitait.

– Tout cela est faux. Vous n'avez pas attaqué au hasard cette ferme. Vous croyiez que c'était Mme Digard qui vivait là. Mais voilà : elle est morte il y a quelques mois. Elle était à la tête d'une grosse fortune et vous vouliez la tuer pour la voler.

– Je ne savais pas qu'elle était morte.

– Comment avez-vous fait pour entrer dans la maison ?

– Je me suis dirigé vers la porte vitrée. J'ai cassé un carreau. J'avais les deux fusils à la main.

– Ensuite ?

– J'ai regardé à travers le carreau et j'ai vu un homme assis en train de lire son journal et de boire un bol de café. Je n'avais pas prévu ça. Alors, il fallait que je me décide. J'ai tiré. Puis j'ai ouvert la porte. Il était tombé raide mort. À ce moment-là, la femme est arrivée. Je l'ai abattue avec mon deuxième coup. Puis les deux garçons, que les cris de leur mère avaient fait se lever, ont accouru en chemise. Je les ai abattus aussi, avec l'autre fusil.

– Étiez-vous décidé à tuer tous ceux qui viendraient ?

– Il le fallait bien. Je ne pouvais pas faire autrement. »

Dans la salle, plusieurs spectateurs manifestent leur colère et des cris « À mort, l'assassin ! » sont parfaitement audibles. Le président menace de faire évacuer la salle. Le calme revient.

« Qu'avez-vous fait alors ?

– Il y avait une bouteille de rhum sur la table, j'en ai bu un grand coup.

– Pourquoi avez-vous tué la fillette ?

– Je ne savais pas qu'il y avait une autre chambre. La gamine y était avec la grand-mère. Attirée par le bruit, elle est venue voir ce qui se passait. J'ai été surpris quand elle a ouvert la porte. Elle était dans un faux jour, je ne croyais pas que c'était une enfant. J'avais pas le temps de recharger les fusils. Je me suis servi de mon couteau.

– Vous lui avez tranché la gorge d'un coup de couteau. C'est ignoble. Vous rendez-vous compte de ce que vous avez fait ?

– Oui. Je regrette.

– Ensuite, vous avez tué la grand-mère dans son lit en lui tirant un coup de fusil derrière l'oreille.

– Oui. Elle criait : "Au secours !" Je ne pouvais plus entendre ça. J'ai rechargé mon fusil et je suis allé la voir dans la chambre.

– Ensuite, qu'avez-vous fait ?

– J'ai mangé. J'avais faim. Il y avait du fricot dans le buffet.

– Et ensuite ? questionne encore le président.

– J'ai fouillé partout pour trouver de l'argent, des bijoux, n'importe quoi. J'ai tout mis dans mon sac.

– Ce faisant, vous avez marché sur le cadavre de la fillette. Sa chemise porte l'empreinte d'une chaussure s'adaptant à l'une des vôtres.

– Oui », murmure l'accusé, tout jaune et la tête basse.

Le président cesse l'interrogatoire. La salle est sous le choc des aveux d'Alphonse Caillard.

L'avocat général, M. Bock, prend la parole pour un réquisitoire vigoureux :

« Je signale tout d'abord que l'accusé a joué la comédie de la folie à la prison de Bernay, sans doute conscient qu'il risquait sa tête. Par la suite, il a essayé de faire croire qu'il est épileptique mais ça n'a pas marché. »

La salle ricane. On sent la haine qui transpire. On entend un murmure :

« Le salaud ! »

Monsieur Bock reprend :

« Que dire de plus ? Cet homme a tué de sang-froid toute une famille ! Il n'a épargné personne, absolument personne. Aucun sentiment de pitié ne l'a effleuré. Pensez à la malheureuse enfant qu'il a égorgée d'un coup de couteau… Pensez à cette grand-mère

L'intérieur de la cuisine
et la chaise sur laquelle était assis M. Leblond.
(L'Illustration, *juillet 1898.)*

invalide... Cet individu est un danger pour la société dont il a rejeté toutes les valeurs. De plus, il y a préméditation puisqu'il avait volé toute une artillerie... Je ne vois aucune circonstance atténuante possible. La peine capitale s'impose. »

La salle applaudit à tout rompre.

Maître Colrat a la charge difficile de défendre l'accusé. Il va s'efforcer d'obtenir les circonstances atténuantes, parfaitement conscient de l'exercice périlleux, voire impossible, qui l'attend dans sa plaidoirie.

« Alphonse Caillard a toujours été rejeté. Parents alcooliques, enfant délaissé, quelques séjours en prison pour vol, il essaye de trimarder. Les paysans le rejettent, n'en veulent pas. C'est un exclu depuis sa venue au monde.

« Sa concubine n'en voulait plus non plus puisque, malade, il n'apportait plus d'argent depuis son retour de prison. Il lui fallait de l'argent pour continuer à vivre avec elle. Dans une action désespérée et bien que malade de la jaunisse, il a tenté le tout pour le tout. Parti à pied de Lisieux, il est arrivé à Brionne puis à Nassandres, pour cambrioler la veuve Digard. Mais ça ne s'est pas passé comme prévu. Il était engagé et ne pouvait plus s'arrêter dans sa terrible action.

« Il n'est qu'un vieux routard de la maraude qui, progressivement, a basculé dans la violence aveugle. Ce serait dommage de le guillotiner. Il sera plus utile au bagne, où il travaillera pour la France. »

Le jury se retire. La délibération est rapide, un quart d'heure à peine. Les circonstances atténuantes ne sont pas accordées. En application de ce jugement, l'accusé est condamné à mort.

La salle applaudit. Le président la fait taire. Ce crime restera dans les mémoires, c'est sûr. Le nom de Caillard est inscrit à côté de ceux des plus grands criminels de la région – et notamment celui de Troppmann, le « monstre de Pantin » –, et le massacre qu'il a commis fait partie des plus horribles.

Cette affaire suscite un intérêt national. *L'Illustration*, *Le Petit Journal* et la plupart des journaux la suivent. Voici le compte rendu de l'exécution paru dans *Le Petit Provençal* :

Le massacre de Nassandres

« 19 août 1898. Ce matin a eu lieu l'exécution de Caillard, l'auteur du sextuple assassinat de Nassandres. C'est la dix-septième exécution qui a lieu à Évreux depuis cinquante ans.

« Deibler, arrivé hier avec les bois de justice, a pris ses mesures pour dresser la guillotine sur l'avenue de Caen, la foire qui se tient en ce moment au Bel-Ébat empêchant de la monter sur le lieu ordinaire des exécutions. Depuis plusieurs nuits, la foule ne cessait d'encombrer l'avenue spacieuse où elle supposait que devait tomber la tête de Caillard ; et cette foule attendait avec impatience le moment où elle pourrait voir Deibler lâcher le déclic de la machine sur la tête de ce misérable qui a fait tant d'innocentes victimes.

« Le moment est arrivé. Deux escadrons de dragons occupent les abords de la prison et assurent l'ordre ; trois compagnies de ligne font la haie jusqu'au lieu de l'exécution et maintiennent la foule qui pousse des cris de mort.

« Un orage épouvantable, qui a éclaté hier soir et qui a persisté jusqu'à 4 heures du matin, a quelque peu retardé le montage de la machine, et ce n'est guère qu'à 4 h 30 que le substitut, M. Valade, accompagné du juge d'instruction, du greffier et de quelques représentants de la presse, a pénétré dans la cellule du condamné pour lui annoncer que sa dernière heure était venue.

« "C'est bien, dit-il, j'aurai du courage jusqu'au bout."

« Caillard se confesse et entend la messe. En descendant du greffe, il dit au gardien-chef :

« "En voilà un réveil."

« Après la toilette, pendant laquelle il ne dit pas un mot, Caillard monte dans le fourgon avec les deux vicaires de Saint-Taurin ; arrivé au pied de la machine, Caillard descend, la foule pousse des cris de mort, il la regarde sans sourciller et se livre aux exécuteurs. Une seconde après, justice était faite. Aucun incident ne s'est produit. »

Roger Delaporte,
Les Grandes Affaires Criminelles de l'Eure, 2008.

La maison de Mlle Roger, au 6, rue Bourbesneur, à Bayeux.
(Photo des auteurs.)

Faux frère et âme sœur

Affaire Lucien Commun, Bayeux
Cour d'assises du Calvados, 9 mai 1904

Rue Bourbesneur, au numéro 6. Que font donc là, à attendre devant la grande porte de chêne de Mlle Roger et à taper du pied pour se réchauffer dans la gadoue de la neige fondante, cette femme, ces deux agents de police en uniforme et ces deux civils ? « La femme, oui, on la connaît, c'est la nièce *à* Marie Roger... Elle venait souvent la voir. Pas plus tard que dimanche dernier... C'est-y qu'y s'rait arrivé *queuque* malheur ? »

« Y avait que le loquet de mis... » dit le serrurier en se tournant vers celui qui a requis ses services, le commissaire de police Gaston Barthouil.

D'autorité, Adrienne Letondot est entrée chez sa tante. À gauche du couloir, dans la salle à manger, personne. Personne non plus en face dans le salon. Après, à droite, l'escalier vers l'étage, on verra plus tard... Elle pousse la porte à gauche, celle de la cuisine et jette un cri. Les quatre hommes la rejoignent.

Sur le ventre au milieu de la pièce, jambes légèrement écartées, avant-bras repliés, gît le cadavre de la demoiselle de soixante-sept ans, face congestionnée, « langue en avant des arcades dentaires ».

Autour du cou, le nœud coulant d'une corde attachée à un cordon de rideau dont l'extrémité, nettement brisée, repose sur le dossier d'une chaise à demi renversée, les deux pieds avant appuyés sur le haut du corps. Inutile d'être sorcier pour deviner ce qui s'est passé : pour se pendre, Mlle Roger a accroché l'espèce de corde au crochet, là, juste au-dessus, au plafond ; elle a fait basculer la chaise, mais la corde a craqué. Elle est tombée de tout son poids et sa tête a heurté violemment le carrelage, d'où les ecchymoses sur son visage violacé, la petite mare et les taches de sang coagulé alentour. Du moins, c'est ce que l'on pense à première vue...

« Allez quérir le médecin légiste, le docteur Chodorowki... » ordonne le commissaire à l'un des agents.

Bientôt l'homme de l'art, le procureur de la République et le juge d'instruction du tribunal de première instance de l'arrondissement de Bayeux, Pierre Hardouin, arrivent à leur tour sur les lieux. « L'information », comme on disait encore parfois, commence.

Dehors, dans le quartier, d'autant plus frileusement serré autour de la cathédrale qu'une neige précoce est tombée l'avant-veille, la nouvelle s'est répandue comme un vent coulis. Rue des Chanoines, rue de la Chaîne, rue des Cuisiniers, rue Laitière, ces petites rues ont encore des allures médiévales. La rumeur s'est glissée dans les maisons dont certaines sont encore à pans de bois : « Mlle Roger se serait suicidée, elle se serait pendue... » Et, malgré le froid, sur le pavé comme derrière les façades à colombages, les esprits se sont échauffés.

Il faut dire qu'on est en décembre 1903 et que, depuis la loi sur les associations de 1901 et les confiscations des immeubles des congrégations non autorisées, le torchon brûle entre l'Église et l'État. On sent que l'on est au bord de la rupture définitive, et les Bajocasses, fiers d'abriter le siège de l'évêché du Calvados, de nombreuses communautés et écoles religieuses, sont majoritairement cléricaux. En ces temps difficiles, ils ont les nerfs à fleur de peau. « D'ici à ce que ce soit encore un bruit répandu par tous ces francs-maçons, ces laïcs et ces athées, pour nous déconsidérer, nous, les "*tala*"[1], il n'y a pas loin ! » estiment les bonnes âmes, les

1. Ceux qui « vont à la messe ».

« calotins » (sic), comme les appellera le commissaire dans une note du lendemain au procureur de la République.

« Pensez donc ! Comme si Marie Roger pouvait se suicider !... C'était une trop bonne chrétienne... »

Une sainte demoiselle que cette demoiselle ! Aussi assidue aux offices et solide dans sa foi qu'un pilier de la cathédrale Notre-Dame ! Toute sa vie durant, elle s'était préservée et n'avait succombé à la tentation du démon. Jamais son regard ne s'était attardé plus qu'il ne convenait sur ces gandins qu'elle rencontrait quand elle marchait dans les rues de Bayeux. Peut-être, parfois, une pensée impure l'avait-elle effleurée à la vue de certaine moustache, mais elle s'en était vite repentie auprès de son confesseur, le seul homme d'ailleurs à qui elle se fût jamais ouverte... Qui croyait-on abuser ? On connaissait trop Mlle Roger ! Alors, penser qu'une personne aussi stricte dans l'observance des préceptes de l'Église n'avait pas attendu que le Seigneur la rappelât à Lui, encourant ainsi d'être interdite d'obsèques religieuses, était pure calomnie ! Inacceptable, inadmissible ! La vieille demoiselle ne pouvait pas s'être suicidée ! « Décidément, les corbeaux ne soutiennent pas que l'encorbellement de nos maisons... ! »

Les autorités n'étaient ni sourdes ni de mauvaise foi. Simplement, elles attendaient le résultat de l'autopsie. Ce fut chose faite dans l'après-midi même de ce jeudi 3 décembre. Le médecin légiste datait la mort du mardi 1er, et, sans se prononcer de manière définitive, établissait que le seul argument en faveur de la thèse du suicide était l'absence de traces probantes de violence, mais que, par ailleurs, les marques laissées par la corde, non orientées comme elles auraient dû l'être, et d'autres infimes détails techniques l'inclinaient à conclure avec une quasi-certitude à un assassinat. Cela confortait dans leur opinion les policiers et les magistrats qui dès les premières minutes avaient été intrigués par des bizarreries : le crochet était bien trop haut pour que la demoiselle, même montée sur la chaise, pût l'atteindre ; la corde était trop longue pour qu'on s'y pendît ; et pourquoi cette balafre de sang sur le carrelage, comme si l'on avait traîné le corps ? Le doute n'était plus permis : on se trouvait devant une mise en scène, un assassinat que quelqu'un s'était efforcé de maquiller en suicide. Les « calotins » et les frères de la doctrine chrétienne du quartier, avec qui elle était en si bons termes et qui lui devaient tant, pouvaient être rassurés : Marie Roger les aurait, ses obsèques religieuses...

Mais, du coup, cela méritait que l'on se penchât sur un certain nombre de points. En premier lieu, établir la date. Le mardi 1er, la demoiselle était à la messe du matin comme d'habitude, mais, l'après-midi, un frère de la Doctrine mandé par elle auprès du supérieur pour qu'il vienne l'aider à rentrer des arbustes en pots, à cause de la neige, avait, vers 16 heures ou 16 h 30, frappé à la porte sans obtenir de réponse. Depuis, personne n'avait revu Marie Roger... Ensuite, le mobile. La maison était parfaitement en ordre lorsque la nièce et les policiers étaient entrés. Apparemment, rien n'avait été volé, mais, en y regardant de plus près, on se demanda où étaient passées ses économies. La demoiselle ne faisait pas confiance aux banques... Enfin, cela donnait tout son intérêt à ce qu'Adrienne Letondot, professeur au collège de jeunes filles de Caen, demoiselle – elle aussi – et nièce de Marie Roger, ne cessait de répéter au commissaire Barthouil et au juge d'instruction Hardouin depuis la découverte du corps :

« Puisque je vous dis que c'est lui...

– Lui qui ?

– Cette espèce de frère des Écoles chrétiennes défroqué, qui a enseigné quelque temps, ici, à Bayeux ! Un vaurien qui venait souvent lui quémander de l'argent ! Pourtant je l'avais mise en garde plusieurs fois contre lui ! Cause toujours ! C'était son protégé, qu'elle me disait ! L'hypocrite savait bien la manœuvrer ! “Ma bien chère mère”, “Votre bon enfant reconnaissant” qu'il lui avait écrit dans des lettres qu'elle m'avait montrées ! Dimanche dernier, le 29 novembre, elle lui a encore donné à manger dans la cuisine, mais elle a fini par le mettre à la porte : il n'arrêtait pas de lui réclamer de l'argent !

– Comment savez-vous cela ?

– Je le sais parce que j'étais là quand elle l'a éconduit ! J'ai même entendu ce bon à rien lui dire qu'il reviendrait cette semaine, mardi ou jeudi... C'est même pour cela que, moi aussi, je suis revenue aujourd'hui jeudi où j'ai congé. J'étais inquiète et j'avais bien raison de l'être. Je suis sûre que c'est lui qui l'a tuée... pour la voler !

– Vous connaissez son nom ?

– Commun.

– Pardon ?

– Commun... Lucien Commun, je crois... »

Renseignements pris auprès de l'institution des frères des Écoles chrétiennes de la ville, ils avaient bien eu chez eux durant un certain temps un dénommé Lucien-Charles-Maurice Commun. Ils l'avaient congédié en 1901 parce que ce frère, « sans que nous entrions dans les détails, vous nous comprendrez... », leur était apparu « disons... quelque peu illuminé » !

Le soir même de ce jeudi 3 décembre 1903, un mandat d'arrêt, auquel était jointe une photographie que les frères, devant la gravité des faits, avaient fournie, était lancé contre lui à travers toute la France par le procureur de la République du parquet de Bayeux.

Ce même jour où l'on découvrait le cadavre de Mlle Marie Roger, un homme et une femme, assis de part et d'autre de la fenêtre dans un compartiment du chemin de fer du Paris-Lyon-Méditerranée, devisaient tranquillement.

« Merci pour la fourrure que tu m'as achetée hier au Bon Marché !

– Quand on a de l'argent, il faut que cela serve...

– Comment ça se fait que tu as tant d'argent tout à coup, mon chéri ?

– Ne m'appelle pas comme cela, je te l'ai déjà dit. Nous sommes censés être frère et sœur... Et pour l'argent, ce ne sont pas tes affaires ! Contente-toi d'en profiter...

– Bon ! Bon ! Alors, à nous la belle vie ! »

Lui, de taille moyenne, le visage hâve, les cheveux longs par-derrière, clairsemés sur le dessus et dont il ramène les mèches sur le devant, de grands yeux et des lèvres un peu fortes, paraîtrait un curé défroqué s'il ne portait la soutane. Elle, assez mignonne à regarder avec sa figure de madone un peu niaise et son petit nez à la retroussette, le corps potelet avec ce qu'il faut de rondeurs là où il faut, a le regard qui s'émoustille quand elle regarde son « frère » ou les hommes qui passent dans le couloir. Visiblement, ces deux-là partent pour mener belle vie et grand train.

De fait, pendant un peu plus d'un mois, ils vont aller de ville en ville du Sud : Draguignan, Marseille, Tarascon, Avignon... descendant à chaque fois dans les hôtels les plus chic. Tantôt, ils s'inscrivent comme l'abbé Valéry d'Hassonville et sa sœur Madeleine ; tantôt ils sont Julien Delarocque et sa sœur Augusta. Une autre fois, c'est le père Patzini, ou le père Gabriel Marie, ou encore Edmond Aubry, qu'accompagne sa sœur Adélaïde. Les réceptionnistes des palaces où ils séjournent ne sont sûrement pas dupes sur les liens qui unissent ce frère si blême en soutane et cette sœur si aguichante, mais ils en ont tellement vu d'autres de derrière leurs comptoirs qu'ils ne sont pas à cela près ! Du moment que ce couple paie correctement ses notes d'hôtel, ce n'est pas leur problème. Cependant, à mener un tel train de vie, le magot de départ a fondu comme neige au soleil de la Provence-Côte-d'Azur. Les 2 500 francs ont fait peau de chagrin. Adieu les séjours luxueux et la douce chaleur hivernale du Sud ! Le couple se replie, d'abord à Abbeville dans la Somme, puis à Paris. Les disputes sont devenues continuelles, si bien que, milieu janvier, la « sœur » décide de quitter le « frère ».

Marie-Françoise Le Men redeviendra Éliane, « fille soumise » selon la terminologie officielle : elle compte bien retrouver du travail dans une maison close du Havre, ville où les marins constituent une large clientèle potentielle pour une fille qui ne rechigne pas à l'ouvrage.

« C'est cela ! Retourne donc là d'où je t'ai sortie... »

Quant au « frère », alias Lucien Commun, il endossera à nouveau le personnage de « frère André » qui vivote grâce aux viatiques et aumônes que lui donnent des institutions religieuses qui prennent en pitié un frère soi-disant venant d'une communauté dissoute. Au moins, l'anticléricalisme de l'époque aura profité à quelqu'un !

Seulement, Lucien Commun est toujours recherché par la police. Et, au Havre, le 22 janvier 1904, sur le point de s'embarquer pour l'Angleterre, il est arrêté en compagnie d'Éliane, momentanément réconciliée avec son amant.

« T'as voulu voir Southampton, tu verras la prison de Bayeux... »

D'interrogatoire en interrogatoire, le juge d'instruction Pierre Hardouin entreprend de reconstituer la vie des deux inculpés (l'un d'homicide et de vol ; l'autre de complicité de vol) et d'établir les faits.

La biographie de Lucien Commun est une véritable odyssée de la médiocrité où chaque île se nomme « Échec », « Humiliation », etc., avec au passage un séjour chez les Lotophages, à la recherche d'une terre mystiquement idéale qu'il n'atteindra jamais : la prêtrise. Né le 8 janvier 1876, il est élevé par une tante. À quatorze ans, il est placé par le tribunal de Compiègne en maison de correction jusqu'à l'âge de dix-huit ans révolus. Il en sort pour entreprendre son noviciat à Hérouville, près de Caen. Peut-être parce qu'il n'a pas les moyens de payer ses études ou parce qu'il n'en a pas les capacités intellectuelles, « on » l'oriente vers l'ordre des frères de la Doctrine chrétienne, ordre fondé par Jean-Baptiste de La Salle en 1680, dont les membres font vœu de chasteté, de pauvreté et d'obéissance, mais ne sont pas ordonnés prêtres. Ils se consacrent à l'enseignement des enfants socialement déshérités. Frère « ignorantin », André enseigne alors à Saint-Sauveur-le-Vicomte et à Cherbourg dans la Manche. Puis, fin 1897, il est incorporé pour son service militaire au 154e régiment d'infanterie à Trognon. Là, en mars 1898, pris de bouffées délirantes, en proie à un mysticisme galopant, il se met à franchement marcher à côté de ses godillots :

« Malheur, malheur, malheur aux habitants de la terre ! L'antéchrist arrive, il me poursuit ! Aidez-moi à lui tendre une embuscade ! Nous allons le capturer ! »

L'armée n'a guère la fibre métaphysique et n'apprécie guère les vaticinateurs. Direction l'asile d'aliénés de Mareville, en Meurthe-et-Moselle, histoire de lui remettre les idées en place ! Le voilà chez les Lotophages ! Il en sort en juin, « guéri » dit le certificat ! Réformé, il revient à Hérouville, d'où on le réexpédie à Fécamp, au Havre, puis à Bayeux... Après une fugue totalement inexpliquée, c'en est assez : le bon frère suiveur le congédie en décembre 1901, pour « instruction insuffisante », un comble pour un

« ignorantin » ! En fait, partout où il est passé, frère André s'est montré sournois, chicanier, hypocrite et totalement cyclothymique, parfois violent, et chacun, après quelques mois, n'a plus eu qu'une envie : s'en débarrasser au plus vite et le repasser en toute charité chrétienne à un autre établissement !

Par pitié, les frères lui trouvent alors une place auprès du doyen d'Orbec-en-Auge. Las ! Ne voilà-t-il pas qu'il se mêle de dire :

« Je ne suis pas sûr que les relations de M. le vicaire avec les dames dont il est le directeur de conscience soient bien… catholiques… »

Il est *illico presto* à nouveau congédié. Le 29 novembre, il s'en va… Mais ce père la pudeur ne part pas seul. Il emmène avec lui une pensionnaire de la maison close de Lisieux qu'il fréquentait assidûment, une certaine Éliane dont il s'est entiché. Ce couple bizarrement assorti loue une chambre à Caen, rue Pémagnie. Celle qui aurait pu devenir Nausicaa recueillant l'épave échouée sur le rivage d'une telle vie sera en fait la sirène dont le chant et les beaux yeux précipiteront le naufrage…

Marie-Françoise Le Men a vingt-trois ans au moment de son arrestation au Havre. Elle est née à Brest le 16 juillet 1881. On ne naît pas « fille soumise », on le devient, et sans doute la vue de tous les pompons de ce grand port militaire a-t-elle fait éclore en elle une vocation altruiste à faire le don d'elle-même, vocation qui l'a conduite jusqu'au lupanar de Lisieux. Entre-temps elle a pris un nom de guerre, elle est devenue Éliane au pays des mères maquerelles. C'est une personne qui ne manque ni de charme ni de charmes. Mais, comme le comprend très vite le juge Hardouin, Éliane est loin d'avoir inventé l'eau chaude dont elle se sert pour ses ablutions intimes professionnelles. C'est ce qui la sauvera des mains de la justice. Le juge découvre ainsi que, puisque Lucien lui avait dit qu'il était prêtre, elle l'avait cru sans s'étonner outre mesure qu'il vînt chez « les dames » ou qu'il s'habillât tantôt en civil tantôt en curé par simple commodité. Mieux ! Sans l'arrestation et l'instruction, elle aurait toujours cru que Lucien s'appelait « de Sommereuse », nom sous lequel il s'était toujours présenté à elle. Lorsque le couple n'ayant plus d'argent, Lucien l'avait conduite le

29 novembre au bordel *Aux Cassis violets* à Caen pour y travailler, elle n'avait pas trouvé cela anormal, même de la part d'un prêtre... Et, lors de la confrontation entre les deux ex-amants organisée par le juge le 20 février, Éliane, tout en traitant Lucien de « mufle » parce qu'il la faisait passer pour une idiote intégrale et une dévergondée finie, avait été bien près d'avoir un revenez-y de tendresse pour lui lorsqu'il s'était exclamé, grandiloquent :

« Éliane, c'était pour toi, pardon, ma chère petite sœur ! Mon Dieu que je suis malheureux, je ne mérite pas cela ! Mon Dieu, vous savez que je suis innocent devant vous et que cette créature m'a tourné la tête ! »

Quant à l'origine de l'argent du voyage sur la Côte d'Azur, elle s'en était tenue à ce que lui avait dit son « frère » dans le train : « Ce ne sont pas tes affaires ! Contente-toi d'en profiter... »

Devant une candeur aussi désarmante, le juge estima qu'il ne pouvait y avoir eu sciemment complicité de vol : Éliane fut bientôt remise en liberté et renvoyée à ses amours tarifées. On la prévint simplement qu'elle serait citée comme témoin lors du procès...

Pour ce qui était de l'ex-frère André, les faits étaient établis, et Lucien Commun, même si cela avait été avec une onction qui sentait la sacristie et à grand renfort d'invocations mystico-lyriques, les avait reconnus.

Le juge d'instruction Hardouin transmit le dossier au procureur de Bayeux qui le communiqua à Caen et à la chambre des mises en accusation... Chez les « calotins » comme chez les frères de la Doctrine chrétienne, nul ne cria alors à l'acharnement anticlérical !

Le procès était prévu pour la session de mai de la cour d'assises. Cependant, au moment d'adresser les convocations aux témoins, problème : « Mais où est donc la fille Le Men ? » Disparue, Éliane... Quelque part dans la nature, si l'on peut dire. Et voilà les policiers obligés de rechercher Éliane de maison close en maison close... À Pontivy ? Non. À Saint-Brieuc ? Non. On finit par la localiser au labeur à Saint-Malo... « Oui, mais, si on lui remet la convocation, fit remarquer le commissaire de la cité de Chateaubriand dans un télégramme, elle risque de quitter sa chambre furtivement. » Mieux valait laisser tomber. Après tout, elle avait dit ce qu'elle avait à dire. On la classa « témoin excusé ».

Le procès eut lieu le lundi 9 mai. L'accusé, selon les articles 295, 296, 302, 304, 401 du code pénal et 226, 227 du code d'instruction criminelle, encourait la peine de mort. On peut imaginer la tête des jurés pendant que le président Leturc dévidait l'écheveau du *curriculum vitae* de Lucien Commun. Quel parcours ! Quant au crime lui-même, il le reconnaissait, mais il le mettait sur le compte d'un coup de colère : il était venu sans intention violente chez Mlle Roger, qui l'avait déjà secouru plusieurs fois, pour lui demander de l'aide. Mais, quand il lui avait expliqué qu'il lui fallait cet argent pour faire sortir son amie du lupanar *Aux Cassis violets,* elle avait dit ne pas vouloir donner un sou pour une fille publique. Ces paroles avaient été « des coups de marteau dans [sa] tête et dans [son] cœur » et, rendu furieux, il l'avait étranglée avec le lacet de sa ceinture. Puis, calmé, il avait maquillé le meurtre et pris 2 500 francs dans l'armoire de la chambre à l'étage. En fait, l'avocat général Mazière et l'ex-frère André, dans leur affrontement, ne parlaient pas la même langue. L'un parlait de la justice des hommes, de culpabilité, etc. L'autre – sincèrement ou non, comment savoir ? – répondait, comme il l'avait déjà fait devant le juge d'instruction Hardouin, en se situant dans une sorte d'au-delà mystique qui l'innocenterait... « Pour être coupable, il faut savoir que l'on faisait mal » ; « Dieu qui voit le cœur des hommes sait que je ne suis pas coupable ; les hommes qui ne voient que les apparences ne verront que l'acte et me condamneront... » Maître Gransard, qu'assistait Me Dodeman, le conseil de Lucien Commun durant l'instruction, n'eut guère la tâche facile : comment endiguer les propos mystico-délirants de son client ?

Les jurés, à la majorité, reconnurent l'accusé coupable d'homicide, avec, circonstance aggravante, préméditation ; coupable de « soustraction frauduleuse d'une somme d'argent » avec, circonstance aggravante, préméditation ; paradoxalement ils lui accordèrent les circonstances atténuantes... L'ex-frère André sauvait sa tête, mais il connaîtrait l'enfer de Cayenne à perpétuité... Comme le jury devait écrire en toutes lettres la mention des « circonstances atténuantes » sur la feuille qu'il remettait au président, mais n'avait pas à la justifier, nous ne saurons jamais pourquoi il les accorda... Peut-être les jurés furent-ils sensibles à ce que le destin de Lucien – qu'on nous pardonne cette dernière pirouette – pouvait avoir eu de peu... commun.

Lionel Acher et Brigitte Sesboüé,
Les Grandes Affaires Criminelles du Calvados, 2007.

Diableries à Saint-Pierre-Tarentaine

Affaire Aimable Frémont, Saint-Pierre-Tarentaine
Tribunal correctionnel de Vire, septembre 1910

La crédulité de certaines personnes est telle qu'on a peine à y croire, tant il est vrai, comme l'a dit Pierre Dac, qu'« une fois que les bornes sont franchies, il n'y a plus de limites ! »

Il était une fois, à Saint-Pierre-Tarentaine, un brave garçon d'une trentaine d'années. Il était né « coiffé », ayant pour parents des paysans qui « ne se plaignaient pas », avec leurs terres, leurs bois, leurs herbages où s'engraissait un des plus importants troupeaux de la région. La chance continuant à le servir, Dieu avait récemment jugé opportun de rappeler à lui ses géniteurs, à deux mois d'intervalle, ce qui faisait de lui, resté seul, un parti intéressant. Le seul problème dans sa situation, était que, le jour où les bonnes fées s'étaient penchées sur son berceau, la plus mal intentionnée d'entre elles, Alcuine, un esprit chagrin, avait trouvé le moyen de glisser quelques gouttes d'un philtre de sa composition dans son biberon, et de ce fait le brave Roulland n'était pas malin-malin. En revanche, Titania, la reine, lui avait versé une bonne louche de ce qui se révélerait être, à la puberté, une sensualité active...

Et justement, à propos de « sensualité active » et de « bonne louche », le gaillard avait vite engagé comme servante une accorte brunette de dix-neuf ans, maintenant que « mère » n'était plus là pour lui nouer l'aiguillette et qu'il était à l'âge où, comme chante Brassens, « s'amuser tout seul ne suffit plus ». Yeux émoustillants, lèvres humides, seins fiers comme deux panneaux d'armoire normande et la cuisse accueillante, Valentine-Yvonne Bezin s'activait volontiers à l'ouvrage, et lui la consommait sans modération, la trouvant bien plus chaude dans son lit que la bouillotte de naguère. Il en usait sans en abuser, la belle ne disant guère non. C'est que la garce avait son idée : si elle besognait ferme, c'était pour la ferme. À force de le mener par le bout du... nez et de le faire passer par son chas de souris, elle espérait bien qu'il finirait par lui enfiler la bague au doigt. Belles fesses et raideur de sexe font plus que force ou que rage pour mener tout droit au mariage... Seulement, il était rétif, le Roulland. On ne le roulait pas facilement. Pourquoi se serait-il encombré d'une épouse, alors que la Valentine, qui « avait de si mignons tétons qu'[il] tâtai[t] à tâtons » lui en offrait les avantages sans les inconvénients... ?

C'est alors que, devant tant de félicité, la mauvaise fée Alcuine décida de s'en mêler. Elle ressortit de son grimoire la vieille recette d'un philtre vieux comme le monde et qui avait déjà fait ses preuves avec la Lysistrata d'Aristophane : la grève du sexe. De plus en plus souvent Valentine fut prise de migraines. Si ce n'était de la tête, elle se trouvait « indisposée » d'une manière anormalement récurrente. Pour ne rien arranger, les vaches donnaient un lait qui tournait de mal en pis et les poules, elles aussi, semblaient faire de la rétention d'œufs : c'est bien connu, « quand le sort est sur les poules, le diable ne les ferait pas pondre ».

« C'est à croire que quelqu'un nous a jeté un sort ! commença à répéter la maligne servante. Y a un *carimaras* qui nous en veut quelque part !

– Pour sûr ! » grognait le gars Roulland.

Tant va la cruche au mensonge qu'elle finit par y croire. « C'est p't'être ben vrai qu'on nous a j'té un sort ! » commença à se dire le brave homme. Surtout qu'à son tour il fut pris de fièvre et dut s'aliter.

« Tu sais, venait lui susurrer sur sa couche à de fréquentes reprises la coquine de servante, si tu me mariais, on serait deux pour chasser le mauvais sort. On serait bien plus forts... Tu crois pas ? »

L'idée faisait petit à petit son chemin dans l'esprit peu délié de Roulland. Mais, en bon paysan qui n'avait peut-être pas beaucoup d'idées, mais qui, quand il en avait une, s'y tenait, il regimbait encore et n'avait pas dit son dernier mot. Tout à coup, il eut un éclair de génie :

« Y a qu'une solution... On va faire venir un r'bouteux de Saint-Lô qu'est bon aussi, à c'qu'on m'a dit, pour chasser les mauvais esprits ! »

Une semaine plus tard, par une belle journée ensoleillée de ce début juillet de 1910, Aimable Frémont, terrassier de son état et pour qui l'enlèvement des sorts n'avait plus de secrets, se présenta à la ferme de Saint-Pierre-Tarentaine vers 1 heure de l'après-midi. Assez bel homme de trente-cinq ou quarante ans, solidement charpenté avec des muscles que Valentine remarqua tout de suite sous la chemise. Les fées avaient fait le bon choix...

C'était justement le moment de se mettre à table...

« C'est pas de refus ! » lança le nouveau venu en prenant place.

Tout en faisant allégrement honneur au repas, Aimable demanda à Roulland, qui, malade et fiévreux, tenait à peine assis et mangeait chichement, de lui narrer par le menu les malheurs qui l'accablaient. Il écouta attentivement le récit de toutes ces misères que l'autre lui détaillait. Parfois, il hochait la tête comme quelqu'un qui mesure l'ampleur du problème et songe déjà aux remèdes nécessaires. De temps à autre aussi, il laissait tomber un commentaire :

« Oh là là ! Mon pauvre Roulland, ça ne va pas être facile... J'ai bien peur que vous n'ayez affaire à un esprit particulièrement tenace... »

À la fin du repas, pendant que Roulland, l'œil de moins en moins *vésillant*, s'endormait à moitié au bout de la table, Aimable prétexta un besoin naturel pour sortir prendre l'air. Il en profita pour observer l'état de la ferme, les animaux et les bâtiments, et, quand il revint de son petit tour d'inspection, il s'était persuadé que, s'il savait « plumer la poule sans la faire crier », il tenait là une véritable poule aux œufs d'or. En outre, ce qui ne gâtait rien à l'affaire, au contraire même, il avait eu l'œil attiré dès son arrivée par la jeune femme qui lui avait ouvert la porte : il avait d'abord cru qu'il s'agissait de la patronne, puis il avait vite compris qu'elle devait « faire tout comme madame aurait fait », s'il y avait eu une madame. Ce n'était pas étonnant, à voir le mignon petit lot que c'était... C'était indéniablement une piste à explorer, mais chaque chose en son temps ! Pour le moment il devait s'occuper de l'autre benêt d'ensorcelé...

Il décida que la première tentative pour chasser le démon aurait lieu en fin de journée, à l'heure où les créatures infernales se montrent les plus fébriles.

« Nous allons essayer l'eau bénite ! Beaucoup de diables n'y résistent pas ! Ça marche très bien quand on a affaire à des esprits de seconde zone, les moins récalcitrants... Il va falloir vous mettre tout nu, mon bon Roulland, et pendant que je réciterai les formules exorcistes, mademoiselle vous frictionnera partout... !

– Oh ! » fit mine de protester Valentine dans un élan pudique.

Mais, tout à la hâte de se débarrasser du mauvais sort, déjà, Roulland se déshabillait au milieu de la pièce... Aimable Frémont, pendant que la servante versait sur la tête de son maître le contenu d'une fiole de grès sortie de la besace du *désencraudeur*, se mit à tourner autour du malheureux en psalmodiant des formules incompréhensibles.

« J'ai dit partout... intima-t-il à la jeune femme qui hésitait à frotter certaines parties anatomiques. C'est souvent là que se réfugient les suppôts du Malin juste avant de sortir ! »

La jeune Bezin s'agenouilla devant les *pudenda* du maître et frotta énergiquement. Sa position offrait aux deux hommes une intéressante vue plongeante sur l'amorce du sillon entre ses seins.

« Là, vous voyez, cela commence à faire de l'effet... Il regimbe, le gaillard ! C'est bien ce que je pensais, ce doit être un incube ! »

Et ce disant, l'exorciste donna une claque vigoureuse sur les fesses de Roulland. Puis il secoua sa main trempée sur le décolleté de la servante, toujours affairée, laquelle coquine, sans être versée dans la symbolique herméneutique, comprit parfaitement le message. Elle sourit en lui jetant un regard à étancher toute l'eau répandue autour d'elle.

« C'est encourageant ! commenta Frémont. Vous pouvez vous rhabiller, c'est assez pour aujourd'hui. Nous jugerons demain des résultats... »

Après une prestation aussi éprouvante pour ses nerfs, le thaumaturge dîna de fort bon appétit. Ce furent là des moments vraiment roboratifs. Mais il éprouva une vive déception quand fut venu le temps de s'aller coucher. Contrairement à ce qu'il espérait, sa tentative pour se montrer « chaud de la pince » fut très mal accueillie par Valentine qui n'apprécia pas du tout, mais alors pas du tout, la main qui s'égara subrepticement sur son tétin au moment du bonsoir. Et c'est tout béjaune et la queue basse que Frémont gagna le grenier où l'attendaient des bottes de foin...

Le lendemain, Valentine fut absente toute la matinée. Entre le risque d'un pelotage et les commissions au marché, elle avait choisi. Non point que la chose lui déplût, car avec ses dix-neuf ans et depuis le moment où elle avait décidé de se refuser à Roulland, le feu couvait sous la cendre, mais elle était assez futée pour préférer un balourd à qui elle ferait tirer la langue jusqu'à ce qu'il lui offrît le mariage, à un chevau-léger qui lui offrirait une nuit aux plaisirs éphémères. Mari vaut bien une fesse, mais pas un occasionnel ! *Tota mulier in utero*, et bien souvent aussi dans l'anneau...

Aimable rongea son frein jusqu'en fin d'après-midi. Le maître paya pour la non-inconduite de la servante. À nouveau, il se retrouva tout nu. Mais cette fois, sous prétexte que, pour se montrer aussi opiniâtre, le démon qui logeait en lui ne pouvait être qu'un succube, espèce particulièrement virulente et coriace de créature infernale qui sous des dehors féminins s'acharne à la perte d'un homme, Roulland eut droit à un traitement de choc. Gifles, coups de poing, coups de pied au fessier... Réfugiée dans un coin de la pièce auprès de l'âtre, Valentine se bouchait les oreilles pour ne pas entendre les cris déchirants que poussait le monstre refusant de s'arracher de ce corps torturé… Enfin le martyre du néophyte en ensorcellement prit fin.

« Il n'y a pas plus sourd que celui qui ne veut pas entendre… » commenta le terrassier à table, entre deux bouchées d'un solide pâté. Il parlait évidemment du succube, car ce fut pur hasard si, à ce moment, son regard s'attardait avec insistance sur les rondeurs de Valentine.

Puis il retourna coucher sur sa paille, seul, sans même une furtive petite caresse à se mettre sous la main.

Au troisième jour de cette sarabande, réplique normande au petit pied de la fameuse nuit de Walpurgis, Valentine ne put s'absenter. L'état de Roulland ne s'améliorait aucunement. Le Malin devait se sentir bien chez lui, il s'incrustait. La servante eut beau suggérer à son benêt, entre deux compresses, qu'il était temps de mettre un terme à cette cérémonie funeste, celui-ci s'obstinait à y croire encore. Cela lui valut, le soir même, de se retrouver à nouveau tout nu. Aimable lui sortit alors le grand jeu, le rouant de violents coups de canne et de manche à balai – moyen de transport habituel des sorcières, c'est bien connu ! On avait peut-être même affaire à une goule, ou, pire encore, à un diable de la catégorie supérieure !

« Hors d'ici, Béhémoth, Onocentaure, Cacodoemon… ! Quitte le corps de ce malheureux, qui que tu sois ! Je t'en conjure ! » hurlait Frémont en frappant à tour de bras.

Valentine, émue de l'énergie que dépensait l'exorciste pour sauver cette âme, finit par s'interposer. Il lui fallait ménager son avenir…

Nouveau repas réparateur, nouvelle nuit de frustration pour Aimable !

Quatrième jour ! Le midi, Roulland, qui, après toutes ces avanies, commençait enfin à écouter Valentine qui lui répétait de se débarrasser du *désencraudeur*, prit son courage à deux mains :

« Je crois que cela ne sert à rien de continuer… Celui qui m'a jeté un mauvais sort est trop fort. Dites-moi combien je vous dois…

– Voyons... Avec tout le temps que j'ai passé, cela ira pour 500 francs... »

Roulland eut un haut-le-cœur.

« Je vais y réfléchir, répondit le paysan dont le portefeuille demeurait un point encore plus sensible que le reste de son corps.

– Bien... Mais, comme vous m'êtes sympathique, reprit le rusé terrassier, je voudrais essayer encore une dernière fois... Rassurez-vous, ajouta-t-il devant l'air effrayé du benêt, je m'y prendrai tout à fait autrement... »

Cette fois, Aimable, c'est vrai, prend tout à fait autrement les choses en main, et, même, très bien en main ! C'est peut-être en Valentine que gît le mal... Pour preuve, avant que la mignonne n'ait le temps de réagir, il la plaque contre lui de son bras gauche passé derrière sa taille, et sa main droite emprisonne et malaxe la poire douce et molle du sein gauche.

« Que fait là votre main ?

– Je tâte votre habit ; l'étoffe en est moelleuse.

– Ah ! De grâce, laissez, je suis fort chatouilleuse. »

Et maintenant Aimable renverse la jeune servante sur la grande table, lui retrousse la jupe et le cotillon ; c'est bien connu, c'est sous les jupes des femmes que le diable affectionne de se cacher. « C'est-y pas pour le trouver que j'suis là ? »

La vue de la chair blanche des cuisses au-dessus des bas de coton le persuade qu'il est sur la bonne voie. Et justement, il l'entend, le démon, qui crie et le traite de tous les noms, il le sent qui se débat sous lui et essaie de le griffer. Il sort son braquemart de ses braies, écarte la fente du long pantalon de batiste... Quel ramdam ! Quel charivari de tous les diables quand enfin celui qui habitait Valentine consentit à sortir ! Jamais sorcière sur son manche à balai ne poussa de tels hurlements !

Et Roulland pendant ce temps ? Il était où, ce simplet de Roulland ? Non, il n'était pas sous la table comme l'Orgon de Molière... Il était à deux mètres, dans la maie à farine, où Frémont l'avait persuadé de se loger pendant qu'il expérimenterait un nouveau rituel.

« Comme cela, nous saurons vraiment si c'est bien en vous que se cache le démon... »

Après cela, il avait suffi de rabattre le panneau de dessus et de tirer la targette, et le pauvre enfariné, s'il n'en avait eu l'image, en avait eu le son.

Valentine avait à peine rabaissé ses jupes et Aimable, reboutonné sa braguette magique, que deux gendarmes entraient dans la pièce. Les voisins, inquiets de ne plus voir Roulland et Valentine et alertés par les cris qui sortaient de la maison, avaient fini par prévenir la maréchaussée de Beny-Bocage.

Plainte fut alors portée.

Le numéro 37 du *Bonhomme normand*, en date du 15 au 22 septembre 1910, rapporte qu'un certain Aimable Frémont, terrassier se disant sorcier et chasseur de sorts, vient d'être condamné par le tribunal correctionnel de Vire à trois mois de prison pour coups et blessures et viol.

L'histoire ne dit pas si Valentine et Roulland se marièrent et eurent beaucoup d'enfants, ou si, au contraire, les fées leur jouèrent le tour de leur jeter à nouveau un mauvais sort.

« Mais, après tout, est-ce si différent ? » ne manqueront pas de demander certains esprits chagrins...

Lionel Acher et Brigitte Sesboüé,
Les Grandes Affaires Criminelles du Calvados, 2007.

Famille bien sous tous rapports

Affaire M. et R. Ménard de Couvrigny, Fresné-la-Mère
Cour d'assises du Calvados, 12 janvier 1912

FALAISE, À UNE TRENTAINE de kilomètres de Caen, est fière à juste titre d'avoir abrité les amours illégitimes de Robert le Magnifique et d'Arlette, fille d'un pelletier, desquels naquit en 1027 Guillaume le Bâtard, dit « Guillaume le Conquérant », devenu, après la victoire d'Hastings, en 1066, le maître de l'Angleterre. Mais, au début de la dernière décennie du XIXe siècle, ce sont d'autres amours dont bruissent manoirs et châteaux de la contrée : demoiselle Marguerite-Amélie-Hélie de Tréprel épouse le baron Maxime Ménard de Couvrigny.

Qu'importe que tous deux soient cousins ? Ils se prévalent d'ancêtres prestigieux. Certains ont participé à l'aventure napolitaine et sicilienne de Robert Guiscard au XIe siècle ; d'autres ont accompagné Guillaume ; d'autres, plus tard, durant la deuxième période de la guerre de Cent Ans, ont défendu le Mont-Saint-Michel contre les Anglais en 1424. Bon sang ne saurait mentir... Qu'importe que ce ne soit pas un mariage d'amour ? Marguerite, qui déclarera plus tard s'être mariée « pour faire comme tout le monde », n'en mettra pas moins au monde un premier fils, Robert, le 27 mars 1893, un deuxième, Roger, en 1899, et un troisième,

Jean, en 1905. Entre ces deux derniers est née une fille, Élisabeth, en 1902. Qu'importe enfin que ce ne soit pas vraiment la richesse ? Maxime n'exerce aucune activité professionnelle, et Marguerite ne « saurait » travailler. Mais tous deux sont propriétaires terriens, ils « ont du bien », comme on dit. Ils sont rentiers. Certes, ce sont des rentes modestes, mais suffisantes pour leur permettre une vie de hobereaux dans leur château de La Galerie, à Fresné-la-Mère.

Tout semble donc aller pour le mieux « dans le meilleur des mondes possibles », sauf... Sauf qu'au cours des premières années du XXe siècle, les choses dégénèrent. Il s'en passe de belles, derrière les murs familiaux qui se dressent toujours aussi fièrement, dominant la campagne ! Au point que l'avocat général dans son réquisitoire n'hésitera pas à dire : « Le château de La Galerie, ce sera et Sodome et Gomorrhe, et Lesbos et Thèbes ! »

Mme la baronne de Couvrigny s'est mise à boire, et même à boire de plus en plus. De la *demoiselle* (un demi-décilitre) de goutte quotidienne, elle est passée à ses deux litres hebdomadaires. Marguerite se laisse aller, se néglige, devient une vraie souillon, ne se soucie plus de tenir ni son ménage ni son rang. Finis les plaisirs champêtres, les réceptions d'un manoir ou d'un château à l'autre ! Pour échapper à sa solitude et étancher sa soif de plus en plus impérieuse, Mme la baronne en vient à fréquenter les cabarets du village où, bientôt, habitués et chemineaux de passage se font un plaisir de lui payer un coup en échange des faveurs qu'elle leur prodigue dans les fossés ou les prés avoisinants.

Au château, se succèdent les jeunes servantes, presque toujours des adolescentes à peine pubères que les bureaux de placement de Caen adressent à la baronne sans se douter dans quel lieu de perdition ils les envoient. L'accueil y est assez spécial. Leur nouvelle maîtresse les fait se déshabiller, se repaît de leur nudité, pelote un sein par-ci, tâte une fesse par-là, glisse ses doigts entre les cuisses... Cet examen, « digne » d'un maquignon libidineux, aboutit généralement au même résultat. Bon gré, mal gré, les gamines se retrouvent au lit avec la patronne pour une nuit de plaisirs saphiques, au terme de laquelle Marguerite, magnanime dans ses amours ancillaires, déclare :

« Puisqu'on couche ensemble, on peut bien se tutoyer, nous deux... »

Ainsi en a témoigné Marie-Louise Lemoine, la dernière en date des servantes, une dévergondée de quinze ans et de la plus belle eau, qui sut si bien s'intégrer à la famille que, non contente de coucher avec la mère, elle accueillait souvent le fils aîné, Robert, dans le lit encore chaud que Marguerite venait juste de quitter pour aller de son côté courir le guilledou ou la prétentaine. On savait se montrer *partageux* et près du peuple, chez les de Couvrigny !

Le Robert en question était lui-même un bien triste sire. S'il jetait sa gourme, comme tant de fils de famille ayant des employées de maison, en lutinant les bonnes « à tout faire » sous le toit paternel, Robert se livrait aussi sur son frère cadet, Roger, à des pratiques homosexuelles « à ce point qu'un médecin dut être appelé d'urgence » (*dixit* l'avocat général). Comme si cela ne suffisait pas, il tenta par trois fois de violer sa jeune sœur Élisabeth, alors âgée de dix ans. Ne parvenant toujours pas à satisfaire sa lubricité incestueuse, il la contraignit alors à lui prodiguer les caresses les plus impudiques. Celle-ci, sans doute morte de honte, garda un silence prudent jusqu'au jour où, la veille de sa première communion, lors de la confession générale qui devait lui permettre de recevoir le sacrement pure de tout péché, elle libéra sa conscience et révéla les impudicités que lui faisait subir son frère. Que croyez-vous qu'il advint ? Marguerite, dont on aurait pu au moins attendre ne fût-ce qu'un sursaut de pudeur maternelle devant l'innocence souillée de sa fille, n'eut pas un mot. Seule la maîtresse commune à la mère et au fils, Marie-Louise, qui pourtant en avait vu d'autres, s'indigna quelque peu. Elle eut ce mot : « C'est trop c... dit-elle, elle est vraiment trop jeune ! »

Dans cette famille, la réalité dépasse l'affliction !

Et Maxime dans tout ce pandémonium ? M. le baron, estimé pour son calme et sa gentillesse par ce même voisinage qui faisait des gorges chaudes de l'ivrognerie et de l'inconduite de

Marguerite, était devenu la cinquième roue du carrosse dans son propre château. Il avait assisté durant ces dernières années à la déchéance de sa femme, au délabrement de son ménage, à l'enlisement progressif de son intérieur dans le désordre et le manque d'hygiène. Il avait tout vu partir à vau-l'eau. Maxime savait – il n'était pas aveugle – dans quelle turpitude s'enfonçaient sa femme, ses enfants et Marie-Louise, et il manifestait encore parfois des velléités de remettre un semblant d'ordre dans sa maisonnée. Ainsi – noblesse oblige –, il ne supportait pas que l'on proférât en sa présence la moindre critique sur son épouse, baronne de Couvrigny – ô combien respectable ! – et mère de ses enfants – ô combien respectables, eux aussi ! –, mais, dans son privé, il avait asséné une gifle mémorable à Marguerite, un soir où elle était particulièrement ivre. Il talochait à l'occasion sa progéniture quand elle dépassait les bornes. Il tentait même de se faire obéir de sa domesticité. Cependant ce n'étaient là que de rares coups d'épée dans l'eau... M. le baron Maxime avait fini par capituler et se réfugier dans son monde à lui. Cet homme que, à la table commune, même ses enfants insultaient grossièrement, se confinait la plupart du temps dans la seule partie du château qui ne fût pas trop encore transformée en capharnaüm, préférant la prudente politique de l'autruche à un affrontement perpétuel. Cependant, quelle que fût la discrétion de ce mari couleur muraille résolu à l'évanescence, il n'en continuait pas moins à hanter le château de La Galerie. Il vivait. Et cela, c'était un vice rédhibitoire aux yeux de Marguerite qui ne rêvait plus que de se libérer totalement pour aller faire la noce à Paris avec Robert et Marie-Louise ! La conclusion s'imposait d'elle-même : *delendus est Maximus* ! Il faut détruire Maxime...

Du 10 au 15 août, se tient à Falaise la grande foire qui date du XIe siècle, l'époque des ducs de Normandie. On y vient de loin, car c'est le rendez-vous le plus important de l'année pour le commerce des chevaux et de la laine, dans une région où haras et bergeries abondent. C'est alors que la mère et le fils concluent un marché d'une tout autre nature : ils tueront le père. Cela leur trottait dans la tête depuis assez longtemps, mais l'idée de Maxime de placer Roger dans une maison d'éducation à Caen – ce à quoi s'oppose Marguerite, car cela grèverait leurs finances – et l'interdiction qu'il vient de renouveler aux épiciers du village de vendre de l'alcool à sa femme ont précipité les choses. Il est temps de passer à l'acte. Mais comment faire ? Cela va les occuper jusqu'au 24 septembre.

« Il n'y a qu'à l'empoisonner… décide Marguerite. Je pensais le faire cet hiver avec du sulfate de cuivre… Et, finalement, je ne l'ai pas fait. Je crois bien que j'ai ce qu'il nous faut… »

Marguerite se souvient en effet qu'il y a dans l'armoire de la chambre de son fils Roger des comprimés de sublimé corrosif. Dilué en faible quantité, ce sublimé sert à la toilette intime féminine. En dose plus importante, il « nettoie » assurément quelqu'un, le deutochlorure de mercure étant un poison violent. Et donc, un soir, à table, comme le *pater familias* se fait attendre, Marguerite écrase un comprimé de couleur violette, le dissout dans un peu de lait et verse le tout dans le potage de Maxime.

« Qu'est-ce que tu fais, maman ? demande innocemment Élisabeth.

– Je prépare un médicament pour votre père… »

Robert et Marie-Louise, de connivence, sourient. Maxime survient, mange sa soupe. Sans doute ne nourrit-il plus depuis longtemps d'illusions sur la cuisine familiale qu'on lui sert, car il ne fait aucune remarque sur le goût légèrement plus âcre de sa soupe ce soir-là. Puis il monte se coucher et passe une nuit paisible.

Le lendemain, nouveau conseil de guerre entre les trois complices.

« Qu'est-ce qu'on peut essayer d'autre ? interroge Marguerite dépitée.

– Est-ce que l'arsenic… ?

– Non ! Un médecin reconnaîtrait tout de suite les symptômes d'un empoisonnement.

– Et si on essayait la symphorine ? Il y en a près de la laiterie… »

Va pour la symphorine ! Cet arbrisseau produit des grappes de baies blanches tenues pour vénéneuses. Marie-Louise va donc en cueillir dans le parc. *Bis repetita* : le soir, Maxime absorbe sans broncher son potage agrémenté de la mixture que les deux femmes ont eu la délicatesse de cuisiner à son intention. Puis il monte se coucher et passe une nuit paisible. Rageant !

Nouveau conseil de guerre.

« Et si on essayait les champignons ? »

Sitôt dit, sitôt fait. En cette fin août, début septembre, le parc exhale des senteurs boisées et l'alternance d'ondées et d'éclaircies ensoleillées fait pousser à profusion toutes sortes d'espèces de champignons. Il suffit de se baisser pour les ramasser, à condition de ne pas se tromper et de surtout bien choisir les plus vénéneuses. Fasse le ciel qu'il y ait des amanites phalloïdes ! Cette fois, c'est un consommé que préparent Marguerite et Marie-Louise. Mais n'est pas Agrippine ni Locuste qui veut ! Et Maxime n'est pas bon dans le rôle de Claude ! De fait, *ter repetita* : le soir, Maxime déguste tranquillement son consommé, puis il monte se coucher et s'endort paisiblement. Ce qu'il ne sait pas et ne saura jamais, c'est que cette nuit-là, pendant qu'il jouissait du sommeil du juste, trois ombres se glissèrent dans le noir jusqu'à sa porte.

« Ma parole ! Mais il dort… dit une voix d'homme.

– Il ronfle au lieu de râler… dit une voix de femme.

– Il faut trouver autre chose ! » dit une autre voix de femme, dépitée.

Devant une telle obstination à survivre, une telle mauvaise volonté à mourir, on ne peut plus lésiner, il faut recourir aux grands moyens.

« Et si je lui tirais un coup de revolver dans la tête pendant son sommeil… suggère Robert.

– Oui ! Mais avec quelle arme ?

– Celle qu'il a dans sa chambre…

– Impossible ! Son revolver est sous clé dans un tiroir…

– Alors, il faut envoyer Marie-Louise en acheter un à Caen. »

L'idée est bonne et acceptée dans un premier temps. Seulement, en y réfléchissant, Mme la baronne se dit qu'un voyage à Caen de la servante, cela coûterait de l'argent à un moment où les finances du ménage ne sont pas si brillantes que cela. En outre, il faudrait trouver une justification à cette absence, que Maxime ne manquerait pas de remarquer. Finalement, ce n'est peut-être pas la meilleure solution... Alors il faut chercher autre chose...

« Je pourrais l'étrangler... » propose Roger sans sourciller.

Et, de fait, durant les jours qui suivent, celui-ci se promène avec un bout de longe d'un chanvre bien solide, au cas où... Seulement, là encore, Marguerite réfléchit et tempère l'enthousiasme filial.

« Si tu l'étrangles, il faudra le pendre à une poutre quelconque pour faire croire à un suicide ! Tu te vois soulever un bonhomme pareil, lourd et massif comme il est ? Même en s'y mettant à trois avec Marie-Louise, on n'y arrivera jamais ! »

Nouveau conseil de guerre. Cette fois, c'est la servante qui a une idée.

« *Si qu'on* engageait un homme de main, un apache... J'en connais justement un à la Folie, près de Caen... Il a déjà fait plusieurs fois de la prison, il serait peut-être d'accord ?

– Oui... Mais il faudrait le payer un bon prix ! objecte la baronne.

– Ça ! Pour sûr... »

Ce « service » risquant de coûter beaucoup trop cher, mieux vaut finalement en revenir à la solution à la fois la plus expéditive et la moins onéreuse : le revolver. Après tout, il y a un armurier à Falaise. Évidemment, c'est plus risqué... mais il faut en finir. Et voilà donc, par un bel après-midi de septembre, Marguerite et Marie-Louise qui s'en vont à la ville en carriole, accompagnées de Robert à bicyclette. Pas de chance ! L'armurier, M. Groult, n'est pas là ; sa femme ne répond pas, et la bonne, en l'absence de son maître, n'a pas le droit de vendre une arme. « Gros-Jean comme devant », les trois rentrent bredouilles au domaine de La Galerie...

En cette matinée du 23 septembre, nouveau conseil de guerre. C'est alors que Robert a une illumination :

« Qu'on est bêtes ! Il y a deux fusils au château...

– *Pourquoi qu'on* n'y a pas pensé plus tôt ? s'interroge Marie-Louise.

– Parce qu'il faudrait avoir des cartouches à y mettre... » explique Marguerite.

Qu'à cela ne tienne ! On ira en acheter à Falaise chez M. Groult.

« Et on fait ça où ?

– Je pourrais me cacher dans un recoin près des communs, et attendre qu'il ait conduit le cheval à l'écurie… suggère Robert.

– Non ! intervient Marguerite. Si on veut faire croire que c'est quelqu'un de l'extérieur qui a fait le coup, il vaut mieux faire ça près de la grille, à l'entrée de l'allée, là où il y a des fourrés… »

Va pour l'entrée de l'allée ! Et maintenant, aux actes !

L'après-midi même, Roger, le cadet – cela éveillera moins les soupçons –, se rend à Falaise chercher ces munitions dont il sait très bien à quoi elles serviront. Seulement, le gamin, qui va sur ses treize ans, a musardé à l'aller et musarde encore au retour, si bien que, lorsqu'il rentre à La Galerie, la journée est bien avancée. Robert n'a que le temps de prendre les cartouches et de courir avec son fusil vers l'endroit où il a été prévu qu'il se mettrait en embuscade. Trop tard ! La voiture du baron Maxime, lequel revient d'une tournée dans le voisinage, remonte déjà la longue avenue vers le château…

« Tant pis ! Ce sera pour demain… » maugrée Robert.

On a de la suite dans les idées et on est perfectionnistes chez les de Couvrigny ! Le lendemain, 24 septembre, Robert a droit à une formation accélérée de la part de sa mère. Choix de l'arme : ou bien le Lefaucheux, du nom de l'armurier qui inventa le fusil de chasse qui se charge par la culasse, ou bien un hammerless, un fusil sans chien.

« Prends plutôt le Lefaucheux ! conseille la baronne. Le hammerless repousse trop… »

Entraînement au tir : toujours « viser droit bien au milieu »…

Puis, vers 3 heures de l'après-midi, Robert, après un petit coup d'absinthe pour se donner du cœur à l'ouvrage, va s'embusquer près de l'entrée de l'allée qui mène au château, dissimulé derrière un fourré. L'attente se prolonge et, par deux fois, la baronne, accompagnée de la petite Élisabeth, vient le conforter. « Surtout, ne le rate pas ! »

Enfin, vers 4 h 30, le baron s'en revient du marché de Falaise et franchit la grille en voiture, au rythme indolent du cheval. Robert se précipite derrière, prend ses appuis et « vise droit bien au milieu ». Maxime s'écroule sur son siège, il a reçu la décharge en pleine tête, il agonise pendant que, docile, le cheval continue à remonter l'allée jusqu'à s'arrêter devant le perron du château. Le fils et la mère, prévenue aussitôt, peuvent alors constater que, cette fois, ils ont enfin réussi.

Il ne reste plus qu'à prévenir la gendarmerie. Toutefois, avant d'avertir les autorités, les deux complices ont encore la présence d'esprit de faire disparaître le chapeau de Maxime, ensanglanté et déchiqueté par les plombs. Il finira, le lendemain, brûlé par Marguerite dans le fourneau de la cuisine.

L'enquête fut diligentée par le maréchal des logis de la gendarmerie de Falaise, puis par un jeune juge d'instruction de Caen. Dans les premiers temps, l'astuce d'avoir commis l'assassinat de Maxime non loin de la grille d'entrée faillit bien marcher. On pensa naturellement à quelqu'un venu de l'extérieur. Et cela d'autant que Marguerite aiguilla les recherches sur une fausse piste en donnant le nom d'un certain Boschet, cultivateur des environs plus ou moins en litige avec le baron. Malheureusement pour elle, mais heureusement pour lui, celui-ci put fournir un alibi irréfutable. Les soupçons se reportèrent alors sur la maisonnée.

Bien qu'il n'y eût aucune preuve formelle établissant sa culpabilité, la baronne de Couvrigny, pressée de questions, finit par craquer. Elle tenta alors de rejeter toute la responsabilité de l'affaire sur son fils Robert, puis sur Marie-Louise Lemoine. Erreur ! Ceux-ci, informés, se défendirent en révélant ce qu'ils avaient tu jusqu'à présent. C'est ainsi que les gendarmes, pour le moins étonnés, apprirent bien des choses sur l'ambiance qui régnait au château et purent reconstituer avec quelle obstination toute la famille s'était liguée, mère en tête, pour expédier *ad patres* le malheureux baron Maxime.

Le procès s'ouvrit le 12 janvier 1912. Une foule immense se pressait pour assister aux débats. Ce n'était pas tous les jours qu'une baronne et un baronnet, promu « baron » par la vertu d'un coup de fusil, se retrouvaient sur les bancs des Assises ! Las, les curieux furent déçus. Le huis clos fut prononcé dès qu'il s'est agi d'évoquer la vie au château de La Galerie. La plupart des témoins parlèrent donc dans une salle vide de public.

Marguerite était toute de noir vêtue. Son fils Robert parut étrangement absent... Dans son réquisitoire, l'avocat général, après avoir rappelé les turpitudes familiales (« Sodome et Gomorrhe », « Lesbos »), en vint au meurtre du père (« Thèbes », par référence implicite à l'assassinat de Laïos par son fils Œdipe). Il énuméra alors avec minutie les différentes tentatives d'assassinat perpétrées, les délibérations pour trouver un moyen efficace, les précautions pour ne pas se faire prendre… Cependant, les faits étant avérés et les accusés ayant avoué, l'avocat général savait que la défense chercherait surtout à obtenir les circonstances atténuantes en plaidant l'irresponsabilité.

C'est bien pourquoi, en effet, les défenseurs, dont Me Robert du barreau de Paris pour la baronne de Couvrigny, avaient demandé un « examen mental » des accusés. À propos de Marguerite, dont la mère, Mme veuve Tréprel, avait essayé d'atténuer la responsabilité en affirmant dans une lettre que son mari était mort « gâteux, alcoolique, syphilitique », les trois experts, les docteurs Levassort, Moutier et Catois, écrivirent :

« La veuve de Couvrigny que les antécédents héréditaires prédisposent à la folie est une dégénérée présentant des perversions instinctives développées sur un fond de débilité intellectuelle. Elle n'offre pas de symptômes proprement dits d'aliénation mentale, mais le déséquilibre de son esprit, sans lui enlever le discernement de ses actes, la prive en grande partie de l'appréciation de leur valeur morale. Dans ces conditions, nous estimons que sa responsabilité dans les actes qui lui sont reprochés peut être considérée comme atténuée dans une certaine mesure. »

Et pour Robert, le rapport vaut autant la lecture :

« Il n'était pas en état de démence au moment de l'acte aux termes de l'article 64 du code pénal. L'inculpé n'est pas un aliéné auquel on ne doive demander aucun compte de ses actes. Toutefois, il pèse sur lui une lourde tare héréditaire pathologique. Lui-même présente des troubles psychiques congénitaux caractérisés par un arrêt du développement intellectuel, voisin de l'imbécillité, et des perversions instinctives affectant principalement la sphère morale de son intelligence. Ces troubles ont altéré profondément son discernement dans l'accomplissement des actes qui lui sont reprochés. Sa responsabilité doit être considérée comme atténuée dans une très large mesure. »

Une carte postale fut éditée à Falaise à propos de l'affaire, avec la baronne de Couvrigny, son fils Robert et le château de La Galerie.
(Collection des auteurs.)

Aussi, tout en concédant que la responsabilité de Robert pouvait « être considérée comme atténuée dans une très large mesure », l'avocat général s'efforça-t-il dans sa péroraison de persuader les jurés que Marguerite, non seulement n'était pas « une folle intellectuelle », mais encore qu'elle avait parfaitement conscience que ce qu'elle faisait était mal. D'où les peines qu'il réclama :

« Pour Robert de Couvrigny, les circonstances atténuantes et le bagne à perpétuité... Pour Marguerite de Tréprel, baronne de Couvrigny, aucune circonstance atténuante dans ses crimes et la "suprême expiation" ! »

Maître Robert, quant à lui, ne plaida que vingt-cinq minutes...

Les jurés accordèrent les circonstances atténuantes à Robert. Celui-ci écopa de vingt ans de travaux forcés et Marguerite fut condamnée à mort.

La baronne de Couvrigny fut graciée par le président de la République, Armand Fallières, et sa peine, commuée en travaux forcés à perpétuité.

Elle mourut à quarante-sept ans, en avril 1919, à la prison pour femmes de Rennes.

Lionel Acher et Brigitte Sesboüé,
Les Grandes Affaires Criminelles du Calvados, 2007.

Poilu... Cocu...

Affaire Jules Vogingen, Cabourg et Dives-sur-Mer
Août 1916 (?)

CABOURG, L'UNE DES STATIONS balnéaires à la mode de la côte normande lancées par le Second Empire, et que fréquentait l'été venu la bourgeoise parisienne... Cabourg, immortalisée dans *À l'ombre des jeunes filles en fleurs* sous le nom de Balbec par Marcel Proust, qui y passa les étés de 1909 à 1914... Balbec, son *Grand-Hôtel* où chaque année on lui réservait la même chambre pour qu'il ne fût point trop dépaysé... Balbec, sa digue promenade où il observait le jeu des relations mondaines : « C'était l'heure où dames et messieurs venaient tous les jours faire leur tour de digue, exposés aux feux impitoyables du face-à-main que fixait sur eux, comme s'ils eussent été porteurs de quelque tare qu'elle tenait à inspecter dans ses moindres détails, la femme du président, fièrement assise devant le kiosque de musique, au milieu de cette rangée de chaises redoutée où eux-mêmes tout à l'heure, d'acteurs devenus critiques, viendraient s'installer pour juger à leur tour ceux qui défileraient devant eux », et où le narrateur lorgnait les jeunes filles, dont Albertine Simonet qu'il allait aimer passionnément.

Mais laissons-là le jeune gandin, qui, en cette seconde quinzaine du mois d'août 1916, devait être quelque part à se promener dans la calèche de Mme de Villeparisis, et intéressons-nous plutôt à cet homme en uniforme bleu ciel délavé, à l'évidence un soldat en permission, assis sur la dernière marche en bas de l'un des escaliers de la jetée. Les godillots solidement posés sur le sable, la tête appuyée sur sa main droite dans la position du *Penseur* de Rodin, il songeait.

Jules Vogingen, trente et un ans, songeait que, arrivé à la gare, il avait bien fait de prendre le tramway pour se rendre à la plage, plutôt que d'aller immédiatement chez lui retrouver sa femme et ses deux enfants, comme il en avait d'abord eu l'intention durant son voyage en « tortillard ». Mais, après les longs mois d'horreur qu'il venait de vivre, il avait éprouvé le besoin impérieux d'entendre à nouveau le cri des mouettes, de se retrouver face à l'espace, au sable, aux vagues qui moutonnaient jusqu'à l'horizon, là où les flots se confondaient avec le ciel. Certes, Jules ne se disait pas, comme le faisait Proust chaque matin à sa fenêtre, qu'il prenait plaisir à « jeter encore un regard sur ce vaste cirque éblouissant et montagneux et sur les sommets neigeux de ses vagues en pierre d'émeraude çà et là polie et translucide, lesquelles avec une placide violence et un froncement léonin laissaient s'accomplir et dévaler l'écroulement de leurs pentes auxquelles le soleil ajoutait un sourire sans visage », non, il se disait simplement que c'était chouette d'être là à contempler le spectacle qu'il avait sous les yeux. Il en aurait presque oublié, si cela avait été possible, les rats, la vermine et la boue des tranchées, les assauts dans les miaulements des balles des mitrailleuses et les explosions des obus ennemis, les camarades éventrés, déchiquetés, volatilisés, les blessés qui geignaient, l'odeur de sang et de poudre… et certains sous-offs ou officiers, pas tous, heureusement, qui leur gueulaient dessus ! Ah ! Ça ! Depuis février, à Verdun, ils pouvaient dire, son régiment, le 441e d'infanterie, et lui, qu'ils en avaient vu de toutes les couleurs ! En mai, pour la troisième fois, il avait été blessé : il s'était ramassé un éclat d'obus dans le bras gauche. Il avait été soigné vite fait dans un hôpital de campagne, un peu à l'arrière, mais il en avait gardé une raideur des muscles atrophiés qui lui interdisait certains mouvements. Du coup, quand on l'avait renvoyé au front, il avait été versé dans les « nettoyeurs » de tranchées. Cela pouvait passer pour une planque relative, parce que ces types-là ne montaient pas à l'assaut dans les premiers, donc risquaient moins, mais il fallait avoir le cœur sacrément bien accroché ! Un « nettoyeur », ça nettoyait ! Aussi bien ce qui ne vivait pas – le matériel, les cadavres qu'il trouvait dans la tranchée ennemie que les camarades venaient de prendre –, que ce qui vivait encore : les copains qui perdaient leur sang et qu'on devait évacuer sous la mitraille, ceux qui demandaient qu'on les achevât parce qu'ils étaient intransportables et à qui on évitait une agonie épouvantable, et, aussi, souvent, les ennemis qui se tournaient vers lui en implorant pitié... Ce n'était pas sans raison qu'on les équipait d'un énorme poignard, dit « couteau de nettoyeur » ! Et, machinalement, Jules regardait de temps à autre sa petite valise de carton bouilli à ses pieds, dans laquelle, au milieu de ses maigres affaires personnelles, il avait caché une de ces armes, récupérée sur le corps d'un pote qui venait de se faire descendre devant lui... Puis son regard repartait vers les gamins qui couraient sur le sable et s'émerveillaient des coquillages, et, là-bas, tout au loin, la mer, la mer toujours recommencée...

Le soleil était maintenant presque dans le prolongement de la promenade en bordure de la mer. Jules Vogingen s'était enfin résolu à se rendre chez lui, à Dives. Il saisissait la poignée de sa petite valise lorsqu'un éclat de voix lui parvint. Jusqu'alors, il n'avait pas particulièrement fait attention au léger brouhaha des conversations des gens qui passaient sur la digue au-dessus de lui, mais, là, cette fois...

« Oh ! Non ! Ne dites pas cela ! » s'était exclamée une voix de femme, faisant suivre cela d'un rire sonore qui se termina en une sorte de gloussement.

Et – il l'aurait juré –, cette voix, ce rire, ce gloussement, il les aurait reconnus entre mille, c'étaient ceux d'Arlette, son épouse ! Vite, il grimpa l'escalier, s'accroupit sur le pavage de la jetée en faisant semblant de nouer le lacet de l'une de ses chaussures, et regarda de tous ses yeux. Pas de doute ! C'était bien Arlette, sa femme, tenant par la main un troufion qui, la jambe plâtrée, s'appuyait de l'autre sur une béquille ! Jules les distinguait parfaitement quand ils se tournaient l'un vers l'autre, car le couple était dans le plein éclairage du soleil couchant, alors que lui, pour eux, se trouvait dans le contre-jour. « La garce ! Non mais... comment qu'elle lui sourit ! Et quelles mines de chatte enamourée elle lui fait ! » Arlette lui parut encore plus séduisante que dans ses souvenirs. Évidemment, à vingt-six ans, elle resplendissait ! Quant au type, un caporal de zouave en tenue de sortie, ah oui ! il pouvait faire le joli cœur ! Dommage que les Boches l'aient raté ! Avait-il assez plaisanté avec les copains sur l'endroit où une main sororale pourrait s'égarer ! Mais, on a beau rigoler, ça fait tout de même un choc de voir la main de son épouse, la mère de ses deux enfants, dans... la main d'un zouave ! La garce !

Jules s'assit sur le rebord de granit de la digue, complètement sonné. Il savait à présent ce qu'il avait voulu savoir. Bien sûr qu'il se doutait qu'elle le faisait cocu ! C'était même pour en avoir le cœur net qu'il avait ourdi une manœuvre avec un de ses copains : celui-ci avait piégé Arlette en acceptant de lui écrire qu'on était sans nouvelles de lui, son mari, depuis la dernière offensive. Eh bien, maintenant, il savait ! Mais, entre « se douter » et « être sûr », il y a une sacrée marge et une bonne dose de souffrance ! S'il n'était pas allé directement chez lui en descendant du train, c'était en partie parce qu'il avait préféré retarder le moment de la vérité, mais celle-ci – ironie du sort – l'avait rattrapé, là, sur la jetée, presque en face du *Grand-Hôtel* ! Déjà, lors de sa dernière permission, il avait cru sentir comme une certaine froideur de la part de son épouse. De retour à l'armée, il n'avait eu droit de lui envoyer qu'une de ces cartes postales où, par peur de l'espionnage ennemi, on ne pouvait que mettre des croix devant des phrases déjà imprimées. Mais quand, les mois passant, il n'avait reçu aucune réponse d'elle, il avait d'abord mis cela sur le compte de la désorganisation de la poste aux armées suite à l'offensive allemande sur Verdun, puis il avait commencé à se dire qu'il y avait peut-être anguille sous roche. D'autant qu'il savait très bien qu'à Cabourg se trouvait un centre de convalescence pour blessés, ce qui équivalait à un vivier de pioupious qui, en dehors de se requinquer, n'avaient rien d'autre à faire que de chasser la minette, mariée ou pas !

Qui va à la chasse – « Tu parles d'une chasse, quand c'est toi le gibier ! » – perd sa place, c'est bien connu ! « Et c'est c'qui m'est arrivé, comme c'est déjà arrivé à tant de copains ! Garces de bonnes femmes ! Pendant qu'on s'fait trouer la paillasse... ! Pourtant, je n'aurais jamais cru ça de la mienne ! Ça n'fait rien, y n'perdront rien pour attendre, elle et son zouave ! » se dit Jules Vogingen en jetant un regard éloquent vers sa valise où se trouvait son « couteau de nettoyeur », une arme de tueur.

Après un certain temps, le permissionnaire quitta la digue. S'il avait été moins à ses pensées, quand il traversa la place devant le casino, il aurait remarqué la calèche de Mme de Villeparisis et de Proust revenant de Riva-Bella – Rive-Belle dans *À l'ombre des jeunes filles en fleurs* – et s'arrêtant devant le hall du *Grand-Hôtel*... Mais il n'avait qu'une idée en tête : ce qu'il allait faire, ce qu'il devait faire...

Vers 11 h 30 du soir, pas une lumière ne brillait dans la petite maison de Dives-sur-Mer, quartier de la Sablière. Une ombre, tapie dans l'obscurité, avait marqué un temps, puis s'était rendue sur l'arrière, dans le jardin. Enlever le carton qui remplaçait l'un

Le casino, le Grand-Hôtel *où logeait Proust et la promenade où le malheureux poilu se sut cocu.*
(Collection des auteurs.)

des carreaux, tourner sans bruit la poignée de la fenêtre et se glisser à l'intérieur avaient été un jeu d'enfants. Maintenant, l'ombre écoutait le léger ronflement qui lui parvenait de la chambre à coucher des époux Vogingen, au rez-de-chaussée. L'ennui, c'était que ce n'était pas l'occupant légitime du lit conjugal qui laissait ainsi libre cours à sa ronchopathie. L'ombre ouvrit lentement la porte et pénétra dans la pièce. Madame Vogingen sursauta.

« Chéri, il y a quelqu'un dans la chambre... » dit-elle en poussant du coude son compagnon et en allumant précipitamment la lampe de chevet.

Dressée contre l'oreiller, elle poussa un hurlement.

« Juuuuuuules... ! Toi... ! »

Arlette regardait, les yeux écarquillés, son mari qui se tenait droit au pied du lit.

« Eh oui ! Tu ne t'attendais pas à celle-là, hein ? Traînée...

– Mais... mais... je te croyais mort !

– Et tu te consolais en prenant du bon temps avec ce freluquet ! Espèce de garce ! »

La jeune femme haletait, et ses seins généreux débordaient presque du décolleté de sa chemise de nuit de batiste. Livide et éberluée, elle n'y croyait pas. Un aller et retour violemment assené la persuada qu'elle n'avait pas affaire à un fantôme.

« Dans notre lit ! Avec nos deux enfants qui dorment à l'étage !

– Ils ne sont pas là ! Ils sont chez mes parents...

– Évidemment ! C'était plus commode pour t'envoyer en l'air ! »

Nouvel aller et retour. Aux côtés d'Arlette, le zouave, réveillé en sursaut, s'était péniblement soulevé contre la tête du lit, à cause de sa jambe plâtrée qui le handicapait. Il demeurait stupide.

« Mais... mais... je vous jure, elle m'avait dit que vous étiez mort ! » parvint-il à articuler à son tour.

Jules éclata d'un rire méchant.

« Tu ne vas pas tarder à savoir lequel de nous deux sera le plus mort, quand je t'aurai fait ta fête, salopard ! »

Ce disant, Jules sortit son « couteau de nettoyeur » de l'étui accroché à sa ceinture et se précipita vers lui, l'arme en avant. Le caporal, un jeune homme d'un peu plus de vingt ans, eut le réflexe de parer comme il put, en se saisissant de l'oreiller. Au même moment, Arlette jaillit hors des draps, traversa le lit, et, alors que

Jules armait son bras pour frapper son amant, elle donna à son mari une bourrade à l'épaule. Du coup, la lame, au lieu de pénétrer bien droit au milieu de la poitrine, ripa sur la gauche, déchira le maillot de mauvais coton du zouave et lui ouvrit une large plaie tout au long d'une côte. Aussitôt, une tache rouge s'élargit sur le tissu comme sur un papier buvard. L'époux allait frapper une seconde fois quand il s'arrêta soudain le bras en l'air, comme si les paroles de sa femme, agrippée à lui et ne cessant de crier : « Arrête ! Arrête, Jules ! Tu es devenu fou ! », étaient enfin parvenues jusqu'à son intellect.

C'était vrai ce que disait Arlette : il était devenu fou... À force de « nettoyer », de « planter » des types qui pourtant demandaient grâce, à force d'en voir se disloquer ou disparaître en un nuage d'éclaboussures sanguinolentes, il avait perdu le sens de la valeur de la vie et de la mort. La guerre avait fait de lui une machine à tuer, un monstre. Jules laissa tomber son couteau et considéra sa victime. Le caporal geignait, des rictus de douleur lui parcouraient le visage, le lit n'était plus qu'une tache de sang... « Pauvre gars, à peine plus de vingt ans, et il a dû déjà en voir ! Parce que, c'est pas pour dire, mais les zouaves, dès qu'il y a un mauvais coup, c'est eux qu'on met en première ligne... Quelle chierie ! Faut faire quelque chose ! Ma garce de bonne femme, on verra plus tard ! » réfléchit le mari trompé.

« Allez ! Va me chercher de l'eau chaude, de l'alcool et tout ce que tu as de linge propre... Et si t'as des bandes Velpeau... On ne peut pas le laisser comme ça ! »

Une heure plus tard, deux ombres s'enfonçaient lentement dans la nuit vers le pont sur la Dives. L'une portait une méchante capote jetée à la hâte sur ses épaules, avait une jambe dans le plâtre, s'appuyait d'un côté sur une béquille et de l'autre sur le bras de son compagnon.

« T'en fais pas, mon gars, on va y arriver à ton centre de convalescence ! C'est pas loin !

– Ouais... Ouais... On dira que j'me suis fait *chouriner* par deux apaches... Histoire que t'aies pas d'ennuis ! J'te dois bien ça... »

Il faut imaginer la tête du planton de garde au casernement lorsqu'il vit arriver, en pleine nuit, un tel équipage ! À quelques centaines de mètres de là, dans sa chambre du *Grand-Hôtel* où il n'arrivait pas à trouver le sommeil, Marcel Proust prenait des notes dans l'un de ses fameux carnets noirs : comment le narrateur d'*À la Recherche du temps perdu* décrirait-il ses premiers émois face à Albertine ?

Une fois qu'on lui eut assuré que le caporal des zouaves – « Adam, qu'il s'appelait ! Pas étonnant qu'avec un tel nom il cherchât à séduire toutes les Ève du coin ! » –, qui souffrait le martyre, serait au plus tôt envoyé à l'hôpital le plus proche, celui d'Houlgate, le soldat Vogingen repartit en direction de chez lui. Il se sentait mal dans sa peau. Aussi, arrivé à Dives-sur-Mer, au lieu de continuer jusqu'à sa maison, marcha-t-il résolument vers la gendarmerie. Une malheureuse veilleuse éclairait la porte d'entrée. Il frappa.

« Oui, c'est pour quoi ? lui demanda le pandore mal réveillé qui finit par lui ouvrir.

– Je viens me constituer prisonnier. Cette nuit, j'ai grièvement blessé un homme, un caporal de zouaves... »

On le fit entrer, et, pendant de longues minutes, il raconta toute son histoire : ses doutes sur la fidélité d'Arlette, l'épisode de la digue, son intrusion dans la chambre, la bagarre... Le brigadier l'écoutait entre deux bâillements, se demandant si, à cette heure de la nuit, il entendait bien ce qu'il entendait : ce type avait lardé le zouave qui le cocufiait et, après, il l'avait soigné et aidé à regagner le dépôt de convalescence ! Qu'est-ce qu'il allait faire de ce gus ? Puis, quand l'autre eut terminé sa confession :

« Très bien... soldat Vogingen ! Euh... euh... pour le moment... vous allez signer votre déposition, et vous allez passer la nuit là. Nous aviserons demain de la suite à donner à cette affaire... »

Le lendemain, décontenancé, Jules se retrouva dehors, sur le pavé... Provisoirement, car on lui avait donné l'ordre de ne pas quitter Dives-sur-Mer. Il ne lui restait plus qu'à regagner son « chez soi », où Arlette, anxieuse après cette nuit mouvementée, l'attendait. La chambre était impeccable, les draps du lit avaient été changés, il n'y avait plus une trace du sang. Il lui donna des nouvelles de « son » caporal.

« Ensuite, en revenant, j'ai été me dénoncer à la gendarmerie... C'est pour ça que je n'suis pas rentré plus tôt...

– À la gendarmerie ! Décidément, tu es complètement fou, mon pauvre Jules ! »

Il lui jeta un regard noir.

« Tais-toi, femme, tu ne sais pas ce que c'est que l'honneur... »

Qu'advint-il de Jules Vogingen ? Il fut, semble-t-il, traduit devant le conseil de guerre qui siégeait à Rouen. Fut-il renvoyé au front ? Mourut-il quelque part lors de l'attaque du Chemin des Dames ? Ou bien revint-il un jour « plein d'usage et raison / Vivre [auprès d'Arlette] le reste de son âge » ? Les journaux ne nous le disent pas, et c'est bien dommage... Nous aurions aimé connaître le destin d'un héros aussi paradoxal...

Trois ans après cet été 1916, en 1919, Marcel Proust publia *À l'ombre des jeunes filles en fleurs*, qui lui valut le prix Goncourt...

Et si, d'aventure, c'était Jules Vogingen que, le 10 novembre 1920, parmi les cercueils anonymes exposés dans une chapelle ardente, Auguste Thin désigna pour être « le soldat inconnu » et reposer sous l'Arc de Triomphe ?

Lionel Acher et Brigitte Sesboüé,
Les Nouvelles Affaires Criminelles du Calvados, 2009.

« Domeng' »

Affaire Émilio Etchevarri, Arnières-sur-Iton
Cour d'assises de l'Eure, 24 janvier 1920
Cour d'assises de l'Eure, 27 juillet 1920

DEPUIS DÉJÀ quelques années, la police parisienne est équipée de bicyclettes et les titis surnomment les agents munis de ces engins « les hirondelles », les identifiant à un oiseau populaire. Ces agents vont toujours par deux, et, ce 24 février 1920, vers 18 heures, l'une de ces équipes se promène dans le brouillard d'un soir d'hiver. Un peu de repos étant salutaire, les deux fonctionnaires conviennent de s'accorder une petite pause à l'entrée du plus célèbre des ponts de Paris : le Pont-Neuf.

À peine le temps de rouler une cigarette, et ils découvrent, se dirigeant vers eux à vive allure, un cycliste. Dans ce mélange de pénombre et d'humidité, le danger est réel ! Il convient de justifier sa présence et sa rémunération. Le plus gradé des deux donne immédiatement un grand coup de sifflet, interrompant ainsi la course de l'audacieux promeneur. L'individu s'arrête, surpris. Il est quelque peu frigorifié. Les policiers l'encadrent.

« Vous roulez beaucoup trop vite, mon gaillard, dit le chef. Dans le brouillard, vous risquez de causer un accident. Vos papiers ! »

L'individu, un homme grand et maigre, au visage émacié, très brun, moustachu, aux yeux de braise, la casquette vissée sur le crâne, n'apprécie pas cette injonction. Il ne répond pas et tente de s'enfuir en abandonnant son vélo. Tentative vouée à l'échec. Les deux agents le saisissent. L'inconnu se débat. Sans succès ! Une courte lutte, inégale, oppose les représentants de l'ordre et le contrevenant.

« Quoi ? De la rébellion ? Puisqu'il en est ainsi, on te passe les menottes et au poste ! »

Le chef a changé de ton. Si cet individu refuse d'être contrôlé, c'est qu'il a quelque chose à se reprocher.

« On va s'occuper de toi, mon lascar ! »

Arrivé au commissariat du 5e arrondissement, le cycliste montre ses papiers. Il s'agit d'un Espagnol, Luzio Garrica. La bicyclette n'a ni sonnette ni plaque indiquant l'identité de son propriétaire. Ce sont deux graves infractions à la loi. Mais ce n'est pas tout : en fouillant l'individu, les pandores trouvent sur lui 50 francs, un pistolet 7,65 chargé de huit balles, quatre balles supplémentaires dans une poche et, à la ceinture, un couteau dont la lame mesure trente-cinq centimètres !

L'affaire devient subitement très sérieuse et le commissaire de police, dûment alerté, interroge lui-même Luzio. Celui-ci, en mauvais français, explique qu'il n'a pas de domicile fixe et qu'il a gagné les 50 francs en travaillant comme terrassier. Mais il ne donne aucune explication en ce qui concerne les armes dont il était détenteur. Il est muet comme une pierre tombale à ce sujet. Il faut éclaircir la situation de ce délinquant. Le commissaire l'envoie passer la nuit au dépôt, espérant qu'elle lui portera conseil.

L'interrogatoire reprend le lendemain matin. Luzio est toujours muet. Les policiers ont examiné à la loupe la toute petite carte d'identité espagnole dont il était en possession et ont découvert qu'elle était surchargée. Un spécialiste de la préfecture a fait apparaître le vrai nom : Vicente Frias, né le 16 avril 1896 à Abarzuga.

Le commissaire est toutefois dubitatif. Les sommiers fournissent effectivement des renseignements concernant un nommé Vincente Frias, né en 1898, mais à Estrella, un tout petit délinquant sans intérêt, arrêté pour une bagarre dans une maison de tolérance. Il n'est même pas sûr qu'il soit espagnol. Il faut continuer les recherches. La police s'intéresse d'autant plus à ce Frias qu'il ne révèle rien, se drapant dans un silence absolu et dédaigneux. Une demande de renseignements est envoyée à toutes les régions de France.

Bordeaux répond en premier : le pseudo-Frias ressemblerait bigrement à un certain Joseph Almanda, né en 1895 à Estrella, et condamné à une peine légère pour vagabondage et attentat à la pudeur. On répercute dans les provinces cette information et la surprise arrive d'Évreux : Joseph Almanda n'est autre que le nom sous lequel on a appréhendé Émilio Etchevarri, condamné à mort par contumace le 24 janvier dernier pour assassinat et vol, et qui s'est évadé de l'hôpital d'Évreux le 17 mars 1919.

Les policiers parisiens parviennent à reconstituer l'itinéraire français d'Émilio.

Avec quatre de ses amis, Martin Garcia, Alonzo Mauro, Benito et Marcelino Gonzales, il entre en France le 12 juin 1917 par le chemin des contrebandiers du Pays basque. Les cinq hommes se présentent à la gendarmerie de Pau ce même jour, se disent déserteurs de l'armée espagnole et se voient proposer l'alternative suivante : s'engager dans l'armée française ou travailler. Sinon, ils seront renvoyés en Espagne. S'engager, c'est pour eux la Légion ; ils connaissent l'équivalent espagnol, la Bandera, et ne sont pas enthousiastes. La Grande Guerre a mobilisé la majorité des hommes valides en France et les entreprises manquent de main-d'œuvre, spécialement dans le bâtiment ; ils acceptent donc le travail, sans la moindre hésitation.

Par un hasard étonnant, Émilio, qui à l'époque se fait appeler Joseph Almanda, va travailler au début comme jardinier chez l'ancien procureur de la République d'Évreux, M. Fourcade, qui jouit d'une retraite paisible. Cette situation ne dure que peu de temps, quatre des cinq hommes étant embauchés dans une entreprise de terrassement parisienne dès novembre 1917.

C'est une cousine, Consuela, employée dans un petit hôtel proche de la gare de Lyon, qui leur trouve un hébergement. L'appartement est loin d'être confortable. Ils vivent tous les quatre dans une seule pièce au cinquième étage d'un immeuble du 11e arrondissement, mais c'est mieux que rien. Costauds, ils travaillent sérieusement, sont appréciés de leur employeur et améliorent petit à petit leur situation.

Parfois, pour se détendre et aussi pour discuter du pays, ils partent à la rencontre de compatriotes et participent à de petites soirées nostalgiques. Ainsi, le 29 mars 1918, ils festoient avec des copains d'exil à Arnières-sur-Iton, tout à côté d'Évreux. Un restaurant y est tenu par un Espagnol, Ruiz. La soirée commence bien...

Soudain, un jeune homme, Joseph Richard, âgé de dix-huit ans, qui loge non loin du bistrot, entend des cris. Il regarde dans leur direction et voit trois personnes qui détalent sans demander leur reste. Attiré par le bruit, le patron du café tout proche découvre le cadavre encore tout chaud de Francisco Gimenez baignant dans son sang. Aussitôt, il prévient la police.

Quelques heures plus tard, à la gare de Mantes, un voyageur qui attend le train pour Paris, M. Delage, remarque du sang sur le pantalon d'un autre passager en attente et le signale immédiatement aux gendarmes présents. Les gendarmes Arnould et Boivin interviennent. L'homme est immédiatement appréhendé malgré ses protestations ainsi que celles de ses deux camarades. On trouve sur lui un couteau ensanglanté, dont il affirme qu'il s'est servi pour tuer une poule afin de la faire cuire cet après-midi. Il est, de plus, en possession de deux billets de 1 000 francs.

De son côté, la police d'Évreux a donné l'alerte aux départements voisins, persuadée que le meurtrier a pris le train pour s'enfuir. Sitôt informés, les gendarmes de Mantes, pensant tenir l'assassin, reconduisent Almanda-Etchevarri, puisqu'il s'agit de lui, à Évreux.

L'instruction de ce crime est confiée au juge Aubineau qui diligente immédiatement une autopsie de Francisco Gimenez. Les conclusions en sont très vite connues : la victime a été tuée de neuf coups d'un couteau aiguisé. Trois blessures peuvent avoir causé la mort rapidement : une, derrière l'oreille gauche ; la deuxième, à la nuque ; et la troisième, dans la poitrine, où le coutelas a percé le poumon de part en part. Les six autres, attaquant l'abdomen, n'auraient pas été déterminantes, encore que leur cumul...

Le couteau trouvé en la possession d'Émilio est ensanglanté. Le juge pose des questions aux trois hommes à ce sujet. L'accusé et ses amis maintiennent qu'il a servi à tuer une poule. Garcia, qui est l'un des deux camarades arrêtés, affirme même qu'il a vu Almanda en sortir les boyaux. Dans ces conditions, le juge demande l'expertise du sang sur le couteau : s'agit-il de sang humain ?

Pendant ce temps, Émilio est incarcéré à la maison d'arrêt d'Évreux. L'expertise du sang traîne en longueur malgré les rappels du juge, le laboratoire, désorganisé par la guerre, ayant besoin de racheter du matériel. En l'attente, Émilio est transféré à la prison de Louviers.

Le juge Aubineau l'interroge plusieurs fois, mais n'en tire aucune révélation. Finalement, le résultat de l'expertise se révèle positif : il s'agit bien de sang humain sur le couteau. Dès lors, le juge considère qu'il y a meurtre et en avise l'accusé. Le mobile est visiblement le vol. Mais on s'interroge sur le fait que Gimenez se promenait avec 2 000 francs sur lui. Et aussi, comment l'assassin connaissait-il l'existence de cette somme ? Aucune réponse de l'accusé à ce sujet.

Almanda pense que « ça sent le roussi » et décide de s'évader. En septembre 1918, il appelle le gardien Neel. Lorsque celui-ci arrive, il lui jette de la poussière dans les yeux puis tente de le tuer en le frappant de plusieurs coups de couteau. Seulement, il utilise des couteaux de la cantine qui ne sont guère solides et se tordent sur l'uniforme du gardien. Aidé par un détenu, Montaillé, le gardien Neel parvient à immobiliser le détenu. La tentative d'évasion a échoué. Almanda est mis au cachot.

Il va tenter de sortir autrement de la geôle. Persuasif, il arrive à convaincre le médecin de la prison que l'atmosphère humide et malsaine de cet établissement est néfaste à sa santé. Il le persuade qu'il est atteint d'une « maladie de poitrine ». Il est vrai que la prison de Louviers n'est pas un modèle d'hygiène. Le médecin le fait admettre à l'hôpital d'Évreux dont il s'évade dans la nuit du 16 au

17 mars 1919, profitant d'un moment d'inattention du personnel. Il a dix jours pour se constituer prisonnier, mais ne se rendra pas.

Le 4 août 1919, la chambre des mises en accusation confirme sa mise en examen mais ne peut la lui notifier, évidemment.

Le 24 janvier 1920, la cour d'assises juge par contumace Émilio Etchevarri. Il est accusé du meurtre de Francisco Gimenez, accompagné du vol de 2 000 francs et de l'agression du gardien Neel avec tentative d'assassinat. Etchevarri est condamné à mort.

C'est donc un sérieux client que les « hirondelles » ont intercepté par hasard ce 24 février 1920. Il va avoir droit à un autre procès.

Le 31 mars 1920, le juge d'instruction reçoit une note du ministère de l'Intérieur :

« Émilio Etchevarri est originaire de Barcelone. C'est un anarchiste extrêmement dangereux, capable de tout. Son nom de guerre est Domengue. Il a participé, encore adolescent, à la semaine sanglante, la "*semana tragica*". »

Du 25 au 31 juillet 1909, à l'époque d'Alphonse XIII, un décret mobilisant des réservistes pour aller guerroyer au Maroc a mobilisé les foules. Les organisateurs socialistes des manifestations ont été débordés par les anarchistes et les indépendantistes catalans. Des émeutes antireligieuses ont eu lieu à Barcelone, surnommée « *Rosa de fuego* » (« Rose de feu »). Quarante-neuf monastères ont été incendiés. La répression, particulièrement dure, a entraîné l'exécution des meneurs et des contrôles policiers très contraignants. Voilà ce à quoi Etchevarri a participé.

« Voilà qui change tout », se dit le juge Aubineau.

L'hypothèse du crime crapuleux devient discutable. On peut en imaginer une autre. Il est possible, voire très probable, que les cinq individus entrés en France en juin 1917 soient des militants anarchistes catalans recherchés par les autorités espagnoles et qu'ils soient venus se réfugier dans l'Hexagone. Au lieu de passer par Port-Bou ou la Junquera – la Catalogne étant très surveillée –, ils ont traversé l'Espagne d'est en ouest, pour arriver en France du côté de Pau.

Les militants de ces organisations le sont pour la vie et leur idéal de lutte leur a donné des idées : soit ils voulaient construire une cellule anarchiste en France, soit ils étaient restés en contact avec leurs camarades de combat et voulaient les aider en constituant une base arrière. Dans les deux cas, il leur fallait de l'argent. Il est possible que Gimenez, une fois contacté, ait été intéressé par cette idée et ait proposé son aide, mais se soit rétracté le moment venu de verser l'argent. 2 000 francs en 1918, c'est une jolie somme qui représente beaucoup d'heures de travail pour un journalier. Un regret peut naître d'en faire cadeau, même pour une « grande » idée. Domengue n'a pas compris ce refus. Pour lui, « la cause » était au-dessus de tout. Il a explosé et a perdu tout contrôle de lui. Il a tué sauvagement son compatriote et lui a pris l'argent.

L'hypothèse du militant anarchiste est confortée par le fait qu'Etchevarri a plusieurs identités, une technique souvent utilisée dans ces groupes clandestins pour échapper aux polices. En effet, pour anéantir les anarchistes, c'est l'union sacrée des gouvernements en place. Ils ont toutes les polices d'Europe aux trousses.

On met en route le second procès d'assises. L'acte d'accusation est le même : assassinat, tentative de meurtre et vol. Prévu initialement le 12 avril 1920, il ne pourra se tenir à cette date. L'accusé tente alors un recours en cassation qui est rejeté le 3 juin 1920.

Finalement, le procès se tient à huis clos le 27 juillet 1920, devant la cour d'assises « séant à Évreux ». Etchevarri est pour la seconde fois condamné à mort.

À ce point du récit, le narrateur est obligé de signaler que, dans le dossier concernant ce second procès existant aux archives départementales, ne figurent que les actes de pure procédure, comme les citations à comparaître et l'acte d'accusation. On apprend ainsi que les témoins ont été difficiles à contacter : Boivin avait été muté, la gendarmerie de Mantes a prétendu ne pas savoir qui c'était. En ce qui concerne Arnould, la réponse était identique : « inconnu ». On a fini par le retrouver gendarme à Langres. Le docteur Dervieux, qui avait fait l'autopsie de

Gimenez lorsqu'il était installé à Évreux, exerçait maintenant à Paris... On ne trouve dans le dossier aucune trace de nouvelles dépositions ou des débats, pas plus que des « suites », la demande de grâce éventuelle et l'exécution en particulier. Ceci semble permettre de conjecturer qu'Etchevarri a été considéré comme un dangereux anarchiste et que cette considération n'a pas été étrangère au verdict.

Le condamné sera exécuté le 20 avril 1921 à Évreux. Le délai, plus important que d'habitude, entre le verdict de la cour d'assises et l'exécution suggère que des tractations ont certainement eu lieu entre les autorités espagnoles et françaises. Il serait toutefois étonnant qu'ait été envisagée pour Etchevarri la possibilité de vivre "tranquillement" dans un bagne français ou espagnol. Il n'aura pas eu la chance, comme dit le poète, de « mourir pour des idées d'accord... mais de mort lente ». Une chance qu'il n'a pas non plus laissée à son compatriote, Francisco Gimenez...

Émilio rêvait du grand soir, sa vie se termine un petit matin blême. Réveillé à l'aube, il assiste à la messe, communie – ça peut servir, on ne sait jamais – et, grand fumeur devant l'Éternel, profite jusqu'à l'ultime bouffée de la dernière cigarette du condamné, la gardant à la bouche quand on le bascule.

Lorsqu'il place le cadavre dans le cercueil, l'assistant de Deibler lui enlève le mégot de la bouche, le jette par terre avant de poser la tête entre les jambes du décapité. Il faut que le travail soit fait convenablement tout de même...

Roger Delaporte,
Les Grandes Affaires Criminelles de l'Eure, 2008.

Il avait « fait sauter la grenouille » à Lisieux...

Affaire William Follain, Lisieux
Cour d'assises du Calvados, 13 janvier 1928

JEUDI 16 JUIN 1927, le père Fleury marche le long de la nationale 13, environ à deux kilomètres après Lisieux en direction de Caen. Il est environ 4 h 30 du matin, le soleil n'est pas encore levé, et l'on n'y voit guère. Mais « cette obscure clarté qui tombe des étoiles » lui suffit pour distinguer devant lui une masse sombre, là où la départementale 159 part vers Le Pré-d'Auge. Il avance avec circonspection : c'est une automobile bizarrement arrêtée en travers de la route, le nez pointé vers le bas-côté, vers La Pommeraye. Qu'est-ce qu'elle peut bien faire là, à une heure pareille ? Il distingue une forme sombre, celle du conducteur encore sur son siège, un peu penché sur sa droite. « Aurait-il eu un malaise ? » se demande spontanément le cultivateur. Tout le laisse à penser... Sauf qu'en y regardant de plus près, il découvre un spectacle pas joli à voir. L'homme a été tué d'un coup de fusil ou de revolver, sa nuque est éclatée, il y a du sang partout... Deux portefeuilles vides sont par terre à ses pieds.

Le chef de brigade Mars, alerté, se rend sur les lieux. La victime est un chauffeur de taxi venu de Caen, un dénommé Boullé. L'argent qu'il portait sur lui, sans doute sa recette de la journée, lui a été dérobé. Il doit avoir été tué alors que la voiture roulait, car il a sur lui un revolver qu'il n'a pas sorti. On lui a tiré dessus avec un pistolet 6,35 millimètres, une balle a suffi.

Le jour même, les enquêteurs font le tour des chauffeurs des taxis de Caen. Grâce à leurs témoignages, ils établissent que, la veille, vers 22 h 40, Boullé a été vu chargeant, devant la Gare-État, un client, jeune, portant une mallette jaune cachou. Pour le reste, aucun indice... Le suspect s'est bel et bien évanoui dans la nature...

Une dizaine de jours plus tard, dans la nuit du 27 au 28 de ce même mois de juin 1927, l'express Cherbourg-Paris, le 348, telle une chenille lumineuse, troue l'obscurité de la campagne, et sa respiration projette un épais nuage de fumée et de vapeur mêlées qui s'étiole en lambeaux sur les haies du pays d'Auge.

Le contrôleur, M. Guitton, parcourt le couloir du train qui dans quelques minutes sera en gare de Bernay, quand deux voyageurs viennent le trouver.

« Dites donc ! Il y a dans un compartiment des premières, celui auprès des W.-C., un type, un militaire, qui est affalé dans une position qui n'a pas l'air normale...

– Et on a entendu comme trois détonations ! Vous devriez aller voir... »

Le contrôleur remonte vers la tête du train. Au passage, il réveille un prêtre qui dormait, l'abbé Lecœur, et tous deux arrivent au compartiment en question. De fait, un militaire, un colonel d'après les barrettes, s'y trouve, les pieds posés sur la banquette d'en face. On pourrait croire que le halètement de la locomotive et la musique répétitive des rails ont eu raison de sa fatigue, sauf que sa position est bizarre. Plié en deux vers le sol, comme s'il cherchait à ramasser son billet...

Le contrôleur, de sa poinçonneuse, frappe au carreau du couloir. Le petit bruit métallique n'émeut pas le voyageur. Il dort vraiment à poings fermés.

« Monsieur, s'il vous plaît... »

Le devoir avant tout... L'employé s'arme de courage, il entre dans le compartiment, touche légèrement la manche du militaire. Pas de réaction. Aidé de l'abbé, le contrôleur redresse le voyageur. Tous deux se regardent, interdits. Ça ! Pour dormir, le colonel dort ! Il dort même d'un sommeil éternel : il a deux trous rouges en pleine poitrine.

Émoi général. Il faut prévenir au plus vite Paris...

À 4 h 58, quand le 348 jette un dernier nuage de vapeur et s'arrête dans un crissement de freins sous la verrière de la gare Saint-Lazare, il est attendu. Il y en a du gradé, et de la police, et de l'armée ! Le mort n'est pas n'importe qui... Colonel Sauvalle, professeur à l'école de guerre, sur le point de passer général ! Un colonel d'artillerie assassiné de trois balles de 6,35, ce n'est pas rien ! Dans ce climat d'après-guerre où, même au bout de dix ans, le ressentiment antigermanique est toujours aussi vif et où, justement, l'Allemagne s'agite à nouveau, toutes les suppositions sont possibles ! Ce serait une histoire d'espionnage que ça ne serait pas autrement étonnant ! D'autant qu'apparemment le vol n'est pas le mobile du crime : on a retrouvé sur le corps une somme de 3 498,65 francs ! Alors ?

Cette même nuit, vers 5 heures, toujours sur cette ligne Cherbourg-Caen-Paris, un cheminot découvre un jeune homme

La gare de Serquigny, dans laquelle Follain, « tombé du train », fut recueilli.
(Collection des auteurs.)

âgé de vingt et un ans en contrebas du talus, deux kilomètres avant la gare de Serquigny, petit village de l'Eure au confluent de la Charentonne et de la Risle. Il semble bien être tombé d'un train, mais il a eu de la chance : ecchymoses et contusions multiples, des écorchures sur le front, c'est tout ! On l'a transporté dans la salle d'attente de la gare.

C'est là que le chef de brigade Delormeau le rejoint.

« Qu'est-ce qu'il vous est arrivé ?

– J'ai été attaqué dans le train Cherbourg-Paris par trois individus qui voulaient me voler... Et puis ils m'ont jeté sur la voie... »

Le blessé parle avec réticence. Son histoire tient d'autant moins debout qu'on a trouvé dans la poche de son manteau un pistolet où manquaient quatre balles.

« On vous a attaqué, on vous a balancé du train, alors que vous aviez cette arme sur vous ? Ce n'est pas vraisemblable... »

William Follain, ainsi se nomme le jeune homme, hésite longuement, puis murmure :

« J'ai voulu me suicider sur la plate-forme du wagon... »

William Follain finit la nuit à l'hôpital de Serquigny et fut envoyé le lendemain à celui de Bernay.

Là, l'adjudant Perrin et le maréchal des logis chef Leprince prirent le relais pour l'interroger dans la chambre même. Pas bêtes, les gendarmes ! L'histoire du pistolet trouvé dans sa poche avec quatre balles manquantes leur avait donné des idées. Ils bluffèrent :

« C'est vous qui avez tiré trois balles sur le colonel, hier soir, dans l'express Cherbourg-Paris ?

– Oui... » admit le blessé après avoir longtemps hésité.

Durant la nuit suivante, l'adjudant Perrin ne cessa de ruminer : trois, ce n'est pas quatre ! Mais où est la quatrième balle ? Et soudain, ce fut l'illumination : « Mais c'est bien sûr !... » Le lendemain matin, les deux gendarmes retournaient au chevet de Follain. Une question leur brûlait les lèvres.

« La quatrième balle, celle qui manque, c'est vous qui l'avez tirée dans la tête du chauffeur de taxi, celui qu'on a tué près de Lisieux, il y a une quinzaine de jours ? » demanda l'adjudant Perrin tout à trac.

Nouveaux atermoiements du blessé.

« Oui ! » reconnut-il finalement avec lassitude.

Les deux gendarmes n'en reviennent pas. En une journée, ils ont résolu deux énigmes. Ils sentent déjà comme un parfum de promotion qui flotte dans l'air...

William Follain fut transféré à la prison de la Maladrerie à Caen. Au cours de la perquisition dans la chambre qu'il occupait dans un hôtel de Lisieux, on retrouva la mallette jaune cachou dont avait parlé un collègue de Boullé. Puis les interrogatoires permirent de reconstituer les faits.

Originaire du Havre, William Follain avait travaillé comme dessinateur industriel à Dijon, avant d'être engagé commis architecte à Lisieux, chez M. Maury. En mars 1927, il devenait secrétaire adjoint d'une société savante appelée « La Vieille Commune de Lisieux » et, pour la fête du muguet et de la rosière du 15 mai organisée par celle-ci, il avait été chargé de la « réclame ». Las ! Il avait « fait sauter la grenouille »[1], comme on dit, et empoché les 955 francs rapportés par les petites annonces. Sommé par le trésorier, M. Buhot, de combler le trou, il s'était alors « trouvé fort dépourvu ». D'où, pour se renflouer, le voyage à Caen le 15, et l'achat d'un pistolet. Ensuite, se faisant passer pour un châtelain qui voulait retourner chez lui à La Pommeraye, il avait pris un taxi. Au-delà du carrefour Saint-Jean, il avait attendu que la voiture eût monté la côte jusqu'à La Poterie, et, peu après, il avait abattu d'une balle le chauffeur, M. Boullé, lui avait pris sa recette et était ensuite rentré à pied dans sa chambre à Lisieux. Totalement inconséquent, il avait bu et mangé le produit de son crime dans les cafés lexoviens au lieu de rembourser ses dettes. Si bien que le 26, M. Buhot revenait à la charge.

« Je vais m'en occuper demain... » répondit-il.

Le lendemain, il retournait à Caen en train, prenait un billet de première classe – tant qu'à faire, autant prendre l'argent où il se trouve... – pour l'express de nuit, le 348. À Lisieux, un colonel monta dans son compartiment, et, l'obscurité faite, s'endormit.

---

1. *Vieille expression qui signifie « s'approprier de l'argent mis en commun ».*

Une des rues de Lisieux qu'a connues William Follain.
(Collection des auteurs.)

William Follain se rendit alors aux toilettes, arma son pistolet, et, revenant dans la pénombre, fit feu par trois fois. Comme il détroussait sa victime, le train se mit à freiner avec des grincements épouvantables. Pris de panique, croyant que quelqu'un avait entendu les détonations et tiré le signal d'alarme, et que donc tout allait être découvert – alors qu'en réalité l'express, comme d'habitude, ralentissait pour aborder la courbe et les aiguillages de la gare de Serquigny –, il se précipita sur la plateforme et sauta... Dégonflée, la fantasmatique histoire d'espionnage ! Ne restaient plus que deux crimes crapuleux ayant le vol pour mobile...

Cependant, l'assassinat d'un professeur de l'école de guerre avait eu un écho national. Les coups de feu avaient retenti jusqu'à Paris, et le colonel Sauvalle avait eu droit à des obsèques officielles présidées par le maréchal Pétain. Aussi la foule était-elle très nombreuse à attendre devant les grilles, place des Tribunaux, ce vendredi 13 janvier 1928, jour du procès : on n'avait pas connu une telle affluence depuis l'affaire de la baronne de Couvrigny en 1912. Attente vaine, d'ailleurs pour le *vulgum pecus* ! Toutes les places étaient retenues, et numérotées pour les personnalités, pour le ban et l'arrière-ban des journalistes, pour quelques femmes bien introduites qui faisaient assaut d'élégance. Cela tournait à la réunion mondaine ! Il y avait même le père Sanson qui avait prêché le Carême à Notre-Dame et dont on peut raisonnablement se demander ce qu'il faisait là, à moins d'une curiosité malsaine !

Et quel aréopage dans le prétoire quand s'ouvrirent les débats à 12 h 30 ! Président, le conseiller Levillain ; avocat général, le procureur général lui-même, Perrussel, assisté du premier substitut, Leclerc ; partie civile pour Mme veuve Boullé, Me Delahaye de Caen ; défenseurs de William Follain, Me Gouget du barreau de Paris et le bâtonnier Chauvin, député de l'Eure et ancien ministre. L'accusé, par rapport à eux, paraissait bien frêle, timide selon les uns, ou sournois selon les autres, dans son costume gris clair et son imperméable plus foncé.

Assez grand, avec une petite moustache, il écouta le rappel de sa vie et des faits en se contentant la plupart du temps de hocher de la tête. Le public se réveilla surtout quand les deux experts psychiatriques vinrent témoigner. L'un, le docteur Tissot, le tenait pour normal, n'ayant aucune tare ni trouble mental, et d'une certaine intelligence. L'autre, le médecin-chef de l'hôpital d'aliénés d'Évreux, voyait deux William Follain : un premier, apparemment policé et éduqué ; un second, lâche, hypocrite, d'une « indifférence émotionnelle complète », et à l'hérédité chargée (un père et une grand-mère alcooliques). Maître Chauvin profita de ce différend pour déposer des conclusions – rejetées finalement par la Cour – visant à nommer de nouveaux experts, donc à renvoyer le procès. « J'aime bien mieux en finir tout de suite », aurait dit à ce moment William Follain à son avocat. Pour l'accusation, la préméditation ne faisait aucun doute, notamment parce que, dans les deux cas, William Follain avait pris soin de brouiller sa trace en fractionnant son parcours en plusieurs billets et en changeant de train constamment. Il paraîtrait aussi qu'il avait nargué un inspecteur de Lisieux à propos du taxi Boullé en déclarant que l'assassin devait être de la région. Bref, l'accusé était calculateur, voire « mathématicien » et orgueilleux. Et le procureur général de conclure : « Des épouses et des orphelins tendent leurs mains vers vous. [...] Appliquez la loi à cet assassin maudit ! [...] Contre Follain, je requiers le châtiment suprême. » Maître Chauvin, enroué, plaida peu ; il évoqua l'éventualité d'une erreur judiciaire : l'hérédité de l'accusé devait incliner les jurés à une certaine indulgence. Maître Gouget insista surtout sur cet aspect avant de demander à son tour que l'on fît preuve de clémence.

Après une rapide délibération, le verdict du jury tomba : affirmatif sur tous les points. La Cour prononça la peine de mort.

William Follain n'eut pas un mot.

Le pourvoi en cassation ayant été rejeté, le 6 avril, les avocats de William Follain furent reçus au palais de l'Élysée. Maître Chauvin et Me Gouget plaidèrent pour la grâce en arguant surtout de l'hérédité chargée de leur client. Le président Doumergue réserva sa réponse.

Moins d'une dizaine de jours plus tard, on apprit que la grâce était refusée.

Le samedi 14 avril, vers 3 h 30, les aides du bourreau, Anatole Deibler[1], commencèrent de monter, devant la grande porte de la prison de la Maladrerie, les « bois de justice », périphrase pour la guillotine. Quand ce fut terminé, « Monsieur de Paris » vérifia le bon fonctionnement du mécanisme, puis, les mains dans les poches de son pardessus noir, chapeau melon vissé sur le crâne, il attendit. Il avait déjà à son actif plus de deux cent cinquante exécutions capitales.

Le quartier était entièrement bouclé par des forces de police, des gendarmes et des soldats de deux régiments, le 36e et le 43e. Une foule considérable était ainsi maintenue à distance. Comme

1. Anatole avait pris la succession de son père depuis 1899. C'est lui qui avait exécuté Landru.

on ne croyait plus guère à l'exemplarité des exécutions publiques, celles-ci avaient désormais lieu avec le maximum possible de discrétion. Cependant, comme la loi exigeait que cette exécution fût publique, une trentaine de personnes, des magistrats, des journalistes accrédités, était présente.

Vers 3 h 45, petits bruits et chuchotements, pas feutrés dans les couloirs de la prison, les officiels s'en venaient chercher le condamné.

« William Follain, réveillez-vous, c'est l'heure... Soyez courageux... »

On lui fit revêtir une chemise largement dégagée au cou. Puis il entendit la messe. Un verre d'alcool, une dernière cigarette, et le lugubre cortège se mit en route.

À 4 h 30, la porte de la prison s'ouvrit devant le condamné qu'accompagnaient un prêtre, le procureur de la République Delalande et quelques officiels. Quelques secondes plus tard, William Follain n'était plus.

Comme la famille avait refusé que son corps fût remis à l'institut médicolégal, William Follain fut enterré dans une bière dans le carré réservé aux condamnés à mort du cimetière Saint-Gabriel.

Lionel Acher et Brigitte Sesboüé,
Les Grandes Affaires Criminelles du Calvados, 2007.

Le 5 décembre 1931, le bourg de Lolif est le théâtre d'une sanglante expédition.
(Archives départementales de la Manche.)

Les bouchers de Lolif

Affaire Victor Courcaud et Jules Duchemin, Lolif
Cour d'assises de la Manche, 4, 5 et 6 mars 1936

« DUCHEMIN, ALLONS, debout. Réveille-toi ! »

Il est à peine 4 heures du matin, ce samedi 6 juin 1936, lorsque Jules Duchemin ouvre les yeux sur le gardien qui vient le réveiller. Lentement, il se redresse sur son lit et dévisage un à un les hommes présents dans sa cellule. Il ne les connaît pas tous, mais distingue dans la pénombre les visages de son avocat, Me Lenoël, celui de l'aumônier de la prison et celui du procureur de la République, le même qui trois mois plus tôt a réclamé sa tête...

La tâche du procureur Boissais est difficile, autant l'accomplir rapidement et sans état d'âme ; c'est donc avec une certaine brusquerie qu'il s'adresse au condamné :

« Votre recours en grâce a été rejeté. Allons, Duchemin, du courage... Ce sera ce matin.

– Je n'ai rien pu faire, intervient immédiatement Me Lenoël, non, vraiment, rien. Ce sont les circonstances qui vous ont perdu, la cruauté avec laquelle... »

Il s'interrompt, conscient que son client vient de comprendre, conscient de l'inutilité de ses paroles.

Jules Duchemin vient de comprendre, en effet... Il est immédiatement terrassé, hagard, comme hypnotisé. Il n'entend déjà plus les vaines paroles de réconfort de l'aumônier qui s'approche à son tour. Puis, laissant le condamné avec l'homme d'Église, tous les hommes présents quittent la cellule.

Sans attendre, le procureur Boissais se dirige vers une autre cellule ; c'est que, ce matin, sa tâche est décidément très lourde : il a un deuxième condamné à réveiller.

« Celui-ci nous donnera du fil à retordre, je le crains. Allez me chercher deux ou trois autres gardiens. Ils ne seront pas de trop si l'énergumène se rebelle », intervient Boissais.

Lorsque le surveillant ouvre la porte de la cellule, Victor Courcaud est déjà presque hors de son lit, comme prêt à bondir. Les gardiens pénètrent les premiers, tandis que les hommes de loi marquent un temps, préférant s'assurer que le condamné peut être maîtrisé. Courcaud comprend, il comprend même très vite ce que ces hommes en noir viennent lui annoncer ce matin-là. Mais ce n'est pas le jour, ce n'est pas l'heure, ce n'est tout simplement pas acceptable, alors le condamné se met à vociférer :

« Je suis innocent, ce n'est pas juste. Mon fils parlera, il va parler, j'en suis sûr. Je n'y suis pour rien, ma femme non plus n'y est pour rien. Duchemin ! C'est toi qui nous as mis là ! Tu vas payer, mon vieux ! Mon pourvoi a été rejeté, mais mon recours en grâce ? Maître Maundrell ? Mon recours en grâce... »

La conviction n'y est plus, la voix a déjà perdu de sa vigueur. Enfin, Courcaud se rassoit sans force, abattu. Le procureur Boissais a attendu ce moment pour prononcer la sentence. Paroles légales mais inutiles pour cet homme qui a compris depuis longtemps. C'en est fini, il le sait.

« Et pourtant, se dit-il, ça n'aurait jamais dû se terminer comme cela. Si seulement ce coquin de Victor n'était pas si vantard, s'il avait tenu sa langue. Quant à Duchemin, trois ans ne lui ont pas suffi pour oublier le crime. Aux gendarmes, il a tout avoué. Après tout ce temps... Ah ! Je les revois tous les deux au procès, m'accusant d'avoir tué la veuve... »

Les bouchers de Lolif

Dans cette affaire, on ne sut jamais très exactement qui fut complice, qui fut témoin et qui tua. Le procès ne permit pas d'apporter des réponses claires à ces questions. En fin de compte, pour le jury populaire, que Courcaud père ait été ou non l'auteur des faits, cela ne faisait pas grande différence, il avait été celui qui avait guidé la main du meurtrier, et pour cela, on avait réclamé sa tête. Pour la justice, la question ne se posait tout simplement pas. L'article 59 du code pénal évacuait toutes les conjectures possibles : « Les complices d'un crime ou d'un délit seront punis de la même peine que les auteurs mêmes de ce crime ou de ce délit. »

Le meurtre pour lequel Jules Duchemin, vingt-deux ans, et Victor Courcaud, quarante-sept ans, avaient été condamnés à la peine de mort remontait à plusieurs années en arrière. Lorsque le meurtre de la veuve Lamy fut découvert, on l'appela « Le Crime de Lolif » ; il fallut attendre près de quatre longues années pour l'évoquer sous le nom de « L'Affaire Courcaud-Duchemin »...

Le 6 décembre 1931, un jeune homme défait, visiblement ébranlé, entre dans la gendarmerie de Sartilly. En peu de mots, Émile Lefeuvre raconte au planton de service sa macabre découverte. Ce matin même, en passant devant la demeure de sa vieille tante, qui habite le petit hameau de Lolif, il a trouvé étrange que ses volets soient encore fermés. Il a d'abord frappé à la porte et, ne la voyant pas arriver, il s'est décidé à entrer. Dans la chambre encore plongée dans la pénombre, il a découvert le corps apparemment sans vie de la veuve Lamy, baignant dans une mare de sang. Comprenant l'importance de la situation, le planton informe le chef de brigade Madec qui, immédiatement, décide de se rendre sur les lieux, accompagné du jeune homme et de deux autres gendarmes.

La scène qu'ils découvrent est extrêmement pénible à regarder : le crime, qui n'est sans doute pas très vieux, a été perpétré avec une effroyable sauvagerie. La victime a quasiment été étripée. La veuve Lamy, âgée de soixante-sept ans, a été la victime d'un boucher sanguinaire. Sa dépouille gît sur le sol de la chambre, le crâne défoncé et le ventre ouvert. Toutes les pièces ont été retournées ; les meubles sont fracturés ; la maison semble avoir été dévastée par une horde de vandales. Les gendarmes, pourtant habitués aux scènes de crimes, n'en ont rarement vu d'aussi sauvages et cruelles. Malgré l'effroi, ils se mettent au travail, constatent les plaies, et recensent, avec l'aide du neveu, les objets manquants. Rien ne semble avoir été dérobé, le criminel a eu beau chercher partout, il est reparti sans rien trouver. L'argent, précise Lefeuvre, il le garde chez lui en sécurité, parce que sa tante avait toujours craint de se faire cambrioler. Si seulement cela avait pu servir à lui sauver la vie...

À la suite de leur perquisition, les gendarmes retrouvent, près du lit, une hachette, un couteau et une barre de fer encore maculés de sang. Un véritable arsenal qui les met sur la piste non pas d'un, mais de plusieurs agresseurs. Tous les instruments semblent avoir servi, et l'on devine quel effrayant martyre la pauvre femme a dû subir avant de rendre son dernier souffle. Le médecin légiste en apportera la confirmation dès le lendemain : le corps de la malheureuse n'est plus que meurtrissure. Outre les bleus et contusions, il relève au moins cinq coups de couteau. La sauvagerie du meurtrier fut telle, précise le légiste, qu'il s'est servi de son couteau comme d'une scie, pour trancher le ventre du bas vers le haut. Les fractures au niveau du crâne ont été faites à l'aide de la barre de fer, tandis que les plaies sont dues aux coups de hachette. Les conclusions du médecin révèlent que Mme Lamy n'a pas été la simple victime d'un crime crapuleux banal et sordide, mais qu'elle a été la proie d'assassins déchaînés et barbares.

L'enquête mobilise les forces de la gendarmerie, ainsi que celles de la police mobile et, malgré toute l'activité déployée pour retrouver le ou les assassins, les recherches piétinent. Mis à part les instruments qui ont servi à tuer, aucun indice sérieux ne permet aux enquêteurs de soupçonner qui que ce soit. Les témoignages recueillis auprès de la famille et des voisins ne mènent nulle part. On interroge à plusieurs reprises ceux qui, dans l'entourage de la veuve Lamy, auraient pu s'en prendre à ses économies. Les Courcaud, dont la réputation de voleurs n'est plus à faire, sont un temps suspectés, le père surtout, qui est craint et unanimement détesté dans le secteur. Il reçoit la visite des forces de police, mais aucune charge ne pouvant être retenue contre lui, il n'est pas inquiété. Personne n'a rien vu, personne ne sait rien ; les mois passent et l'affaire s'enlise. Une dénonciation anonyme vient cependant relancer l'enquête. Un certain Jules Duchemin est entendu par le chef de brigade Madec, mais, faute de preuves, et à défaut d'aveux, il est relâché. Après dix mois d'enquête et malgré toute l'activité déployée pour retrouver l'auteur du crime, l'affaire est classée en septembre 1932.

La nouvelle de cet assassinat, commis avec tant de férocité, s'étant très vite propagée bien au-delà du petit bourg de Lolif, la population de l'Avranchin est en proie au dégoût et à la haine. On ne comprend pas cette barbarie, on ne l'admet pas. Mais ce qui semble plus odieux encore, c'est que le crime reste impuni. Il devait malheureusement en être ainsi et, dans la région, on ne dormira plus vraiment sur ses deux oreilles tant que le ou les coupables seront en liberté. Le temps passe, et le crime de Lolif semblait devoir rester à jamais impuni. C'était compter sans l'imprudence des assassins...

Le 25 septembre 1934, à la prison d'Avranches, Victor Courcaud, un jeune détenu de dix-huit ans, incarcéré pour vol, trop vantard pour se taire, fait d'étonnantes révélations à son compagnon de cellule. Duboscq, le codétenu, qui ne craint pas de confondre son ami, s'empresse d'aller raconter ce qu'il vient d'apprendre. Du surveillant au gardien-chef, au directeur de la prison, puis au juge d'instruction, la nouvelle file comme une traînée de poudre. L'histoire que relate Duboscq correspond en tout point aux constatations qui ont été faites lors de la découverte du crime de Lolif : la piste se révèle des plus sérieuses. Le parquet lance sans attendre un mandat d'amener à l'encontre de Jules Duchemin, dont le nom a été évoqué comme complice. Arrêté à Saint-Michel-des-Loups, chez son patron, Duchemin est interrogé. Il nie tout d'abord, comme il le fit plusieurs années auparavant. Mais cette fois, confronté aux déclarations de Courcaud, qui le désignent, il ne résiste pas longtemps et donne une description complète du complot et du crime.

Jules Duchemin, qui fait les yeux doux à la fille Courcaud, est un familier de la maison. Le matin du 29 novembre 1931, passant devant la demeure familiale, il est invité par le père à s'asseoir pour trinquer. La conversation s'engage et il est bientôt question de l'argent de Mme Lamy. Tout le village sait que la veuve dort sur un matelas de billets, mais c'est chez les Courcaud que l'avidité est la plus grande.

« Il y a là un bon coup à faire. Toi et mon garçon, vous feriez bien cela », dit le père. Duchemin, qui n'est pas né voleur, n'est toutefois pas très difficile à convaincre. Il est alors établi que les jeunes gens pénétreront ensemble chez la veuve, tandis que le père fera le guet, ainsi que sa femme et sa fille à deux autres endroits. Le jour et l'heure de l'attaque sont fixés.

Le samedi suivant, chez les Courcaud, on dîne tranquillement en famille. Aux alentours de 20 heures, tous se tiennent prêts à partir ; seule Marie ne veut pas y aller, mais elle finit par céder sur l'insistance de son père. Le trajet n'est pas long jusqu'à la maison de Mme Lamy, un kilomètre à peine. Sur le chemin, au carrefour de la Secouette, ils retrouvent Duchemin, caché comme prévu dans le fossé de la route. Le rôle des uns et des autres est rappelé : le père s'arrête à cent mètres environ de la maison, la femme Courcaud dans un champ ; Marie quant à elle observera les alentours depuis la voie ferrée qui surplombe la route.

Après avoir patienté sous un hangar, les hommes décident de passer à l'action. Jules Duchemin, muni d'un grand bâton, Courcaud fils, d'une barre de fer, enfoncent les volets de la maison et pénètrent chez leur victime. Mme Lamy, apeurée, cherche à s'enfuir. Trop tard, le piège s'est refermé derrière elle ; à deux, ils parviennent facilement à la maîtriser. Elle se débat, tente de leur expliquer qu'elle ne conserve aucun argent chez elle ; en vain, ils ne la croient pas. Courcaud l'immobilise, tandis que Duchemin fouille la maison et retourne toutes les armoires. La veuve Lamy ne s'est pas encore résignée, elle continue de se débattre et parvient à les entraîner vers la porte ; de là, elle se met à hurler. Courcaud, apercevant une hachette, s'en saisit et lui en inflige un coup sur la tête pour la faire taire. Le coup n'ayant pas porté suffisamment pour qu'elle s'écroule, il lui en assène un deuxième. Elle tombe enfin...

L'attaque aurait pu se terminer ainsi, mais les deux hommes, ivres de colère, ne vont pas s'en tenir là. Ce qui va se dérouler ensuite relève de la barbarie la plus sinistre. Les jupes de la pauvre femme sont relevées, Jules Duchemin s'empare d'un couteau qui se trouve sur la table et, de sa main gauche, la poignarde. Il s'y prend à plusieurs reprises et finit par lui ouvrir le ventre. Enfin, il l'achève à coups de barre de fer sur la tête. Leur forfait accompli, les assassins ressortent bredouilles de la maison et rejoignent le père, au guet à quelques mètres de là. Le massacre n'a pas rapporté 1 franc.

Apprenant que son fils et Duchemin n'ont rien trouvé, Courcaud père veut aller vérifier par lui-même. Il ne croit pas un instant que ce qu'on dit sur les 10 000 francs de la veuve ne soit pas vrai. Décidé à mettre la main sur le magot, il retourne dans la maison, enjambe le cadavre, et entreprend de fouiller les lieux à son tour. Tout comme son fils et son gendre, il fait chou blanc. Dans la nuit, les trois individus et leurs complices regagnent la maison familiale.

Interrogé à la prison d'Avranches, où il purge sa peine pour vol, Victor Courcaud fils confirme les déclarations de son complice. Dès lors, les rôles dans cette affaire sont clairement établis, et les auteurs du crime, formellement identifiés. Pourtant, au cours du procès, les démentis et les contradictions de chacun vont peser lourd sur le sort de tous les accusés.

Le jour du procès, c'est donc une famille au complet que la foule amassée aux abords du palais de Justice attend de voir passer. Car l'on veut apercevoir, ne serait-ce qu'un instant, les visages des auteurs de ce crime sanglant. La foule est haineuse. Elle l'est d'autant plus qu'il s'en est fallu de peu pour que les criminels ne filent entre les doigts de la police. Voilà cinq ans que l'on attend la fin de l'impunité pour les assassins de Lolif. Le dénouement est proche et l'on s'attend à ce qu'il soit sans concession.

Le mercredi 4 mars 1936, cinq personnes comparaissent devant les Assises de la Manche, pour un procès prévu pour durer trois jours. Dans le box, entourés de trois gendarmes, se tiennent Victor-Louis Courcaud fils, dix-neuf ans, domestique agricole ; Jules Duchemin, vingt-deux ans, journalier ; Victor Courcaud père, quarante-sept ans, cantonnier au Chemin de fer de l'État ; femme Courcaud, garde-barrière à Lolif ; Marie-Juliette Courcaud, vingt ans, femme de chambre à Rennes. Tous sont dépeints comme des individus malfaisants, à l'exception peut-être de Marie Courcaud dont seules les mœurs légères lui sont reprochées. Quant aux autres membres de la famille, aucun élément en leur faveur ne peut être relevé pour venir atténuer les portraits au vitriol qui sont brossés dans cette cour d'assises, et que rapporte le chroniqueur judiciaire du *Journal de Coutances* :

« Courcaud fils n'avait que quinze ans et demi lorsqu'il se fit meurtrier. [...] À l'école, il prenait le déjeuner de ses camarades et ne se plaisait qu'à faire du mal, puis plus tard, il fréquente les maisons de tolérance. On ne peut le dire à ses parents, dit quelqu'un, son père en fait autant. [...]

« Duchemin Jules est un individu détestable dont son institutrice a donné de mauvais renseignements. Des élèves l'ont avertie à plusieurs reprises qu'il les éventrerait bien. [...]

« Courcaud père est violent, brutal, crâneur, il est faible de caractère et peu intelligent. Âpre au gain, il travaillait à sa ferme après sa journée de cantonnier, et ne prenait pas de repos les dimanches et jours de fête. [...]

« Femme Courcaud. Elle est fière, hautaine, agressive et de probité douteuse. Comme son mari, elle n'a pas de casier judiciaire, mais l'un de ses voisins l'a surprise occupée à traire l'une de ses vaches[1]. »

Reprenant l'interrogatoire du président, le chroniqueur poursuit :

« "Vous êtes crainte", expose M. le président.

« Et la femme Courcaud de répondre : "On ne plaît pas à tout le monde.

– Vous connaissez la veuve Lamy ?

– Oui, je l'ai *rapportée* un jour dans ma voiture."

« Et M. le procureur d'ajouter : "Cela a été payé cher[2]." »

Les renseignements de moralité exposés, le président Quéru reconstitue la scène du crime de Lolif, puis demande à Duchemin

1. Journal de Coutances, *le 7 mars 1936.*
2. Ibid.

et à Courcaud fils si son résumé est exact. Ils ne répondent pas, hésitent, se regardent. Va suivre alors une succession de contradictions, de fausses déclarations où chacun des membres de cette famille maudite va s'accuser à tour de rôle pour tenter de s'en sortir. Le président insiste :

« Avez-vous entendu ? Est-ce bien ce qui s'est passé ?

– Non, finit par répondre Courcaud fils, c'est Marie qui est allée faire le guet à la boulangerie, et non le père.

– Où était le père alors ? interroge le président.

– Il est venu dans la maison, c'est lui qui a fracturé la porte et qui s'est servi de la barre de fer pour tuer la veuve.

– Fille Courcaud, avez-vous entendu ce qui vient d'être dit ?

– Ce sont des mensonges, mon père était à la boulangerie et moi au pont de chemin de fer. »

En contradiction avec les propos tenus lors de l'instruction, Jules Duchemin, dans une tentative désespérée pour sauver sa tête, confirme que le coup fatal a été porté par le père. Ce renversement de situation sonne comme une condamnation à mort pour Courcaud père, qui tente une dernière fois de se justifier :

« Tout ce qu'ont dit mon fils et Duchemin sont des faussetés, j'étais à la boulangerie comme le dit Marie. »

Puis, dans un éclat de voix, il s'emporte et se met à accuser sa femme.

« Demandez à ma femme, elle est venue me voir à la boulangerie avant d'aller se poster dans le champ.

– Alors, vous, femme Courcaud, vous avez fait le guet également ? reprend le président.

– Ah, que non ! Et d'ailleurs jamais je n'ai été au courant du crime, sans quoi, je m'y serais opposée.

– Je vous adjure de dire la vérité, ce n'est plus l'heure des ragots », s'emporte M. Quéru.

Mais les admonestations du président n'y font rien, tous campent sur leurs positions. Ces mensonges à répétition laissent visiblement dans l'assistance un sentiment d'écœurement. Cette piètre démonstration finit d'achever le portrait de ces êtres méprisables. Et puisque la vérité ne sortira pas de cette salle d'audience, tous paieront, car il n'est plus temps de rechercher qui se fit meurtrier ou complice. On réclame des têtes pour venger le crime de Lolif.

Les témoins qui défilent à la barre n'apportent rien de nouveau. Enfin, M. Boissais, procureur de la République, prend la parole. Estimant que la fille Courcaud, terrifiée par son père, avait pris part au drame contre sa volonté, il réclame l'acquittement. En ce qui concerne la femme Courcaud, si elle n'a pas participé au complot, du moins son mari a dû lui en parler dans la semaine avant le drame. Pour elle, il réclame les travaux forcés à perpétuité. Concernant les trois autres, le réquisitoire du procureur est inflexible. Le chroniqueur du *Journal de Coutances* rapporte la sévérité de ses propos :

« Leur faire subir la même mort que celle qu'ils firent endurer à leur victime, voilà ce qu'il faudrait… Pour Courcaud fils, la Cour ne pouvant prononcer la peine de mort, en raison de l'âge de l'accusé qui n'avait que quinze ans et demi au moment des faits, le jury pourra prononcer une peine de vingt ans de prison. […] Courcaud père, qu'il ait été le troisième exécuteur, ce qui est possible, ou qu'il ait été l'instigateur, la peine est la même, il mérite le châtiment suprême. Jules Duchemin, qui, pour finir Mme Lamy, d'un coup de hachette lui ouvrit le pli du fessier, mérite-t-il celui-là de sauver sa tête ? Celui qui, le lendemain, dansait à un bal.

« Lorsqu'un matin, Duchemin et Courcaud paieront leur dette à la société, les populations de l'Avranchin, sur lesquelles pesait depuis longtemps la hantise du crime de Lolif, pourront enfin pousser un soupir de soulagement[1]. »

Pour Me Gosselin, défenseur du fils Courcaud, c'est le père qui a donné l'ordre de tuer, cela suffit à reconnaître lequel est le véritable coupable. Il réclame pour son client, qui a agi sans discernement, des circonstances atténuantes.

Maître Sillard avoue quant à lui son incapacité à déclarer la femme Courcaud coupable ou innocente, car a-t-elle oui ou non fait le guet ? En l'absence de certitude absolue, on ne peut donc la déclarer coupable.

---

1. Ibid.

Maître Lenoël, après avoir dit qu'il ne réclamerait pas la pitié du jury pour Duchemin, expose que son client a agi sur l'ordre du père Courcaud, qui prépara et commanda l'exécution. Pour lui chacun doit être puni dans la proportion de son degré de culpabilité respective.

Maître Maundrell montre que l'accusation de son client, Courcaud père, repose sur les déclarations maintes fois contredites du fils Courcaud et de Duchemin. En aucun cas, on ne peut accorder crédit aux dires de ces bandits. Courcaud père ayant fait le guet, il n'a pas participé à l'assassinat ; en conséquence, le jury répondra négativement à la question subsidiaire qui lui sera posée.

Seule la tâche de Me Planchais paraît aisée. Le procureur ayant abandonné l'accusation, il n'a par conséquent plus rien à demander pour Marie Courcaud, ni plus rien à obtenir, puisque l'acquittement s'impose.

Le vendredi 6 mars, après deux heures de délibération, le jury revient avec un verdict en tous points conforme aux réquisitions du procureur. Marie Courcaud est acquittée. La femme Courcaud, reconnue coupable de complicité de vol qualifié avec circonstances aggravantes de préméditation, est condamnée aux travaux forcés à perpétuité. Courcaud fils, reconnu coupable d'assassinat et de tentative de vol qualifié avec circonstances atténuantes, est condamné à vingt ans de prison dans une colonie pénitentiaire, et à dix ans d'interdiction de séjour. Jules Duchemin, coupable d'assassinat et de tentative de vol qualifié, est condamné à la peine de mort. Enfin, Courcaud père, pour complicité d'assassinat et tentative de vol est condamné à la peine de mort.

Les condamnés quittent le tribunal en voiture, escortés de gendarmes à cheval en raison de la foule qui forme une haie sur le parcours qui mène du palais de Justice à la prison de Coutances.

Auguste Lacombe, dont le procès s'était tenu quatre jours plus tôt, encourait également le châtiment suprême. La deuxième session des Assises de la Manche de l'année 1936 se clôturait donc par trois condamnations à mort. « Jamais cela ne s'était vu... », conclut le chroniqueur judiciaire.

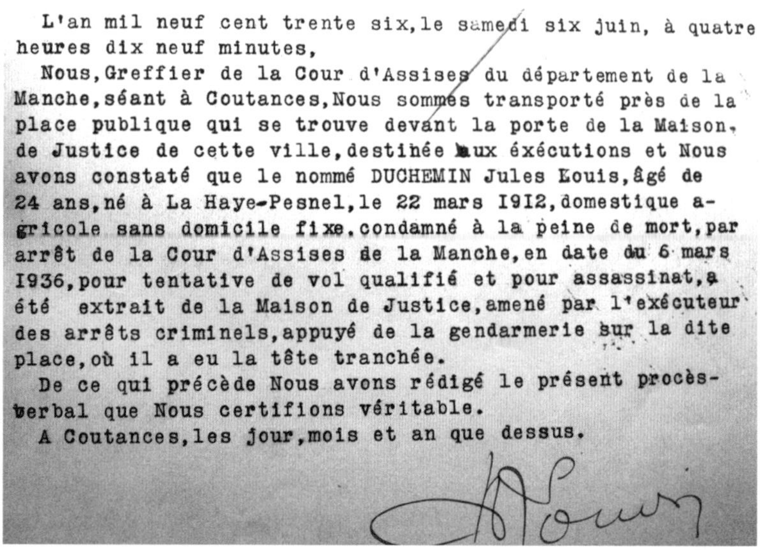

L'an mil neuf cent trente six, le samedi six juin, à quatre heures dix neuf minutes,

Nous, Greffier de la Cour d'Assises du département de la Manche, séant à Coutances, Nous sommes transporté près de la place publique qui se trouve devant la porte de la Maison de Justice de cette ville, destinée aux exécutions et Nous avons constaté que le nommé DUCHEMIN Jules Louis, âgé de 24 ans, né à La Haye-Pesnel, le 22 mars 1912, domestique agricole sans domicile fixe, condamné à la peine de mort, par arrêt de la Cour d'Assises de la Manche, en date du 6 mars 1936, pour tentative de vol qualifié et pour assassinat, a été extrait de la Maison de Justice, amené par l'exécuteur des arrêts criminels, appuyé de la gendarmerie sur la dite place, où il a eu la tête tranchée.

De ce qui précède Nous avons rédigé le présent procès-verbal que Nous certifions véritable.

A Coutances, les jour, mois et an que dessus.

Procès-verbal d'exécution de Jules Duchemin, le 6 juin 1936.
(Archives départementales de la Manche.)

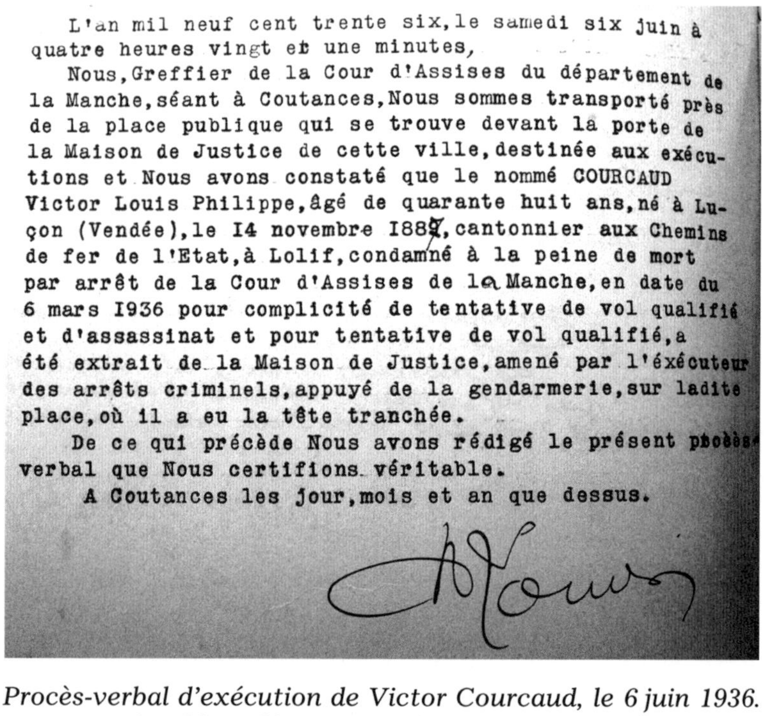

L'an mil neuf cent trente six, le samedi six juin à quatre heures vingt et une minutes,

Nous, Greffier de la Cour d'Assises du département de la Manche, séant à Coutances, Nous sommes transporté près de la place publique qui se trouve devant la porte de la Maison de Justice de cette ville, destinée aux exécutions et Nous avons constaté que le nommé COURCAUD Victor Louis Philippe, âgé de quarante huit ans, né à Luçon (Vendée), le 14 novembre 1887, cantonnier aux Chemins de fer de l'Etat, à Lolif, condamné à la peine de mort par arrêt de la Cour d'Assises de la Manche, en date du 6 mars 1936 pour complicité de tentative de vol qualifié et d'assassinat et pour tentative de vol qualifié, a été extrait de la Maison de Justice, amené par l'éxécuteur des arrêts criminels, appuyé de la gendarmerie, sur ladite place, où il a eu la tête tranchée.

De ce qui précède Nous avons rédigé le présent procès-verbal que Nous certifions véritable.

A Coutances les jour, mois et an que dessus.

Procès-verbal d'exécution de Victor Courcaud, le 6 juin 1936.
(Archives départementales de la Manche.)

Il était un peu plus de 4 heures du matin, ce 6 juin 1936, quand, les deux assistants d'Anatole Deibler, après avoir nettoyé la lame qui venait de trancher la tête de Jules Duchemin, placèrent Victor Courcaud sur la bascule.

Dans le silence, la foule des badauds s'éparpilla ; on venait d'assister à la dernière exécution publique du département.

À partir de 1939, dans toute la France, le supplice du condamné à mort se déroulera dans la cour des prisons. Le spectacle de la mort en direct sera dès lors réservé à quelques spécialistes, à l'écart de toute publicité et de tout débordement.

Le 4 février 1946, le président du gouvernement provisoire commue la peine des travaux forcés à perpétuité infligée à la femme Courcaud à vingt ans. En 1948, elle bénéficiera de cinq autres années de remise de peine. En 1953, Victor Courcaud n'obtiendra, quant à lui, que la levée de son interdiction de séjour.

Lenaïc Gravis,
Les Grandes Affaires Criminelles de la Manche, 2007.

Drame au Havre

Affaire Vitel, 1938-1939

Mme Anne marche à vive allure dans les rues du Havre. L'inquiétude se lit sur son visage ridé. Une mère se fait toujours du souci pour ses enfants, même quand ils sont eux-mêmes devenus parents.

Voici plus d'un an, Alice Anne, qui coiffait Sainte-Catherine depuis quelques années déjà (elle avait vingt-huit ans), a fait un beau mariage avec Pierre Vitel, un homme d'un an son aîné. La noce fut charmante : Alice, dans sa robe blanche, était rose d'émotion, et Pierre, en tenue d'apparat de navigateur, faisait belle impression dans son rôle d'époux et de gendre. Puis, comme un bonheur n'arrive jamais seul, quelque neuf mois plus tard, Alice donnait naissance à un petit Michel, tout rond et tout vif. Les seuls nuages qui assombrissent un ciel parfaitement serein sont les absences longues et régulières de Pierre, navigateur à bord du paquebot *Normandie*. Cependant un salaire confortable compense cette petite ombre au tableau...

Il est 20 h 45 environ quand Mme Anne se présente au quatrième étage du 63, rue Frédéric-Lemaître, domicile du jeune ménage. Habituellement, Alice ne reste pas au Havre quand son mari embarque ; elle préfère regagner le cocon maternel, à la Mare-aux-Clercs, et ce une heure à peine après avoir quitté Pierre ! Or, aujourd'hui, 8 juin 1938, le *Normandie* a appareillé à 15 heures... Comment se fait-il qu'Alice et le bébé ne soient pas déjà arrivés ?

Cette curiosité toute maternelle se heurte donc à une porte close. Mme Anne frappe, appelle, en vain. Pas un son, pas un bruit. Pas même le babil du bébé ! Le silence, dans l'appartement, est total. De plus en plus affolée, la grand-mère se rend au commissariat de police et donne l'alerte.

Une demi-heure plus tard, quand deux policiers parviennent à entrer dans l'appartement en passant par le toit, ceux-ci ont bien du mal à retenir la bile qui monte de leur estomac révulsé.

Le coquet logis a été mis à sac avec une sauvagerie inouïe : les meubles ouverts, les bibelots brisés, la literie déchirée... c'est un désordre indescriptible. Dans la cuisine, Alice Vitel est étendue face contre sol, au milieu du saccage. Il y a du sang partout, notamment sur une bouteille et un fer à repasser abandonnés là. La jeune femme a eu la gorge tranchée. Et pour compléter l'horreur de cette scène, un couteau de cuisine reste planté dans son cou, à quelques centimètres au bas de la nuque. Avertis qu'un enfant en bas âge se trouve en compagnie de la femme, les policiers craignent le pire. Ils ont hélas raison. Dans la chambre des parents, dans la douceur de son berceau, le petit ange est mort lui aussi. Le monstre qui a tué sa mère l'a étouffé en lui maintenant un oreiller sur la tête. Il a même fait pire, si c'est encore possible : pour s'assurer de la mort de l'enfant, il a fixé deux chaises enchevêtrées pour peser sur l'oreiller.

Avec d'infinies précautions, les policiers informent Mme Anne de l'effroyable découverte. Elle s'évanouit illico. Pendant qu'on la ranime, les enquêteurs se lancent à la recherche de tout indice qui leur permettrait d'identifier l'assassin. Or, plusieurs voisins de la rue Lemaître ont vu rôder un homme d'allure suspecte à l'entrée de l'immeuble, vers 15 heures. Certains en font une description plutôt précise.

Il n'y a eu aucune trace d'effraction. L'homme – car il est impensable que le criminel soit une femme – a donc été invité à entrer chez Alice Vitel. Il doit, selon toute vraisemblance, s'agir d'un familier...

On demande donc à Mme Anne si elle connaît, dans l'entourage de sa fille et de son gendre, un jeune homme correspondant au témoignage des voisins. La pauvre femme se retient de pousser un cri : elle a reconnu l'individu ! Il s'agit d'André Vitel, le frère cadet de Pierre !

Adolescent turbulent et paresseux, André Vitel doit tout à son frère Pierre, qui l'a financièrement dépanné quand il était dans une mauvaise passe, c'est-à-dire souvent, et qui lui a même permis, en le pistonnant, de devenir navigateur à bord du *Cuba*. Toutefois, André ne dispose pas d'autant de liberté que son frère, car il vient à peine de fêter ses dix-sept ans. Il est né le 22 mai 1921 !

Le 9 juin, au matin, les policiers appréhendent André Vitel chez lui. Conduit au commissariat, le jeune homme joue les surpris et nie les accusations portées contre lui. Face au suspect, les policiers ont du mal à garder leur calme. Peut-on imaginer que ce gamin ait pu commettre un tel acte ? Trois heures d'interrogatoire suffisent pour que l'adolescent craque et avoue le double assassinat :

« Je n'avais pas d'argent, mais je savais que mon frère Pierre en avait. Comme le paquebot *Normandie* partait le mercredi 8 juin, à 15 heures, et que je savais que mon frère serait à bord, j'ai attendu. »

Se tortillant sur son siège, André Vitel éprouve quelques difficultés à poursuivre son effroyable aveu. Pressé par des policiers qui n'ont que faire de ses états d'âme, il continue, d'une voix blanche :

« Je me suis présenté 63, rue Frédéric-Lemaître. Ma belle-sœur m'a mal reçu. Elle m'a demandé ce que je voulais. Je lui ai dit : "De l'argent. – Je n'en ai pas", me répondit-elle. J'étais certain que ce n'était pas vrai.

« Alors j'ai pris une bouteille et j'ai frappé, puis j'ai pris un fer à repasser, et je l'ai encore frappée. Il y avait un couteau de cuisine sur la table, je l'ai pris et j'ai frappé avec ce couteau ma belle-sœur à la nuque. Elle est tombée sur le plancher et elle n'a plus bougé. Mais son gosse pleurait dans le lit. Je l'ai attrapé, je l'ai retourné et j'ai mis le matelas dessus. »

Il ajoute qu'une fois le crime accompli, il est allé se laver les mains avant de fouiller les meubles pour y trouver mille trois cents francs, puis il a quitté les lieux, en enjambant bien la flaque de sang qui provenait du corps d'Alice « pour ne pas se salir les chaussures ! »

Le 17 février 1939 à 13 heures, devant les assises de Seine-Inférieure, s'ouvre le procès Vitel. Dès le début de l'audience, un incident survient. André Vitel vient de pénétrer dans la salle d'audience, encadré par des gendarmes, quand un cri retentit :

« Misérable ! »

Ce mot, c'est Mme Anne qui vient de le proférer, en tendant le poing vers l'assassin. Assis à côté d'elle, Pierre Vitel, en larmes, renchérit :

« Crapule ! »

On le voit une seconde prêt à bondir sur le frère détesté, avant qu'il ne s'effondre dans les bras de sa belle-mère.

Sur le banc des accusés, André fixe les siens avec le plus grand mépris et la plus totale indifférence. Jamais, pendant le procès, il ne se départira de cette attitude, restant muet, ne répondant que par oui ou par non aux questions de la Cour :

« Votre frère, M. Pierre Vitel, s'était toujours montré bon pour vous, vous aidant à vous relever quand il vous voyait sur le mauvais chemin, payant pour vous quand vous n'aviez pas d'argent. Comment avez-vous répondu à ses bontés ? En assassinant sa femme et son enfant pour voler l'argent du foyer ! » tonne le président.

Aucune réponse de la part de l'accusé. Toujours pas de réaction quand le double crime est raconté par le menu. L'avocat de la partie civile évoque la rancune de ce jeune dévoyé, victime de ses mauvais instincts, envers ce couple de gens aisés et travailleurs, qui représentaient tout ce qu'il n'était pas et tout ce qu'il ne serait jamais.

« Quand on vous a demandé pourquoi cette rancune, vous avez répondu : “Secret de famille.” Eh bien, on le connaît trop, ce secret ! Vous étiez jaloux de ce ménage uni. Devant l'énormité de votre crime, devant votre calme, votre cruauté et votre absence de remords, on vous a fait examiner par des spécialistes, qui ont conclu à votre responsabilité totale, et votre avocat a déjà pu vous dire où cela peut vous conduire. Qu'avez-vous à répondre ? »

Enfin, André sort de son mutisme et lance :

« Quand je suis entré chez ma belle-sœur, je n'avais pas l'intention de la tuer. Je ne sais ce qui m'a pris. »

On pense assister à une réaction de remords ou tout du moins de honte, quand on montre au jeune assassin le fer à repasser et le couteau avec lesquels il a tué Alice Vitel. Mais l'accusé ne baisse les yeux qu'une seconde, avant d'observer la salle avec son regard indifférent.

L'audition de huit témoins n'apportant rien de nouveau, le procès s'achève le soir même. Me André Marie, avocat de la partie civile, représentant Mme Anne et M. Pierre Vitel, fait un rapide mais sévère plaidoyer contre l'accusé, demandant en réparation un châtiment exemplaire. Sa requête est rejointe par celle de l'avocat général Vigneron qui réclame, au terme d'un impitoyable réquisitoire, la tête d'André Vitel.

Dernier à parler, Me Crosson du Cormier, avocat de la défense, s'insurge quant à un verdict capital : on ne peut pas, dans une société décente, infliger la peine de mort à un enfant qui n'a même pas dix-huit ans ! L'ensemble de sa plaidoirie s'appuiera sur la jeunesse du criminel pour tenter de sauver sa tête.

Mais la cause est entendue. Après une longue délibération, reconnu coupable de deux assassinats sans circonstances atténuantes, André Vitel est condamné à mort. Aussitôt après, il est ramené à la prison Bonne-Nouvelle pour y être soumis au régime des condamnés à la peine capitale.

Quelques semaines plus tôt, à Paris, la justice s'est trouvée confrontée à un problème plutôt inhabituel : le décès du bourreau !

Le 2 février 1939, Anatole Deibler, exécuteur en chef, devait se rendre à Rennes pour exécuter un criminel. Mais, sur le quai du métro, station Porte-de-Saint-Cloud, il a été victime d'une crise cardiaque. Transporté à l'hôpital, il y décède quelques minutes plus tard, à l'âge de soixante-quinze ans.

Face à cette situation inédite, le ministère de la Justice a fait procéder à l'exécution du nommé Pilorge avec vingt-quatre heures de retard. Et faute de pouvoir nommer dans l'urgence un remplaçant officiel, on a prié le premier adjoint du bourreau, Jules-Henri Desfourneaux, d'accomplir la mise à mort par intérim.

Ce n'est que le 15 mars suivant que Desfourneaux est officiellement nommé « exécuteur en chef des arrêts criminels ». À compter de cette date, ce mécanicien automobile de soixante et un ans attend qu'on vienne lui porter son premier ordre de mission en tant que chef. À l'époque, huit condamnés à mort patientent dans leur cellule. On ignore qui va être le premier guillotiné.

La réponse arrive le 30 avril. Convoqué place Vendôme, Desfourneaux se voit remettre les papiers l'autorisant à se rendre à Rouen, pour procéder en place publique à l'exécution du condamné André Vitel.

2 mai 1939, 3 h 55 du matin, le procureur général Savagner réveille Vitel. Le jeune homme ne manifeste pas plus d'émotion qu'au moment de sa condamnation, et répond au juge d'instruction qu'il n'a rien de nouveau à déclarer. Après s'être habillé, avoir entendu la messe et communié, il est conduit au greffe de la prison pour la toilette. Pendant que Desfourneaux et ses aides le préparent pour l'exécution, il pleure. Il boit un verre de rhum, puis demande au gardien-chef :

« Une cigarette, s'il vous plaît ! »

On lui allume la cigarette, qu'il tète goulûment pendant qu'on le fait grimper, mains et pieds liés, dans un fourgon hippomobile garé dans la cour. Le trajet jusqu'à la place Bonne-Nouvelle est rapide. Il est 4 h 49 quand le fourgon franchit la haie de gendarmes qui empêche les badauds de s'approcher trop près. Vitel descend, encadré par les aides. Il distingue, au premier rang du public, son frère et sa belle-mère à qui il jette un dernier regard, plein de haine. Dans les secondes qui suivent, il est basculé sur la planche. Le couperet tombe : il est 4 h 50. Mme Anne s'écrie : « Tant mieux ! Ma fille est vengée ! »

Un mois plus tard, Desfourneaux guillotinera un double assassin à Paris, et le 17 juin, devant la prison de Versailles, le sextuple meurtrier Eugen Weidmann est à son tour décapité. Le déroulement de cette dernière exécution ayant été plus que hasardeux (présence de journalistes, de personnes ayant un comportement indigne), loi est prise dès le 24 juin d'abolir les exécutions publiques. Ainsi, André Vitel accumule involontairement plusieurs particularités : il est l'ultime guillotiné en public à Rouen, le dernier condamné exécuté en France avant son dix-huitième anniversaire, et également l'un des derniers condamnés à mort exécuté en place publique en France.

Eddy Simon,
Les Grandes Affaires Criminelles de Seine-Maritime, 2006.

Le battage.
Les Pieds nickelés conduisaient une batteuse de ferme en ferme en fin d'été. L'un était mécanicien ; l'autre, délieur ; le troisième, engreneur. Mais ce travail était vraiment saisonnier...
*(*L'Agriculture nouvelle, *10 septembre 1927.)*

Le ciel aurait pu attendre

Affaire P. Coupigny, H. Legout et A. Martin, Muzy
Cour d'assises de l'Eure, 8 février 1939

IL A FAIT froid cette nuit, les gelées sont parfois rudes dans le sud de l'Eure à cette époque de l'année. En se levant, ce mercredi 12 octobre 1938, vers 9 heures, M. le baron du Hommet regarde, posé sur l'appui de fenêtre, son thermomètre a maxima et minima : moins 6 degrés cette nuit. Brrr...

Le baron n'a rien du hobereau arrogant que son titre pourrait faire imaginer. Son jardin et ses livres sont les seules passions de ce « pépère » tranquille. Un brouillard givrant règne sur le village de Muzy. Malgré ce temps grisâtre, et sitôt un petit-déjeuner avalé, l'homme s'emmitoufle dans une grande écharpe et fait le tour du jardin attenant à sa demeure. C'est une habitude qu'il a contractée lors de son installation dans cette délicieuse petite commune.

À 9 h 30, il s'arrête soudain, croyant percevoir des bruits anormaux émanant du presbytère voisin, comme si on cassait un carreau. Il tend l'oreille. Puis, dans le silence glacé de ce matin d'hiver, une voix gémissante essaye d'attirer l'attention. « Au secours ! Au secours ! » croit-il entendre. Intrigué et n'écoutant que son courage, il pose une petite échelle sur le mur de séparation entre les deux propriétés, se place en équilibre sur le muret, bascule adroitement l'échelle et passe de l'autre côté. Rien d'anormal, semble-t-il. Il continue et se dirige vers le presbytère, distant de quelques mètres. Un silence lourd de menaces a remplacé les appels désespérés. La porte est entrouverte. Il frappe quand même par politesse et appelle :

« Il y a quelqu'un ? »

N'obtenant pas de réponse, il pénètre lentement dans le couloir sombre, allume la lumière et s'arrête net, figé de terreur. Le curé de la paroisse, l'abbé Collin, est étendu sur le carrelage, quasiment décapité. Le sang coule de sa gorge broyée. Ses yeux sont révulsés et sa main droite est crispée sur sa croix. Le spectacle est horrible. Le petit vieillard remue encore une seconde puis rend son dernier souffle à Dieu. Tout à côté, une bêche au fer ensanglanté gît, abandonnée à côté du malheureux ecclésiastique.

Choqué et terrorisé, M. du Hommet recule. Il ne peut rien faire pour le pauvre curé. Délaissant un instant la victime, il se rend en courant du plus vite qu'il le peut à l'église toute proche où, s'accrochant maladroitement à la corde de la cloche, il parvient à sonner l'alarme. Intrigués, les voisins accourent immédiatement. C'est la consternation et la colère. L'abbé Collin avait soixante-dix-neuf ans et officiait dans la paroisse de Muzy depuis cinquante-trois ans. Estimé de tous, il était considéré comme un père de famille, respecté même des anticléricaux qui discutaient souvent avec lui.

La première émotion surmontée, on prévient les gendarmes de Nonancourt qui informent le capitaine de gendarmerie Maréchal et le parquet d'Évreux, lesquels prennent la direction de l'enquête, aidés par la brigade mobile.

Rien n'a été dérangé, ni volé. Il n'y a aucun indice. Qui a tué ce brave curé qualifié de « serviable, généreux et pauvre » par tous ses paroissiens ? Et pourquoi ?

Tout le pays est en émoi et la participation totale des habitants à l'enquête de proximité permet d'apprendre immédiatement qu'on a vu traîner, à une centaine de mètres du presbytère, trois individus connus pour leur très mauvaise réputation et dont l'habitude est de naviguer dans cette région limitrophe de l'Eure et de l'Eure-et-Loir.

Surnommés « les Pieds nickelés », ils passent leur temps à vagabonder ensemble à Dreux et à Nonancourt. Ils ne travaillent guère qu'à la fin de l'été, employés dans des entreprises de battage du blé. Réputés comme s'abreuvant fréquemment plus qu'il n'est nécessaire, ils ont été aperçus par un paysan voisin vers 8 heures du matin, errant à cent cinquante mètres du presbytère. La conviction des enquêteurs est faite : selon toute probabilité, ce sont eux les coupables. La chasse à l'homme est lancée.

Toutes les brigades de gendarmerie du sud de l'Eure se mettent à leur recherche, en particulier dans les entreprises de battage. Et, le lendemain 13 octobre, à 9 heures, c'est chez M. Philbert, à Saint-André-de-l'Eure, que la chasse sera fructueuse. Les gendarmes y discutent avec l'entrepreneur lorsque trois individus viennent demander de l'embauche. Il s'agit des nommés Paul Coupigny, Hyppolite Legout et André Martin, les suspects désignés par la rumeur publique. Ils sont arrêtés séance tenante, à titre conservatoire.

Rapidement prévenu, le capitaine Maréchal arrive sur place et les interroge avec conviction et habileté. Une heure plus tard, les trois gredins avouent leur horrible forfait.

La reconstitution du crime a lieu le même jour dès 13 h 30, en présence de M. Marquiset, procureur de la République, de M. Grivel, juge d'instruction, et, bien sûr, du capitaine Maréchal. Les agresseurs entrent menottes aux poignets dans le presbytère, sous les hurlements de la foule indignée qui crie : « À mort, les assassins ! » et veut leur faire immédiatement un très mauvais parti. Les gendarmes, en les protégeant de leurs armes, leur évitent difficilement d'être lynchés sur-le-champ.

La reconstitution est rapidement menée et les responsabilités sont vite établies. Martin et Coupigny ont attaqué le prêtre, l'ont jeté à terre, et Legout lui a donné le coup de bêche mortel. Leurs aveux passés, les trois voyous repartent vers la maison d'arrêt d'Évreux, inculpés de meurtre.

L'enterrement de l'abbé Collin a lieu quelques jours plus tard à Muzy. À l'intérieur de l'église, ont pris place les femmes et les notables du coin. Les premières pleurent un ami à qui elles pouvaient confier leurs misères sans crainte, un brave type qui essayait toujours de les aider.

À l'extérieur, patientent les hommes, pour l'essentiel de rudes paysans habitués à la lutte pour la vie. Lorsque le glas sonne, ils s'arrêtent de discuter, se rangent en deux haies pour laisser passer le corbillard, jettent leurs mégots et enlèvent leurs casquettes. Catholiques pratiquants, athées ou anticléricaux, ils connaissent ce curé depuis toujours, lui qui a su, par son intelligence et sa tolérance, mériter leur respect. L'hommage muet de ces rustiques durs à la peine vaut bien toutes les décorations du monde attribuées à titre posthume.

La cour d'assises d'Évreux juge ce crime le 8 février 1939, sous la présidence de M. Deuve, conseiller à la cour d'appel de Rouen. Il s'agit d'une affaire exceptionnelle qui a attiré dans la petite salle des Assises une foule abondante et particulièrement élégante. De nombreuses femmes sont présentes, « friandes de sensations nouvelles », affirme le journaliste de *L'Impartial* qui couvre l'événement. En effet, tout le monde s'attend à ce que deux ou peut-être trois condamnations à mort soient prononcées, compte tenu de l'horreur de ce crime.

Le président commence par l'interrogatoire d'identité et la présentation du sinistre trio.

Hyppolite Legout est né le 11 février 1913 à Vierzon, dans le Cher. L'air ahuri, il porte de grosses moustaches tombantes. Il n'a pas pu être militaire en raison de sa petite taille, un mètre quarante-neuf. Ce tricard, dont le casier judiciaire compte six condamnations, est ouvrier agricole et sans domicile fixe.

André Martin est né le 10 janvier 1897 à Montigny, dans l'Oise. Plus grand que son complice, il affiche une face violacée et congestionnée qui révèle l'absorption régulière de quantités immodérées de boissons alcoolisées. Il est journalier et sans domicile fixe lui aussi. Tout gamin, après avoir mis le feu à une grange, il a été envoyé à la colonie pénitentiaire des Douaires, à côté de Gaillon, dont il s'est évadé quatre fois. Plus âgé que les deux autres, il a été marié puis a abandonné sa femme et ses trois enfants. De 1934 à 1938, il a encouru cinq condamnations avec interdiction de séjour.

Paul Coupigny, né à Dreux le 10 mars 1910, est également un ouvrier agricole sans domicile fixe. Il a travaillé tout jeune à l'usine de Muzy puis, après le service militaire, a erré de ferme en ferme comme journalier. De 1934 à 1938, il a été condamné sept fois avec interdiction de séjour. Il a un regard perçant qui dérange.

Les trois individus se sont connus à Dreux, en Eure-et-Loir, à l'occasion d'un comice agricole. Si Martin et Legout sont totalement dépourvus d'intelligence, Coupigny est le plus malin de la bande, l'âme rusée de ce sinistre trio.

Le président interroge Coupigny, seul capable d'expliquer quoi que ce soit :

« Comment avez-vous eu l'idée de ce cambriolage ?

– Le vendredi d'avant, le 7 octobre, on est allés demander l'aumône au presbytère. Le curé a dit qu'il avait pas d'argent sur lui. Il ne nous a donné que deux pièces de 5 sous. À ce moment-là, Martin a dit : “Les curés sont riches, il a des sous, il aurait pu nous en donner *de plus*.” On a discuté et décidé ensemble qu'on reviendrait le mercredi 12 au matin en expédition, quand il aurait alors chez lui l'argent de la quête du dimanche.

– Vous étiez prêts à le tuer ?

– Non, on voulait juste de quoi manger.

– Comment avez-vous procédé ?

– On est arrivés vers 8 heures et on a caché les vélos dans le bois, puis on est allés à l'église. On n'a pas osé attaquer le curé dans la chapelle. Nous aussi, on croit au bon Dieu. Comme il disait la petite messe, on a attendu qu'il sorte. Et puis, il y avait trois petites vieilles qui assistaient à l'office. Il fallait qu'elles s'en aillent. Quand elles sont parties pour le cimetière dire bonjour à leurs morts, le curé est sorti de l'église et est parvenu au presbytère. On l'a suivi. Pour pas qu'il nous voit entrer, on a escaladé le mur tous les trois.

– Et ensuite ?

– Il fallait d'abord s'occuper du vieux. »

La foule frémit. On arrive à la partie ignoble du récit. Des commentaires du genre : « À mort, les salauds ! » sont clairement audibles.

« On voulait pas le tuer ! On a sonné, il n'est pas venu ouvrir. On a cassé un carreau de la cuisine. On est entrés par là. Il est arrivé et a dit : “Qu'est-ce que vous voulez ?” Martin lui a donné un coup de tête et il a roulé à terre. Il s'est mis à crier. Alors Legout, pour le faire taire, lui a donné un coup de bêche. Il a continué à gémir. Je suis monté à l'étage pour fouiller les meubles.

– Revenons sur un point important : d'où sortait cette bêche ? »

Hésitation de Coupigny qui finit par murmurer :

« On l'a trouvée dans le couloir. »

L'assistance grogne car l'explication est peu vraisemblable pour les terriens qui sont dans l'assistance. L'octogénaire ne devait pas souvent bêcher, surtout à cette époque de l'année où la terre est particulièrement dure. Et ce n'est pas la place d'une bêche, dans un couloir d'entrée. En attendant des jours plus cléments, on la range dehors, dans une resserre, mais pas dans la maison. Le président se fait l'écho de cette réflexion :

« Dites la vérité ! »

Autre hésitation. Puis Coupigny reprend :

« Legout l'avait trouvée en passant dans le jardin du presbytère. Il l'avait prise en cas de besoin. Il est tout petit, Legout... Il a besoin d'une arme pour se défendre, c'est son réflexe.

– Bon, continuons. Dans le logement, qu'avez-vous trouvé ?

– Rien. J'ai cherché la recette de la quête du dimanche, mais il l'avait cachée je sais pas où.

– Vous n'avez pas trouvé la cachette ?

– Non. Et Martin, qui faisait le guet, a entendu du bruit dehors. Alors, on s'est sauvés sans rien.

– C'est faux : Martin a volé la montre du curé !

– Il me l'a pas dit.

– Vous avez laissé l'abbé Collin mourant ? Legout lui avait pratiquement coupé le cou !

– On pouvait pas faire autrement. On se serait fait prendre. »

Dans l'assistance, on entend des cris :
« À mort ! »
Le président s'insurge :
« Silence ! Ou je fais évacuer la salle ! »

L'audition de M. le baron du Hommet n'apporte rien de nouveau, si ce n'est une immense émotion lorsqu'il raconte sa découverte du corps :

« Je ne sais pas ce que cela m'a fait quand j'ai vu cela, dit-il. J'étais sans réaction, pétrifié sur le coup. Je connaissais bien l'abbé Collin, je parlais avec lui tous les jours, c'était un ami que je respectais. »

Le président le félicite de son courage et de sa présence d'esprit. L'assistance l'applaudit longuement. Le médecin légiste témoigne ensuite brièvement :

« La carotide a été tranchée net. Je ne pense pas que la victime ait pu appeler avec beaucoup de vigueur après avoir reçu le coup de bêche. Monsieur le baron a dû entendre les appels qui ont suivi immédiatement l'entrée en force des bandits. »

Le réquisitoire du procureur de la République, M. Marquiset, est clair, net et empreint d'une grande émotion :

« Je tiens tout d'abord à rendre hommage à l'abbé Collin. Il a été un excellent élève, obtenant en 1876 le premier prix de thème latin de la classe de rhétorique du lycée d'Évreux. Bien qu'il eût pu continuer de brillantes études classiques, il a préféré la théologie. Saisi par la vocation, il a choisi de rester au service de Dieu dans un petit village, inspiré par les sources du christianisme, plutôt que de se lancer dans la course aux honneurs qu'une carrière plus administrative lui aurait prodigués. Il était respecté de tous.

« Le crime est horrible et les trois hommes que vous devez juger y ont tous trois pris une part active. Je demande le châtiment suprême contre les trois auteurs de ce meurtre abominable. Il faut que l'on assure la sécurité des honnêtes gens en effrayant ceux qui auraient envie d'imiter ces trois scélérats, en un mot protéger les êtres sans défense contre ce genre de bandits. »

L'assistance applaudit abondamment ce réquisitoire sans concession.

Maître Chauvin, défenseur de Legout, commence par rendre hommage à la victime. Il évoque ensuite très simplement les faits et affirme :

« Je suis persuadé que ce crime horrible n'était pas prémédité. Mon client, plus habitué à être pourchassé qu'à être accueilli les bras ouverts, a pris peur et c'est ainsi que le drame est arrivé. Je supplie le jury de lui accorder les circonstances atténuantes. »

Le tout jeune Me Labéda, défenseur de Martin, plaide avec fougue :

« Si l'abbé Collin pouvait s'exprimer, il serait miséricordieux. Il pardonnerait à ses agresseurs et, j'en suis absolument certain, ne demanderait pas leurs têtes. »

Surprise générale. La salle, interloquée, reste muette. Il reprend :

« Mon client a été abandonné dès son plus jeune âge. Il n'a jamais été guidé dans la vie. Accordez-lui les circonstances atténuantes. »

Maître Doucerain prend à son tour avec chaleur la défense de son client, Coupigny :

« Je me permets de faire remarquer que mon client n'a pas frappé l'abbé Collin. Je demande au jury de ne lui infliger qu'une peine de travaux forcés. »

Le président demande aux accusés s'ils ont quelque chose à ajouter. Coupigny prend la parole pour les trois :

« Nous ne voulions pas le tuer. J'implore l'indulgence du jury pour moi et mes camarades. »

Le jury se retire alors pour délibérer. Après une suspension d'audience de quarante-cinq minutes, les jurés reviennent. Dans un silence impressionnant, le président donne lecture du verdict :

« Les accusés sont reconnus coupables de meurtre. Les circonstances atténuantes sont accordées. »

Les trois sauvages ont sauvé leurs têtes et sont condamnés aux travaux forcés à perpétuité.

La foule, mécontente, pousse des cris hostiles et le président fait appel à la force publique pour évacuer la salle.

Les assassins sont reconduits à la maison d'arrêt d'Évreux, mais, pour sortir du palais de Justice, ils se voient obligés d'emprunter une porte dérobée.

On perd ensuite la trace des « Pieds nickelés » à Cayenne. Bagnards, ils ont peut-être échappé à la guerre...

Roger Delaporte,
Les Grandes Affaires Criminelles de l'Eure, 2008.

Parigny, un village des plus paisibles…
C'est là, pourtant, qu'en décembre 1938, une fillette d'à peine trois ans a succombé aux coups infligés par ses parents.
(Archives départementales de la Manche.)

La mort d'une enfant martyre

Affaire Edmond et Marie Laisné, Parigny
Cour d'assises de la Manche, 13 et 14 mars 1940

AVEC SES DORURES, ses velours cramoisis et ses lourdes boiseries, la salle d'audience de la cour d'assises de Coutances représentait, pour Julien, le décor idéal pour rendre la justice. La splendeur des fastes du passé imposait au lieu une certaine solennité qui l'avait impressionné les premières fois. Ces murs gardaient en mémoire l'empreinte de l'histoire, celle des grands procès... Le ballet des robes rouges ou noires ajoutait au spectacle, mais ce qui poussait Julien à préférer les salles du palais de Justice aux salles de cours du lycée Lebrun, c'était que se jouaient là, sous ses yeux, des scènes de la vie qui bien souvent frôlaient la tragédie. Le temps d'une audience, et le destin des accusés basculait à la faveur d'un réquisitoire brillant ou d'une plaidoirie de haute volée. C'est au fond ce qui le fascinait le plus et, selon les audiences, qu'il ait assisté à l'implacable démonstration d'un procureur ou aux envolées d'un ténor du barreau, il se destinait à l'une ou l'autre des deux fonctions. Le barreau ou la magistrature ? À dix-huit ans, Julien n'était pas encore déterminé, mais il en était certain, l'année prochaine, il ferait son droit.

Ce 13 mars 1940, alors que Coutances vit ses derniers jours d'insouciance avant l'arrivée des troupes d'occupation allemandes, le palais de Justice est littéralement pris d'assaut par une foule compacte. On joue des coudes, on se bouscule pour entrer dans le prétoire. Julien est arrivé parmi les derniers, il lui a fallu d'abord tromper la vigilance du surveillant principal du lycée – un jeu de cache-cache délicat, dont il est maintenant passé maître –, puis dévaler à toutes jambes les rues de Coutances jusqu'au Palais. Parvenu à se faufiler dans la salle, il s'est emparé avec un bonheur inespéré de l'un des tout derniers sièges vacants. Oh, bien sûr, il n'est pas aussi bien placé qu'il l'aurait voulu, mais il doit bien s'en contenter. Remis de ses émotions, il peut enfin jeter un regard sur la salle et constate la présence des chroniqueurs judiciaires de la presse locale.

« Tout est en ordre, pense-t-il, l'audience peut commencer. » Julien est impatient, ce procès s'annonce retentissant.

Autour de lui, peu à peu, les murmures se sont tus, et le silence chargé de gravité qui s'installe maintenant contraste avec l'agitation qui régnait dans la salle quelques minutes auparavant. Julien n'en est pas à son premier procès d'Assises, mais il sait qu'aujourd'hui les accusés risquent leur tête, et il pressent dans l'assistance comme une fébrilité inhabituelle.

Tous, ici, ont en mémoire la fin tragique de la fillette de Parigny et de son martyre... Julien se souvient que l'affaire, qui avait éclaté il y a plus d'un an, avait été, à l'époque, abondamment commentée dans les colonnes des journaux.

Tout avait commencé en décembre 1938 lorsque le médecin, appelé au domicile des Laisné pour constater le décès de Christiane, âgée de deux ans et demi, avait refusé le permis d'inhumer au vu des nombreuses blessures et contusions présentes sur le corps de l'enfant. Le médecin avait averti les autorités, et la brigade de Saint-Hilaire-du-Harcouët avait ouvert une enquête. L'autopsie pratiquée par le docteur Legendre, de Mortain, confirmait les premiers soupçons. La mort avait été causée par de nombreuses violences, en particulier des coups portés à la tête qui avaient provoqué une hémorragie intracrânienne. En outre, les différentes lésions que l'on avait retrouvées sur le corps correspondaient à des violences d'âges divers, dont les plus anciennes remontaient à quinze jours avant le décès. Ce détail sordide impliquait de manière presque irréfutable les époux Laisné. Le père, Edmond Laisné, et la belle-mère de la fillette, Marie Guesdon, avaient été arrêtés. Tous deux avaient cependant farouchement nié leur culpabilité, prétendant que les blessures retrouvées à la tête étaient liées à une chute d'échelle. Une version qui ne pouvait satisfaire les enquêteurs, car une chute, aussi violente fût-elle, ne pouvait expliquer les nombreuses contusions que l'on avait retrouvées sur le corps de l'enfant. Finalement, à court d'arguments, les époux Laisné avaient reconnu qu'ils avaient, à l'occasion, « corrigé » l'enfant, mais c'est en vain que les gendarmes tentèrent d'obtenir des aveux complets. Les témoignages recueillis auprès de la famille et du voisinage furent dans l'ensemble accablants, mais, sans aveu, les gendarmes ne purent attribuer les coups mortels à l'un ou à l'autre des deux suspects.

« Nous verrons bien au cours du procès… Il se peut que l'un des deux lève le voile », conclut Julien tandis que la Cour, le procureur, les avocats, ainsi que les accusés prennent place dans le prétoire.

Immédiatement, le jeune homme les dévisage : « Les voici enfin, ces tortionnaires, ces bourreaux qui se sont acharnés sur une fillette de deux ans et demi. Voici les monstres ! »

C'est pourtant un jeune couple intimidé, aux regards fuyants, qui entre dans le prétoire et dont rien dans l'apparence physique ne peut trahir la cruauté dont ils ont fait preuve. Edmond Laisné, vêtu d'un complet et d'un ensemble bleu marine de bonne coupe, porte une cravate noire ; la femme, avec une certaine coquetterie, un petit feutre noir et un tour du cou.

« Ces deux-là n'ont rien de malheureux indigents, constate Julien, il faudra chercher ailleurs que dans la misère les raisons de leur crime… »

Le président déclare l'audience ouverte et, après avoir vérifié l'identité des deux prévenus, annonce qu'il va étudier leur vie. Edmond Laisné est tout d'abord interrogé, et, dans l'ensemble, les renseignements recueillis sur lui sont très défavorables. Il laisse de ses passages dans les différents emplois qu'il a occupés le souvenir d'un homme brutal et paresseux. Le caractère de Laisné est brossé à gros traits, car c'est sur son comportement avec ses enfants que le président souhaite s'attarder.

« À vingt-neuf ans, après le décès de votre première épouse, vous contractez, en février 1938, un deuxième mariage avec Marie Guesdon, âgée de vingt-trois ans, est-ce exact ?

– Oui, monsieur le président.

– Vous exerciez alors la profession de mineur à Mortain.

– Oui, monsieur le président.

– Vous n'étiez pas dans le besoin, par conséquent.

– Non, mais on n'était pas riches, si c'est ça que vous voulez savoir.

– Ce que je cherche à savoir, monsieur Laisné, c'est la raison pour laquelle vous avez placé vos enfants plutôt que de vous en occuper vous-même.

– Ben, c'est que je travaillais, et Marie aussi, alors je pensais qu'ils seraient mieux en nourrice, monsieur le président.

– N'est-ce pas plutôt que votre nouvelle jeune femme ne voulait pas des enfants d'une autre ?

– Oh non, monsieur le président, elle les prenait comme les siens.

– C'est ce que nous verrons plus tard… Quel âge avaient vos enfants à ce moment-là ?

– Mon garçon avait huit ans et Christiane deux ans.

– Vous avez placé René chez sa grand-mère maternelle.

– Oui, monsieur le président.

– Cette dernière affirme que vous ne lui donniez rien pour élever l'enfant.

– C'est-à-dire que je n'avais pas grand-chose…

– La nourrice de la petite Christiane vous fait le même reproche. Vous semblez croire qu'il revient aux autres d'assumer la charge financière de vos enfants. »

Le silence qui suit pousse le président à continuer :

« En décembre 1937, vous avez quitté un emploi bien rémunéré, pourquoi ?

– Je ne me souviens plus très bien.

– N'était-ce pas tout simplement pour vous soustraire aux retenues faites sur votre salaire à la demande de Mme Heuzé, la nourrice de Christiane ? Vous n'avez depuis occupé que des emplois irréguliers, c'est la façon que vous avez trouvée pour vous défiler ? »

Ne sachant que répondre, Laisné affiche son dédain en haussant des épaules.

« À défaut de payer une pension, vous avez finalement décidé de reprendre Christiane avec vous, le 6 novembre 1938, est-ce exact ?

– Oui, monsieur le président.

– Bien, les témoins nous expliqueront de quelle manière vous avez pris soin de votre enfant... Je n'ai plus d'autres questions, vous pouvez vous rasseoir. »

Marie Guesdon, femme Laisné, est interrogée à son tour. Elle apparaît comme une femme autoritaire, menant les enfants à la baguette. Au cours de l'instruction, les témoins ont parlé de sa rudesse et de son absence totale de sentiment maternel envers Christiane et René. Ses mœurs légères et son caractère violent finissent de brosser le portrait peu amène d'une jeune femme qui ne vit pas dans le besoin.

L'examen de personnalité terminé, le président expose les faits et, dans un silence général, constate que « le martyre de la petite Christiane n'aura duré qu'un mois et quatorze jours[1] ».

Enfin, il donne lecture de l'acte d'accusation qu'il conclut en ces termes :

« L'évocation des scènes successives de violences dans les jours qui précédèrent sa mort démontre quel a pu être le martyre de la petite Christiane. Il en résulte que les époux Laisné se sont livrés habituellement sur la personne de celle-ci à des violences et sévices de toute nature dans le dessein prémédité de provoquer sa mort et qu'ils en ont la responsabilité commune et égale[2]. »

1. Ouest-Éclair, *le 14 mars 1940.*
2. Ibid.

Le président est soucieux, il sent qu'il ne tiendra la vérité ni de l'un ni de l'autre. Sûr de lui et arrogant, Laisné lui fait l'effet d'une brute ; quant à la femme, elle est certes plus craintive, mais il pressent qu'elle ne dira rien qui puisse confondre son mari. Si ces deux-là n'ont rien appris au juge au cours de l'instruction, il semble peu probable qu'ils se trahissent plus d'un an après les faits. Ils se sont enferrés dans leurs mensonges ; à moins que la femme, à la faveur d'un témoignage...

Après une courte suspension d'audience, les débats débutent par l'interrogatoire de Laisné.

« Lorsque le docteur Legendre, de Mortain, examina la petite Christiane début novembre, quelques jours avant qu'elle ne vous soit remise par sa nourrice, il la décrivait comme “une belle enfant d'excellente santé”, selon ses propres termes. Le 20 décembre, le même médecin, en qualité de médecin légiste, ne trouve que brûlures, ecchymoses et contusions sur le corps de votre fillette, sans parler de l'hémorragie cérébrale. Comment expliquez-vous cela ?

– Elle est tombée de l'échelle et aussi de l'escalier, et j'aurais dû appeler le médecin, mais je ne me suis pas inquiété, et je regrette parce que si je l'avais fait, je ne serais pas là aujourd'hui.

– C'est à ces deux chutes que vous attribuez la mort de Christiane ?

– Oui.

– À quelles dates ont-elles eu lieu ?

– Je ne me rappelle pas.

– N'avez-vous jamais frappé votre enfant ?

– Il m'est arrivé de la corriger quelquefois.

– Pour quel motif ?

– Parce qu'elle faisait pipi au lit, il fallait bien lui apprendre.

– Comment expliquez-vous les brûlures ?

– Je ne sais pas, je ne suis pas toujours à la maison.

– Étiez-vous présent les trois jours qui ont précédé la mort de l'enfant ?

– Oui, mais pas dans la journée, parce que je travaillais à Saint-Hilaire et je ne sais pas ce qui s'est passé.

– Alors vous niez toute responsabilité dans les coups qui ont entraîné la mort.

– Christiane allait bien chez nous, elle mangeait à sa faim et je me suis toujours occupé d'elle. »

Pour la première fois depuis le début de procès, une rumeur d'indignation s'élève du public. Cette colère générale, le président l'estime juste et ne souhaite pas la contenir, bien au contraire, car il est plus qu'agacé du déni systématique de l'accusé. Alors, pour enfoncer le clou et démontrer quelle sorte de père est vraiment Edmond Laisné, le président conclut son interrogatoire en évoquant la tentative de noyade commise sur son fils René, lors d'une promenade au Mont-Saint-Michel.

Les manœuvres de l'avocat général pour obtenir de plus amples explications se révéleront tout aussi vaines. Aux pertes de mémoire succèdent les mensonges grossiers sans que la vérité ne puisse faire surface. Au fil du procès, loin de se sentir traqué, Laisné cherche manifestement à rejeter la responsabilité sur sa femme. Celle-ci, le regard fuyant, parfois au bord des larmes, dissimule mal son émotion ; pourtant, sans jamais se trahir, elle ne fournit que des réponses évasives ou alors se tait.

« Je ne l'ai jamais battue, seulement giflée.

– Le jury appréciera la distinction... Le 20 décembre, alors que Christiane venait de tomber de l'échelle et qu'elle se trouvait bien mal-en-point, vous la giflez encore, pourquoi ?

– Parce qu'elle avait fait pipi.

– Pensez-vous que frapper une fillette sans défense de deux ans et demi soit le traitement préconisé contre l'énurésie ?

– Je ne sais pas.

– Pourriez-vous nous expliquer les raisons des brûlures retrouvées sur le corps de la fillette. »

L'accusée s'enferme dans un profond mutisme et refuse de donner des détails concernant les mauvais traitements infligés à l'enfant, pas plus qu'elle ne renseigne la Cour concernant les différentes chutes.

« Vous ne voulez rien dire ? Votre mari ne vous a-t-il pas menacé de vous tuer si vous parliez ?

– Non, dit-elle, les joues baignées de larmes.

– Je vous en conjure, dites-nous ce qui s'est réellement passé ce 20 décembre. »

À nouveau, Marie Laisné baisse la tête et ne répond plus.

« Bien, messieurs, je crois qu'il faut s'y résoudre, nous n'en apprendrons pas davantage... Il est temps de passer à l'audition des témoins. Greffier, faites entrer le docteur Legendre. »

La description détaillée des plaies, brûlures et ecchymoses, retrouvées sur le corps de la fillette par le médecin légiste de Mortain est un moment de grande tension. Le public n'ose pas même manifester son indignation tant les sévices subis par l'enfant ont été cruels. Après cette terrible énumération, le docteur Legendre affirme que la mort est due aux nombreux coups reçus et à la gifle finale qui a provoqué une hémorragie intracrânienne.

Puis c'est un défilé de témoins. Mme Heuzé, la nourrice de Christiane, relate, secouée de sanglots, comment la fillette lui fut arrachée des bras lorsqu'elle l'emmena à ses parents. Mme Lequinquis, une voisine, déclare quant à elle n'avoir jamais vu d'échelle au domicile des Laisné. Un voisin, M. Mauroy, atteste avoir entendu, dix jours avant la mort de l'enfant, un drôle de cri dans la nuit.

La déposition d'une autre voisine, Mme Ruault, est accablante et fait forte impression sur les jurés. Elle raconte, en effet, qu'elle s'est rendue au domicile des époux Laisné le 20 décembre, qu'elle y a vu la petite Christiane, le visage tuméfié, le corps brûlé à différents endroits et le pied enveloppé dans un torchon sale et taché de sang. En outre, la fillette n'était vêtue que d'une chemise, tandis qu'il régnait dans la pièce un froid extrême.

L'entrée du petit René dans le prétoire, tenant sa grand-mère maternelle par la main, suscite bien des commentaires et l'on s'étonne de voir un enfant dans une salle d'audience.

Le président va-t-il l'interroger ? Peut-il témoigner malgré son âge ? Va-t-il accabler son père ? Laisné osera-t-il intervenir, comme il le fait systématiquement pour les autres témoins ? Après quelques minutes de ces interrogations tous azimuts, le public se replonge avec docilité dans un mutisme total et laisse place aux questions du président. Mme Denoual, la grand-mère, est d'abord invitée à raconter dans quelles conditions Laisné a tenté de noyer le petit René, ce qu'elle fait avec force détails. Puis le président, d'une voix paternelle, s'adresse à l'enfant :

« René, quel âge as-tu ?

– Huit ans, monsieur.

– Tu as entendu ce que vient de raconter ta grand-mère ?

– Oui.

– Est-ce que tu es d'accord avec ce qu'elle a dit ?

– Oui, mais aussi il m'a brûlé avec sa cigarette. »

La rumeur indignée est cette fois montée d'un cran, et le président est obligé de demander le silence ; il ne veut pas effrayer René.

« Dis-moi, René, aimes-tu ton père ?

– Non, monsieur, répond-il, penaud comme s'il avouait une faute.

– Merci beaucoup, René, tu peux repartir. »

Alors que toute la salle se tourne vers Edmond Laisné, cherchant en vain un trouble, un signe que l'on espère, l'accusé, qui pas une fois n'a courbé la tête, affiche un calme à glacer le sang. À cet instant, aux yeux du jury, l'accusé vient de faire ses premiers pas vers l'échafaud. Cependant, c'est de la femme Laisné que sont venus les pleurs. L'accusée est, pour la première fois, secouée de sanglots qu'elle ne semble plus parvenir à contenir.

Contraint de suspendre l'audience par l'heure tardive, le président remet l'audition des autres témoins au lendemain. Malgré la longueur des débats, les accusés quittent le palais de Justice sous les cris d'une foule encore nombreuse qui clame : « À mort les assassins ! »

Le lendemain, jeudi 14 mars, les témoignages reprennent à la barre et n'apportent pas plus de précisions que ceux de la veille sur les circonstances du drame de Parigny. Les membres de la famille de Marie Guesdon viennent dire cependant les violences qu'elle subissait de la part de son mari. Edmond Laisné a, quant à lui, retrouvé toute son acidité pour défier les témoins et les traiter de menteurs. D'une audience à l'autre, son attitude reste inchangée, son dédain et son arrogance sont manifestes et le public du palais de Justice de Coutances s'attend à un réquisitoire extrêmement sévère.

À la demande du président, l'avocat général Delalande se lève et entame son réquisitoire. Détaillant les faits, et s'appuyant sur les constatations du légiste, il revient sur le sort funeste qui fut réservé à l'enfant.

« De parents, il n'en est plus question ici, ceux qui se trouvent au banc des accusés pour répondre de leur crime se sont faits bourreaux. Mais des bourreaux comme il en existe peu : ils sont de ceux qui donnent la mort à petit feu, lentement, avec préméditation et sans faiblesse. Pendant quarante-quatre jours, Christiane a subi un ignominieux martyre, et cela pourquoi ? Par vengeance, puisque son père ne voulait pas payer de pension à sa nourrice ? Pour corriger l'enfant, comme Laisné l'a affirmé ? Parce que Christiane faisait encore pipi au lit ? Non, les raisons sont ailleurs, elles sont à chercher dans le tréfonds d'une âme sadique et cruelle. La femme Laisné n'a pas meilleure nature et c'est elle qui a donné la dernière gifle, mais Edmond Laisné, par ses brutalités constantes, a permis que ce dernier coup fût fatal à Christiane.

« Les accusés n'ont pas dit toute la vérité, et messieurs les jurés devront déterminer en conscience la responsabilité de chacun des époux. Leur tâche est difficile, mais ils sauront la mener jusqu'au bout, sans faiblir. Pour Edmond Laisné, je requiers la peine capitale, pour Marie Guesdon, femme Laisné, une peine de travaux forcés, mais je ne m'oppose cependant pas à ce que lui soit accordé le bénéfice des circonstances atténuantes. »

« Monsieur l'avocat général, je vous remercie. Maître Galuski, vous avez la parole », enchaîne le président.

Le brillant défenseur se lève et prend soin de laisser quelques instants au jury avant d'entamer sa plaidoirie. Le réquisitoire est sévère, il s'y attendait, mais il croit encore possible de placer sur l'échiquier certaines pièces maîtresses. Ainsi, sans nier la responsabilité de son client dans les mauvais traitements infligés à Christiane, il rappelle que le rapport d'autopsie atteste que le coup mortel du 20 décembre a été porté par la femme. Edmond Laisné est un père brutal, il en convient, mais il n'a jamais eu l'intention de donner la mort à sa fillette. De plus, sa femme a affirmé à plusieurs reprises que Laisné était absent les jours qui ont précédé le décès. Il souligne par ailleurs que les témoignages les plus accablants proviennent de la famille de la femme, dans le but clairement avoué de disculper cette dernière.

« Vous croyez, messieurs les jurés, qu'Edmond Laisné n'a pas dit toute la vérité ? Je le crois, moi, pourtant sincère, et s'il n'a pas avoué l'assassinat de Christiane, c'est tout simplement parce qu'il ne l'a pas commis ! Certes les circonstances qui entourent la mort de cette pauvre enfant restent troubles, mais cette part de doute doit bénéficier à mon client, c'est pourquoi je demande que lui soient accordées des circonstances atténuantes. »

Maître Gosselin, avocat au barreau d'Avranches, se lève à son tour pour défendre sa cliente. Il va s'efforcer de montrer qu'à l'exception de cette dernière gifle, la femme Laisné a toujours montré, si ce n'est de l'attachement pour la fillette, au moins de l'attention. Elle ne l'a jamais laissée sans nourriture et, en maintes circonstances, elle a pris sa défense auprès de son mari pour qu'on l'habille. Peut-on lui reprocher un défaut de soin ? Certainement, mais dans l'état de délabrement général dans lequel se trouvait le logis, quels moyens avait-elle ? A-t-elle battu la fillette de manière constante et répétée comme l'a fait le père ? Rien n'est prouvé. Quant aux brûlures, elles sont dues à Laisné, il en avait l'habitude, comme en atteste le témoignage du petit René. Que lui reproche-t-on ? D'avoir giflé la fillette, certes. Mais son geste n'aurait jamais entraîné la mort si la petite n'était pas déjà dans un état de grande fragilité.

« Alors, oui, elle a giflé l'enfant, mais elle n'a pas voulu sa mort, et elle n'a pas prémédité son geste. Pour cela, ma cliente mérite un châtiment proportionnel à sa faute. Rendue au même désespoir que la petite Christiane par la violence d'un mari méprisable, je vous demande pour Marie Guesdon, femme Laisné, le bénéfice des circonstances atténuantes. »

La plaidoirie de Me Gosselin achevée, les accusés déclarent ne rien avoir à ajouter et les jurés se retirent pour délibérer.

La salle d'audience se vide alors peu à peu. Julien est toujours là, seul dans le prétoire, comme médusé par les dernières interventions des défenseurs. Il n'a rien raté de ce qui vient de se jouer ici, sous ses yeux. L'avocat général a été brillant, son éloquence aura fait mouche, mais quel courage a-t-il fallu à ces deux avocats pour affronter une salle hostile et, malgré tout, défendre l'indéfendable. Leur mérite n'en est que plus grand. Julien pensait leur cause perdue d'avance, leurs effets de manches inutiles et leur plaidoirie réduite à une farce de théâtre, il n'en a rien été. Ses brillants défenseurs sont allés débusquer l'infime part d'humanité qui sommeillait chez ces êtres cruels...

« Si je devais, avec ces quatorze jurés, trouver une peine juste, quelle serait ma décision ? La peine de mort pour Laisné ? Je ne m'y résoudrais pas, mais quelles circonstances atténuantes peut-il faire valoir ? Que mérite la femme ? Elle semble repentante, ce qui ne paraît pas être le cas de son mari... » Absorbé dans ses pensées, Julien n'a pas vu l'heure tourner et, bientôt, le prétoire se remplit à nouveau.

Il est 19 heures, ce jeudi 14 mars 1940, lorsque les membres du jury font leur entrée dans la salle d'audience. À toutes les questions qui leur sont posées concernant l'accusé, ils rapportent une réponse positive ; seule sa femme bénéficie des circonstances atténuantes. En conséquence, Edmond Laisné est condamné à la peine de mort. En outre, il est déchu de sa puissance paternelle ; s'il devait être gracié ultérieurement, cette sanction s'appliquerait. Sa femme, Marie Guesdon, est condamnée à cinq ans de travaux forcés et à dix ans d'interdiction de séjour.

Il fait déjà nuit lorsque Julien s'éloigne du palais de Justice. Il perçoit encore les cris de haine de la foule qui s'est rassemblée pour conspuer, une dernière fois, les condamnés reconduits à la prison par le fourgon cellulaire. Il a fui ce spectacle qui ne le réjouit pas, car depuis l'annonce du verdict, une vision lui retourne le cœur : celle de Laisné étendu sur la bascule de la guillotine.

L'exécution étant prévue le 11 juin 1940, les bourreaux quittent Paris le samedi 8 juin. Jules Desfourneaux, exécuteur des hautes œuvres depuis mars 1939, à la suite du décès d'Anatole Deibler,

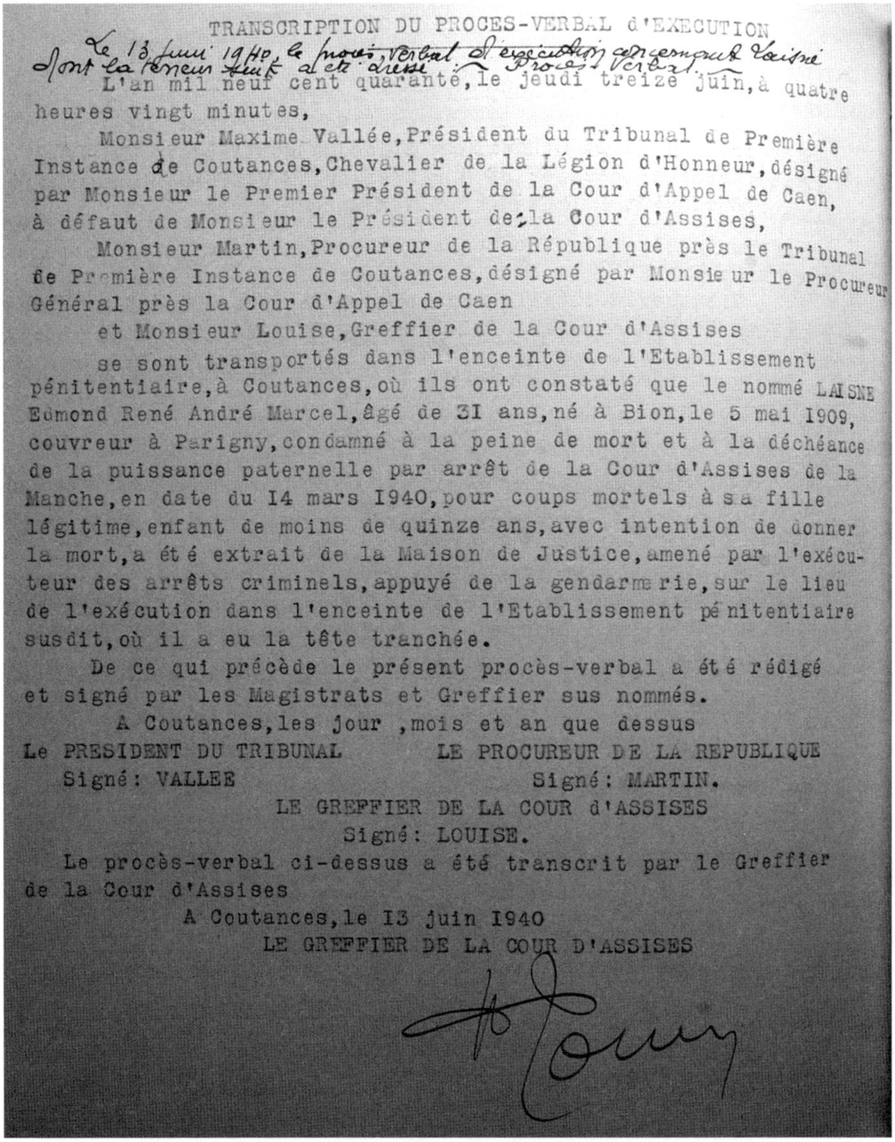

TRANSCRIPTION DU PROCES-VERBAL d'EXECUTION

Le 13 juin 1940, le procès-verbal d'exécution concernant Laisné dont la teneur suit a été dressé : Procès-Verbal.

L'an mil neuf cent quarante, le jeudi treize juin, à quatre heures vingt minutes,

Monsieur Maxime Vallée, Président du Tribunal de Première Instance de Coutances, Chevalier de la Légion d'Honneur, désigné par Monsieur le Premier Président de la Cour d'Appel de Caen, à défaut de Monsieur le Président de la Cour d'Assises,

Monsieur Martin, Procureur de la République près le Tribunal de Première Instance de Coutances, désigné par Monsieur le Procureur Général près la Cour d'Appel de Caen

et Monsieur Louise, Greffier de la Cour d'Assises

se sont transportés dans l'enceinte de l'Etablissement pénitentiaire, à Coutances, où ils ont constaté que le nommé LAISNE Edmond René André Marcel, âgé de 31 ans, né à Bion, le 5 mai 1909, couvreur à Parigny, condamné à la peine de mort et à la déchéance de la puissance paternelle par arrêt de la Cour d'Assises de la Manche, en date du 14 mars 1940, pour coups mortels à sa fille légitime, enfant de moins de quinze ans, avec intention de donner la mort, a été extrait de la Maison de Justice, amené par l'exécuteur des arrêts criminels, appuyé de la gendarmerie, sur le lieu de l'exécution dans l'enceinte de l'Etablissement pénitentiaire susdit, où il a eu la tête tranchée.

De ce qui précède le présent procès-verbal a été rédigé et signé par les Magistrats et Greffier sus nommés.

A Coutances, les jour, mois et an que dessus

Le PRESIDENT DU TRIBUNAL — Signé : VALLEE

LE PROCUREUR DE LA REPUBLIQUE — Signé : MARTIN.

LE GREFFIER DE LA COUR d'ASSISES — Signé : LOUISE.

Le procès-verbal ci-dessus a été transcrit par le Greffier de la Cour d'Assises

A Coutances, le 13 juin 1940

LE GREFFIER DE LA COUR D'ASSISES

Transcription du procès-verbal d'exécution d'Edmond Laisné, le 13 juin 1940.
(Archives départementales de la Manche.)

fait le voyage accompagné d'André Obrecht, et des deux frères Martin, ses aides. Malheureusement, l'exode provoqué par l'arrivée de l'armée allemande provoque de graves problèmes de circulation, et, à Folligny-Granville, c'est le terminus. Les quatre hommes doivent demander de l'aide aux gendarmes pour gagner Coutances, où ils arrivent le 9, dans la journée.

Mais le wagon où se trouvaient les bois de justice n'est pas en gare et personne ne sait où il se trouve. Il faudra deux jours de recherche pour les retrouver au beau milieu de la Normandie, et encore une journée pour les rapporter à la prison de Coutances.

En effet, afin d'éviter les débordements de la foule et une publicité qui n'est désormais plus souhaitable, alors qu'est remis en question l'effet moralisateur du châtiment suprême, les exécutions capitales se déroulent désormais dans l'enceinte des prisons, depuis le décret présidentiel du 24 juin 1939, signé par Albert Lebrun. Mais dans la nuit, un nouveau problème se pose : les couloirs de la prison sont courts et à angle droit ; les morceaux de la guillotine, surtout les plus longs, qui mesurent plus de quatre mètres, ne peuvent pas passer. Finalement, une partie des pièces (les montants et les paniers) entre par la chapelle.

Le 13 juin 1940, avec deux jours de retard, la Veuve est dressée dans la prison, alors que la ville est aux mains des Allemands. Pour autant, la guillotine poursuit son œuvre. Une funeste période au cours de laquelle elle fonctionnera d'ailleurs à plein régime, si ce n'est en province pour des raisons de difficultés de transport, du moins à Paris.

Vers 3 heures, Edmond Laisné dort profondément lorsque le substitut du procureur général, le greffier, le juge d'instruction et son défenseur pénètrent dans sa cellule. Saisi d'un sursaut, il se lève sans prononcer une parole. Après avoir écouté la messe, il accepte une cigarette et deux verres de rhum qu'on lui tend. Soutenu par deux aides, Edmond Laisné est conduit jusque dans la cour, puis, en quelques secondes, il est poussé sur la bascule. À 4 h 20, justice est faite.

Lenaïc Gravis,
Les Grandes Affaires Criminelles de la Manche, 2007.

La rue Grande-Vallée à Cherbourg, au début du XX*e siècle.*
La maison de Marie-Louise Giraud se situe au numéro 40 ;
c'est là qu'elle est arrêtée, le 22 octobre 1942,
pour avortements illicites.
(Archives départementales de la Manche.)

Une « faiseuse d'anges » sur l'échafaud

Affaire Marie-Louise Giraud, Cherbourg
Tribunal d'État de Paris, 7 et 8 juin 1943

Francis Szpiner, avocat au barreau de Paris, a retrouvé les minutes du procès de Marie-Louise Giraud qui s'est tenu à huis clos en 1943, au tribunal d'État de Paris – une juridiction d'exception pour les crimes commis contre la sûreté de l'État sous Vichy. Sans cet excellent travail de romancier et de juriste, le tragique destin de Marie-Louise Giraud serait tombé dans un oubli complet. Son ouvrage, *Une affaire de femmes*, a été adapté à l'écran par Claude Chabrol.

Dans la matinée du 22 octobre 1942, le commissaire Jean Trouvé, du IIe arrondissement de Cherbourg, mène une perquisition au numéro 40 de la rue Grande-Vallée. Il sait ce qu'il vient y chercher. Tandis que les brigadiers mettent Marie-Louise Giraud, la propriétaire de la maison, en état d'arrestation, il se dirige sans hésitation vers l'armoire de la salle à manger. Dans le meuble, il saisit une canule et une poire à lavement, ainsi que cinq billets de 1 000 francs. Les prostituées qui se trouvent dans la maison sont interpellées. Après la fouille minutieuse du domicile, le commissaire Trouvé invite la propriétaire des lieux à prendre quelques affaires et à le suivre.

Dans la rue, les badauds, intrigués par l'arrivée de la police, ont formé un attroupement. À la vue de Marie-Louise sortant de chez elle encadrée par deux agents, la rumeur se répand : « On vient d'arrêter la faiseuse d'anges. »

À l'hôtel de police, Trouvé interroge les prostituées qui ne tardent pas à raconter tout ce qu'elles savent. Une certaine Georgette R. est questionnée à son tour et finit par reconnaître, la voix mêlée de sanglots, s'être rendue rue Grande-Vallée pour y subir une injection abortive. Le commissaire n'est pas mécontent du résultat de sa perquisition et des preuves formelles qu'il vient de recueillir. Avant de faire entrer la prévenue dans son bureau et de la passer au gril de ses questions, il se replonge dans le dossier : il ne veut rien laisser au hasard.

Il ne relit que très brièvement la première pièce du dossier. Si les informations qu'elle contient ont permis que l'affaire éclate au grand jour, elles tiennent en quelques lignes d'une écriture volontairement maladroite. Il s'agit d'une lettre anonyme. En cette année 1942, il ne compte plus les enquêtes menées à bien grâce à ces lettres de dénonciation. Elles sont si pratiques lorsque l'on veut se débarrasser d'un voisin gênant, d'un mari volage... Celle-ci, datée du 15 octobre, soit une semaine avant la perquisition, précise qu'une dénommée Marie-Louise Giraud, demeurant 40, rue Grande-Vallée, à Cherbourg, pratique des avortements à son domicile. Suivent les noms des femmes ayant eu recours à ses services. Trouvé est un commissaire consciencieux qui a pour habitude de vérifier systématiquement tous les faits qui lui sont rapportés dans ces lettres. Ainsi, a-t-il envoyé le gardien de la paix Leluan en observation rue Grande-Vallée. Ce dernier rédigea à son intention le procès-verbal suivant :

« Conformément à vos instructions verbales antérieurement communiquées, j'ai procédé à une surveillance discrète pendant quatre jours des locataires et visiteurs de la maison habitée par les époux Giraud, 40, rue Grande-Vallée. Au cours de ma mission, j'ai pu me rendre compte que la maison était fort mal tenue et en fait était une maison de passe fréquentée par des femmes en carte et des militaires de l'armée d'occupation. [...] En général, les femmes font des passes dans une chambre au premier étage donnant sur la rue et très sommairement meublée. Les femmes paient 30 francs par passe à Mme Giraud. J'ai appris également dans le voisinage que la femme Giraud vivait dernièrement avec un nommé C., son amant, qui vient d'être remplacé par un certain Gustave D., trente ans, chef d'équipe sur un chantier allemand.

« Mme Giraud, dont le mari est réformé de la marine, ne se cache pas d'avoir des relations avec G., son mari ne l'ignore pas et cela fait l'objet de violentes discussions dans le ménage. [...] La femme Giraud reçoit beaucoup de monde, surtout des femmes, cela expliquerait l'afflux de visiteurs que l'on rencontre chez elle. [...] M. Giraud est un être malade, "mou", assez peu courageux et sans aucune autorité. C'est Mme Giraud qui commande la maison.

« On murmure dans le quartier que Mme Giraud aurait fait avorter une de ses voisines enceinte d'un militaire allemand[1]. »

À la suite de ce rapport, qui confirme les allégations contenues dans la lettre anonyme, le commissaire a officiellement ouvert une enquête et procédé aux arrestations des personnes citées. Si Marie-Louise Giraud ne peut être inquiétée par la police pour avoir fait de sa maison un hôtel de passe, en revanche, sa pratique de l'avortement est un crime sévèrement puni par la loi. Les témoignages recueillis auprès des femmes ayant eu recours à ses services sont accablants et conduisent à la perquisition menée aujourd'hui, puis à l'arrestation de l'avorteuse.

Après lecture de l'ensemble des dépositions, Trouvé est fin prêt pour entendre la prévenue. Il a pris le temps de la réflexion pour arriver à ses fins. Car s'il dispose de charges solides à l'encontre de Marie-Louise Giraud, il est déterminé à boucler le dossier par des aveux complets.

Lorsqu'elle est introduite dans le bureau, Marie-Louise a eu, elle aussi, tout le temps de se pencher sur sa situation. Les deux

1. *Szpiner, Francis,* Une affaire de femmes, *Balland, 1988.*

heures passées en cellule après son arrestation lui ont permis de mettre au point une stratégie. Elle doit avant tout adopter une posture certes fautive, mais repentante, avouer les évidences, reconnaître les faits qui lui sont reprochés mais ne point trop en dire, ce serait une erreur. Elle n'en est pas à sa première arrestation et, forte de cette expérience, elle sait que le mensonge ne paye pas au contraire de la franchise.

Trouvé choisit de se montrer d'abord rassurant, et il lui fait valoir la clémence de la justice si elle consent à reconnaître les faits. Il lui rappelle qu'un mensonge ne ferait qu'aggraver plus encore sa situation, puis il l'exhorte enfin à dire toute la vérité. Il perçoit pourtant bien vite que l'arrogance de Marie-Louise Giraud n'est que de façade ; en réalité, elle n'oppose pas la moindre résistance.

À la lecture des témoignages qui l'accablent, elle a compris que le commissaire dispose d'éléments compromettants et qu'il est, au reste, très bien renseigné.

Cette petite femme replète de trente-neuf ans, à la mine un peu vulgaire avec son maquillage criard et son air suffisant, descend maintenant de sa hauteur. Marie-Louise Giraud est une femme sûre d'elle en apparence, qui n'a jamais fait grand cas de la morale qu'elle contourne ou bien adapte selon ses intérêts du moment. Les faux pas commis par le passé n'ont pas alourdi sa conscience et les conséquences de ses écarts ne la préoccupent guère jusqu'à ce que, prise en faute, elle réclame l'indulgence et promette, telle une enfant, de ne plus recommencer.

Cette fois, face au commissaire Trouvé, elle est abattue et résignée, et c'est sans grande difficulté qu'elle admet avoir pratiqué sur une dizaine de femmes des avortements clandestins. Si elle ne peut nier l'évidence, elle cherche toutefois à se justifier en invoquant la guerre, les hommes prisonniers en Allemagne, les femmes honteuses qu'il faut tout de même aider, les bouches supplémentaires à nourrir en ces temps de pénurie... En 1942, les raisons qui conduisent les femmes à avorter sont multiples et elle n'aura fait que leur porter secours. Quant aux sommes perçues en paiement de ses services, Marie-Louise parle de dédommagements, de petits cadeaux, servant tout au plus à améliorer l'ordinaire.

Le commissaire Jean Trouvé est plus que satisfait, il vient d'obtenir des aveux : l'ultime preuve dont la justice ne peut faire l'économie. Il a le sentiment du devoir accompli, la suite ne lui appartient plus.

C'est en effet au juge Henry Segondat que revient la charge d'instruire le dossier, et, dès le 24 octobre, il inculpe Marie-Louise Lempérière, femme Giraud, d'avoir, « par des manœuvres abortives, procuré ou tenté de procurer l'avortement des nommées[1]... ». Huit femmes sont citées. Placée sous mandat de dépôt, Marie-Louise est conduite le jour même à la prison de Cherbourg.

Après ces deux jours éprouvants, c'est la mine défaite et le cœur glacé qu'elle s'installe dans sa cellule de la maison d'arrêt. Elle a tout reconnu, de la cour aux coursives, même les bruits... En quinze ans, rien n'a changé. Les deux mois qu'elle avait passés ici en 1927 pour escroquerie l'ont profondément marquée. Elle n'était qu'une jeune fille de vingt-quatre ans et s'était alors juré de rentrer dans le rang pour ne plus jamais avoir à revivre l'horreur de la prison. Quinze ans plus tard, Marie-Louise n'a pas beaucoup changé non plus. Si ce n'est les rides au front, les rondeurs gagnées au fil des ans, elle reste la même petite fille prise au piège de ses caprices et de son avidité.

Dans sa cellule, les premiers frissons d'angoisse passés, elle songe à sa situation, et sa nature légère reprend bientôt le dessus. Car dans son malheur, elle estime avoir eu de la chance. Sans pouvoir se souvenir avec certitude du nombre exact d'avortements qu'elle a pratiqués, elle est certaine d'avoir reçu chez elle bien plus de huit femmes. Comment pourraient-ils retrouver la trace de toutes les autres, s'interroge-t-elle. Elle qui ne se souvient pas même de leurs noms, et après tout, qu'est-ce qu'elle risque ? C'est vrai, c'est interdit, mais il n'y a

1. Ibid.

pas mort d'homme, Marie-Louise n'est pas une criminelle et les juges ont bien plus à faire avec les communistes et les dérailleurs de trains... Elle ne sait pas ce qu'elle encourt en effet, et dans sa naïveté, c'est son optimisme qui l'emporte. Pourtant, en 1942, le crime dont elle est accusée revêt une gravité dont elle n'imagine pas encore les conséquences.

Depuis la fin des combats, la France de Vichy impose un nouvel ordre moral qui, dans le domaine familial, repose sur la promotion du mariage légitime, de la femme au foyer et de la natalité. Ainsi, tout ce qui éloigne les femmes de la maternité est immoral et fatal à la Patrie. Puisque la dénatalité est l'une des causes de la défaite, les femmes doivent en porter la responsabilité, car dans leur quête des plaisirs, elles en ont oublié leur rôle de mère et d'épouse... « L'esprit de jouissance » est révolu, place à « l'esprit de sacrifice ». La devise « Travail, Famille, Patrie » résume les priorités de Vichy.

Si la politique familiale du gouvernement repose sur des textes législatifs rédigés dans l'entre-deux-guerres, ils sont appliqués de façon stricte. En 1942, pourtant, ces textes sont renforcés, notamment en matière d'avortement. Ainsi, la loi du 15 février qualifie « l'avortement d'habitude » comme un « crime contre la sûreté de l'État », ceux qui s'en rendent coupables peuvent être déférés devant le tribunal d'État et sont passibles de la peine de mort. Marie-Louise Giraud et Désiré Pioge, coupables des mêmes crimes à Cherbourg et à Saint-Ouen-en-Belin (Sarthe), auront à pâtir de l'application stricte de cette loi.

Dans sa prison de Cherbourg, Marie-Louise n'a pas encore pris la mesure de ce qui l'attend. Elle ne sait pas non plus que son cas s'aggrave de jour en jour. Le commissaire Trouvé a en effet reçu une deuxième lettre anonyme qu'il a transmise au juge Segondat, et dans laquelle sont désignées d'autres femmes ayant eu recours à ses services. Au total, on en dénombre vingt-sept ! En outre, et pour ne rien arranger, on apprend qu'une des « patientes » de Marie-Louise est morte suite à son intervention.

L'instruction se poursuit et elle ne tarde pas à être informée des nouvelles charges qui pèsent contre elle. Le juge Segondat va la convoquer à quinze reprises et la confronter aux autres inculpées. Car, dans cette affaire, le nombre des personnes inquiétées est sidérant. En quatre mois d'instruction, le juge aura entendu plus d'une centaine de personnes, inculpé quarante suspects et délivré dix-huit mandats de dépôt[1] ! Les femmes qui ont subi des avortements passent, en moyenne, deux mois en prison. Vers la fin février 1943, grâce notamment à l'aide précieuse de Paul Giraud, qui a aidé à l'identification des personnes qui se sont rendues chez lui, le juge peut enfin avertir le procureur de la République que son information est terminée. Paul Giraud... lui, le citoyen modèle, qui aura si dignement contribué à ce que justice soit faite !

Le procureur général de la cour d'appel de Caen, Jean Demangeot, qui souhaite être informé des affaires importantes que l'on traite dans sa circonscription judiciaire, est naturellement tenu au courant du dossier. Dans un excès de zèle, il informe la chancellerie que l'affaire peut aisément justifier de la saisine du tribunal d'État. Enchanté de cette initiative et devant l'ampleur de l'affaire, le ministère de la Justice transmet à son tour le dossier avec un avis favorable au tribunal d'État. Dès lors, le sort de Marie-Louise semble définitivement scellé.

Le tribunal d'État est une juridiction d'exception créée en septembre 1942 devant laquelle sont traduits ceux qui se rendent coupables de crimes contre la sûreté de l'État, et donc en premier lieu les communistes. Cependant, les trafiquants du marché noir ou les avorteurs y ont également leur place, pour autant qu'ils soient de parfaits accusés. Car le rôle du tribunal d'État est de produire des châtiments exemplaires, donc implacables. Pour ce faire, et en totale violation des droits les plus élémentaires des accusés, le pourvoi en cassation, le sursis, ou encore les circonstances atténuantes n'existent plus... Enfin, pour rétablir l'ordre et la justice de Vichy, les magistrats sont sélectionnés pour « la fermeté de leur caractère et leur total

1. Ibid.

dévouement à l'État » et sont parfois issus de l'armée ou de la police...

Fin mai 1943, Cherbourg vit encore à l'heure allemande. Dans la cour de la maison d'arrêt, un fourgon cellulaire s'apprête à démarrer. Marie-Louise Giraud, ainsi que trois de ses complices, Augustine Baroche, Jeanne Truffert et Eulalie Hélène, sont conduites à la gare de Cherbourg pour leur transfert à la prison de la Petite-Roquette à Paris.

Maître Chevreuil, l'avocat de Marie-Louise, n'a jamais plaidé devant le tribunal d'État, et cette perspective ne lui dit rien qui vaille : il s'est renseigné sur l'inflexibilité de ses juges. S'il est décidé à assurer la défense d'Augustine Baroche et de Jeanne Truffert, le cas de Marie-Louise Giraud lui semble bien plus mal engagé. Il souhaite cependant mettre toutes les chances du côté de sa cliente, c'est pourquoi il fait appel à un ténor du barreau de Paris, Me Constant. Lorsque ce dernier rend visite à sa cliente à la prison de la Petite-Roquette, il ne lui reste qu'une semaine pour préparer sa défense. C'est peu, et il est inquiet. Les dernières condamnations prononcées par le tribunal d'État à l'encontre de deux avorteurs ont été les travaux forcés à perpétuité... Au vu du dossier de cette « avorteuse professionnelle », il craint le pire.

Le 7 juin 1943, s'ouvre au palais de Justice de Paris le procès à huis clos de Marie-Louise Giraud et de trois de ses complices, Augustine Baroche, Jeanne Truffert et Eulalie Hélène.

« Le tribunal », annonce le greffier.

Les quatre femmes se lèvent pour assister à l'entrée dans le prétoire du président Paul Devise et de ses quatre assesseurs. Le président ouvre la séance par un bref examen de la personnalité des accusées, après avoir vérifié leur identité : Eulalie Bon, femme Hélène, cinquante ans, exerçant le métier de cartomancienne ; Jeanne Rivière, femme Truffert, quarante-trois ans, sans profession ; et Augustine Baroche, veuve Connefroy, soixante-neuf ans, cartomancienne également, toutes trois demeurant à Cherbourg au moment de leur arrestation. Aucune n'a d'antécédent judiciaire, mais leur activité de cartomancienne, un métier trop suspect pour être honnête, suffit à susciter le mépris de la Cour.

Impliquées dans cette affaire au titre de « rabatteuses », Eulalie Hélène et Augustine Baroche comparaissent pour complicité dans quatre avortements, Jeanne Truffert pour avortement et complicité dans trois avortements. Au regard de leurs crimes, elles auraient dû être déférées devant le tribunal correctionnel de Cherbourg ; en réalité, leur présence à ce procès sert une autre cause : présenter Marie-Louise Giraud comme une criminelle à la tête d'un réseau. Toutes reconnaissent les faits qui leur sont reprochés. Puis vient enfin le tour de Marie-Louise.

« Marie-Louise Lempérière, vous êtes née en 1903, à Barneville, dans le département de la Manche.

– Oui, monsieur le président.

– Vous êtes allée à l'école... disons brièvement. Après avoir échoué à votre certificat d'études, vous avez exercé le métier de femme de ménage, puis celui de serveuse dans différents établissements. Enfin, en 1929, vous épousez Paul Giraud, officier de marine ; de cette union vont naître cinq enfants, dont deux sont encore en vie. Est-ce exact ?

– Oui, monsieur le président.

– Quelle profession exercez-vous actuellement ?

– Blanchisseuse à domicile.

– C'est ce que nous allons voir. Mais avant d'entrer dans le détail de vos activités à domicile, revenons à vos années de jeunesse et à vos précédentes condamnations. Vous avez, semble-t-il, déjà eu maille à partir avec la justice. Est-ce exact ?

– Oui, souffle Marie-Louise dans un soupir presque inaudible.

– Pardon, je ne vous entends pas très bien.

– Oui, monsieur le président.

– Votre premier acte délictueux remonte à l'année 1921, le tribunal correctionnel de Valognes vous condamne alors à 100 francs...

– Avec sursis, monsieur le président.

– Certes, certes, mais cela vous a-t-il au moins servi de leçon ? On ne le dirait pas, puisque vous serez par la suite condamnée par deux fois à de la prison ferme pour escroquerie. C'est à croire que la prison ne vous effraie guère et qu'au demeurant il semble difficile de vous apprendre à marcher au pas. »

Honteuse, Marie-Louise baisse le front. Par son mutisme, elle espère que le président passera plus rapidement sur ces questions, mais la poursuite de l'interrogatoire ne lui apporte guère plus de soulagement. Marie-Louise Giraud est décrite comme une femme aux mœurs plus que douteuses qui n'a pas hésité, par avidité, à louer ses chambres à des prostituées, transformant sa demeure en maison de passe sous les yeux de ses propres enfants. S'est-elle livrée personnellement à ce commerce ? Si certains témoignages recueillis au cours de l'instruction en attestent, elle nie farouchement. Quelle que soit pourtant sa détermination à défendre sa vertu, son attitude envers son mari ne laisse planer aucun doute. Imposer ses amants successifs dans le lit conjugal relève aux yeux de la Cour d'une immoralité viscérale.

Après avoir exposé aux prévenues les faits qui leur sont reprochés, le président Devise reprend les affaires par ordre chronologique. Il cite les vingt-sept femmes venues se faire avorter de l'hiver 1940 à l'automne 1942, et demande confirmation des dates ainsi que des sommes versées.

« Femme Giraud, au total, combien estimez-vous avoir perçu pour vos activités ?

– Je dirais environ 14 000 francs, monsieur le président.

– Eh bien, quelle somme ! » se permet Devise en aparté.

Sans aucune duplicité, ni calcul, Marie-Louise Giraud répond presque innocemment à toutes les questions, persuadée que son attitude docile peut jouer en sa faveur. Cependant, lorsque survient le cas de Louise M., décédée des suites de son avortement, elle tente de se défendre :

« Mme M. était en parfaite santé quand je l'ai vue pour la dernière fois. Elle voulait tant se débarrasser qu'elle aurait pris n'importe quoi. Et d'ailleurs, monsieur le président, elle est venue chez moi début janvier et elle n'est morte qu'en février.

– Permettez-moi d'ajouter, monsieur le président, que le lien entre l'intervention de ma cliente et le décès de Louise M. ne peut être clairement établi en l'absence d'autopsie.

– Je vous l'accorde, maître. Cependant, le mari de Mme M. atteste qu'après s'être rendue chez votre cliente, sa femme est tombée gravement malade, qu'elle ne s'est plus relevée et qu'elle est morte des suites de cette infection. Fallait-il un légiste pour s'en rendre compte ? Je ne le pense pas. Bien, puisque nous avons fait toute la lumière sur ce point, l'audience est suspendue jusqu'à cet après-midi 14 heures. »

L'après-midi est consacré à l'audition des témoins. Le commissaire Jean Trouvé, puis les femmes qui ont eu recours aux services de Marie-Louise défilent à la barre. Elles racontent, honteuses et gênées, leur mari prisonnier, l'adultère, les rencontres d'un soir, le désespoir, les privations... Ces excuses bien tardives irritent au plus haut point le colonel Farge, le commissaire du gouvernement, qui ne montre que mépris à l'égard de ces femmes qui ont fauté par vice. En fin de journée, l'affaire est renvoyée au lendemain pour les réquisitions et les plaidoiries.

Le 8 juin 1943 au matin, les quatre femmes sont à nouveau réunies dans le box des accusés ; la nuit a été mauvaise pour chacune d'entre elles et l'anxiété se lit sur les visages. Le colonel Farge, invité à exposer son réquisitoire, se lève et se tourne vers la Cour. Sans verve, ni effets de manches, Farge, qui n'a pas le talent d'un orateur, reprend l'énumération fastidieuse des faits qu'il ponctue de détails sordides et parfois erronés.

« L'ignoble besogne... Les injections d'eau savonneuse poussée jusque dans la matrice à l'aide d'une poire à lavement et d'une canule... Cette femme qui, bien que mariée et mère de deux enfants, vit avec un amant et se livre à la prostitution... Si vingt-sept femmes ont pu être identifiées, combien sont-elles en réalité à avoir subi des manœuvres abortives... Et combien en sont mortes... Un témoin n'aurait-il pas affirmé qu'elle recevait chez elle jusqu'à trois femmes dans la même journée... Grâce à cet ignoble trafic orchestré par elle et ses rabatteuses, elle ne se privait de rien... »

Enfin, dans cette affaire, la plus importante que le tribunal d'État ait eue à connaître, il requiert contre les trois « rabatteuses » des peines de travaux forcés. Pour Marie-Louise Lempérière, femme Giraud, récidiviste notoire, auteur de si nombreux crimes, coupable d'homicide, ce ne peut être que la peine de mort.

Cette annonce fait l'effet d'un coup de tonnerre dans le box des accusées. Immédiatement, Me Constant saisit la main de Marie-Louise et lui glisse en aparté, pour la rassurer, mais déjà sans plus y croire : « Nous allons plaider, ne vous inquiétez pas, nous allons plaider. »

Il est cependant atterré. Comment une Cour, aussi impitoyable soit-elle, peut accepter un tel verdict ? En près de cinquante ans, pas un tribunal n'a requis de peine capitale pour une femme. Il faut se rendre à l'évidence, il ne s'agit pas là d'un procès mais d'une mise à mort...

Maître Chevreuil est le premier des avocats à se présenter à la barre. Il sait qu'il ne peut obtenir de sursis pour ses clientes Augustine Baroche et Jeanne Truffert. Il a conscience que la cause est désespérée, mais il tente cependant d'atténuer leur responsabilité pour alléger leur peine.

Le président passe ensuite la parole à Me Hanoteau, l'avocat d'Eulalie Bon. Dans son livre, Francis Szpiner retranscrit l'entretien qu'il eut avec l'avocat, bien des années plus tard :

« J'avais été désigné par le bâtonnier. Je serais incapable aujourd'hui de vous dire ce que j'ai plaidé. Devant cette juridiction, nous étions sans illusion. Le tribunal d'État, c'était un assassinat judiciaire. Tout était décidé d'avance. Mais il fallait être présent quand même, pour ceux qui étaient accusés, qu'ils aient au moins une présence fraternelle à leur côté. Même si c'était une caricature de défense. Ne serait-ce que pour témoigner plus tard[1]... »

Maître Constant s'avance à son tour, il a repris ses esprits et s'apprête à plaider une cause impossible. Le verbe est haut et les mots sonnent juste pourtant, mais il sait que dans ce théâtre, il n'est que le figurant d'une pièce déjà jouée d'avance. Puisqu'ils en ont le droit et qu'ils en font un devoir, ces juges, que toute humanité a quitté depuis longtemps, appliqueront la

1. Ibid.

loi à la lettre, strictement. Alors, lorsqu'il évoque la solitude et le dénuement de ces femmes, ils entendent fornication et trahison. Lorsqu'il parle de l'aide prodiguée par Marie-Louise à ces malheureuses, ils comprennent appât du gain et avidité. Et lorsque enfin il fait appel à la clémence nécessaire en ces temps tourmentés, ils n'ont qu'un mot à opposer : la loi !

« Le tribunal vous remercie, maître ! L'audience est suspendue, le tribunal se retire pour délibérer. »

Moins d'une demi-heure a suffi pour établir un verdict, les quatre femmes sont à nouveau conduites dans le box. On annonce le tribunal.

« Accusées, levez-vous ! Le tribunal, après avoir délibéré, conformément à la loi, déclare coupables les accusées des faits qui leur sont reprochés et, en répression, il condamne, Bon Eulalie, femme Hélène, à la peine de cinq ans de travaux forcés, et 6 000 francs d'amende.

« Truffert Jeanne, à la peine de huit ans de travaux forcés et 6 000 francs d'amende.

« Baroche Augustine, à la peine de dix ans de travaux forcés et 6 000 francs d'amende.

« Lempérière Marie-Louise, femme Giraud, à la peine de mort. Dit que conformément à l'article 12 du code pénal, elle aura la tête tranchée[1]. »

Dans la prison de la Petite-Roquette à Paris, Marie-Louise Giraud attend la réponse de son recours en grâce. Le 27 juillet 1943, le maréchal Pétain la lui refuse, personnellement, au nom de la famille.

Le 30 juillet, à 5 h 25, sur la guillotine dressée dans la cour de la prison, Marie-Louise Giraud est décapitée.

Avant de quitter sa cellule, elle a demandé que l'on remette à ses enfants une mèche de ses cheveux.

À la Libération, les juges qui siégèrent au tribunal d'État furent poursuivis. Le président Devise, déclaré en état de

---

1. Ibid.

démence, fut interné à l'hospice de Nanterre, et le colonel Farge, condamné à la réclusion criminelle à perpétuité. La loi de février 1942 fut abolie, et si l'avortement demeurait un délit encore sévèrement réprimé, les avorteurs n'encouraient plus la peine capitale.

Plus de trente ans après l'affaire Giraud, le 17 janvier 1975, à la suite d'un débat houleux, l'Assemblée nationale vota la proposition de loi de Mme Veil, autorisant l'avortement.

Lenaïc Gravis,
Les Grandes Affaires Criminelles de la Manche, 2007.

À la Libération, les G.I's ne se sont pas toujours comportés comme des gentlemen.
(Archives départementales de la Manche.)

Des G.I's aux mains sales

Affaire Clarence Whitfield, Sainte-Mère-Église
Cour martiale de l'armée des États-Unis, 20 juin 1944

LES SEIZE MILLIONS d'Américains ayant servi durant la Seconde Guerre mondiale ont représenté, après la victoire de 1945, « la plus glorieuse génération qu'aucune société ait jamais engendrée ». Et pourtant...

Loin de vouloir ternir cette glorieuse mémoire, incarnée par des hommes exemplaires par leur générosité, leur renoncement, leur sacrifice et leur dévouement, il faut cependant reconnaître que la participation militaire américaine au conflit laisse sur son passage des marques aussi profondes qu'indélébiles. De 1942 à 1945, de l'Angleterre à l'Allemagne, en passant par la France, plus de dix mille viols auraient été commis par les troupes américaines. Cette histoire, « il faut pourtant l'écrire pour conserver une mémoire juste de la Seconde Guerre mondiale », note J. Robert Lilly, qui, dans son ouvrage *La Face cachée des G.I's*[1], exhume des archives des tribunaux militaires américains les affaires qui ont entaché l'honneur des libérateurs.

1. *LILLY, J. Robert,* La Face cachée des G.I's, *Payot, 2004.*

Ils ont traversé l'Atlantique pour venir, au péril de leur vie, libérer un pays dont ils ignorent tout, et semblent si fiers et si heureux. Entre ces jeunes héros qui incarnent la modernité, le rêve américain, et la population française résignée et exsangue qui, depuis quatre ans, vit sous le joug allemand, privée de tout, le contraste est saisissant. À l'été 1944, l'arrivée des Américains sur le sol français se traduit par des scènes de liesse populaire. Les blindés traversent les villages applaudis par la foule, on monte sur les Jeeps embrasser les libérateurs, on les couvre de fleurs. Les G.I's, quant à eux, distribuent généreusement chocolat et cigarettes, et font danser les jeunes filles sur des airs de jazz.

Les festivités sont pourtant de courte durée et ce tableau idyllique va rapidement se fissurer. Parmi ces jeunes G.I's, qui semblent tout droit sortis d'un film d'Hollywood, certains ne se comporteront pas en héros.

Ainsi, une semaine seulement après le Débarquement, le 14 juin 1944, le premier drame se produit – prélude à toute une série d'actes similaires.

Après les tout premiers atterrissages des 82e et 101e divisions aéroportées américaines et les âpres combats qui s'y sont déroulés, Sainte-Mère-Église est enfin libérée. Partout dans le Cotentin, la bataille fait encore rage ; moins d'une semaine après le Débarquement, la guerre est omniprésente. Cependant, d'un village libéré à l'autre, la vie commence peu à peu à reprendre ses droits. Si, à certains endroits, les combats ont cessé, les populations locales côtoient de près les troupes d'intendance chargées de l'approvisionnement des armées, et qui stationnent en arrière du front.

Dans un petit hameau des environs de Sainte-Mère-Église, Mme S., réfugiée polonaise, vit en compagnie de son mari et de sa sœur. Dans l'après-midi du 14 juin, les deux jeunes femmes quittent la ferme pour aller traire les vaches dans le champ voisin. Il est aux environs de 16 heures lorsqu'elles croisent en chemin des « soldats de couleur avec leur fusil[1] ». Souriants et aimables, par gestes, puisqu'ils ne peuvent se faire comprendre, ils proposent

1. *« Us vs Private Clarence Whitfield » BOR/JAG, vol.8, in* La Face cachée des G.I's.

leur aide. Ainsi, deux des quatre soldats rencontrés se chargent d'emmener la charrette jusque dans le champ.

Alors qu'elles s'apprêtent à rassembler les vaches, un des soldats demande du lait. Gentiment, et pour le remercier de son aide, Mme S. s'exécute et commence à traire une vache tandis que sa sœur gagne la prairie voisine pour y rassembler le troupeau. Trois des soldats la suivent, un seul, attendant son lait, reste avec Mme S. C'est alors qu'elle entend les premiers hurlements de sa sœur.

L'un des soldats vient de pointer son fusil sur la jeune femme, et comme elle n'a pas voulu se soumettre, il l'a frappé violemment au visage. Elle s'est mise à crier et une altercation s'en est suivie. « Selon les archives militaires, note J. Robert Lilly, elle et le soldat se battirent ensuite par terre pendant une dizaine de minutes. À la Cour, elle certifia : "Il a essayé de me prendre de force, mais je n'ai pas voulu me laisser faire[1]." »

Affolée par ces hurlements, et pressentant le danger, Mme S. se précipite vers le champ pour tenter de secourir sa sœur. Elle y découvre, effrayée, la jeune femme maîtrisée par un des soldats qui tente de la violer. Ne sachant trop que faire, face à ces hommes armés, Mme S. appelle sa sœur. Celle-ci lui crie qu'ils pointent une arme sur son visage et qu'elle doit se sauver au plus vite et aller chercher de l'aide. Comprenant le danger de la situation, Mme S. tente de fuir, mais elle est rapidement rattrapée par un des soldats qui s'est lancé à sa poursuite. Ils sont rejoints par un deuxième homme. Tous deux la brutalisent, mais bientôt, il n'en reste plus qu'un sous le poids duquel elle s'écroule à terre. À moins de trois cents mètres de chez elle, Mme S. est violée par le soldat Clarence Whitfield, du service des transports.

Entre-temps, la sœur, parvenue à se libérer, est allée chercher du secours, tandis que ses deux agresseurs ont pris la fuite. Lorsque Mme S. entend la voix de son mari, il est trop tard, mais elle craint que le soldat ne lui tire dessus. Recouvrant ses esprits, elle

1. Ibid.

tente de s'emparer du fusil. Le soldat ne se laisse pas faire. Ils sont en train de se battre quand enfin, accompagné de trois officiers de l'armée américaine, le mari de Mme S. arrive à son secours. Sans attendre d'explications, il décoche au soldat Whitfield un sérieux coup de poing dans la mâchoire.

Le sous-lieutenant Walter S. Siciah de la 3704e compagnie d'intendance des transports s'empare du fusil, tandis que le capitaine Roland J. Tauscher exige des éclaircissements sur ce qui vient de se produire et constate, malgré les dénégations de Whitfield, que celui-ci a la braguette déboutonnée. Ainsi, Clarence Whitfield, jeune homme de vingt ans originaire de Caroline du Nord, est conduit devant les autorités militaires américaines sous bonne escorte.

Le 20 juin 1944, c'est à quelques kilomètres au sud de Sainte-Mère-Église, à Canisy, que se déroule le procès de Clarence Whitfield. Le front a progressé et les soldats – qu'ils soient reconnus criminels ou non – suivent la marche des combats.

Devant cette cour martiale, Whitfield risque gros, le viol est un crime passible de la peine capitale, c'est-à-dire la pendaison, pour les Américains. En outre, le viol commis par le soldat Whitfield est le premier crime perpétré par un G.I's sur le sol français[1], et il y a fort à parier que les autorités américaines ne souhaitent pas voir se reproduire en France ce qui a déjà tant fait scandale en Angleterre[2]. Et, puisqu'en règle générale le bataillon du condamné est tenu d'assister à l'exécution, l'exemplarité du châtiment conserve sa raison d'être.

Clarence Whitfield encourt donc le châtiment suprême et sa condition de Noir au sein d'une armée encore très fortement ségrégationniste, voire raciste, ne peut naturellement jouer en sa faveur. Il faut en outre préciser que les rapports sexuels entre un homme noir et une femme blanche sont, à cette époque, encore interdits dans la majeure partie du territoire des États-Unis.

1. *Selon les archives des tribunaux américains, consultées par J. Robert Lilly.*
2. *En Angleterre, de 1942 à 1945, deux mille cinq cents viols et meurtres sont commis par des G.I's ; dix-neuf d'entre eux sont pendus.*

Encore bénéficie-t-il d'un procès, et au cours de cette effroyable guerre, toutes les armées n'y ont pas toujours eu recours... Mais un procès qui, cependant, répond aux règles de la discipline militaire américaine, régie par les *Articles of War*. Dans ce cadre précis, les droits des prévenus n'y sont pas aussi étendus que dans le civil. Les accusés ne peuvent bénéficier d'un jury impartial et ne sont que très rarement assistés d'un avocat professionnel. Un supérieur hiérarchique, un officier ou un autre militaire désigné remplit en général le rôle de conseiller juridique.

Au cours du procès, Mme S. et sa sœur viennent témoigner des brutalités dont elles ont été les victimes. La sœur étant miraculeusement sortie indemne de l'agression, malgré le pistolet que l'on pointait sur sa tête, on demande naturellement à Mme S. si elle s'est débattue. Elle raconte que le soldat Whitfield avait gardé son fusil près de lui tandis qu'il la violait, et s'en emparait à chaque fois qu'elle tentait de se lever.

« J'avais très peur pour ma vie. Je ne pouvais pas faire grand-chose[1] », affirme-t-elle à la Cour. Selon divers témoignages, il est apparu que Whitfield était pratiquement saoul au moment de l'agression.

Jugé puis condamné à mort, Clarence Whitfield est pendu le 14 août 1944 par un bourreau civil anglais. En effet, dans leur plan de campagne en Europe, les Américains n'avaient pas prévu d'emmener avec eux un bourreau. Ils furent contraints d'en engager un en Angleterre et imaginèrent, à juste titre, qu'il leur serait utile en France.

Au sommet de la potence, le colonel William H. S. Wright et le capitaine Albert N. White assistent le condamné. Avant que l'on ne lui passe la corde autour du cou, le capitaine White demande au soldat s'il souhaite dire quelque chose. Whitfield répond :

« Oui. Qu'allez-vous dire à ma mère ?

– Elle saura que vous êtes mort en France. »

Après un temps d'hésitation, Whitfield reprend :

« Mais je veux dire : va-t-elle avoir mon assurance ? »

1. *« Us vs Private Clarence Whitfield » BOR/JAG, vol.8, in* La Face cachée des G.I's.

Un gage pour Whitfield de préserver sa mère de la vérité, ainsi ne saurait-elle jamais que son fils est mort en criminel et non en héros.

« Oui, elle l'aura, affirme le colonel Wright. Y a-t-il autre chose que vous désiriez demander ou requérir ?

– Non, monsieur[1]. »

Après avoir passé une cagoule sur la tête de Whitfield, le bourreau ajuste la corde autour de son cou. Quelques secondes avant que la trappe ne se dérobe sous ses pieds, le condamné entend les derniers mots de la prière qu'on lui lit : « Amen. »

Ce premier viol du 14 juin 1944 sera suivi par d'autres, les 20, 23 et 29 juin, perpétrés dans les mêmes conditions, à l'arrière des lignes de front, par des soldats des troupes d'intendance. Pour le mois de juin, cent soixante-quinze soldats américains seront condamnés pour viol en Normandie. En tout, de 1944 à 1945, il y aurait eu trois mille cinq cents viols et meurtres commis par les troupes américaines en France, selon J. Robert Lilly.

Les causes qui peuvent être invoquées pour expliquer un tel phénomène sont multiples : la proximité de la mort qui modifie les perceptions et lève les inhibitions ; l'abus d'alcool fort comme le Calvados ou l'eau-de-vie auquel les G.I's ne sont pas habitués ; les clichés stéréotypés sur la prétendue légèreté des femmes françaises ; les troupes livrées à elles-mêmes en arrière du front...

Le phénomène prend une telle ampleur que le maréchal Juin adresse une lettre au général Eisenhower pour lui demander de mettre un terme à l'insécurité que font régner ses troupes.

À Cherbourg, site stratégique de première importance pour le transit du matériel, stationnent plus de trente mille G.I's qui ne se conduisent pas tous en gentlemen, loin s'en faut. Les quelque cinq mille habitants qui n'ont pas fui la ville déchantent rapidement, et l'on parle même d'une armée « d'occupants ». Bientôt, les autorités militaires américaines et la police française enregistrent des plaintes pour racket, bagarre, proxénétisme, viol et meurtre.

1. Ibid.

Dans la presse, on s'émeut de ces troubles de plus en plus inquiétants et l'on parle « de scènes de sauvageries et de bestialité qui désolent actuellement nos campagnes : on pille, on viole, on assassine. Toute sécurité a disparu aussi bien à domicile que par les chemins. C'est une véritable terreur qui sème l'épouvante dans les familles.

« Cela va mal finir. L'exaspération des populations est à son comble. Les fourches vont se mettre de la partie. Jamais on a assisté à semblable débauche d'attentats et de crimes. La loi de lynch va s'imposer durement puisque l'autorité répressive s'avère impuissante.

« Et des sympathies qui s'étaient affirmées sont en train de mourir. Dommage[1]... »

Ces dérapages ne sont pas réellement anticipés par le haut commandement militaire américain. Cependant, lorsqu'il en prend connaissance, Eisenhower exige que les sanctions soient appliquées avec sévérité. La France est un champ de bataille où la discipline militaire doit régner. Il n'en sera pas vraiment de même en Allemagne, où le nombre de crimes recensés sera bien supérieur.

Au nom de l'amitié franco-américaine, par gratitude envers une nation qui s'était portée au secours du peuple français, ces épisodes douloureux ont été, de part et d'autre, chassés de la mémoire collective. Pour certains cependant, cette face cachée de la Libération reste une plaie ouverte.

Lenaïc Gravis,
Les Grandes Affaires Criminelles de la Manche, 2007.

---

1. La Presse cherbourgeoise, *le 11 octobre 1944.*

La terre de France buvait son propre sang

Affaire Émile Buffon, Joué-du-Plain
Non résolue, 16 juin 1944

CANTON D'ÉCOUCHÉ, 16 juin 1944. Ce vendredi-là, le jésuite Jean-François Régis, saint du jour, n'est pas à la noce à Joué-du-Plain, un petit village perché sur une colline nue, peuplé de onze cents âmes et plombé sous la chaleur estivale. Dans la douceur du début de soirée, vers 20 h 30, un homme remonte à pied, la bicyclette de sa fille à la main, la longue côte sinueuse qui conduit de la ferme de la Motte à celle de la Mancellière, son domicile, à deux kilomètres et demi l'une de l'autre.

Le marcheur, trapu et de forte corpulence, arbore le visage d'un homme de caractère, coloré, sanguin même. Depuis la Grande Guerre, il porte des lunettes pour protéger ses yeux abîmés par les gaz. Négociant en bestiaux aisé, il exploite une grande ferme herbagère d'une quarantaine d'hectares à la Mancellière, lieu-dit isolé au sud-ouest de Joué-du-Plain. Ce 16 juin, le maquignon généreux, jovial et cordial, franc et paisible, revient du domaine de la Motte. Il rentre chez lui avec ses nouveaux bouviers originaires de Belgique et ancrés dans l'Orne depuis la Grande Guerre, les Baeremaecker, et leur fils adolescent, Daniel ; Georges de Baeremaecker est un homme maigre et énergique tandis que Colombe est une grande femme, costaude, avec de larges mains.

« Je passe devant vous, vous allez me rattraper ! » a commandé l'agriculteur prudent, en invitant ses bouviers à remonter la côte en carriole.

Chaque soir, les uns et les autres se retrouvent à la ferme de la Mancellière pour souper, parfois accompagnés par des réfugiés des bombardements de Caen de passage. Aujourd'hui, dans l'après-midi, le marchand de bestiaux a récupéré un meuble et un trousseau que les Allemands lui avaient volés ; trois heures après, il a remis ce trousseau à Emma Bernier, du hameau de Sausseau.

Suivi des Baeremaecker et précédé à quelques centaines de mètres de son premier commis, un frisé nonchalant nommé Joseph Morin, qui conduit une charrette chargée d'un tonneau, Émile Buffon parcourt donc à pied les deux kilomètres et demi qui séparent les deux fermes. Ordinairement, il se déplace en cabriolet attelé à sa petite mule capricieuse. Cette exception n'a pas échappé à ceux qui guettent un moment propice...

Sur la route, deux individus conversent à l'entrée du chemin de la Harlière. Marcel Lecellier et un insoumis alsacien nommé René Keck, réfugié dans le hameau, ont vu vers 20 heures un jeune homme passer à bicyclette, avec une musette dans le dos, en direction de la laiterie de la Motte. Un quart d'heure après, le garçon est revenu dans l'autre sens, en direction de sa ferme du Metz. Ce jeune, ils le connaissent. Il s'agit de René Buffon, le neveu et filleul du maquignon Émile. Peut-être que le neveu est chargé de surveiller le cheminement de son oncle ?

« Sans doute [l'] emploi du temps [d'Émile était-il] minutieusement suivi depuis la Motte en relation avec la ferme du Metz... », expliquera plus tard Fernand Despres, le secrétaire de mairie de Joué-du-Plain.

Ironie de l'histoire, les deux René, Keck et Buffon, sont des réfractaires au S.T.O. (Service du travail obligatoire) qu'Émile, en tant que maire du village, avait averti de leur réquisition prochaine, leur permettant ainsi de s'enfuir à temps... Geste audacieux durant cette époque trouble : quelque temps auparavant, des policiers inspectant la région de Rânes avaient arrêté huit jeunes réfractaires et maquisards. Tous sauf un, Espérance Moulan, avaient été fusillés le 27 avril 1944.

Dans le calme apparent de la campagne, une rafale de mitraillette éclate. Le trot du cheval attelé à la carriole sur le chemin de terre a totalement masqué ce bruit. Il est 21 heures quand les Baeremaecker aperçoivent Émile Buffon couché sur la route, entre le chemin de la Rivière et celui de la Harlière.

« Mais c'est le patron, là-bas, il a eu un malaise ?! »

Aussitôt, les bouviers accélèrent et se rapprochent du négociant étendu à plat ventre. Le corps est criblé de balles, qui ont été tirées dans le dos. Une vraie boucherie. Le cadavre est encore chaud, Émile a été assassiné voici un quart d'heure ! Vingt-huit douilles de cartouches 9 mm seront retrouvées ; elles porteront les initiales W.R.A., pour *Winchester Repeating Arms*. Émile-Albert-Raymond Buffon, cinquante-six ans depuis fin janvier 1944, a vécu.

Arrivés après la récente fuite des précédents bouviers, les Baeremaecker ne sont pas au bout de leur peine... Georges reste aux côtés du mort, tandis que son épouse et son fils continuent leur chemin jusqu'à la Mancellière, où ils préviennent la famille de leur patron. Bientôt, Joseph Morin redescend avec un matelas dans sa vachère à pneu.

Trois quarts d'heure après la découverte du corps, la gendarmerie d'Écouché est prévenue. Dès 22 h 30, après les premières constatations, les auditions des témoins commencent, notamment celle de René Buffon. Reconnu sur la route, le neveu déclare qu'il avait rendez-vous avec son ami Edmond Prunier, ce que dément ce jeune homme de la Viganière, caché depuis dix jours chez les Bernier.

Le rapport des gendarmes en date du 17 juin indique aussi qu'ils ont constaté « sur chaque berme la trace laissée dans l'herbe assez haute par une personne qui s'y est couchée. Ce qui laisserait à supposer l'existence de deux agresseurs... ». Deux agresseurs qui, dissimulés sur ces deux hauts talus, ont pu voir de loin leur victime arriver paisiblement, avant de l'exécuter et de s'enfuir par les pâturages alentour. L'arme utilisée est sans

Devant l'étang, la fromagerie (à gauche) et le château de la Motte.
(Photographie de l'auteur.)

doute une mitrailleuse Sten, très efficace à courte portée. Ici, Émile Buffon a été visé à trois ou quatre mètres, dans le dos, depuis un modeste cabanon de cantonnier en bois recouvert d'herbes séchées dans lequel une petite meurtrière d'une trentaine de centimètres avait été ouverte. Parachuté en masse par les Alliés, le léger et rustique pistolet-mitrailleur anglais Sten est l'arme de la Résistance française par excellence. Le chargeur peut compter jusqu'à trente-deux cartouches, mais l'utilisateur aguerri n'en charge que vingt-huit pour éviter de perturber le système d'alimentation capricieux. De fait, le nombre de douilles trouvées à proximité de la cabane dénonce un tueur expérimenté au maniement de l'arme. Émile, qui était descendu de vélo pour monter à pied un passage plus ardu, n'avait aucune chance d'échapper à son destin.

Figure locale appréciée, Émile Buffon était depuis deux ans le maire de Joué-du-Plain. Il laisse son épouse, Renée, née Jarry, et une fille unique, Jacqueline, qui a fêté ses dix-huit ans le samedi précédent. Autant dire que le lendemain du meurtre, jour de marché à Rânes, toute la grosse bourgade bruisse de conversations sur le drame. La réaction de la population oscille entre consternation et surprise, tempérée par l'inévitable résignation dans cette période de violence exacerbée.

Quelques jours plus tard, aux obsèques, dans la petite église noire de monde, tous les habitants du village sont venus rendre un dernier hommage à Émile. Y compris, parmi les membres de la famille Buffon, Georges, son frère, et Jean et René, ses neveux... Déjà, dans la nuit suivant l'assassinat, à 4 heures du matin, Georges était venu rendre visite à la pauvre victime sur son lit de mort, à la Mancellière...

De nos jours, sur le monument aux morts du cimetière de Joué-du-Plain, le nom d'Émile Buffon ne figure pas, pas plus que sur la tombe familiale. De même, sur la liste mémorielle des victimes civiles de l'Orne dans la bataille de Normandie dressée par l'université de Caen en 1994, il est écrit aux côtés du patronyme d'Émile Buffon : « Résistant, tué sous les bombardements. » Belle ineptie derrière laquelle se cache une vérité tout autre. L'homme a été tué par des bombes françaises de si petit calibre qu'on les appelle des balles !

Sur les bords de l'Udon, une rumeur fallacieuse veut que le maire aurait dénoncé un dépôt d'armes. Cette rumeur fait de lui l'une des rares victimes de la si modérée épuration sauvage de l'Orne (au total, une quarantaine de personnes ont été exécutées, dont une vingtaine en juin, juillet et août 1944), plus précisément sans doute une victime indirecte de la répression gestapiste...

L'organisation clandestine Action plan Tortue de Foccart, alias « Binot », qui comportait au total quatre-vingt-onze membres, dont une quinzaine de personnes à Rânes, était âprement traquée par la Gestapo d'Alençon et son affidé, le sinistre Jardin, devenu chef des auxiliaires fin avril 1944. Autour de sa laiterie de la Motte, le fromager Jacques Bachelier dirigeait le petit réseau résistant de Joué-du-Plain qui dépendait du fameux groupe de Foccart. Ce réseau regroupait outre son épouse, Yvonne, Jules Christophe, le chauffeur de la fromagerie ; Yves Chesnot ; Louis et Augustin Letoriellec ; René Boulanger ; la fratrie Buffon : René, Jean, Thérèse et Jeanne, les enfants de Madeleine Guillouard, quarante-six ans, et Georges Buffon, cinquante-sept ans, tous résidant au lieu dit « le Metz », à l'ouest du bois de Rânes.

Reprenons le fil des événements. Dans la nuit du 27 avril 1944, Roger Leguerney, alias « Binot 1 », est blessé par une balle lors du passage en force d'un barrage allemand à Joué-du-Plain, au carrefour de la route de Rânes et de celle de Joué. Le jeune homme, contremaître forestier au hameau de la Forêterie depuis août 1941, âgé de seulement vingt-neuf ans, est le bras droit du résistant Jacques Foccart. La nerveuse voiture huit cylindres Nervasport conduite par Foccart, qui vient d'embarquer des résistants à la fromagerie de la Motte pour aller réceptionner un parachutage d'armes, a été mitraillée par les Allemands. Foccart et Jacques Bachelier – Boucher, selon les mémoires de Foccart – échappent aux deux soldats qui les ont pris en chasse. Ensuite, sur les informations transmises par le blessé à Martinez, Georges Bouquerel et André Guillouard transportent les dépôts d'armes à la Noëve, chez Fernand Fontellaye, un cultivateur de trente-sept ans résidant au Chêne-Angot. Soigné dans la clinique d'un docteur à Écouché, Roger Leguerney est retrouvé par la Gestapo.

« Une personne à vélo est venue prévenir ma femme qu'un blessé se trouvait au croisement de la route de Joué-du-Plain à Tanques et de celle d'Avoine à Écouché, aussitôt après le carrefour sur la droite vers Tanques », déclare faussement le docteur Pasquier à la gendarmerie.

En fait, après avoir laissé sa voiture avec le blessé à la Viganière, Foccart est venu à vélo chercher ce médecin qui a ensuite transporté Leguerney à la clinique. Pour duper l'occupant sur l'emplacement de l'escarmouche, deux rafales de mitraillette ont même été tirées sur place. Elles ont été entendues par des villageois, tels Suzanne Plessis ou le réfugié Henri Hachette, qui ont témoigné.

L'état désespéré du blessé permet-il aux gendarmes de lui poser des questions ? Sans doute pas, une balle dans la colonne vertébrale, impossible à extraire, n'autorisant pas un entretien.

Et Leguerney parle-t-il ? L'interrogatoire du gestapiste Jardin lors de son procès aurait pu dévoiler cette part de mystère, mais aucun des quatre résistants jurés à la cour de justice n'évoquera cette affaire... Une certitude, dès lors les Allemands surveillent étroitement les environs du lieu de l'escarmouche. Avec la prise de Leguerney, la police allemande remonte la filière clandestine. Bientôt, les arrestations de résistants se multiplient, tant à Rânes, Écouché, Argentan que Joué. Elles commencent le 8 mai par une rafle sur le champ de courses d'Argentan.

Quelques jours avant, le 5 mai, Leguerney est décédé. L'autopsie exigée par l'occupant révèle que la balle récupérée est allemande... Ainsi, les autorités ne sont pas dupes : la déclaration du docteur Pasquier est erronée... Les *Ausweise* délivrés pour les véhicules n'étant pas nombreux dans le secteur, les Allemands ne manqueront pas de localiser bientôt le lieu d'où venait la voiture : la fromagerie de la Motte.

Le mardi 9 mai 1944, les obsèques de Roger Leguerney ont lieu à l'église Notre-Dame de Francheville. Ce jour-là, comme la gendarmerie de Rânes inspecte les voitures à la recherche d'impacts de balle, un militaire français alerte discrètement Foccart et son associé Tournet :

« Faites-vous la valise, car le capitaine Laplanche va vous arrêter ! »

Les deux hommes, exploitants forestiers, quittent la céré-monie sur-le-champ, prenant un train en gare d'Écouché à la barbe de la Gestapo. Le lendemain, Foccart est loin, réfugié en Mayenne. Un endroit pas si sûr, puisque, dès le soir de l'enterrement, une perquisition a été effectuée au château maternel d'Ambrières... Bientôt, Tournet et Foccart se cachent avenue Kléber à Paris.

Parallèlement, au Mans, le mercredi 10 mai, la Gestapo d'Angers extorque sous la torture à des résistants de Cigné le nom d'un homme petit, Jacques Bachelier. Ce fait est essentiel dans l'affaire qui nous concerne. La méconnaissance de ce point par certains résistants a peut-être valu à Émile Buffon sa mort prématurée un mois plus tard...

Dès le lendemain, le S.D. d'Alençon arrête et torture quatre des treize résistants du petit réseau dirigé par le cultivateur André

Guillouard, alias « Binot 8 », le frère de Madeleine, l'épouse de Georges Buffon. Outre un jeune mécanicien de Rânes nommé Michel Roger, il s'agit d'un jeune étudiant de vingt-deux ans, Jacques Duhazé, de Fernand Fontellaye, trente-sept ans, et d'Alphonse Veraquin, quarante-quatre ans. Ces deux derniers viennent de la Noëve, un lieu-dit isolé à l'ouest du bois de Rânes où le dépôt d'armes parachutées sera finalement découvert dans la bouverie. Tous sont déportés, sauf Veraquin, qui disparaîtra en 1985. Si Fernand Fontellaye, envoyé à Neuengamme, mourra en déportation, Michel Roger, déporté à Neustadt, et Jacques Duhazé, expédié à Bitterfeld-Mittel, seront miraculeusement rapatriés en mai et juin 1945.

Le vendredi 12 mai, à midi, une première perquisition a lieu à la laiterie de la Motte. Les Allemands fouillent les étables, les écuries, les greniers, la maison. Sans résultats. Par bonheur, Jacques Bachelier a réussi à fuir, comme Henri Terrier, Augustin et Louis Letoriellec. En revanche, Yvonne Bachelier, vingt-six ans, est arrêtée par Jardin et questionnée à la kommandantur d'Écouché sur le lieu de retraite de son mari, tout comme les femmes des autres fuyards. Pour amadouer la charmante Yvonne, Jardin commence par lui offrir un copieux repas au champagne. Mais, dans ce contexte, la jeune femme n'a ni un gros appétit ni envie de passer à table...

L'étau se resserrant, après une seconde perquisition allemande infructueuse dans sa propre ferme mitoyenne de la fromagerie, Jacques Bachelier va se cacher ce 12 mai chez le couple Guillouard, à Saint-Martin-l'Aiguillon, à quatre kilomètres de Rânes. Le soir même, couverte de bleus, défigurée, les lèvres coupées pour avoir serré les dents de peur de parler, Yvonne Bachelier revient chez elle. Sans avoir rien livré. Rien de ce trésor de guerre notamment constitué de quinze containers et de colis provenant du parachutage qui a eu lieu dans la nuit du 7 au 8 mai, sur le terrain Levite de Brûlevain, et qui a été annoncé par ce message de la BBC, prémices à l'opération Harry 43A : « Les biceps gonflent, vous avez de belles cuisses. » Dès lors, pourquoi laisser un tel dépôt d'armes sur place ? Aujourd'hui encore, on se perd en conjectures...

Au centre, la petite maison attenante au mur de l'ancien potager du château de la Motte, dans laquelle le dépôt d'armes de la Résistance était dissimulé.
(Photographie de l'auteur.)

Le vendredi 19 mai, vers 13 h 30, a lieu une première perquisition à la ferme de la Motte, qui jouxte la fromagerie de Bachelier. Jardin et la Gestapo se présentent sous le porche d'entrée de la ferme, où ils ne découvrent rien, et ils ne songent pas à regarder ailleurs que dans les communs de la ferme, ne voyant pas les traces dans l'herbe haute qui mènent au dépôt. Pourtant, ils paraissent avoir un renseignement sur l'existence du dépôt, sans pour autant en connaître le lieu exact... Quelqu'un aurait parlé. Qui ? Jamais on ne le saura. En tout cas, pas Émile Buffon.

En rentrant du marché d'Écouché le soir, le bouvier Ernest G., trente ans, et Émile apprennent la perquisition de la bouche de l'épouse du premier, affolée. Incrédule, le marchand de bestiaux découvre alors par cet intermédiaire l'existence du dépôt d'armes dans sa propriété. Ce dépôt est caché dans la cave de la « maison du jardinier », la plus grande des trois petites dépendances isolées et collées au mur de la clôture nord de l'ancien potager du château de la Motte. C'est dans cette maison que couche le père Jean, un intermittent de la fromagerie. Le sous-sol ouvre sur l'herbage de la ferme. Des containers de deux cents kilos sont cachés derrière une modeste porte cadenassée.

En fait, ce dépôt a été constitué, entre autres, par une partie de celui de Marcel Dionot qui a été évacuée de Flers et Brûlevain par Foccart et Leguerney après l'arrestation de Dionot, ce dernier étant depuis incarcéré à Alençon. Un jour, à midi, deux chauffeurs de collecte de la laiterie, Yves Chesnot et le quinquagénaire René Boulanger, profitèrent de l'heure du repas pour amener des containers avec la vachère d'Émile Buffon. Comme la femme G., curieuse, observait les allées et venues des deux hommes, Chesnot lui dit que les containers renfermaient des munitions et qu'elle devait garder le silence. L'après-midi, Bouvier vint placer une porte et la ferma avec un cadenas. Surtout, il vint acheter le silence du couple G. contre 5 000 francs, une petite fortune qu'Ernest et son épouse, patriotes, refusèrent tout net en promettant de préserver le secret. D'où leur mutisme total, notamment envers leur patron.

Mais c'est sans compter sur la terreur de la femme G. En cette soirée du 19 mai, affolée par le récent martyre d'Yvonne Bachelier, la bouvière craque et signale le dépôt à Émile. Prévoyant d'inéluctables conséquences, ce dernier demande à ses bouviers à demeure, un couple avec deux enfants nouvellement embauché, de fuir sur-le-champ, leur évitant ainsi tortures et déportation. Aussitôt, aidés de Jules Christophe et de Maurice Chevrier, les G. déménagent le soir même avec une mule et un véhicule et rejoignent la ferme des parents d'Ernest, à La Motte-Fouquet, à dix kilomètres de Rânes.

Le lendemain, 20 mai, craignant une nouvelle perquisition allemande, Émile va trouver Jacques Bachelier dans sa cache pour lui demander l'évacuation du dépôt. Cela est bien la preuve que Buffon aurait pu faire arrêter Bachelier, en fuite depuis le 12, s'il l'avait souhaité.

La fromagerie de la Motte, dont le gérant est Jacques Bachelier et qui deviendra par la suite la laiterie Guillot, appartient à M. Noël. À proximité de la fromagerie se trouve donc la ferme de la Motte et ses quatre-vingts hectares de terrain, qui appartiennent à la richissime Mme Deleau et qui sont gérés par Émile Buffon. Entre les deux, le château, un pavillon distingué de style classique en pierre calcaire qui se mire dans un étang bordé de résineux centenaires, appartient comme la fromagerie à M. Noël. Le « père Noël », comme il est surnommé, n'est pas un châtelain des plus orthodoxes. Propriétaire d'une maison close à Argentan, ce drôle de paroissien à l'accent provençal cohabite avec sa femme et « Julos », un employé tatoué et tonitruant. Après la guerre, son fils partira en Allemagne poursuivre le petit commerce familial pour le plus grand bonheur des Américains...

Le 20 mai, dans l'après-midi, de retour de la cache de Bachelier, le maire de Joué s'épanche sur le dépôt auprès de son secrétaire de mairie, Fernand Despres, trente ans :

« Vous savez ce qui se passe ? Les gars de la Résistance sont venus déposer à mon insu des armes dans un des communs de la Motte. Si les Allemands tombent là-dessus, que va-t-il se passer ? Je ne veux pas d'histoires, j'ai dit à Bachelier de m'en débarrasser au plus vite ! »

Émile Buffon, qui n'a aucune envie d'être embarqué comme le pauvre Fontellaye neuf jours auparavant, répète encore une fois :

« Je ne veux pas d'histoires, c'est à Bachelier de prendre ses responsabilités ! »

Le groupe de résistance a pris l'habitude systématique d'entreposer des armes dans des fermes éloignées des domiciles de leurs chefs, parfois sans même l'autorisation des propriétaires, les impliquant ainsi, volontairement ou non. Ainsi, des armes sont cachées chez Jeanne Beaufrère, dans sa ferme du Guémadre, malgré la présence, depuis le 6 juin, d'une soixantaine de réfugiés des bombardements d'Écouché et malgré la proximité d'Allemands à la ferme Bernier.

Prévenu par Bachelier, les résistants viennent faire ce qu'ils auraient dû faire depuis le 12 mai. Le maçon Gabriel Ramier, présent lors du transport des armes en camion, dira qu'ils étaient cinq au total : lui, le gérant de la fromagerie et trois inconnus. Son rôle à lui était de protéger Jacques Bachelier, qui avait des problèmes oculaires, en faisant rempart avec son corps si nécessaire, en cas d'attaque allemande. Dans la nuit du 20 au 21 mai, un camion de la laiterie assure l'évacuation d'une tonne de matériel vers la propriété des beaux-parents de Jacques, les Pivard, au Mêle-sur-Sarthe, dans l'arrondissement d'Alençon. Il semblerait que deux convois étaient prévus, mais Ramier n'a vu que le sien et il ne pourra dire si René Pothier ou d'autres étaient présents dans cet hypothétique second convoi. Selon Mme G., le reste des armes aurait été jeté dans la précipitation dans les douves du château de la Motte, ce qui explique ainsi pourquoi il n'y a eu qu'un convoi ce soir-là...

Au soir du 21 mai, le frère et la sœur de Jacques Bachelier, Maurice et Denise, respectivement âgés de dix-neuf et trente-six ans, sont appréhendés à Joué-du-Plain. Denise revenait du transfert à la Chasnière de l'aviateur Charly Moore, caché jusqu'à ce moment-là chez Guillouard, à Saint-Martin-l'Aiguillon. Membres du Bureau des opérations aériennes (B.O.A.), qui organisait des parachutages d'armes et de commandos notamment sur le terrain Levite, dans le bois de Brûlevain, le jeune homme et sa sœur sont déportés. Denise est envoyée au camp de Ravensbrück. Ils seront tous les deux rapatriés après la guerre, mais Maurice, rentré le 28 juin 1945, mourra le 18 juillet 1946.

Le 22 mai, c'est au tour de deux employés de Bachelier d'être conduits à la prison du château des Ducs à Alençon : le résistant Jules Christophe, cultivateur au Launay, et André Bouaillon.

C'est ce 22 mai qu'une troisième perquisition met au jour le reliquat du dépôt d'armes, dans l'une des petites dépendances collées à l'extérieur du mur de clôture du château. Vers 13 heures, après déjeuner, un camion transportant une dizaine de S.S. sous les ordres d'un commandant, probablement Hildebrandt, accompagnée de Bernard Jardin et de ses sbires, investit la ferme de la Motte. Ordurier, habillé en civil, Jardin déclare à la famille Baeremaecker que ses services ont connaissance de la présence du dépôt. Colombe, la mère, Daniel, quatorze ans, et René, huit ans, sont disposés au centre de la cour de la ferme, sous la surveillance de trois soldats allemands armés de mitraillettes. Pendant ce temps, les autres militaires recherchent activement les armes, faisant le tour des bâtiments. Le chef de famille, Georges, est parti au matin : il a été requis à Serans pour enlever des clôtures et abattre des pommiers en prévision d'un aérodrome qui ne verra jamais le jour.

Interrogée tout l'après-midi, Colombe déclare ne rien savoir, la peur au ventre d'être fusillée sur-le-champ avec ses deux enfants. Le plus âgé des fils est lui aussi sommé d'avouer, le Luger du commandant sur la tempe.

« Même par beau temps, c'est froid », témoignera sobrement Daniel.

Ancien prisonnier pendant la Grande Guerre, l'autoritaire commandant Hildebrandt, qui parle parfaitement le français, remet fermement Bernard Jardin à sa place dès qu'il apprend que les Baeremaecker sont présents dans la ferme depuis quelques jours seulement. Émile Buffon leur a demandé de venir à la Motte pour pallier le départ des précédents bouviers et pour traire la vingtaine de vaches notamment.

Très rapidement, grâce à des traces dans le haut herbage qui mènent de la ferme jusqu'au dépôt, ce dernier est « découvert ». Les militaires font sauter chaîne et cadenas. Le chef de la Gestapo commande alors aux bouviers de venir constater la présence des armes dans la petite maison jouxtant le mur du potager. Le dépôt regorge de containers en fer, remplis de colts, de fusils mitrailleurs, de bandes de fusils-mitrailleurs... Colombe dit ne rien savoir. Dès lors, elle et ses enfants sont chargés de donner à boire aux soldats déchargeant le stock. Pour impressionner la famille suspectée, Jardin, seigneur arrogant, tire avec son arme dans la cheminée...

Sur ce, dans la soirée, rentrant de son travail, Georges de Baeremaecker découvre Jardin et les S.S. dans la cour. Flamand parlant mieux la langue de Goethe que celle de Molière, il nie énergiquement avoir eu connaissance du dépôt. Mais surtout il se plaint que les vaches n'aient pas été traites ! Cela clôt le débat en quelques minutes. Comme le gestapiste fume, Georges lui lance même :

« Dis donc, tu fumes, toi ? Moi, j'ai pas de tabac ! »

Et Jardin, curieusement conciliant, d'échanger une cigarette avec le bouvier. En pure perte. Les époux ignorent réellement vraiment tout du dépôt. Sur ces entrefaites arrive innocemment le débonnaire Émile, qui vient comme à son habitude constater le travail de la journée... Après avoir discuté avec les occupants, il repart à vélo tandis que le camion bâché allemand fait une dernière rotation. Quelques soldats sont laissés pour la surveillance. Buffon doit pester intérieurement, lui qui avait vainement proposé ses propres vachères aux résistants pour que le dépôt soit entièrement vidé. Pris de court, ces derniers n'ont pu sauver le reliquat des armes...

Dans la nuit du 23 mai, à 4 heures du matin, Émile arrive en cabriolet deux places à La Motte-Fouquet pour prévenir la famille G. que les Allemands sont dorénavant à sa recherche. Il conseille au couple de ne pas revenir dans le secteur d'Écouché. Au réveil, le lendemain, Ernest et sa femme découvrent deux mois de salaire sous le traversin de leurs deux enfants. Aussi généreux que discret, leur patron avait demandé à pouvoir embrasser les petits endormis avant de partir...

En tant que maire de Joué-du-Plain, Émile Buffon est convoqué par les Allemands à Alençon. Là, une surprise l'attend. On lui montre une photo de Leguerney plastronnant, arme en main, devant la clôture du potager du château de la Motte, à côté du petit bâtiment où étaient entreposées les armes... Le cliché a été récupéré avec un carnet et des notes sur le résistant lors de son arrestation. Ses compagnons, dans la précipitation, n'ont pas fouillé ses poches pour éliminer toutes les choses compromettantes...

Ainsi, le maire découvre que les nazis se servaient du dépôt, dont ils connaissaient parfaitement l'existence, pour tenter de démonter le réseau... Menacé par la fusillade de cinquante otages, dont lui, Émile Buffon réussit finalement à se sortir des mailles du filet. Dès lors, ce père tranquille sait que sa vie ne tient plus qu'à un fil, « entre le marteau et l'enclume », selon ses propres termes, entre l'occupant et les résistants, dont certains pensent qu'il les a dénoncés...

Il est de notoriété publique qu'Émile est menacé, bien avant même la découverte du dépôt d'armes. Pourtant, personne au village ne peut imaginer un passage à l'acte. En 1992, Fernand Despres rapportera cette déclaration que lui a faite le maire au début de l'année 1944 :

« J'ai trouvé à ma porte une cagoule et un cercueil. Je sais ce que cela veut dire et je ne doute pas d'où ça vient, pas de loin ! N'en parlez à personne. Ma femme n'est pas au courant, je ne veux pas qu'elle s'inquiète. »

En 1953, l'enquête de la police judiciaire sur l'affaire Van Aerden[1] conclura :

« Une certitude cependant, depuis de longs mois, au moins depuis début 1944, Émile Buffon avait reçu de nombreuses menaces de mort. Ainsi, la dénonciation du dépôt d'armes n'était qu'un prétexte à une exécution préméditée. »

Par ailleurs, si Émile est bien coupable de dénonciation envers son proche voisin Bachelier, dont il sait les proches arrêtés et d'autres ivres de vengeance, comment expliquer le fait que le maire, bien que se sachant menacé, demeure tranquillement à Joué-du-Plain ? Ainsi donc, contrairement aux accusations d'un groupe de résistants, Émile Buffon n'a pas dénoncé ce dépôt d'armes.

Émile Buffon peut-il être suspecté de collaboration avec l'occupant ?

La question de son attitude comme maire sous l'Occupation se pose. Homme de droite sous Vichy, Émile Buffon a été nommé maire en 1942 par arrêté préfectoral pour succéder à Abel Bisson, malade. Pour autant, sa nomination est favorablement accueillie par la plupart de ses administrés, sauf naturellement par ceux qui briguaient le poste. Son début de « mandat » est une réussite : le maquignon respecté se mue en administrateur ordonné, équitable et serviable.

1. *Voir le chapitre suivant.*

Dans sa nouvelle fonction, l'ancien médaillé militaire de la Grande Guerre subit les exigences de l'occupant, tout en accueillant les réfractaires au S.T.O. et en les cachant chez des habitants, dans son propre foyer ou dans la ferme de la Motte. Il leur délivre même des tickets d'alimentation et leur établit des cartes de rationnement.

« À la fin de l'Occupation, témoignera Fernand Despres, il fait tout ce qui lui est possible pour sortir des griffes de la Gestapo ceux qui dépendaient de sa commune, ce qui fut le cas pour Jules Christophe, père de quatre enfants, dont le maire eut pitié. »

En février 1945, le lieutenant-colonel Jourdan, ancien supérieur d'Émile Buffon pendant la Grande Guerre, n'aura qu'à se féliciter de son ancien adjudant, estimant que « nul, certainement, n'eût été plus heureux que lui de la libération de son pays et de la victoire sur l'envahisseur qu'il avait autrefois affronté pendant quatre ans », ajoutant :

« Pour qui l'a connu comme je l'ai connu, pendant quatre années de guerre où je l'ai eu sous mes ordres, les circonstances de sa fin sont aussi inexplicables qu'elles sont effroyables. »

Par ailleurs, en tant que courtier en bestiaux, Émile Buffon est requis pour fournir du bétail à l'occupant, comme tout autre maquignon du canton, sous peine de signer l'arrêt total de son commerce. Mais ses indéniables relations avec les Allemands se limitent aux transactions commerciales obligées, sa ferme n'ayant jamais été un lieu de visite ou de réception dans ce petit pays où tous s'épient.

Accessoirement, il est vrai qu'Émile fréquente la famille Drouet, elle-même en relation avec Roland Dauvé, de Vieux-Pont, un dramaturge signant du nom de Roland Gilles-Normand et ayant commis une *Ode à Hitler*. Cet ami d'amis, père du délégué à la propagande de Vichy et ami de Laval, a échappé de justesse à un attentat à son domicile le 17 février 1944. Ce jour-là, une balle le visant n'a touché que sa pipe et l'homme a réussi à échapper à une trentaine de projectiles. Cette relation nouée par l'épouse d'Émile, Renée, aura finalement été des plus néfastes pour lui, dans cette époque trouble et tendue... Pour autant, cette amitié par ricochet ne fait pas de lui un collaborateur.

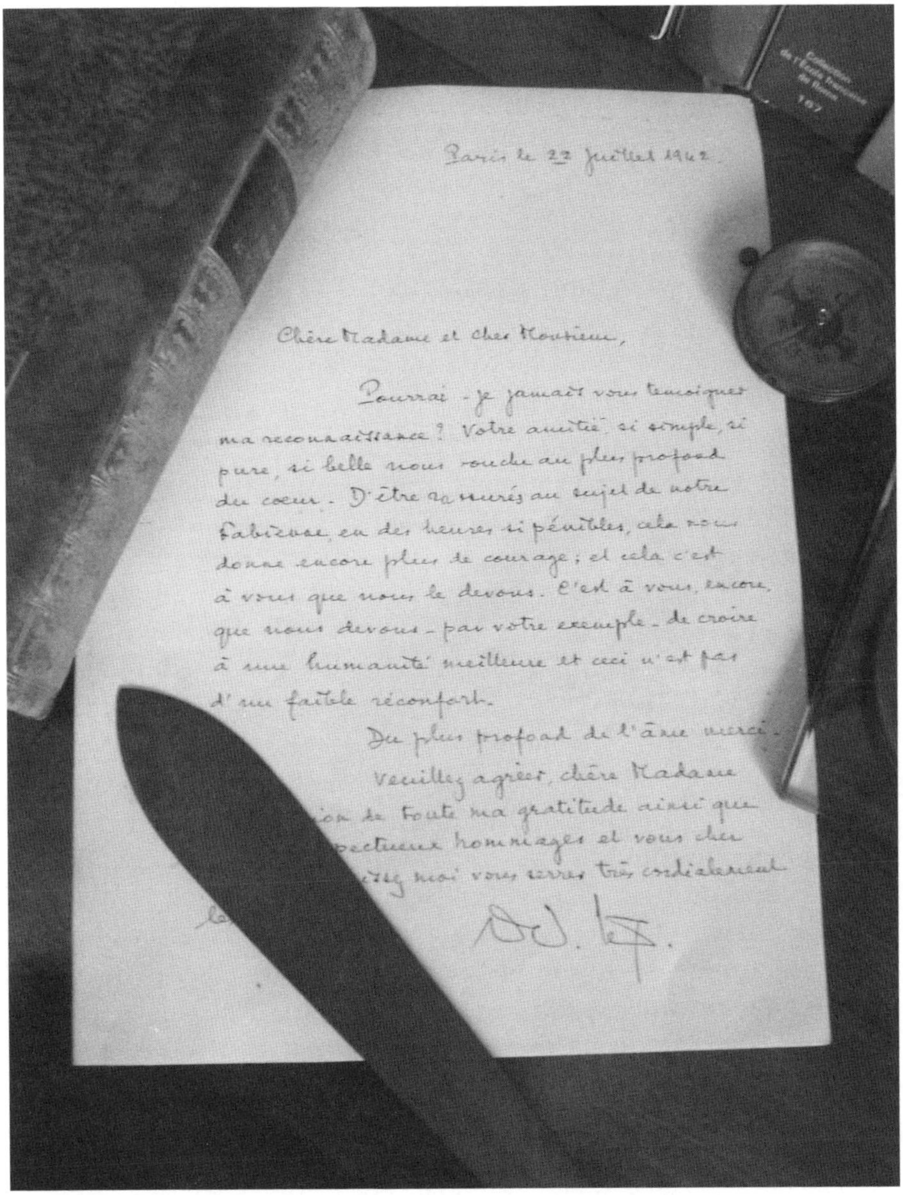

Paris le 22 juillet 1942.

Chère Madame et cher Monsieur,

Pourrai-je jamais vous témoigner ma reconnaissance ? Votre amitié si simple, si pure, si belle nous touche au plus profond du cœur. D'être rassurés au sujet de notre Fabienne, en des heures si pénibles, cela nous donne encore plus de courage ; et cela c'est à vous que nous le devons. C'est à vous, encore, que nous devons – par votre exemple – de croire à une humanité meilleure et ceci n'est pas d'un faible réconfort.

Du plus profond de l'âme merci.

Veuillez agréer, chère Madame
…ion de toute ma gratitude ainsi que
…pectueux hommages et vous cher
…ssez moi vous serrer très cordialement
le…

L'émouvant courrier des parents de la petite Fabienne Lévy adressé au couple Buffon.
(Photographie de l'auteur.)

Par ailleurs, une lettre datée du 22 juillet 1942 atteste les remerciements d'un médecin parisien nommé David Lévy, résidant au numéro 11 de la rue d'Abbeville dans le populaire 10e arrondissement. Ce praticien de quarante-six ans privé de moyens d'existence depuis l'inique loi du 2 juin 1941 sur le statut des juifs, est alors interdit d'exercer sa profession libérale. Dans son courrier, ce médecin, né à Tunis sous le Protectorat français, remercie le courageux couple Buffon de cacher sa petite Fabienne, à l'heure où le port de l'étoile jaune est obligatoire depuis mai et qu'interdiction est faite aux israélites de changer de lieu de résidence. Le docteur Lévy conclut ainsi sa missive :

« C'est à vous que nous devons – par votre exemple – de croire à une humanité meilleure. »

Un jour, Émile a reçu un misérabiliste courrier des parents lui demandant de remettre leur Fabienne à un concierge afin qu'elle les rejoigne... La gamine, âgée de dix ans, sera malheureusement déportée le 23 juin 1943 par le convoi numéro 55 au départ du camp de Drancy, alors sous le seul contrôle des autorités françaises... Comment imaginer alors qu'un homme, aussi audacieux que courageux, capable de se mettre hors la loi, puisse être devenu un délateur ?.

Force est de constater qu'Émile Buffon n'est pas plus un collaborateur économique qu'un dénonciateur. Lors de l'enquête de gendarmerie de 1946, dix-sept personnes – dont René Boulanger, Fernand Martin, les deux Châtel... – témoigneront en sa faveur, tous convaincus de son innocence. Entendu par les gendarmes, Fernand Despres déclarera :

« Pour ma part, je ne crois pas qu'Émile Buffon ait dénoncé Bachelier aux autorités allemandes. »

Pourtant, à Joué-du-Plain le 11 juin 1944, une bien particulière réunion détermine le sort du maire. Une réunion à laquelle participe Jacques Foccart, selon le témoignage de son associé, Henri Tournet. Jules Christophe, pour en avoir eu pleinement connaissance, confiera plus tard :

« La désignation du tueur aurait été décidée par tirage au sort, celui-ci serait tombé sur Bachelier, qui aurait refusé d'en assumer la charge ! Un “inconnu” se serait alors proposé ; l’inconnu en question devait alors remplir quelque fonction passagère à la fromagerie. »

Gabriel Ramier confirmera ultérieurement :

« C’est l’étranger qui s’est porté volontaire pour tuer Émile. »

En ce mois de juin, reconstituant depuis quelques jours son groupe, Jacques Bachelier est alors revenu à Joué-du-Plain, non à sa fromagerie mais à la ferme du Metz, isolée en bordure de forêt, où résident Georges Buffon et ses enfants.

En 1946, les langues se délieront. Pichereau, de la Rivière, Boulanger, du Mesnil-Martel et Martin, du Haut-Mesnil, déclareront avoir reconnu Jacques Bachelier sur le lieu du meurtre d’Émile ou à proximité.

« Pour arriver sur les lieux d’exécution sans être repéré, il a fallu emprunter un itinéraire que seul un habitué du coin était censé connaître. Par le bois de la Motte qui jouxte la propriété du Metz, on longe le village du Mesnil et, en suivant des chemins creux d’exploitation, on débouche sur le hameau de la Rivière », indiquera Despres, qui pense que Bachelier n’est pas le tireur, mais son guide.

La gendarmerie n’a-t-elle pas découvert la trace de deux hommes sur les bermes ? Le 5 mars 2005, René Buffon déclarera avoir porté à vélo à la Motte le soir du crime l’ordre d’exécution donné par le mystérieux « Sidéral » à Jacques Bachelier, scellant ainsi le destin de son oncle et parrain. Pourtant, l’inspecteur Bolloch conclura ainsi l’enquête policière de 1953 relative à l’affaire Van Aerden :

« Le jour du meurtre de Buffon, Jacques Bachelier est en effet accompagné d’un homme qui, d’après nos renseignements, serait soit Moizo, soit Roger Lequet, deux tueurs auxquels il est fort possible qu’on ait fait appel. »

L’inspecteur ajoutera :

« S’il n’y a pas de lien de motif entre ces deux affaires [l’affaire Buffon et l’affaire Van Aerden], le seul fait commun à notre avis étant la possible implication d’un tueur, soit Moizo, soit Lequet. »

À ce propos, il convient de noter les fortes relations entre ces tueurs et certains membres du groupe Foccart de Joué-du-Plain, notamment Jean Buffon, impliqué dans une attaque à main armée commise par les deux tueurs à Chênedouit en mai 1945...

En mars 2005, René Buffon, qui réfute l'accusation de crime mentionnée dans le livre de Pierre Péan en 1990, assurément dans des conditions balistiques erronées, accusera l'agent « Sidéral » d'être le tireur, guidé par un homme du groupe. Cet homme faisant son apparition au moment du débarquement, est-il le chaînon manquant ? L'absence d'identité de l'agent se cachant sous ce nom de code serait-elle une magnifique pirouette ? Cet instructeur du B.O.A. parachuté de Londres, dont l'identité nous est encore inconnue à ce jour, aurait atterri sur un terrain du département de Seine-et-Marne dans la nuit du 22 au 23 mai 1944. Puis, accompagné d'un autre instructeur, « Différentiel », il serait venu dans l'Orne avec Foccart, son épouse et Odette Leguerney dans la nuit du 5 au 6 juin. Le rapport de mission de l'agent « Sidéral », cité dans un compte rendu de Paul Grenier en février 1945, mentionne que « le collaborateur Émile Buffon a donné à la Gestapo [le] plus important dépôt d'armes... », relayant ainsi la version du groupe local Foccart. Mention qui confirme le témoignage de Tournet indiquant que Londres avait donné son aval à l'exécution d'Émile Buffon.

Qui se cache derrière le nom de code « Sidéral » ? Serait-ce un individu du nom de Magne ? En effet, sur un exemplaire de son livre *Foccart parle*, dédicacé « en souvenir du passé » lors de sa dernière visite à Rânes le 12 avril 1996, Jacques Foccart a écrit la phrase suivante : « Émile Buffon tué par Magne réfugié chez Jacques Bachelier fromagerie de la Motte ? » Évaporé dans le Sud après le crime pour certains ou ayant regagné Paris pour d'autres, l'homme en question, un « grand blond d'une quarantaine d'années en apparence », aurait été réfugié chez Bachelier peu de temps avant. Il aurait travaillé à la fromagerie. Instructeur, il possédait nécessairement son brevet de parachutiste décerné par la France libre au bout de cinq sauts.

Au moins huit porteurs du patronyme Magne font partie de la Résistance française. À première vue, un profil se détache, celui d'un certain André Magne, qui faisait partie des deux mille agents des services secrets du colonel Passy pendant la guerre, sans pour autant écarter celui de Jean-Paul Magne... Dans l'avenir, dès lors que les archives des services secrets de la France libre tomberont dans le domaine public, peut-être un historien pourra-t-il préciser l'identité de ce Magne en recoupant les maigres informations actuelles ?

Inspecteur de la Sûreté nationale à Paris après-guerre, rue des Saussaies dans ce cas, ce Magne aurait-il connu Georges Buffon antérieurement, à l'époque où ce dernier était inspecteur de cette même Sûreté nationale, à Nice notamment ? Faibles, les effectifs de cette section autonome dépendant du ministère de l'Intérieur s'élevaient alors à trois cents personnes. Il n'est pas impensable d'imaginer que les deux hommes aient pu se rencontrer... Ce fait conforterait la thèse de la haine familiale...

À tout le moins, l'assassin d'Émile Buffon est connu du groupe Foccart. Selon un courrier de Paul P., son ami, Fernand Martin a vu un groupe de résistants regagner à travers les herbages la ferme du Metz après leur triste besogne. Il n'est sans doute pas le seul œil qui a observé cette scène, la rafale de mitraillette n'a pu qu'aiguiser les curiosités dans ce creux de vallon où trois hameaux ont une vue parfaitement dégagée sur les vastes pâtures montant vers le bois de la Motte et le Metz. Pourtant, à l'époque, les bouches sont restées cousues dans cette campagne en pleine période des foins durant laquelle les paysans travaillent tard dans les prés et les champs.

Alors, quel est le motif réel de l'exécution d'Émile Buffon ? Ce meurtre a-t-il un fond de rivalité familiale ?

« Dès cette époque, écrira un témoin essentiel le 23 novembre 2004, on soupçonnait l'entourage de son frère et ses acolytes, qui faisaient un peu peur à tout le monde, ce qui empêchait les gens de parler. »

De notoriété publique, une mésentente frisant la haine existait depuis des lustres entre les deux frères Buffon, Émile jouissant d'une meilleure réputation que son aîné, Georges. Le père des deux garçons était si peiné par la jalousie viscérale de ce dernier envers son cadet, dès l'adolescence, qu'il disait :

« Si Georges avait été en nourrice, je croirais que ce n'est pas mon fils qu'on m'a rendu ! »

Cette peine était connue de villageois, tel Abel Bisson ou Arsène Chatel. Question d'argent, d'héritage, incompatibilité de caractère, tout opposait les deux frères, même le physique. Le corps bien charpenté sous un long manteau de loden foncé, physiquement résistant, Georges, surnommé « le grand Buffon », arborait un visage anguleux au regard froid et au teint hâlé des paysans :

« Il donnait l'impression de quelqu'un qui se détermine après réflexion et calcul, pour ensuite agir vite et fort, ne laissant rien au hasard, un homme qui devait mener ses affaires avec autorité », notera Despres.

Ancien de la Sûreté nationale à Nice avant-guerre, à l'époque où la police de cette ville venait d'être étatisée, Georges avait repris en main son vaste domaine du Metz sous l'Occupation, avec ses deux fils Jean et René. Avait-il été évincé de cette police par Pétain, comme la moitié des commissaires de France ? Les Rânais, craintifs, disaient qu'ils travaillaient « dans la Secrète ».

En tant que maire et plus proche voisin, sa ferme étant à huit cents mètres de celle de son frère, Émile était le témoin privilégié des activités de Georges, résistant et accusé de collaboration économique en même temps. Pour autant, proche du terrain de parachutage d'armes contrôlé par le groupe de Bachelier, le maquignon n'a jamais dénoncé les activités résistantes de son frère. Pas plus qu'il n'a dénoncé le commerce de Georges, qui fournissait à l'occupant des cargaisons de viandes, d'eau-de-vie et de beurre, « livrées précisément par ceux qui lui attribuent le qualificatif de "collaborateur" ! Cela peut paraître énorme, mais c'est ainsi ! » *dixit* le mémoire de Fernand Despres.

Pourtant, à la Libération, quelques langues se délieront. Georges Buffon sera inculpé pour un trafic supposé énorme avec les Allemands et il sera traîné devant la cour de justice à Alençon. Mais de nombreux témoignages de notables, notamment celui du président du conseil général de l'Orne, viendront établir l'authenticité de son engagement dans la Résistance. Aussi, Georges sera acquitté sous les applaudissements le 15 décembre 1945, après un procès pittoresque où les témoins à charge – Goudard, Leveillé, Touzet et un conseiller municipal de

Joué – se sont rétractés un à un, « tous frappés d'une subite amnésie », selon le président de la Cour. Déjà, les allégations aussi foisonnantes et nombreuses que formelles du début se sont amoindries au fil de l'instruction, précisera le magistrat... Cela est-il le fruit de la peur engendrée par des résistants locaux qui se sont érigés en procureurs de la Résistance à la Libération, qui ont fait circuler une liste de vingt-sept « collaborateurs » et qui ont initié des règlements de comptes ?

La concomitance des descentes successives de la Gestapo à la Motte et de la révélation du nom de Jacques Bachelier sous la torture le 10 mai, non connue des réseaux Foccart locaux, a-t-elle fait croire à certains « Binot » qu'Émile Buffon était impliqué dans l'hypothétique dénonciation du dépôt d'armes ? Avec l'arrestation de quatre des proches de Bachelier, certains se sont-ils crus en devoir de faire justice eux-mêmes un jour de juin 1944 ? Si l'exécution sommaire d'Émile est l'œuvre des groupes Foccart locaux, est-il possible qu'elle ait été effectuée sans l'aval de Foccart lui-même ? Est-il possible que d'authentiques résistants dont le courage n'est aucunement remis en cause se soient octroyé le droit de faire justice eux-mêmes au prix d'une cruelle erreur judiciaire ? Et ce contrairement aux interdictions formelles du Comité départemental de libération qui a mis en place depuis le 6 juin une épuration légale ? Lancinantes, ces questions restent posées à ceux qui se penchent sur cette exaction sommaire et collective...

Nulle autre affaire que celle-ci ne démontre mieux l'impérieuse nécessité d'avoir recours à des procédures judiciaires impartiales dans des temps aussi incertains, de prendre le recul nécessaire à toute décision judiciaire équitable. Dès le mois de juin 1944, une enquête préfectorale a été menée ; elle est aujourd'hui archivée à Rouen. Un témoin essentiel déplorera en 2004 que « les gendarmes étaient “freinés” dans leurs investigations. Maître Marin, avoué à Argentan et conseil de Mme Émile Buffon, lui avait dit que, en raison du climat qui régnait, une enquête sérieuse et exacte ne pourrait pas être envisagée »...

Aujourd'hui, dans ce petit pays où les langues ne se délient guère autour de sujets toujours aussi sensibles, même plus de soixante ans après les faits, la thèse circulant localement soutient une relation entre l'exécution d'Émile Buffon et celle de François Van Aerden deux mois et demi plus tard. Selon cette thèse, il ne fait guère de doutes que le réseau Foccart, voire Jacques Foccart lui-même, ne serait pas étranger aux deux disparitions, même si le résistant écrit dans son livre *Foccart parle* : « Dès le début août, j'étais parti avec l'armée américaine. » Nous verrons dans le chapitre intitulé « Dans le secret des futaies » combien cette affirmation est aléatoire...

Cette rumeur insistante est relayée dans *L'Homme de l'ombre*, un ouvrage de Pierre Péan publié en 1990 et consacré à Jacques Foccart. Le journaliste prétend que les deux neveux d'Émile Buffon, Jean et René, auraient été impliqués, comme une vingtaine de membres du groupe Foccart de Rânes et Joué, dans la disparition de leur oncle...

« Jean Buffon faisait le gué lors de l'assassinat d'Émile, témoigne aujourd'hui un des résistants. Jean Buffon attendait en amont et c'est lui qui a prévenu René qui était avec le tueur de l'arrivée d'Émile. »

Il est à noter que Jean, vingt ans en 1944, a été condamné à cinq ans de réclusion avec sursis par la cour d'assises de l'Orne, dans le cadre du procès de la bande à Moizo, fameux gang de pseudo-résistants de Gacé, pour sa participation à la dernière attaque à Chênedouit le 14 mai 1945. Cette condamnation que tout Rânes connaissait n'est pas étrangère au surnom de Jean : le « Bandit »... L'homme est décédé en 1984 et une simple croix en chêne fichée à même la terre lui sert aujourd'hui de sépulture à Rânes.

À partir des années 1970, presque tous les proches témoins et protagonistes de cette affaire criminelle ont disparu : Georges Buffon est mort en 1975 ; son épouse, en 1990 ; André Guillouard, en 1986 ; Fernand Despres et son épouse, Denise, en 1998 ; Solange Verraquin et Ernest Gesbert, en 1998 ; la châtelaine Monique Richard, en 2001 ; Jules Christophe, en novembre 2004 ; Denis Richard, en 2006 ; Odette Leguerney, en décembre 2006 et surtout Jacques Foccart, en 1997. Heureusement, Fernand Despres a laissé un témoignage écrit consignant ses souvenirs du crime.

« La mémoire des hommes étant par nature défaillante et déformante, j'ai pensé que l'écriture garderait plus fidèlement l'expression de ces souvenirs. »

C'est par ces mots que, le 21 mars 1992, l'ancien secrétaire de mairie achève un manuscrit relatant l'affaire Buffon. Il révélera ses conclusions au cours d'un repas d'anciens élèves organisé à Rânes le 20 mars 1994.

Par la suite, après le décès de Despres, un homme soucieux de vérité annotera ce document à la lumière de nouveaux témoignages et de l'ouverture d'archives publiques et privées, indiquant que le meurtrier serait Magne.

Au regard de la vérité, il est regrettable que certaines personnes aient conservé leurs secrets. René, le dernier des frères Buffon, Gaston Verrier et Georges Bouquerel, ultimes survivants du groupe Foccart local, détiendraient-ils une part de la vérité sur la disparition d'Émile et sur celle de Van Aerden ? De même, plusieurs habitants de Rânes connaissant encore des points précis ou des anecdotes sur ces événements briseront-ils un jour le silence ? Certains témoins aujourd'hui disparus auraient même laissé des témoignages filmés, demandant à leur détenteur de ne pas les divulguer... Pourquoi prendre soin de laisser de telles traces si ce n'est pour vouloir secrètement participer ultérieurement au devoir de mémoire collectif ? Il serait dommage que cette mémoire se perde, l'exécution d'Émile Buffon appartenant à l'histoire par l'implication supposée de Jacques Foccart, ce Raspoutine africain de la France gaulliste.

« Les deux affaires, celle d'Émile Buffon et celle de Van Aerden, ont plus d'un point commun, précise Fernand Despres. Même motivation : suppression d'un témoin qui, à l'avenir, pouvait se révéler plus qu'embarrassant ! Les tueurs : probablement la même identité ! Le blocage de l'instruction : procéder des mêmes causes. Pourtant, il existe une différence entre elles. Van Aerden, primitivement mis en cause par la Résistance, a été lavé de tout soupçon parce que des hommes honnêtes l'ont innocenté. Au contraire, Émile Buffon emporte avec lui le poids d'une accusation qui n'a pas été lavée. »

Au-delà de l'identification probable de l'assassin six décennies après, puisse le présent récit laver l'honneur d'Émile Buffon, un homme aussi obscur que courageux. L'insoumis Keck fleurit sa tombe chaque année. Qu'il ne soit pas le dernier...

Jean-François Miniac,
Les Grandes Affaires Criminelles de l'Orne, 2008.

La maison d'Émilien Couprit, au hameau du Bois-Hamon, où l'interprète François Van Aerden fut enlevé dans la nuit du 1er septembre 1944.
(Photographie de l'auteur.)

Dans le secret des futaies

Affaire François Van Aerden, Lougé-sur-Maire
Non-lieu, 1ᵉʳ septembre 1944

LE MARDI 29 AOÛT 1944, une Simca s'arrête non loin de la ferme Couprit au Bois-Hamon, un lieu-dit situé à un kilomètre et demi au nord de Rânes. Ce bourg a été âprement libéré une douzaine de jours auparavant. À bord du véhicule se trouve Madeleine Buffon, une cultivatrice de Joué-du-Plain. Elle désigne du doigt la modeste maison d'Émilien Couprit à deux membres du groupe Foccart, un groupe de résistants établi à Rânes, à la ferme du Metz, où elle réside avec son mari, Georges. Cet événement aurait dû avertir les habitants de la maison, que ce soient les Couprit ou les Van Aerden. Tout comme les menaces d'Henri B., un vieil adjoint au maire de Rânes, Guillais, voici une dizaine de jours...

Depuis peu, la famille du réfugié belge François Van Aerden réside dans la ferme Couprit. Sa maison du bourg, à l'amorce de la route de Carrouges, située presque en face de l'actuel hôtel Saint-Pierre, ayant reçu des obus lors de la bataille pour la libération du village, c'est naturellement que le paysan a proposé d'accueillir l'homme qui lui a permis de ne pas partir en Allemagne. Van Aerden a d'ailleurs épargné à de nombreux jeunes Rânais un départ outre-Rhin en les faisant entrer dans l'organisation Todt[1] pour laquelle il travaillait comme interprète... Pourtant, depuis quelques semaines, le réfugié est dans le collimateur des résistants locaux, qui tiennent leur pouvoir des armes. Depuis la bataille de Rânes, ils l'ont chargé de creuser les tombes pour y ensevelir les morts.

Quelques jours plus tard, dans la nuit de jeudi à vendredi, 1er septembre, jour anniversaire de Jacques Koch-Foccart, un affairiste d'origine alsacienne de trente et un ans, un inconnu frappe à la porte de la ferme du Bois-Hamon. Il est 1 h 20 du matin lorsqu'un homme mystérieux entre dans l'obscurité de la cuisine du rez-de-chaussée, où dort la famille Van Aerden. Cet inconnu, dont aujourd'hui encore on ignore l'identité, demande au « père François » de s'habiller et de le suivre.

« Nous avons besoin de vous parler », dit cet homme avec la diction parfaite d'une personne instruite.

Les époux Van Aerden s'inquiètent de cette demande nocturne ; pourtant, le réfugié belge s'exécute sans mot dire et s'éloigne en conversant normalement avec l'inconnu. Jamais plus il ne reverra son épouse Madeleine et ses deux fils, Claude et Pierre.

Le 1er septembre, à 10 heures du matin, deux gendarmes découvrent un cadavre criblé de balles dans la modeste carrière du lieu dit « Villeneuve », à Lougé-sur-Maire, une petite commune située à six kilomètres au nord de Rânes. L'endroit, situé au croisement de la petite vallée où serpente la Maire et la départementale 909, est isolé ; on peut y accéder discrètement depuis le hameau de la Forêterie ou depuis le Bois-Hamon par la départementale. Le corps est celui de François Van Aerden, le sexagénaire belge d'origine flamande né à Anvers le 19 septembre 1882 et « enlevé » pendant la nuit.

Aussitôt, une enquête est diligentée. La rigidité de la dépouille démontre que l'homme est mort une heure tout au plus après son

1. Cette organisation civile, intégrée à la Wehrmacht, effectuait alors des travaux pharaoniques, édifiant notamment les célèbres murs de l'Atlantique et de la Méditerranée.

enlèvement. L'analyse balistique met au jour des balles de 9 mm allemandes d'une part et trois douilles anglaises d'autre part. Il s'agit peut-être, selon la rumeur entretenue par des résistants, d'un règlement de comptes suite à la dénonciation à l'occupant d'un dépôt d'armes du groupe de Rânes, à la Noëve. Van Aerden est-il une des rares victimes de l'épuration sauvage mais modérée du département, comme l'a été Émile Buffon, le maire apprécié de Joué-du-Plain, qui aurait donné un autre dépôt d'armes et qui a été exécuté le 16 juin 1944 ? L'exécution de Van Aerden est-elle à rapprocher de celles de Léonard Guichard, originaire de Crouttes, et du jovial Désiré Villain, qui ont été retrouvés avec une balle dans la tête au hameau de la Candière le 16 août 1944, juste après la libération de Rânes, ultime exaction de quelques nazis isolés ? Est-elle à rapprocher du massacre d'une famille à la Barbottière, à Joué-du-Plain ? Ou de la « mort par imprudence » de Lhermitte, un marchand de vélos de Couterne, le 15 septembre 1944 ?

Mais, en ce 1er septembre, la bataille de Normandie est terminée et Paris est libéré. Depuis quinze jours et la libération de la région argentanaise, il n'y a plus aucun Allemand dans les parages. Alors ? Alors certains « résistants » du groupe Foccart, se croyant intouchables, parlent trop. Dans le bourg de Rânes dévasté par les combats, ils se vantent de l'exécution de Van Aerden, parfois même en mentionnant des choses abjectes… Un détail des actes ignobles commis sur le cadavre fait ainsi le tour du village, tout comme une phrase, lancinante et définitive :

« Nous voilà débarrassés d'une crapule ! »

Un certain S., aussi vantard que fruste, serait allé voir l'épouse de Fernand Fontellaye, arrêté mi-mai à la Noëve et depuis déporté, pour lui annoncer : « On a vengé Fernand ! » Cette visite insinuerait que Van Aerden est responsable de l'arrestation de Fontellaye, agriculteur au Chêne-Angot. Ce hameau jouxte celui de la Noëve, où un dépôt d'armes a été découvert par les Allemands dans une bouverie appartenant à Fernand, ce qui a entraîné la déportation de celui-ci, qui avait accepté les armes pour rendre service à la Résistance. Cette visite est pour le moins surprenante lorsque l'on sait que Van Aerden s'est rendu deux fois à Alençon pour tenter de faire libérer ce père de cinq enfants. Madame Fontellaye était venue demander à l'interprète de la Todt d'intervenir en faveur de son mari... En vain, la possession d'armes de guerre étant considérée comme un crime par les Allemands. Le 10 juin 1945, les fleurs des deux petites jumelles orphelines accueilleront le général de Gaulle à Rânes.

Après la guerre, reçu par l'inspecteur Bolloch le 13 avril 1954, le témoignage du résistant Marcel Dionot, incarcéré à Alençon dans la même cellule que Fontellaye, lavera François Van Aerden de cette calomnie. L'agriculteur n'a jamais parlé de dénonciation, ni de Van Aerden ; seule sa maladresse dans ses déclarations l'avait obligé à reconnaître la présence du dépôt, alors que la Gestapo, enquêtant de ferme en ferme, ne connaissait pas la localisation des armes. En conséquence, Dionot donne du crédit à la thèse selon laquelle l'interprète était un témoin gênant pour des personnes soucieuses de se reconstruire un passé, ce qui a conduit à son exécution...

Le dépôt d'armes découvert par les Allemands était celui du résistant Roger Leguerney, qui avait été transféré à la Noëve une dizaine de jours auparavant par André Guillouard et Georges Bouquerel, deux membres du groupe Foccart.

Jacques Foccart, sergent-chef en 1940, est devenu dès 1942 un agent du Bureau central de renseignements et d'action (B.C.R.A.), le service d'espionnage de la France libre, sous le nom de « Binot ». Il a été si actif en Mayenne qu'il serait devenu responsable en juin 1944 du fameux plan Tortue pour l'Orne, le Calvados et la Mayenne, plan destiné à ralentir les renforts allemands en route vers le front côtier. Tout au moins était-il un membre du Bureau des opérations aériennes (B.O.A.) détaché pour le plan Tortue depuis septembre 1943. Après le 27 avril 1944[1], il s'est réfugié un temps à Paris, avant de revenir dans l'Orne le 5 juin. À la fin du mois d'août, alors que les Allemands fuyaient le département, Foccart a vu la nasse se rouvrir autour de lui. Peu de temps auparavant, le gestapiste Jardin le recherchait obstinément. Ainsi, lors des rafles du printemps contre la Résistance ornaise, Jardin et ses séides rôdaient autour de Rânes, y arrêtant et torturant trois hommes le 11 mai : Jacques Duhazé, Alphonse Veraquin et

1. *Voir chapitre précédent.*

l'agriculteur Fernand Fontellaye. Le 16 juillet, le gestapiste arrêtait Pierre Hamon et Roger Millet, qui réussira à s'enfuir. Hamon, jeune épicier, mourra en déportation en Basse-Saxe ; le déporté domfrontais André Rougeyron témoignera de son décès au camp de Holzen, dépendant de Buchenwald, le 7 février 1945. Obtus, les gestapistes revinrent à Rânes dix jours plus tard, brutalisant trois de ses habitants. Il est vrai que le B.O.A. organisait des parachutages à côté du village dans le bois de Brûlevain depuis janvier 1944.

L'écho du bavardage bravache de S. revient aux oreilles des complices de l'exécution. Sans doute ces derniers cadrent-ils le vantard. Néanmoins, l'information se répand. Pourtant, tout comme l'assassin, la communauté villageoise se mure dans un mutisme général. La libération de Rânes, très violente, est toute récente. Les résistants armés, s'érigeant en autorité dans cette période troublée, exigent à l'entrée du bourg leurs papiers aux villageois craintifs. Parfois, ils en menacent certains... Des croix gammées ont même été peintes sur les portes de cinq ou six Rânais. Certains habitants de Bois-Hamon ont vu les visages des kidnappeurs venus chercher Van Aerden, mais ils gardent le silence. Denise Couprit, trente-trois ans, a, elle, été « priée » de se taire par S., mis en cause par ses propos.

Le jour de l'enterrement de François Van Aerden, le clocher de Rânes est trop ébranlé par les bombardements pour pouvoir annoncer les obsèques par la voix de ses cloches. Boutiques fermées, maisons et granges rafistolées par des planches, habitants assistés par la Croix-Rouge, tout le village panse ses plaies. Seul, dans un sermon courageux, l'octogénaire et respecté abbé de Rânes, François Lévêque, ne s'en laisse pas compter. Curé de la paroisse depuis plus de trente ans, il dit tout haut à ses ouailles ce qui se murmure partout dans l'intimité des foyers. Le 15 Août, il officiait devant ses fidèles au milieu des bombes et des balles, au cœur d'un bourg en pleine libération. Alors, dans cette fin de sacerdoce si pénible, le vieil homme ne se tait pas. Pour lui, l'exécution de Van Aerden est un véritable assassinat, un acte de lâche !

Le vice-consul de Belgique François Van Aerden dans ses bureaux du Havre.
(Collection de Christian Van Aerden.)

Tout le village connaît les acteurs du meurtre, y compris les autorités, maire comme gendarmes. Et pourtant, rien ne semble filtrer du cadre communal... La justice demeure inerte, elle « témoigne d'une mansuétude générale vis-à-vis des chefs de la Résistance locale, notamment Tournet et Foccart », selon le journaliste Pierre Péan. Les constats initiaux de gendarmerie de septembre 1944 n'engendrent aucune action en justice...

Aussi, en octobre, alors que le jeune Jean Buffon continue à « épurer » à sa façon toute personnelle – tout comme son ami Moizo, à Gacé –, en se livrant au racket, à l'intimidation, au vol à main armée dans la région, faits pour lesquels il sera condamné, la femme de la victime, Madeleine Van Aerden, terrée à Rambouillet, écrit au procureur de la République pour relancer l'affaire :

« Si la Résistance avait des doutes, il y a toujours un jugement à faire. On ne tue pas les gens de cette façon si inhumaine. »

Revenons à l'homme criblé de balles. Ancien vice-consul de Belgique au Havre, François Van Aerden s'était réfugié à Rânes dès le début de l'Occupation, comme une centaine de familles fuyant le Pas-de-Calais et la Belgique, des familles de marins d'Étaples pour l'essentiel. Laborantin en photographie à la recherche d'un petit emploi, le réfugié eut l'aubaine de rencontrer Foccart. Van Aerden « avait été enrôlé sans possibilité de refuser ce poste » d'interprète occasionnel de l'organisation Todt, selon les termes de son fils Claude. Pour le commerce de bois autour de la forêt d'Écouves, une filiale de l'organisation, l'O.B.L. Normandie, avait établi un petit détachement en permanence à Rânes, sur la route de La Ferté-Macé. L'interprète se trouvait mêlé à toutes les discussions entre l'entreprise forestière et les officiers en uniforme vert-de-gris qui faisaient la navette entre Rânes et Saint-Malo.

Étranger, d'une classe sociale différente de celle des paysans et des artisans locaux, le réfugié belge était pourtant apprécié d'une bonne partie de la population. Homme simple, connu de tous, il était parfois appelé pour régler les problèmes de compréhension entre les villageois et l'occupant. Aujourd'hui encore, de vieux Rânais se souviennent de son surnom affectueux de « Nimbus », en référence au professeur du même nom. Ce dernier, qui arborait le même crâne chauve que l'interprète, était le héros d'une bande dessinée populaire paraissant alors dans le grand quotidien *Le Matin.*

Des témoignages existent aussi sur la vaine opposition de Van Aerden à la réquisition d'une voiture vers la fin de la guerre.

Revenons à Jacques Foccart. Début 1941, ce jeune entrepreneur mayennais de vingt-huit ans s'associe à un Clermontois de son âge, Henri Tournet, pour exploiter une coupe dans le bois de Rânes. Mandatés par la Société des transports Citroën pour lui fournir du bois pour les véhicules à gazogène, les deux hommes s'établissent à la Forêterie. Ce hameau, à la lisière du bois qui s'étend sur soixante hectares, est composé d'une quinzaine de bâtiments, dont une modeste maison qui borde la route et où s'installent les deux entrepreneurs et leurs épouses.

Foccart et Tournet se sont rencontrés à Nancy le 20 octobre 1934, lors de leur service militaire à la 17e compagnie de l'air. À sa démobilisation en juillet 1940 (il était jusque-là sergent-chef de l'infanterie), le premier s'est replié en Mayenne et y a créé une entreprise fournissant le charbon de bois nécessaire au gazogène, pressentant le besoin de ce combustible.

« Jacques Foccart ne se mêlait pas de politique, ni pour Vichy ni pour Londres. Je crois que la seule chose qui l'intéressait, c'était les affaires. Bien sûr, par la suite, ça a évolué, il y avait des tas d'allées et venues à la Touche [un lieu-dit d'Ambrières-le-Grand, aujourd'hui Ambrières-les-Vallées] ou à Gros-Poitou, surtout la nuit, mais il était difficile de parler de Résistance parce qu'on voyait souvent Bousquet, Foccart ou Tournet avec les Allemands de l'organisation Todt », confiera Georges Chiron, un proche de l'époque, au journal *National Zeitung* du 4 janvier 1966.

Dès 1942, intensifiant son activité de charbon de bois, l'affairiste achète cent hectares de forêts situées à Rânes à Joseph Férard, un minotier d'Ambrières-le-Grand. C'est dans ce village mayennais que Foccart est né en 1913, fils d'une lignée de notables locaux résidant au château familial du Tertre, un immense château blanc engoncé dans son bois le long de la Varenne. Peu de temps après, lui et son associé acquièrent une partie des biens du Lillois Claude Richard, propriétaire du château de Rânes et ancien camarade de Charles de Gaulle au cours parisien Louis de Fontanes. Pour le moins, leur petite entreprise ne craint pas la crise.

Bientôt, un troisième affairiste étranger à Rânes, Georges Desprez, entrepreneur dévoué aux Allemands, introduit l'entreprise auprès de l'organisation Todt. Tournet témoignera plus tard qu'il savait pertinemment que Desprez était un collaborateur économique convaincu, aux idées prohitlériennes affichées. À l'automne 1942, sans scrupule ou ignorants, les deux amis reçoivent une importante commande de fascines et de bois de feu pour gazogène de la part de l'organisation. Le détachement de la Todt s'installe bientôt à Rânes, fort d'une dizaine d'Allemands. Une fois qu'ils connaissent l'origine de la commande, Tournet et Foccart ne peuvent plus résilier le contrat, sous peine de représailles. Ils l'honorent donc, pratiquant une collaboration économique et participant à la razzia allemande sur l'économie départementale. Plus tard, Foccart déclarera :

Le château de la famille Richard, à Rânes.
Le châtelain, ami d'enfance de Charles de Gaulle,
n'osa pas lui révéler, lors de sa visite à la fin du mois d'août 1944,
les exactions commises dans le canton.
(Collection de l'auteur.)

« La collaboration économique est très difficile à définir. Tout homme d'affaires aurait pu en être accusé dès lors qu'il a livré des produits aux Allemands. Je n'ai pas eu l'impression d'en faire. »

Cependant, le châtelain Claude Richard, qui lui a permis d'étendre son affaire de bois, avait refusé auparavant de vendre quoi que ce soit aux Allemands. Apprenant que Foccart exploite la coupe de bois pour fournir l'occupant, le quadragénaire convoque le jeune entrepreneur au château. Une violente altercation oppose les deux hommes. Dès lors, Richard et Foccart resteront en très mauvais termes... Fils de Charles Richard, un chef d'escadron à la retraite, originaire de Paris, le châtelain ne peut accepter un tel commerce. Par la suite, une autre altercation éclate entre lui et Foccart, lorsque ce dernier, au moment où les Allemands commencent à enquêter sur l'entreprise, vient demander à Richard de dire que les prix qu'il pratique sont le double de ceux mentionnés sur ses factures...

Pour autant, les relations commerciales de Foccart avec l'occupant battent de l'aile. En 1943, après l'incendie criminel de leurs installations, les deux entrepreneurs sont suspectés d'escroquerie par les autorités allemandes. Aussi, en août, ils sont arrêtés et incarcérés à Argentan puis à Saint-Malo.

Tournet prétendra par la suite avoir proposé aux Allemands de les libérer sous caution. Ainsi, le 23 août 1943, une caution considérable de 1 million de francs, prêtée par l'agent de change Courballée, est versée à la Feldgendarmerie de Saint-Malo. Les deux hommes sont sauvés et blanchis. Après-guerre, jouant de ses hautes relations et faisant appel au ministre des Finances par le truchement de Jacques Chaban-Delmas, Foccart parviendra à se faire rembourser cette caution ! Dans cette perspective, le secret sur ses activités illicites de 1942 à 1943 se révèle essentiel... Début janvier 1944, Foccart est à nouveau arrêté par les Allemands et son entreprise est réquisitionnée et mise « sous contrainte »...

Bien entendu, à la Libération, le Contrôle économique de l'Orne enquête sur les activités commerciales de l'exploitation forestière avec l'occupant. Pourtant, le dossier est classé sans suite. Curieusement, sans qu'aucune note du Comité de confiscation des bénéfices illicites de l'Orne, chargé d'établir la vérité sur les quelque six cents dossiers de collaboration économique dans le département, ne soit versée au dossier... Sans non plus le précieux témoignage de cet interprète Van Aerden... Et pour cause ! Sans même encore que Foccart et Tournet, alors militaires, ne soient entendus...

Dès le début août, selon ses propres déclarations, Foccart est parti avec la 1re armée américaine, tout comme les fils Buffon, d'après le témoignage de leur mère qui évoque leur retour en septembre... Selon d'autres propos, il a rejoint Londres. Affirmations fallacieuses que contredit une photo le montrant en train de poser avec son groupe, dont Jean et René Buffon, à Joué-du-Plain le 17 août 1944, cliché publié en 2004-2005 dans *Les Résistants du bocage ornais* de Stéphane Robine. Affirmations que contredit aussi sa première rencontre avec de Gaulle le 22 août à Laval, en Mayenne, lors du trajet du général vers Paris. En fait, à l'articulation d'août à septembre, Foccart navigue entre l'Ouest et Paris. Et s'il est sur Rânes au 1er septembre ?... Pour le moins, on peut aussi s'interroger sur le fondement de tels faux témoignages.

Toujours selon son témoignage, Foccart rejoint Londres et les services spéciaux alliés dès octobre, effectuant un stage « action » du B.C.R.A. et montant la fantomatique opération « Viacarage » avec François Mitterrand, tentative aussi périlleuse que hasardeuse de libération des camps de concentration par de petits commandos de trois hommes... Opération qui, en réalité, débutera au mois de mars 1945 !

En 1948, le chef départemental des Forces françaises de l'intérieur (F.F.I.) de l'Orne, le commandant André Mazeline, écrit une somme sur cette période, *Clandestinité*, dans lequel il précise :

« Il est impossible, faute de renseignements précis, de s'étendre ici sur le rôle et l'activité de ce groupe (Foccart) qui a fait cavalier seul et qui n'eut que des rapports très indirects avec les autres organisations, si ce n'est le B.O.A. »

La vérité est que l'ambitieux Foccart, simple responsable cantonal F.F.I., s'est autoproclamé publiquement responsable du plan Tortue de trois départements et est entré en contact avec le B.O.A. « pour y jouer un rôle toujours demeuré mystérieux » sans en référer à son propre commandement départemental, Desmeulles puis Mazeline, responsables de la mise en œuvre du fameux plan au niveau de l'Orne.

« Foccart, qui prétendait avoir une activité autonome, ne participa nullement à cette action préparatoire », poursuit le commandant F.F.I. André Mazeline, qui ne rencontra qu'une seule et unique fois des agents de Foccart, le 9 juin 1944, ces agents du groupe antipanzer « Binot » se déclarant alors non encore opérationnels ! C'était ballot, trois jours après le D-Day ! C'est d'autant plus curieux que, pour d'obscures raisons, le groupe Foccart de Rânes avait stocké des armes parachutées fin mai en grande quantité, sans jamais les avoir utilisées... Mazeline conclut, définitif sur ce résistant tardif qui a monté son réseau à la fin de l'été 1943 alors même que la conjoncture internationale s'avérait désormais défavorable pour l'occupant :

« De son activité personnelle, aucun écho ne nous est parvenu. »

Quelque six ans plus tard, en 1950, une lettre anonyme relance l'affaire du cadavre de Van Aerden. En mai 1953, à la suite d'une commission rogatoire de Mlle Lefebvre, juge d'instruction d'Argentan, la police rouennaise enquête à nouveau sur le meurtre de l'interprète belge, neuf ans après les faits et la première enquête avortée, émettant une autre hypothèse que celle de la punition résistante. La police judiciaire (P.J.) de Rouen, puisque l'Orne fait alors partie d'une seule et grande région normande, s'intéresse à ce titre à Jacques Foccart, qui est entendu comme témoin. L'homme d'affaires déclarera en 1998 dans *Foccart parle* : « J'avais rencontré Van Aerden plusieurs fois dans le cadre de mes affaires commerciales, mais je ne crois pas qu'il ait soupçonné mes activités de résistance. »

Courageuse, la P.J., car Foccart, coopté par un groupe de sénateurs gaullistes, a été nommé un an auparavant conseiller à l'Union française chargée de gérer les rapports entre la métropole et ses colonies. Mieux, délégué national pour les territoires et départements d'outre-mer au Rassemblement du peuple français (R.P.F.), le parti gaulliste d'opposition à la IVe République, l'homme est un intime du général de Gaulle et un habitué de la Boisserie. En 1953, celui qui deviendra plus tard « Monsieur Afrique » du futur président de la République accompagne le général dans un grand périple africain.

Depuis le 17 juin 1952, un décret publié au *Journal officiel* a autorisé Jacques Koch-Foccart à ne conserver de son double nom que le patronyme alsacien de son arrière-grand-mère, Victoria Foccart. À Rânes, sous l'Occupation, tout le monde le connaissait sous ce nom, qui était devenu le nom d'usage de sa famille depuis trois générations.

Dans un article du sulfureux journal antigaulliste *Le Crapouillot* de 1972, intitulé « Les Scandales de la Ve République », un journaliste publie un récit jamais démenti, celui du rapport de la P.J. de Rouen en date du 21 mai 1953. Le commissaire Refus indique à l'époque, en parlant de la mise à mort de Van Aerden : « Cette exécution n'avait pas pour motif un fait de collaboration. » En effet, même si l'interprète avait été un collaborateur, ce dont doute même Foccart, il ne pouvait constituer un danger pour la

Résistance fin août alors même que les Allemands avaient quitté la région depuis quinze jours.

Ce que confirment les propos de Foccart dans son autobiographie en 1998 : « Du fait [que Van Aerden] “travaillait avec les Allemands”, les résistants avaient tendance à le voir derrière les coups de main de la Gestapo, ce qui est injustifié à mon avis. » L'affairiste ajoute en nuançant : « Il est possible qu'il ait été tué par des résistants mais je n'en ai rien su. » Curieuse déclaration au regard de l'arrogante vantardise des assassins dans les jours suivant l'exécution, à croire que Foccart, qui est assurément revenu dans l'Orne par la suite, n'a jamais repris contact avec les hommes de ses groupes résistants dont certains se sont publiquement attribué l'assassinat... Curieuse déclaration aussi quand on connaît la fidélité, pendant cinq décennies à son service, de la Rânaise Odette Leguerney, veuve de son bras droit, celle qui effectuait les signaux lumineux lors des parachutages sur le terrain Levite et qui était nécessairement informée des péripéties résistantes locales... Curieuse déclaration enfin alors que le conseiller de De Gaulle recevait chaque année ses compagnons résistants ornais, tant à Rânes qu'à Luzarches...

Laissons le commissaire poursuivre : « Van Aerden avait pu être supprimé du fait qu'en sa qualité d'interprète de la Todt, il était certainement au courant de nombreux et importants trafics qui avaient lieu avec les Allemands dans la région... » Cette remarque est à rapprocher de l'arrestation du barbier de Rânes, Maurice Buhin, par René Buffon à la Libération. L'artisan séquestré témoignera avoir été alors intimidé par Foccart. Bien souvent ce dernier et Van Aerden venaient téléphoner à la Todt dans son salon de coiffure... « Simplement par le fait de leurs activités commerciales avec les Allemands, continue le policier, Foccart et Tournet se trouvaient fâcheusement compromis et le témoignage de Van Aerden n'aurait pu qu'aggraver considérablement leur situation, puisqu'il aurait permis d'évaluer tous les profits réalisés par eux, non plus sur la courte période mentionnée sur les documents retrouvés, mais de 1942 à la Libération. De plus, en dehors de ces profits illicites, il semble que Foccart et Tournet se soient livrés, comme le signalait Mme Van Aerden, à certains trafics avec la complicité de soldats et d'officiers de la Todt. » En effet, selon les enquêteurs, « Van Aerden a vu un officier allemand trafiquant directement avec Foccart, Tournet et Desprez remettre à Tournet une somme de 800 000 francs qui n'avait jamais figuré dans la comptabilité ». En raison de ces trafics, les dirigeants de la Todt avaient à nouveau fait incarcérer Foccart au début du mois de janvier 1944.

Il se peut que cette arrestation soit en rapport avec l'assassinat à Saint-Malo d'un soldat allemand de la Todt de Rânes. Dans l'après-midi du rigoureux 28 janvier 1943, le militaire avait été retrouvé mort en bordure du bassin intérieur, près de l'avenue Henri-Martin. Le journal collaborationniste malouin *Le Salut* ne dit mot sur ce fait divers, lui qui oscille d'ordinaire entre chevaux écrasés et attentats « terroristes ». « Ce soldat dont nous ne connaissons pas l'identité, mais qui répondait au prénom de Paul et qui était un fermier tyrolien, ajoutent les policiers dans leur rapport de 1953, se serait rendu à Saint-Malo pour rendre compte à ses supérieurs d'un manquement de dix mille mètres cubes de bois dans l'exploitation de Rânes. Ainsi, les dirigeants de l'exploitation forestière de Rânes avaient beaucoup à craindre d'un témoignage éventuel de Van Aerden et son exécution ne pouvait que leur être favorable », concluent-ils.

Jacques Foccart semble répondre à ses affirmations en 1998 : « On a fait un amalgame entre mes activités et le meurtre ou le suicide d'un Allemand, un certain Pohl, qui aurait été chargé de surveiller mon exploitation et dont le corps avait été retrouvé dans le port de Saint-Malo. Les Allemands qui m'ont interrogé à Saint-Malo six mois après ne m'ont posé aucune question à son sujet. »

Cependant, au cours de leur enquête, il est impossible aux policiers d'établir que le paradoxal Foccart, l'homme le plus secret de la Ve République, ou Tournet, son associé et ami de toujours, escroc par la suite impliqué dans la vente du terrain de Ramatuelle préalable à l'assassinat du ministre du Travail Robert Boulin en octobre 1979, aient joué un rôle quelconque dans le meurtre de Van Aerden ou qu'ils en aient été les instigateurs. Après le meurtre du ministre, Henri Tournet paye une caution monumentale et part immédiatement en cavale à Ibiza, avant de s'évaporer

L'épouse de François Van Aerden.
(Collection de Christian Van Aerden.)

définitivement en Amérique du Sud. Il ne révélera désormais plus rien sur l'affaire Van Aerden, ni sur la ténébreuse affaire de Ramatuelle, prélude à la mort de Boulin, sur laquelle planerait aussi l'ombre de Jacques Foccart...

Le rapport de 1953 de l'enquêteur Bolloch conclut : « La continuation d'une partie de cette enquête dans la région de Saint-Malo et l'audition des nommés Moizo et Lequet pourraient peut-être d'une part confirmer ou infirmer l'un de ces motifs particuliers et d'autre part entraîner l'identification du tueur ayant été sollicité pour exécuter Van Aerden. » Cela suscite de folles espérances à la veuve de l'interprète belge. On ne sait si cette invitation a été suivie de faits… De même, peut-être est-ce le mystérieux Magne, déjà probablement impliqué dans l'affaire Émile Buffon, qui est cet inconnu à la parfaite diction venu enlever Van Aerden ?

Cependant, faute de preuves, le juge d'instruction Lefebvre décide de rendre une ordonnance de non-lieu. La partie civile juge « impensable » un tel classement. L'affaire est close, circulez, braves gens ! Le versant judiciaire est alors définitivement achevé. Pour autant, l'affaire sera évoquée dans plusieurs ouvrages d'investigations journalistiques, des *Barbouzes* d'Yvan Calzi en 1975 aux *Résistants du bocage ornais* de Stéphane Robine en 2004-2005, en passant par *L'Homme de l'ombre* de Pierre Péan en 1990, dont le présent chapitre et celui consacré à Émile Buffon se veulent un complément, dix-huit ans après.

« Peut-être que les langues se délieront-elles un jour, mais il faut faire vite, les rescapés deviennent de moins en moins nombreux, se désespère aujourd'hui Christian Van Aerden, qui garde de son grand-père l'image d'un aimable bon vivant. Vice-consul, il adorait les grands dîners auxquels il avait pu assister avec son épouse en raison de ses importantes relations, nous confie-t-il. Plusieurs fois décoré par le gouvernement belge, cet homme à l'intégrité parfaite l'était aussi par l'État français, qui lui avait remis la médaille du mérite agricole, ce dont il était très fier. Une particularité belge, son épouse était tenue de lui faire des pommes de terre vapeur à chaque repas. »

À la fois authentique résistant et collaborateur économique, le paradoxal Foccart sort donc blanchi de cette enquête de 1953. Ainsi que Tournet. À jamais, les bois de Rânes conserveront leur charge de mystère. Et les secrets d'un homme qui en savait trop. Le secret de sa mort aussi. Inhumé au cimetière de Rânes, dans une sépulture discrète et modestement entretenue par quelques fidèles Rânais, seul François Van Aerden connaît par trop parfaitement ce secret, le secret des futaies…

Jean-François Miniac,
Les Grandes Affaires Criminelles de l'Orne, 2008.

Cérémonie religieuse au Grand-Andely.
La commune des Andelys vient du regroupement
de deux bourgades autrefois séparées :
Le Petit-Andely et Le Grand-Andely.
(Collection de l'auteur.)

Carmen

Affaire Lucien A., Les Andelys
Cour d'assises de l'Eure, 1er février 1947

Le 20 mai 1946, aux Andelys, à 5 h 30 du matin, Lucien A. vient sonner à la porte de Mme L. Il lui annonce, ému, que sa fille Raymonde, avec laquelle il est fiancé, vient de se suicider. Ils vont ensemble sur les lieux du drame. La jeune fille est allongée sur le lit, morte, un mouchoir sur le visage. Sur son côté gauche, sa chemise de nuit est tachée de sang. Elle tient un revolver dans sa main droite. Ils appellent le docteur Dimey, le médecin de famille. Celui-ci, après avoir constaté le décès, prévient la police.

L'inspecteur chargé de l'enquête n'est pas du tout persuadé que la jeune fille, dix-sept printemps au compteur, ait elle-même mis fin à ses jours. Il cuisine Lucien qui admet très rapidement que le revolver est à lui. Le scénario qu'il propose ne tient pas debout : Raymonde aurait pris l'arme pour jouer... Après vingt-quatre heures de garde à vue, Lucien avoue le crime. Il a placé le revolver dans la main de sa fiancée pour faire croire à un suicide.

Le 1er février 1947, la cour d'assises d'Évreux siège pour juger Lucien A., âgé de vingt ans. L'accusé est bien connu dans la région. La curiosité est grande et l'assistance, nombreuse. L'acte d'accusation, lu par le greffier, est clair : Lucien est prévenu d'avoir volontairement donné la mort à sa fiancée d'un coup de revolver.

L'accusé écoute debout cette lecture, sans réaction, la tête baissée, les yeux camouflés par de gros sourcils noirs qui se rejoignent sur l'arête du nez, signe évident d'un tempérament extrêmement jaloux. On a l'impression qu'il tremble de froid, c'est peut-être d'inquiétude. Après tout, il est justiciable de la peine de mort.

Après les formalités d'usage, le président Guerre rappelle les faits et conduit l'interrogatoire :

« Votre mère a été veuve de guerre, son mari ayant été tué en 1916. Elle est maintenant femme de ménage. Ses employeurs en sont satisfaits. Vous êtes né en 1926. À l'école, vous avez été un élève d'intelligence moyenne, considéré comme sournois et violent. »

Lucien fait un signe de dénégation. Le président reprend :

« En 1940, vous entrez à la verrerie Holophane[1], au Petit-Andely. Vous êtes vu comme un ouvrier consciencieux, et même courageux, mais ayant mauvais caractère et de tempérament violent.

– Non, monsieur le président, je ne crois pas être violent, répond Lucien.

– Allons donc ! Même votre mère reconnaît votre tendance à la violence. Elle a dit à un de ses patrons : “Un jour, il me tuera !” Qu'avez-vous fait ensuite ?

– La Libération est arrivée. Je me suis engagé dans le 3e bataillon de marche de Normandie le 25 août 1944. Démobilisé en 1945, je suis retourné travailler à l'Holophane.

– Comment connaissiez-vous Raymonde ? Elle était née en 1929, elle était nettement plus jeune que vous !

– Je la fréquentais depuis 1944. Au début, c'était une gamine un peu coquette. On a grandi.

– Apparemment, elle aimait bien aller au bal, flirter, s'amuser. Et vous ?

1. *Holophane est la célèbre verrerie des Andelys.*

– Au début, j'étais un peu pareil. J'ai fréquenté d'autres filles. Pour moi, c'est devenu sérieux à mon retour de l'armée. Je voulais la marier.

– Elle n'y était pas prête, semble-t-il. En mars 1946, exaspéré par le comportement volage de Raymonde, vous avez exigé qu'elle vous rende les petits cadeaux que vous lui aviez faits. Elle a senti votre colère, a pris peur et s'est donnée à vous.

– Oui, mais elle a pas changé de comportement, elle a continué à me faire marcher en dansant avec d'autres gars. Dans un bal, elle a même embrassé un de ses cavaliers.

– Vous avez violemment giflé le coupable. Elle était votre propriété privée, c'est clair. Vous l'avez alors menacée de la tuer et de vous tuer ensuite.

– Je lui ai montré le revolver que j'ai rapporté de l'armée.

– On en arrive au 19 mai 1946. Ce soir-là, la musique de l'école militaire des Andelys donnait un concert à Villers, un petit pays sur le plateau en allant sur Gisors. Votre fiancée a offert une fleur à un des musiciens, l'a pris par le bras.

– De retour à la maison, j'ai engueulé Raymonde en présence de sa mère, qui était d'accord avec moi. C'était pas un comportement convenable pour une jeune fille de cet âge-là. À dix-sept ans, on doit être sérieuse.

– Vous avez accompagné votre fiancée dans sa chambre, continue le président. Elle a discuté, vous avez cédé. Vous lui avez donné le revolver, et vous nous dites qu'elle l'a rangé dans l'armoire.

– Oui, dans le tiroir de l'armoire. Après, la mère est partie. On a encore discuté un bon moment. Raymonde a dit qu'elle voulait bien me fréquenter encore pendant quinze jours pour voir s'il y avait moyen de s'entendre. Après elle verrait, si ça n'allait pas, ça serait cassé. Je l'ai quittée vers 1 heure du matin. J'étais furieux et désespéré en même temps. J'ai marché dans la ville pendant plusieurs heures.

– Que s'est-il passé ensuite ?

– J'en pouvais plus, ça me rendait malade. Il fallait que ça finisse. Je suis retourné chez elle. À la porte, je lui ai dit que j'avais oublié mon portefeuille. Elle a ouvert. Je l'ai embrassée. Je lui ai demandé une fois de plus si elle voulait se marier avec moi.

Elle m'a dit en soupirant : "Oui, plus tard, je suis encore jeune, j'ai envie de m'amuser." Il n'y avait rien à faire, pas moyen qu'elle comprenne, elle était bornée, c'était une idée fixe.

– Vous sortez votre mouchoir et lui mettez sur les yeux. Elle croit à un jeu, sourit. Vous prenez votre revolver dans l'armoire, relevez le cran de sûreté et lui tirez une balle en plein cœur. Elle meurt immédiatement.

– Oui, monsieur le président. Je devais me tuer aussi, mais je n'en ai pas eu le courage.

– Ensuite, vous êtes allé parler à sa mère en lui disant que Raymonde s'était suicidée. Avez-vous quelque chose à ajouter ? »

Lucien reste muet.

L'audition des témoins commence. L'inspecteur chargé de l'enquête se présente en premier :

« Lucien a avoué le meurtre après quarante-huit heures de garde à vue, sans trop de difficultés. »

Pour sa part, le docteur Godbille, psychiatre qui a examiné l'accusé, estime qu'il y a dans les motivations de ce crime « une part de déséquilibre émotionnel et obsédant au moment de l'acte, et donc, il est possible d'envisager une atténuation modérée de la responsabilité dont la dimension est laissée à l'appréciation des juges et des jurés ».

Le docteur Dimey, qui a procédé à l'autopsie du corps de Raymonde, témoigne à son tour :

« Pas de traces de violences. La balle a traversé le ventricule gauche, le sommet du poumon, ricoché sur une côte et est sortie presque derrière l'épaule gauche. Elle a été tirée à bout portant mais non touchant. La victime est morte immédiatement. »

Un des jurés demande :

« A-t-elle pu parler après sa mort ? »

Étonné de cette question, qui lui semble quelque peu saugrenue, le docteur Dimey répond poliment que non.

Mademoiselle Yvonne L., dix-sept ans, une copine de Raymonde, est comme elle ouvrière à l'usine de la Soie :

« Qu'est-ce que vous faites dans cette usine ? demande le président.

– Je suis sur la chaîne qui produit le “Racine de Tortue” », répond-elle.

Devant la perplexité du président, l’avocat de la partie civile précise :

« L’usine de la Soie a été fondée en 1815 par M. Hamelin. Pendant longtemps, on y a traité la soie grège en provenance de Chine et des Cévennes. Pour disposer de main-d’œuvre, les patrons avaient fondé un orphelinat qui a disparu avec la guerre. Maintenant, on y fabrique du fil de pêche. Le plus connu, “Racine de Tortue”, est célèbre dans le monde entier. »

Ainsi éclairé, le président reprend :

« Allez-y, racontez-nous ce que vous avez vu. »

Yvonne fait un récit confus des disputes publiques entre son amie et Lucien :

« Une fois, *y a foutu sur la gueule*, je l’ai vu, de mes yeux vu. Et il a dit : “Je m’en vais et je ne reviendrai pas les mains vides, tu peux me croire.” Il voulait dire qu’il lui ferait son affaire vite fait bien fait. »

Lucien intervient :

« Elle m’avait dit qu’elle allait à un cours de secourisme alors qu’elle allait danser avec Albert P. Un crétin pareil… »

Le président demande à Yvonne si la victime avait d’autres amants. Elle répond :

« J’y suis pas allée voir ! »

Ensuite, c’est au tour de la mère de la victime de témoigner. Le président la prie de raconter tout ce qu’elle sait :

« Le 20 mai, Lucien est venu me dire vers 5 h 30 que ma fille s’était suicidée. »

Elle ne veut pas en dire beaucoup plus. Aucune marque apparente d’émotion. Elle s’en fout. Au fond, elle n’ose pas l’avouer, mais c’est comme si elle était débarrassée d’une gamine remuante. Le président continue :

« Comment se fait-il qu’elle habitait en dehors de chez vous ? Elle n’était pas majeure ?

– Elle ne s’entendait pas avec mon nouvel ami, elle était bien mieux toute seule, comme ça, elle nous laissait tranquilles.

– Tout de même, c’est un peu jeune pour vivre ainsi. »

Le magistrat s'aperçoit que la mère est indifférente et convoque le témoin suivant.

Il s'agit du fameux Albert P., ajusteur aux Andelys, qui fréquenta Raymonde pendant que Lucien était sous les drapeaux. Il reconnaît avoir été l'amant de la victime. De temps à autre, elle le revoyait :

« Elle aimait bien guincher avec moi, dit-il.

– Détaillez un peu, s'il vous plaît.

– Elle adorait la danse. Le samedi, après sa semaine d'usine, on allait au bal. Sa danse préférée, c'était « la danse atomique ».

– De quoi s'agit-il ?

– On hurle tous ensemble : "Ta ka ra BOUM di yé !" Quand on dit "BOUM", coup de cymbale, le mec fait sauter en l'air sa cavalière, toutes retombent en même temps sur le parquet, un boucan d'enfer. Il y a une sacrée ambiance, les filles tiennent leurs robes, les mères assises sur le banc surveillent, les rustiques picolent à la buvette, et nous, on voit les jupons qui flottent dans l'air. Le sien, il était beau, tout en broderie anglaise. Elle était heureuse quand on dansait ça. »

Il baisse la tête.

« Et moi, j'étais fou d'elle. J'aurais fait n'importe quoi dans ces coups de temps-là. »

Elle lui a confié :

« Je voudrais bien quitter Lucien, mais je ne peux pas. J'ai peur de lui. »

À la demande du président, il répond :

« Je n'ai jamais vu la mère de Raymonde au bal. »

Soudain, Lucien se lève et déclare :

« La première fois que j'ai couché avec elle, elle n'était plus vierge. »

Le président demande au greffier de prendre note de cette déclaration. Lucien continue. L'air mauvais, il s'adresse à Albert :

« C'est toi, fumier, qui l'as dépucelée ! »

Albert n'a pas le temps de répondre. Le président intervient :

« Ça suffit ! Vous devez le respect à la Cour ! »

Lucien continue quand même, hargneux :

« Dis-leur que t'as voulu te suicider quand elle t'a plaqué ! »

Albert baisse la tête :

« C'est vrai, mais finalement je l'ai pas fait, moi non plus. »

Émile C., élève à l'école militaire des Andelys, précise que lorsque Raymonde lui a offert une fleur après le concert, elle lui a dit en parlant de Lucien :

« Faites attention. Il est extrêmement jaloux. C'est maladif. »

Le chef de la Résistance F.F.I. des Andelys dit quant à lui tout le bien qu'il pense de Lucien, qu'il a eu sous ses ordres pendant quelques mois. Un bon soldat. « Bête et discipliné » ? L'avocat présente un nombre impressionnant de témoignages attestant de la conduite sérieuse de Lucien sous les drapeaux.

Renée Q., dix-huit ans, elle aussi ouvrière à l'usine de la Soie, parle de la victime :

« Elle se tenait normalement. Nous, les filles, on l'aimait bien. Le bal du samedi soir, c'est notre seule distraction dans ce patelin. Elle était avec nous quand on préparait la salle en râpant de la bougie et en frottant le parquet avec. Après, on dansait dessus entre nous. Qu'est-ce qu'on a pu rigoler avec elle ! Raymonde était notre petite reine. Elle était plus libre que nous puisque sa mère s'en occupait pas, elle pouvait faire ce qu'elle voulait, elle en profitait. Il a fallu qu'un salaud... »

Le président l'interrompt. Il est compréhensif, mais il a du mal à tenir tous ces jeunes. Il ne faut pas dépasser certaines limites.

« Pas d'insultes ici ! » grogne-t-il.

Il relit ensuite les conclusions du rapport de l'expert-psychiatre :

« Je surnommerai Raymonde "la Carmen des Andelys". Elle aurait dit à propos d'un de ses flirts désespérés : "S'il se tue, ça ma fera de la vogue." Je la considère comme puérile et écervelée, avec un peu de perversité innocente. Ceci dit, elle a des excuses. Elle avait dix ans en 1939. Elle a vécu toute la guerre, avec les alertes, les bombardements, l'occupation, les privations, les combats, les morts... pas vraiment encadrée dans la famille. Elle a peut-être compris que la vie est courte et voulait en profiter. Toute cette génération est déboussolée, a perdu les repères habituels.

Une envie de liberté est dans l'air du temps, mais les actes qu'elle inspire ne sont pas toujours raisonnables, souvent excessifs. Des gamins. Mais certains ont des armes en guise de jouets. C'est un vrai problème.

« En ce qui concerne Lucien, je me contenterai de citer Chamfort : "Ôtez l'amour-propre de l'amour, il reste bien peu de choses." Dans le cas de Lucien, d'après moi, il ne reste quasiment rien. »

C'est ensuite le temps des plaidoiries. La partie civile est représentée par M. Chevallier, du barreau des Andelys.

« Aucun témoin n'a vraiment fait le portrait de Raymonde. Une petite jeune fille de dix-sept ans, les yeux vifs, mutine, rieuse, déjà de la rouerie féminine. Ce n'était certes pas un ange de vertu, mais rien ne justifie son assassinat. Le meurtrier n'a aucune excuse à son acte. Je déplore que la jeunesse ait une trop grande facilité à jouer du revolver. La guerre est finie et les valeurs fondamentales, en particulier la vie humaine, doivent revenir au goût du jour. »

Il réclame un châtiment sévère à titre d'exemple et 200 000 francs de dommages-intérêts pour la mère de la victime.

L'avocat général prend la parole à son tour et rappelle les conclusions de l'expert :

« Raymonde n'était certes pas un ange de vertu, mais s'il fallait tuer toutes ses semblables... De plus, si sa mère était restée chez elle le soir du 19 mai, ce drame n'aurait certainement pas eu lieu. »

Il évoque la préméditation sans trop insister et requiert une peine de travaux forcés pour Lucien.

Maître Émo, jeune avocat du barreau de Paris, plaide la défense de Lucien. Il ne charge pas la victime :

« Il faut tenir compte de plusieurs choses dans cette affaire, en particulier de l'âge de tous les protagonistes et aussi de la période où ce drame s'est déroulé, l'immédiat après-guerre. Vous devez aussi savoir que Lucien a des remords. Il aime encore Raymonde, la voit dans son sommeil. Il revit ce drame toutes les nuits. »

Il se tourne vers son client et lui dit, haussant les épaules :

« Vous avez agi comme un gamin, vous devez maintenant payer comme un homme. »

La délibération est assez longue. Lucien A. est reconnu coupable de meurtre, mais sans préméditation. Les circonstances atténuantes sont accordées. Il est condamné à cinq ans de réclusion criminelle et à verser 75 000 francs de dommages-intérêts à la mère de Raymonde.

À la sortie du tribunal, les camarades F.F.I. de Lucien l'embrassent et l'exhortent à faire preuve de courage. Quant aux copines de Raymonde, la plupart ouvrières à la chaîne de l'usine de la Soie, elles se sont regroupées et pleurent leur amie, une jeune fille de dix-sept ans qui aimait s'amuser, qui voulait simplement vivre un peu, dont la seule ambition était d'être la petite reine du samedi soir...

Roger Delaporte,
Les Grandes Affaires Criminelles de l'Eure, 2008.

Le dernier décapité de Seine-Inférieure

Affaire Piskorski, 1947-1948

MERCREDI 24 SEPTEMBRE 1947, quai du Rhin au Havre. Les gardiens de la paix Lintz, Adenet et Quesnel font leur ronde de nuit. Il est 23 heures et les trois policiers repèrent les inévitables rôdeurs autour des navires américains. Le Havre martyrisé par les bombardements alliés en 1944 est une étape pour la marine US qui apporte par bateaux entiers des marchandises destinées aux camps provisoires. En ces temps difficiles, cet afflux de matières premières attise les convoitises. On manque encore de tout. Des trafics s'organisent, parfois sous les yeux de la police impuissante.

Cette nuit-là, le contrôle d'identité est immédiat :

« Papiers, s'il vous plaît ! »

Les deux suspects paraissent en règle...

« Rentrez chez vous ! Il y a de la place au violon ! » menace l'un des agents.

Le tandem disparaît dans le brouillard. La première ronde s'achève sans autre incident. Les policiers regagnent le poste Paul-Marion.

À 3 heures du matin, la même équipe exécute sa seconde ronde. Malgré l'obscurité, les gardiens de la paix distinguent au loin deux individus portant des sacs qui cherchent à se dissimuler. Surprise : le duo est identique à celui rencontré quatre heures plus tôt, quasiment au même endroit, à la différence près que les deux hommes sont à présent chargés.

Les agents leur demandent d'ouvrir les sacs. Ils ne contiennent pas du linge américain comme c'est souvent le cas, mais des vêtements ordinaires dont des habits féminins. D'où viennent-ils ? Les interpellés s'embrouillent dans des explications vaseuses. Ils sont conduits au poste de police pour vérifications. Piotr Piskorski est un Polonais de vingt-quatre ans, journalier récemment démobilisé de l'armée américaine. Basile K. est russe, âgé de vingt-quatre ans, également journalier. Les deux hommes se louent à la tâche sur le port. En ces temps de reconstruction, le travail ne manque pas et attire nombre d'étrangers qui viennent gagner leur pitance au Havre.

L'interrogatoire se poursuit. Une fois de plus Piotr et Basile tiennent des propos incohérents. Piskorski ne connaît que quelques mots de français, ce qui ne simplifie pas les échanges. K. a un vocabulaire plus développé. Les deux compères finissent par avouer un vol dans une maison de la rue Sadi-Carnot, non loin des quais. Chacun accuse l'autre d'avoir frappé une femme lors du cambriolage. Les policiers enferment le tandem en cellule d'isolement.

Le commissaire N. comme chaque matin, parcourt le rapport de la nuit… Ses hommes évoquent les aveux de Piskorski… et K.

L'officier de police convoque immédiatement deux de ses inspecteurs, son secrétaire et se rend sur les lieux voir de quoi il retourne.

La demeure du 401, rue Sadi-Carnot, modeste maison de bois, fait face à une usine électrique. Elle jouxte un bar et longe la voie ferrée.

Personne ne vient ouvrir quand les policiers frappent à la porte. On interroge le voisinage. Mme L. est sans doute sortie faire ses courses. Une explication peu convaincante.

Les policiers font sauter la serrure. Dès l'entrée, le doute n'est plus permis… Le désordre montre que l'on a fouillé de fond en comble les deux pièces du logement.

Sur le carrelage de la cuisine, le corps de Mme L. baigne dans une mare de liquide noir, coagulé. La tête est recouverte d'un oreiller saturé de sang. Première constatation : les marques relevées sur le cou indiquent une strangulation. Un objet lourd a cogné violemment la face, provoquant l'éclatement du crâne. Dans la chambre, le commissaire distingue une autre forme humaine allongée sur le lit et recouverte d'un édredon. C'est une fillette âgée de huit ans, la nièce de Mme L., étranglée au moyen d'un foulard.

On fouille la maison à la recherche d'indices. Dans le jardin, un enquêteur met la main sur une barre de fer portant des traces sanglantes...

Retour au commissariat où les journaliers polonais sont invités fermement à s'expliquer. À nouveau, ils se rejettent les responsabilités même s'ils admettent avoir cambriolé la maison et avoir frappé la propriétaire.

Le commissaire sait qu'il lui faudra du temps pour obtenir toute la vérité. Il dispose déjà d'aveux circonstanciés. Remonter le fil de l'histoire jusqu'à ses prémices est une question de patience.

Pendant l'après-midi de ce jeudi 25 septembre, le commissaire N., le chef de la police judiciaire B., ses inspecteurs et le service anthropométrique se transportent sur la scène du crime, rejoints par le commissaire principal S. Les riverains alertés par un tel déploiement accourent aux nouvelles. Un cordon de gardiens contient leur curiosité.

Andrez et Marie L. vivaient en paix dans la maisonnette de la rue Sadi-Carnot. Ils avaient recueilli leur nièce Albina C. dont la mère travaille. Marie, âgée de soixante-cinq ans, a élevé la petite Albina comme sa propre fille. Au moment du drame, Andrez séjournait à Paris pour ses affaires.

Les proches voisins ont-ils vu ou entendu quelque chose, la nuit du double meurtre ? Le couple G., dont la maison est mitoyenne de celle des L., témoigne. La femme est formelle :

« Je me souviens avoir entendu la petite appeler "Grand-mère !", c'est ainsi qu'elle nommait sa tante, mais ce ne fut pas un cri. »

Dans le quartier, l'assassinat a provoqué un émoi qui se répand dans le reste de la cité. Une septuagénaire et une enfant de huit ans assassinées pour un simple vol de linge bouleversent les consciences, réveillent les instincts de vengeance...

« Quand je pense qu'hier encore la petite Albina jouait là avec son chien. C'est affreux ! » se remémore une femme en pleurs.

À ce stade déjà avancé de l'enquête, manquent la genèse du drame et le partage des responsabilités. Pour ce faire, les deux suspects sont conduits dans un bureau, menottés sur une chaise. La nuit promet d'être longue. Il faut attendre le lendemain midi pour qu'enfin, une histoire plausible se dessine.

Selon leurs auteurs, les faits se seraient déroulés ainsi.

Mercredi 24 septembre à midi. Les deux ouvriers polonais traînent devant la gare S.N.C.F. Ils ne travaillent plus depuis quelques jours et ont dépensé leurs derniers sous. Le besoin d'argent se fait sentir, impérieux, immédiat. Changer de ville, mener un autre genre d'existence, pourquoi pas, mais il faut une mise de fonds. C'est alors que Piskorski se souvient d'un couple ami, les L. Il sait le mari absent du Havre pour son travail. Des confidences sans doute imprudentes font état d'un pécule de cinq cent mille francs. Toutes les économies du couple L. Basile, enthousiaste, s'emballe. Demeure pourtant le « problème » de Marie L. Le Polonais pense le résoudre en assommant tout simplement la pauvre femme.

Le soir même, les deux complices s'arment d'une barre de fer trouvée dans la cité Chauvin, non loin du domicile des L. Un bon outil pour estourbir la malheureuse Marie. Une fois devant la maison, Basile K. reste dans le jardin en planque alors que Piskorski frappe à la porte, en ami. Marie L. lui ouvre sans méfiance.

Albina dort dans la chambre à coucher et Marie écoute de la musique diffusée par le poste de T.S.F. Une aubaine pour le Polonais qui frappe la femme de dos avec sa barre de fer. Le son de la musique couvre les bruits. Puis le tueur s'en va vérifier que la petite Albina ne s'est pas réveillée. Manque de chance, elle appelle :

« Grand-mère ! »

Piskorski se saisit d'un foulard et étrangle la gamine avant de la cacher sous l'édredon.

De retour dans la cuisine, il garrotte également la vieille femme pour s'assurer qu'elle est bien morte.

Après avoir rempli son odieuse besogne, le malfrat fouille les lieux de fond en comble. En guise de cinq cent mille francs, il ne trouve que cent cinquante francs. Fou furieux, il rejoint son complice dans le jardin.

Puis le duo se réfugie dans l'obscurité des quais où ils seront contrôlés une première fois par une patrouille d'agents cyclistes.

N'importe qui aurait pris cette alerte comme un avertissement. Pas nos deux hommes. Non content de n'avoir quasiment rien volé, et toujours à court de liquidités, ils rebroussent chemin pour retourner à la maison des L. Leur objectif est de voler des vêtements qu'ils pourront revendre avant de quitter le Havre dès le lendemain.

Le criminel fait entrer son comparse. K. n'est pas étonné de voir le corps de la femme. Il savait ce qui allait se passer, c'est bien pour cela qu'il n'a pas voulu monter. Cambrioler oui, mais hors de question pour lui de devenir un assassin.

Les deux malfaiteurs entassent dans deux grands sacs tout ce qu'ils trouvent. Piskorski ramasse sa barre de fer, qu'il jette dans le jardin.

La confession s'achève.

À l'extérieur du poste de police, couve l'émeute. Les gens du quartier et d'autres Havrais réclament à hauts cris une mort immédiate pour « les monstres ». Fusent également les invectives xénophobes. Il faut avouer que l'étranger, en ce jour de deuil, n'est pas en odeur de sainteté. Pour preuve, cet article d'un localier :

« Oui, c'est affreux. Deux gredins, deux étrangers – comme par hasard – ont lâchement assassiné une brave femme de soixante-cinq ans et une enfant de huit ans. Pourquoi ? Pour voler du linge. »

Et d'en remettre une couche par des conclusions des plus douteuses :

« Que les individus soient surpris au cours d'un cambriolage et qu'instinctivement, ils tirent des coups de feu sur les propriétaires de l'habitation, cela peut, à la rigueur, se concevoir de la part de gens qui n'hésitent pas à supprimer ceux qui les gênent mais étouffer sauvagement deux êtres sans défense, quelle honte ! »

Pour en rajouter dans l'ignominie, le journal exhibe en vitrine des clichés pris sur les lieux du meurtre. Déjà le poids des mots, le choc des photos.

Les assassins sont incarcérés à la maison d'arrêt du Havre où ils attendront l'heure de leur jugement sous haute surveillance.

On doit les isoler des autres prisonniers. Les tueurs de vieille femme et d'enfant, de surcroît étrangers, risquent d'être écharpés par des détenus justiciers adeptes d'une morale propre au monde carcéral.

Le 9 mars 1948 soit six mois après les meurtres, les assises du département s'apprêtent à juger deux accusés qui stigmatisent toutes les haines d'une ville. Avant même l'ouverture du procès qui se tient au Havre, la sentence qui attend les Slaves est dans tous les esprits : la mort !

Tassé dans le box, Piskorski montre un visage totalement hagard. Son complice paraît en meilleure forme. Les deux hommes ont chacun leur avocat. Mission impossible pour ces maîtres du barreau... D'autant que tout est traduit par un interprète qui éprouve lui-même quelques difficultés à comprendre le polonais, étant russophone ! Les débats se traînent, interrompus par les protestations et contestations des uns et des autres.

Un point focalise l'attention de la Cour : la barre de fer. A-t-elle été apportée par les deux hommes ou trouvée sur place ? Un expert a confirmé qu'elle était l'arme du crime.

Un ouvrier polonais témoigne que l'objet appartient à Piskorski. D'ailleurs, il savait ce que projetait l'accusé. Il a bien tenté de l'en dissuader. L'interprète traduit mal. L'accusé s'énerve, proteste.

Pour les jurés, la préméditation ne fait plus aucun doute.

Arrive le moment le plus éprouvant du procès : le témoignage du veuf, Andrez L. Il confirme connaître Piskorski d'origine polonaise comme lui. Il savait ses difficultés financières. À plusieurs reprises il lui avait prêté de l'argent. Le témoin précise qu'une somme de quatre-vingt mille francs a disparu de chez lui. Les accusés se récrient : jamais ils n'ont dérobé une telle somme.

Le dernier décapité de Seine-Inférieure

La tension est grande. Le président ordonne une interruption. Juge, avocats et jurés ont besoin de recouvrer leurs esprits.

Puis les débats reprennent force et vigueur.

La partie civile réclame cinq cent mille francs de dommages et intérêts tandis que l'avocat général demande la tête de Piskorski et les travaux forcés pour Basile K.

L'avocat de K. requiert pour son client un simple délit de vol. Pour le défenseur de Piskorski, en revanche, la tâche confine à l'exploit. Son client, plaide-t-il, a été élevé par un père officier de l'armée polonaise. Une éducation de fer bouleversée par le traumatisme de la guerre.

« Alors enfant, mon client a assisté à l'invasion allemande dans son pays puis à l'invasion russe. C'est pour cela qu'il a quitté son pays, il avait envie d'avoir un avenir dans un pays libéré. »

Livré à lui-même dans un pays dont il ne connaît ni la langue ni les traditions, ayant perdu tous repères, Piskorski aura sombré et commis l'irréparable. Cela ne mérite pas pour autant d'être guillotiné.

Le jury n'est pas du même avis. Il suit à la lettre les réquisitions de l'avocat général. Le 10 mars, Piskorski est condamné à mort ; K., à douze ans de travaux forcés assortis de vingt ans d'interdiction de séjour sur le territoire français. La partie civile obtient la totalité de sa demande de dommages et intérêts. À l'énoncé du verdict, le public applaudit, provoquant l'ire du président.

Piskorski perd sa tête et sa vie dans la cour de la prison de Rouen, à l'aube du 24 août 1948. Triste privilège ! Il est le dernier décapité de Seine-Inférieure.

Eddy Simon,
Les Grandes Affaires Criminelles de Seine-Maritime, 2006.

La pension de famille Cordier, à Tessé-la-Madeleine,
dans laquelle étaient descendus les frères Rosselli.
(Collection de l'auteur.)

Le Duce en Normandie

Affaire J.-M. Bouvyer, J. Fauran, R. Puireux, F. Jakubiez, J. Filliol, F. Méténier, F. Baillet, A. Lamy, A. Corre et L. Huguet, Bagnoles-de-l'Orne
Cour d'assises de la Seine, 10 octobre 1948

À L'OUEST du département, au cœur de la vaste et longitudinale forêt d'Andaines, la célèbre station thermale de Bagnoles-de-l'Orne accueille la foule des curistes des beaux jours en ce mercredi 9 juin 1937, prémices d'un été très sec sur tout le pays.

Venu en cure dans cette ville, Carlo Rosselli, un journaliste et homme politique italien de trente-sept ans, est arrivé le 28 mai dernier. Lui et son épouse séjournent près de la station, à Tessé-la-Madeleine, où ils sont descendus à l'hôtel Cordier, une paisible pension de famille. Ils comptent rester une quinzaine de jours pour traiter une vilaine et douloureuse phlébite consécutive à une blessure que l'homme a reçue en Espagne, à Tarrasa précisément, en mars dernier.

Le 14 de ce mois, Carlo, ancien professeur d'économie politique à l'université de Genève, était à Guadalajara lors de l'offensive déclenchée contre Madrid par les troupes blanches composées en majorité de soldats italiens de Mussolini, le Duce. L'échec de cette offensive résulte notamment de l'emploi, du côté des défenseurs républicains de la capitale, de haut-parleurs qui permirent à des orateurs italiens d'adresser des appels à leurs compatriotes, les invitant à cesser le combat. Carlo Rosselli, un des dirigeants du parti socialiste transalpin en exil, était l'un de ces orateurs. En effet, dès que la République espagnole fut attaquée par les militaires de Franco, soutenu par l'Allemagne nazie et l'Italie fasciste, Carlo ne put se résigner à demeurer sur la chaise de l'éditorialiste parisien qu'il était devenu après sa fuite d'Italie, même si les nouvelles publiées dans son journal *Giustizia e libertà* avaient le don de faire enrager le Duce. Après cette offensive, blessé et malade, il était revenu à Paris, où il résidait désormais avec sa femme et ses trois enfants.

Le dimanche 6 juin, le couple a été rejoint par le frère cadet de Carlo, un médecin florentin prénommé Sabatino, et surnommé « Nello » dans l'intimité. Après avoir quitté sa mère, femme de lettres réputée qui est restée se reposer à Florence, où elle soigne son grand âge, Nello a visité l'Exposition universelle à Paris avant de gagner la Normandie. Réunis, les deux frères ont parlé encore et toujours de politique, sujet qui les a autrefois fédérés et qui les oppose aujourd'hui. Docteur ès lettres et professeur à Florence, Nello ne s'occupe désormais plus de politique mais d'écriture historique, depuis qu'il a été inquiété au moment de la fuite d'Italie du leader socialiste Turati, à laquelle son vibrionnant frère aîné n'est pas étranger il est vrai...

Le mercredi 9 en question, alors que l'épouse de Carlo part à Paris rejoindre ses enfants, au numéro 79 de la rue Notre-Dame-des-Champs, les deux frères décident de profiter de cette rare journée sans obligation pour aller en promenade à Alençon. La cure devant se terminer deux jours plus tard et la femme de Carlo devant revenir le lendemain, autant profiter de ce répit pour découvrir la capitale de la dentelle et en rapporter quelques souvenirs, se disent les frères Rosselli. Cependant, ils ignorent qu'un homme surveille depuis quelques jours la pension dans laquelle ils sont descendus... Les habitants de la villa jouxtant leur hôtel le voient à maintes reprises et le décriront plus tard comme un individu grand, au teint basané et à la chevelure brune avec une abondante mèche rejetée en arrière. Certains préciseront aussi que cet individu s'exprimait en italien... D'autres encore diront avoir vu quatre hommes rôder dans la région bagnolaise...

Ce mercredi-là donc, vers 10 h 30, les deux frères quittent l'hôtel Cordier au volant de leur automobile Ford noire et se rendent à Alençon. Là, après avoir vainement tenté de visiter l'école dentellière, fermée ce jour-là, ils se restaurent dans un salon de thé pendant une demi-heure, puis entrent dans une mercerie alençonnaise au nom suranné, *Au bon linge*, rue du Bercail. Monsieur Reynaud leur vend un mouchoir au point d'Alençon. Peut-être que les deux garçons veulent l'offrir à leur mère qui, alitée depuis quinze jours, n'a pas pu accompagner Sabatino en France ? Peut-être aussi que ce cadeau est destiné à la combative épouse de Carlo ? Toujours est-il que, après l'achat de deux cartes postales, les touristes d'un jour quittent la préfecture ornaise en fin d'après-midi, vers 17 h 30. Les Rosselli prennent alors la route du retour, espérant voir le château de Couterne dans la chaude lumière du couchant…

Sur la place de la Madeleine, un monteur en chauffage central, Berthelot, est alors intrigué par les allées et venues des occupants d'un cabriolet décapotable. Tandis qu'une femme se rend à l'église Notre-Dame, deux hommes à cheveux noirs grisonnants épient à travers la vitre arrière. L'observation de l'ouvrier en reste là. Dommage, quand on connaît la suite des événements…

Le même jour, vers 16 heures, à Carrouges, un bourg entre Alençon et Bagnoles, un marchand d'essence du nom de Bodeau sert une puissante voiture grise dans laquelle ont pris place quatre hommes, des étrangers sans doute. Le pompiste se souviendra plus tard de deux d'entre eux : l'un, la trentaine, avec des cheveux châtains, frisés et relevés, et l'autre, un petit, avec des cheveux plaqués. Après avoir été servi de quinze litres, un de ses hommes dit en refermant le bouchon du réservoir d'essence : « *Chiuso*[1]. »

Ensuite, la voiture s'éclipse en direction de Courtomer.

Bientôt, cette voiture dépasse la vieille Ford noire des frères Rosselli. Rien de plus banal. Vers 19 heures, l'automobile des deux Italiens arrive dans un petit défilé boisé du côté du château de Couterne, un lieu désert au bout duquel les deux passagers aperçoivent cette même voiture grise, manifestement en panne. Les quatre occupants sont tous penchés sur le véhicule, ils semblent

1. *Mot italien signifiant : « Fermé. »*

La rue du Bercail, à Alençon, où les frères Rosselli firent des achats quelques heures avant leur assassinat...
(Collection de l'auteur.)

rechercher la cause de la panne... Voyant arriver l'automobile noire, ils font des signaux et sollicitent l'aide obligeante des Rosselli. Le véhicule de ces derniers s'arrête. Entre compatriotes, il faut s'entraider ! Sabatino descend le premier, le cric en main.

Ce mercredi soir, comme chaque soir, une jeune fille revient à bicyclette au domicile de ses parents, à Haleine, après sa journée de travail à Bagnoles, chez le coiffeur Francis. La manucure emprunte, entre 19 heures et 19 h 30 approximativement, le petit défilé boisé à proximité du château de Couterne. Elle aperçoit justement quatre hommes et les deux automobiles arrêtées sur le bas-côté dans un virage, à l'endroit où un jeune cycliste fera une découverte étonnante dans quelques heures. Dans le premier véhicule, un homme se tient au volant. Appuyé sur une portière, un petit blond parlemente avec le chauffeur de la seconde voiture. Le quatrième homme est assis sur la banquette à proximité de celle du chauffeur. En apercevant la jeune fille à vélo, le petit blond s'empresse de regagner l'automobile et les deux véhicules démarrent en direction de Bagnoles. La cycliste a eu le temps de dévisager l'individu se tenant sur la route, un homme petit et mince, aux cheveux châtains et plaqués. Décidément, l'exécution de leur plan se révèle délicate. Déjà, le lundi précédent, une bielle coulée en route avait retardé les quatre hommes.

En arrivant alors à l'endroit où les voitures stationnaient, la manucure regarde machinalement l'herbe du fossé. Soudain, elle se rend compte que le bas-côté est souillé par une large tache de sang ! Effrayée, paniquée même, le cœur battant la chamade, la jeune fille de dix-neuf ans appuie sur les pédales et part se réfugier dans la maison familiale. Elle raconte l'incident à ses parents ainsi qu'à un de ses voisins. Elle vient de l'échapper belle, la « morvette » !

Plus tard, vers 20 heures, un jeune homme chemine aussi à bicyclette sur cette même route isolée joignant Bagnoles-de-l'Orne à Couterne. Sans rien constater d'anormal. Tout juste remarque-t-il une mare en roulant le long du fossé étoilé de pâquerettes :

« Tiens, pense-t-il, il y a de l'eau à cet endroit, je ne l'avais jamais vue... »

Et le jeune cycliste de poursuivre son chemin. Garçon brun à la chevelure sage marquée par une raie sur le côté, ouvrier serrurier chez son père, le jeune Henri Jarry rejoint lui aussi le domicile familial, à Couterne.

Ce soir-là, il s'en est fallu de peu pour que ces deux jeunes gens ne découvrent ce qui va défrayer la chronique judiciaire pendant de longues années !

Vers 20 h 15, les deux voitures passent à la Chapelle-Moche, circulant à vive allure sur le chemin des Moulins-Bouchard. Tonnot et Jouanne, deux cultivateurs travaillant dans les champs, les voient s'arrêter le long de la route. Les occupants descendent de la Ford noire, semblent l'abandonner, feux allumés, et partent dans la voiture grise... Les agriculteurs n'attachent pas d'importance à ce qu'ils ont vu. Sans doute l'automobile est-elle tombée en panne, et son propriétaire viendra la chercher le lendemain. Une « *niollerie*[1] », somme toute ! Par ailleurs, dans la nuit du mercredi au jeudi, entendant du

1. *Une bêtise.*

Le château de Couterne, que désiraient visiter les frères Rosselli.
Ils n'auront jamais ce loisir, assassinés à proximité.
(Collection de l'auteur.)

bruit, les époux Mustière, cultivateurs à La Chapelle-Moche, se lèvent et voient deux hommes regagner la route qui va de Domfront à Couterne, s'éclairant à l'aide d'une lampe torche et ayant l'air de chercher quelque chose...

Le jeudi matin, la fameuse voiture est toujours là. Intrigués, les deux cultivateurs curieux de la veille s'en approchent. Un détail les saisit. Ils s'arrêtent net, comme figés. Incroyable ! Sous le capot, près du carburateur, a été déposée une boîte de lait Nestlé. Le couvercle a été hermétiquement scellé à la cire rouge, troué par un tube en verre dans lequel prend naissance un cordon Bickford qui va jusqu'au marchepied de l'automobile. L'extrémité du cordon avait été allumée, sans succès. Aussitôt, Tonnot et Jouanne décident d'alerter leur maire, Derouet, qui transmet l'information aux gendarmes de Juvigny-sous-Andaine.

Le lendemain matin, Henri Jarry fait à vélo le même chemin que la veille, mais en sens inverse : il est parti de Couterne et se dirige vers Tessé-la-Madeleine, précisément. Vers 8 heures, alors qu'il passe au niveau de la « mare » repérée le soir précédent, pratiquement en face du château de Couterne, charmant édifice de granit roux et de briques roses vernissées, le hasard veut qu'il s'arrête pour satisfaire un besoin des plus naturels. C'est alors qu'il voit une masse sombre, sous les herbes, dissimulée dans un petit taillis.

« On s'est battu là, pas prudent de m'arrêter, pense-t-il. Si les agresseurs étaient encore là… »

Et le jeune homme de pousser sa bicyclette et de la déposer à quelques pas de là. N'entendant aucun bruit, il se fige, observant consciencieusement les alentours. Personne. Il s'approche. Prudemment. Soudain, c'est l'effroi. Un spectacle épouvantable s'offre à lui : les cadavres de deux hommes se coudoyant. Sauvagement assassinés. Paniqué, le serrurier prend ses jambes à son cou et gagne la gendarmerie de Couterne. Aussitôt, les deux militaires de service et le jeune garçon retournent sur le lieu indiqué par ce dernier. Là, à leur tour, les gendarmes découvrent les deux cadavres. Il s'agit de deux hommes de forte corpulence, chacun pesant plus de cent kilos, maculés de boue et de sang. *« Ourdés »*, comme on dit ici. Ils semblent avoir été précipités d'une voiture, à en juger par les fougères et les herbes piétinées, et ont dû être traînés dans le bosquet après avoir été ainsi jetés dans le fossé. Les militaires remarquent aussi une paire de lunettes à côté des deux corps.

La nouvelle se répand comme une traînée de poudre dans les environs. Monsieur Tournelier, un photographe de Bagnoles-de-l'Orne, vient prendre des clichés argentiques des deux cadavres couchés dans le bas-côté, l'un face contre terre, l'autre face au ciel.

Rapidement, les autorités judiciaires sont prévenues. Le parquet de Domfront est chargé de l'enquête. Le juge d'instruction Évrard et son greffier Vautier, aidés du procureur de la République Daligault, commencent alors leurs investigations en compagnie du commandant Bon, des brigades de gendarmerie de l'arrondissement. Ensemble, ils se rendent à Couterne, où les deux corps ont été déposés à la morgue de l'hospice, sous la surveillance du chef d'escadron Caron, commandant de gendarmerie à Alençon.

Visiblement, les deux hommes sont aisés. Dans leurs poches de vêtement, outre deux cartes postales et le mouchoir en dentelle, on retrouve leur argent : des chèques, dont l'un de 19 000 francs, une somme de 1 250 francs français et deux billets de 100 lires sur le plus jeune ; une somme de 20 000 francs et un carnet de chèques sur le plus âgé. Leurs montres en or sont restées attachées par leur chaîne. Décidément, ce double crime n'est en rien crapuleux !

L'identification des cadavres est rapide, facilitée par les papiers trouvés sur eux. Bien entendu, il s'agit des deux Italiens en cure à Bagnoles, les frères Carlo et Sabatino Rosselli. En revanche, une chose surprend les magistrats : l'absence du portefeuille... Les deux frères détenaient-ils des documents importants que les assassins auraient eu intérêt à faire disparaître ?

Le parquet se rend ensuite sur le lieu où ont été découverts les cadavres. Plus de doute possible, ce double assassinat est signé : près des corps, on trouve un stylet, non souillé de sang et fiché en terre, placé bien en évidence sur une touffe d'herbe, comme une provocation... Un stylet à longue lame qui porte la marque d'une grande fabrique florentine, sur le manche duquel est grossièrement gravée au couteau la lettre R.

Les magistrats examinent ensuite l'explosif découvert dans la voiture abandonnée et concluent que ce sont les assassins qui ont placé sous le capot de la Ford noire cette bombe enfermée dans une boîte de lait condensé, une fois le crime commis. Mais le feu n'a pas fait son œuvre et l'engin n'a pas explosé. Sans doute les meurtriers voulaient-ils faire sauter l'auto... Mais pour quelle raison ? L'explosif en lieu sûr, les enquêteurs poursuivent leurs constatations à l'intérieur du véhicule, dont les glaces ont été brisées. Ils découvrent une boîte pleine de poudre et, sur une banquette, un gant ensanglanté, ainsi que de larges taches brunes. Sur la portière droite et les coussins du même côté, ils relèvent aussi des giclures de sang. Dans la voiture, dont la plaque d'identité indique son appartenance à Carlo Rosselli, ils ne retrouvent qu'une douille de cartouche de 9 mm, de revolver donc, tirée sous le siège avant droit. À l'extérieur, sur la portière, il y a aussi des éclaboussures de sang. De même, le marchepied droit est maculé de sang.

En définitive, un stylet, un gant ensanglanté, une boîte de conserve de lait condensé transformée en machine infernale et une automobile : tels sont les indices que possèdent les gendarmes et agents de la Sûreté nationale, qui s'ingénient dès lors à éclaircir le mystère...

Dans un premier temps, les policiers supposent que le crime a été commis loin du château de Couterne, les cadavres semblant avoir été transportés à l'endroit de leur découverte. Or, il n'en est rien. Mademoiselle Besneux, la jeune manucure de dix-neuf ans, vient courageusement témoigner, contredisant cette hypothèse. Le crime accompli, à 19 h 40 selon les carnets secrets de Corre, les assassins ont simplement traîné les cadavres dans le fourré.

Vers 18 heures le jeudi, les autopsies de Carlo et Sabatino sont pratiquées par le docteur Lévêque, de Domfront, sur ordre des enquêteurs. Sur le dos, le bras droit au niveau du biceps et le côté gauche de la gorge de Carlo, le médecin relève sept ou huit marques de coups de stylet, dont un qui a transpercé la gorge au-dessous d'une blessure peut-être causée par une arme à feu, une trace de balle de revolver semblant être visible dans la nuque. Le praticien estime que le décès a été causé par d'abondantes hémorragies. Un coup de poignard, en pénétrant dans la tête, semble avoir entraîné la mort immédiate. Si Carlo a été tué sur le coup, Nello a quant à lui vivement résisté, malgré dix-sept coups de couteau, la présence de cheveux sous ses ongles l'atteste... C'est un travail de professionnel sachant habilement manier cette terrible arme. Chaque école militaire possède sa propre technique de poignardement. Bientôt, un expert français en criminologie reconnaîtra là le travail d'un spécialiste de l'arme blanche, et il peut même affirmer que ce bandit est issu de l'école des tueurs italiens, révélant différentes simili-tudes avec la méthode des agents de la police secrète du régime fasciste, l'Ovra (*Organizzazione di vigilanza repressione dell'antifascismo* ; en français : « Organisation pour la vigilance contre l'antifascisme »)...

Madame Rosselli ayant fait part de certains soupçons au juge d'instruction Évrard, ce dernier procède le samedi 12 juin au matin à une minutieuse perquisition de la pension de famille Cordier. Il ne retrouve pas là non plus le portefeuille de Carlo, qui a bel et bien disparu. En revanche, il découvre dans une poche du journaliste 25 000 francs français. Dans une poche de Sabatino, le résultat n'est pas moindre : 19 000 francs de la banque fédérale de Zurich, payable au Crédit Lyonnais, des billets totalisant 1 920 lires et un permis d'exporter des capitaux en date du 3 juin. Le résultat de la perquisition – une cinquantaine de documents, allant de lettres essentiellement à des ébauches d'articles de presse en italien – est expédié à Paris pour y être traduit.

La presse nationale et internationale s'est emparée de l'information et se focalise sur ce petit bout de Normandie. Cette médiatisation de l'affaire Rosselli incite la Sûreté nationale du ministère de l'Intérieur à venir épauler rapidement la police locale. Aussi, le même samedi matin, le préfet de l'Orne se rend sur les lieux du drame. À 12 h 17, l'automotrice en provenance de Paris arrive à Bagnoles-de-l'Orne. Elle achemine l'épouse de Carlo, accompagnée de Francisco Fausto Nitti, le petit-fils de l'ancien président du conseil italien Francisco Saverio Nitti, et de deux journalistes collaborant avec son mari, Clanca et Tarchiani. Madame Rosselli se rend immédiatement à Couterne pour reconnaître les corps... En découvrant le visage de son époux, défiguré par les coups de stylet, la pauvre femme manque de s'évanouir. Après cette courte et pénible visite, affaiblie, la veuve regagne Bagnoles. Là, dans un hôtel, elle s'entretient avec Me Manguin, du barreau d'Alençon, qui prend connaissance du dossier avec Me de Moro-Giafferri, l'éloquent avocat parisien de la famille Rosselli, en vue d'une constitution de partie civile. Enfin, vers 16 heures, elle part pour la capitale en compagnie des deux journalistes.

La tâche confiée aux deux avocats est une formalité pour Me de Moro-Giafferri. Il est vrai que cet ancien député, âgé de près de soixante ans, a déjà défendu en 1913 Dieudonné, de la bande à Bonnot. Visage volontaire, intelligent, nerveux, Vincent de Moro-Giafferri est un avocat corse radical-socialiste devenu une célébrité du barreau de Paris depuis qu'il a défendu gratuitement en 1921 un client dont le nom fait depuis frémir dans les chaumières : Landru.

Il est temps de nous pencher sur la vie de l'aîné des deux frères Rosselli. Né en 1899 à Rome, Carlo était un activiste antifasciste, un théoricien d'un socialisme libéral, non marxiste et réformateur, proche du travaillisme anglais. Généreux bailleur de fonds du mouvement antifasciste à l'étranger et en France particulièrement, il appartenait à une éminente famille de banquiers toscans baignant dans une atmosphère républicaine.

Professeur à Gènes, il a joué un grand rôle dans le parti socialiste italien. Au passage, il a facilité en 1926 la fuite en France à bord d'un canot automobile du leader socialiste Filippo Turati, obligé de fuir les persécutions fascistes. Cette intervention et l'édition d'un périodique libéral clandestin lui ont valu d'être condamné à la déportation aux îles Lipari, en Méditerranée, surnommés « les îles du Diable » en Italie. En 1929, Carlo a réussi l'exploit de s'évader de ces îles tristement célèbres, en compagnie du Francisco Fausto Nitti. Pour ce faire, il a acheté un yacht à un armateur anglais ; le commandant du bateau est parvenu à l'éloigner des côtes italiennes, en échappant à la chasse des torpilleurs chargés de la police de l'île, alertés dès la disparition des évadés. Au lieu de prendre la direction des côtes françaises, où ces derniers étaient attendus, le commandant a mis le cap vers l'Afrique. Fuyant l'Italie par la Tunisie, le journaliste a ensuite gagné la France, où il s'est exilé. Pendant sept ans, il a poursuivi sa croisade antifasciste, tout en critiquant l'immobilisme français et anglais face aux montées totalitaires en Europe, fascisme, nazisme et autre franquisme. Il a créé une maison d'édition et a publié un nouvel hebdomadaire militant, *Giustizia e libertà*, imprimé rue Lacépède.

Lors de la révolution espagnole, Carlo a pris parti pour les républicains, allant même jusqu'à se rendre dans le pays pour y organiser un bataillon de volontaires italiens luttant dans les rangs gouvernementaux sur le front d'Aragon. Le bataillon des frères Rosselli était l'une des deux organisations de volontaires des brigades internationales en Espagne. En mars 1937, blessé et malade, il est revenu en France, y reprenant son activité politique, faisant fi des nombreuses lettres de menace qui s'accumulaient à son journal socialiste.

De fait, la disparition des deux frères Rosselli se révèle être une grosse perte pour l'Italie antifasciste. Les deux corps sont rapatriés au domicile parisien de Carlo, où les milieux antifascistes de la capitale viennent s'incliner devant les cercueils entièrement recouverts d'œillets rouges.

Pendant ce temps, dans l'Orne, les enquêteurs en sont encore réduits aux hypothèses. Ils supposent que les exécuteurs étaient au nombre de quatre, qu'ils ont attendu le retour d'Alençon des frères Rosselli pour simuler une panne, les faire arrêter et les tuer dans la voiture même... Le lundi 14 juin, le cric des Rosselli est retrouvé dans les hautes herbes du fossé où ont été mis au jour les cadavres. Cette preuve confirme l'hypothèse de la fausse panne. Ayant entrepris de minuter l'emploi du temps des victimes, les enquêteurs en arrivent à la conclusion que les assassins ont attendu la venue de Sabatino dans le pays pour commettre leurs crimes, alors qu'il aurait été plus simple de s'attaquer à Carlo seul... Si les bandits ont frappé le frère cadet, ce n'est pas parce qu'il se trouvait là au mauvais moment, mais bien parce qu'ils l'avaient lui aussi condamné. Aussi, rien ne peut empêcher de penser que le médecin italien a été suivi dès son arrivée en France...

Deux jours durant, les inspecteurs de la Sûreté nationale Léoni et Anquetil mènent une enquête serrée à Alençon. La rumeur désigne un jeune Italien petit et blond, parent d'un mécanicien alençonnais connu pour ses opinions fascistes. Les enquêteurs l'interrogent, mais leurs investigations le disculpent rapidement de toute implication, comme tous les autres membres de la petite communauté italienne de la ville, composée d'une trentaine de personnes. À Paris, le commissaire Chênevière, de la Sûreté nationale, se rend en compagnie de l'ancien président du conseil italien Francisco Saverio Nitti chez Mme Rosselli. Celle-ci les informe de ses soupçons portant sur un jeune Italien ayant voulu être reçu par son époux à Bagnoles. Cependant, celui-ci est promptement mis hors de cause lui aussi... Bref, les enquêteurs tournent en rond.

« Ce double assassinat est selon toute vraisemblance une exécution politique », note le journal *L'Orne* dans son édition du 20 juin. Bientôt, une rumeur laisse entendre que les frères Rosselli pourraient avoir été victimes soit d'anarchistes espagnols, soit de compatriotes antifascistes leur reprochant un rapprochement possible avec le mussolinisme. La veuve de Carlo s'insurge contre cette campagne diffamatoire dirigée par le gouvernement italien :

« Carlo Rosselli a combattu le fascisme de toutes ses forces et jusqu'à la dernière minute, toujours fidèle en Italie, en Espagne et en France à son idéal de justice et de liberté ! »

La vérité donne rapidement raison à Mme Rosselli. Deux des assassins sont reconnus sur des photographies présentées par des policiers. Puis quatre, tous activement recherchés...

En fait, ce double meurtre est le troisième de la Cagoule, une organisation criminelle qui a inauguré cette série par une tentative d'assassinat sur la personne de Léon Blum le 13 février 1936. La Cagoule, le mot est lâché. Ce vocable romanesque a été dédaigneusement donné par la presse monarchiste de Maurras pour désigner l'Organisation secrète d'action révolutionnaire, un groupe paramilitaire créé en 1935 par un ingénieur brestois de quarante-cinq ans, Eugène Deloncle. Ce transfuge des Camelots du roi, organisation de jeunesse de l'Action française, estime ce mouvement royaliste finissant trop peu agressif à son goût. Ainsi, dans l'optique d'une guerre civile engendrée par un hypothétique soulèvement communiste en France, la Cagoule, connue aussi sous le nom de Comité secret d'action révolutionnaire (C.S.A.R.), accumule rapidement attentats, provocations et assassinats... Ce mouvement anticommuniste, antisémite et antirépublicain, foncièrement fasciste, se rapproche rapidement des dirigeants du gouvernement de Benito Mussolini comme de celui de Franco. L'organisation achemine alors des armes à ce dernier dans l'Espagne en pleine guerre civile.

Si une brigade de miliciens français de la Cagoule est techniquement responsable de l'assassinat des Rosselli, il est quasi certain que c'est Mussolini qui en est le commanditaire, via le chef du contre-espionnage italien, le colonel Emanuele Santo, sans doute en échange d'un arsenal de fusils automatiques... Dès le samedi 12 juin, Aristide Corre rencontre à Nice Joseph Darnand, le futur chef de la Milice française sous Vichy. Ensemble, ils gagnent la montagne piémontaise pour transmettre des papiers compromettants trouvés sur les Rosselli au commandant Navale du 2e bureau italien. Fin juillet, après le double homicide, le groupe reçoit un stock de douze cents Beretta modèle 38, alors inconnus des troupes françaises. Il s'agit d'un nouveau modèle de la séculaire fabrique d'armes italienne qui équipe l'armée de terre de la péninsule à partir de 1938.

Ainsi, l'assassinat des frères Rosselli n'est qu'un préambule à une action majeure prévue en deux temps à l'automne 1937, un coup d'État, le renversement de la République française par un régime fasciste ! Dans un premier temps, le soir du 11 septembre, deux bombes explosent dans le quartier de l'Étoile à Paris, atteignant deux sièges patronaux et tuant deux policiers en faction. C'est une manœuvre de quatre cagoulards destinée à faire accuser le parti communiste français et visant à provoquer un coup de filet policier parmi les communistes. Au nombre de ces cagoulards, François Méténier, le chef des opérations, un ingénieur pas étranger à l'assassinat des frères Rosselli...

Aussitôt le double meurtre commis, les comparses étaient parvenus à se volatiliser... Cependant, la belle mécanique s'enraye. Le 16 octobre 1937, une voiture circule sur la route nationale numéro 5 qui relie Genève à Paris. À Curet, deux officiers suisses s'étonnent de son chargement. Aussitôt, ils téléphonent à la police française pour que celle-ci intercepte le véhicule qui a déjà passé la frontière. Les policiers arrêtent le coupé noir. Surpris, ils découvrent qu'y a été dissimulée une quantité de munitions de petites armes. L'unique occupant de l'automobile, Fernand Jakubiez, leur explique qu'il transporte ces munitions à la villa « la Futaie », à Rueil-Malmaison, en banlieue parisienne. Bientôt, la villa du dénommé Louis-Joseph Mallicone est investie par la police, qui remonte ainsi la piste des différentes caches du réseau de la Cagoule. Les agents accumulent les adresses des membres de l'organisation, des arsenaux à Paris, Caen, Lyon, Montreuil-en-Caux, Annet-sur-Marne ou Valenciennes... Des réserves bien particulières puisque les armes sont en majeure partie allemandes et que les munitions sont d'origine italienne...

Deuxième temps du coup d'État : dans la nuit du 15 au 16 novembre 1937, les cagoulards parisiens se distribuent des armes et leur chef paranoïaque tente de persuader les autorités militaires de l'imminence d'un putsch stalinien. Il propose de mettre son organisation au service de la nation ! Mais cette nuit-là, ni les militaires ni les communistes ne bougent d'un pouce. La « révolution d'Octobre » n'a pas lieu en France. La débâcle de novembre, oui. Dès lors, le cagoulard Jean Filliol reproche avec véhémence à Deloncle de ne pas oser le putsch sans les militaires :

« Tu es toujours le même, timoré dans l'action. Tu attendras qu'on vienne t'égorger chez toi ! C'est le moment ou jamais de déclencher l'affaire… »

Ces deux-là se connaissent depuis longtemps. À Paris, Filliol était l'ancien chef de groupe de Deloncle du temps où ils étaient membres de l'Action française. Ensemble, fin 1935, ils ont conduit la scission des cent cinquante membres de la dix-septième équipe des Camelots du roi.

Dès le matin du 16 novembre, les renseignements affluent à la Sûreté nationale, qui enquête déjà sur divers crimes, dont le meurtre des Rosselli. La tentative avortée permet de démanteler le complot, dont l'envergure étonne tout le pays : cent vingt membres parisiens de la Cagoule sont arrêtés. Partout en France, les perquisitions débutent, des cachots secrets et souterrains, avec poteaux d'exécutions, sont révélés, l'incroyable arsenal de l'organisation est mis au jour : des armes bactériologiques, des bacilles botuliques, des stylomines aveuglants, des centaines de fusils-mitrailleurs, des milliers de fusils, des dizaines de milliers de grenades, d'origine française, italienne et même allemande, ce qui ne manquera pas de nourrir la suspicion de lien direct avec les nazis… Le prix de deux cadavres aux confins de l'Orne aussi…

La police arrête aussitôt Eugène Deloncle, qu'elle considère comme le chef de cette conspiration fasciste. Ce n'est pas n'importe qui, ce Deloncle, il est couvert de décorations de la Grande Guerre, membre de la chambre de commerce de Paris, responsable de la société de transport maritime et fluvial Mortgage et ingénieur consultant aux chantiers de Penhoët ; à ce titre, ce polytechnicien grand bourgeois est l'un des constructeurs du célèbre paquebot *Normandie*. Deloncle livre rapidement les rouages militaires de son organisation secrète, qui compte alors trois mille « abonnés » à Paris à l'automne 1937. Les policiers comptabilisent dix-huit mille membres dans toute la

France, de Nice à Clermont-Ferrand, de Paris à Strasbourg. À Clermont-Ferrand, François Méténier dirigeait un groupe activiste clandestin, l'Union des enfants d'Auvergne, et à Nice, un déménageur du nom de Joseph Darnand en commandait un autre, les Chevaliers du glaive. Tous deux avaient noué des liens personnels avec la Cagoule. Cette organisation était une fédération de groupuscules secrets qui ne se connaissaient pas les uns les autres, et Deloncle régnait en stratège sur ce conglomérat nationaliste radical hiérarchisé, cloisonné, aux rites proches d'une franc-maçonnerie caricaturale.

Parallèlement à ce vaste démantèlement, la police recherche toujours les assassins des frères Rosselli. Elle suit une piste prometteuse au Maghreb. Un inspecteur de la Sûreté nationale revient bientôt du Maroc avec un jeune soldat de vingt ans arrêté à Constantine en janvier 1938, Jean-Marie Bouvyer, le fils d'un industriel parisien qui servait dans le 3e Light d'infanterie africaine. De retour à Paris en uniforme, Bouvyer commence à relater l'histoire :

« Comme membre du C.S.A.R., j'étais chargé de suivre les mouvements des frères Rosselli. Le 9 juin, à 4 heures du matin, André Tenaille, qui me supervisait dans cette mission, m'ordonna de retourner à Bagnoles-de-l'Orne le jour même. Arrivé là, j'eus la surprise de voir un ancien condisciple d'école, Jacques Fauran, comprenant que je faisais partie de la même organisation que lui. Avec sa voiture, nous allâmes ensuite à l'hôtel Cordier surveiller les mouvements des frères Rosselli. »

Bouvyer est inculpé de complicité d'assassinat sur les frères Rosselli, ainsi qu'André Huguet, trente-cinq ans, tous deux étant sur la liste des membres de la Cagoule. Remis en liberté provisoire en avril 1940, le fils d'industriel garde ensuite le silence.

Le dénouement de cette affaire intervient après-guerre. Le 12 juin 1945, à la direction des services de police judiciaire à Paris, un jeune commissaire de trente-six ans, Charles Chenevrier, interroge à nouveau Jean-Marie Bouvyer, désormais représentant en spiritueux pour la maison de cognacs Ivaldi à Jarnac. Les interrogatoires de ce cagoulard d'envergure permettent d'identifier plusieurs de ses complices :

« Après ma rencontre avec Jacques Fauran, nous rencontrâmes quatre hommes dans une Peugeot fermée, Filliol, Jakubiez, Puireux et un inconnu », raconte-t-il au policier.

À l'issue de ces auditions, le premier à être arrêté par les policiers est Fauran, le fils d'un autre industriel parisien. Simple comparse peu expérimenté qui cherche à diminuer sa responsabilité, il est bavard :

« Je n'appartiens à la Cagoule que depuis le 7 juin 1937, c'est-à-dire deux jours avant le drame de Bagnoles-de-l'Orne, déclare-t-il au commissaire Chenevrier. Le surlendemain, à 4 heures du matin, un coup de téléphone d'un inconnu m'ordonna, en me rappelant mon serment prêté, de partir pour Bagnoles-de-l'Orne et de stationner avec une voiture devant la gare. J'obéis et j'eus la surprise de trouver là mon ancien condisciple, Bouvyer. On m'avait expliqué qu'il s'agissait de nous opposer aux agissements de trafiquants d'armes. Et ce n'est, au surplus, que par la lecture des journaux, le 12 juin, que j'ai su avoir participé sans le vouloir au meurtre des frères Rosselli. »

Bien que Fauran minimise sa participation, ses déclarations font avancer à grands pas l'enquête, car elles confirment les aveux de Bouvyer. Jacques continue :

« Avec ma voiture, je suivis la vieille Ford de Carlo et Nello Rosselli jusqu'à Alençon. Juste derrière eux, car je n'étais qu'en deuxième position, il y avait la Peugeot de Robert Puireux, Fernand Jakubiez et Jean Filliol. Arrivés à Alençon, nous restâmes stationnés place de la cathédrale, près de l'endroit où les Italiens avaient laissé leur véhicule. Le retour s'effectua comme l'aller. Lorsque nous avons entendu les coups de revolver, Bouvyer et moi, nous n'avons pensé qu'à nous éloigner le plus rapidement possible et nous sommes repartis pour Paris. »

En cela, il corrobore les déclarations antérieures de Bouvyer :

« Jamais Fauran et moi-même ne prîmes part au meurtre. Nous nous arrêtâmes à quelque distance de cela. Je ne connaissais pas l'un des quatre du groupe des meurtriers. Je le prenais pour un Italien. Les autres étaient Jakubiez, Filliol et Robert Puireux. »

En août 1945, Fernand Jakubiez, chômeur professionnel mais surtout ancien chauffeur d'Eugène Deloncle, est arrêté. Habilement interrogé à Paris dans le bureau d'un juge d'instruction, il finit par avouer sa participation au crime devant ses avocats, donnant les détails de l'opération ainsi que les noms de ses complices, notamment Jean Filliol, alors en fuite en Espagne, et l'épouse de ce dernier, alors incarcérée.

Colérique, déterminé, secret, le militant d'Action française Filliol voulait en finir avec la « Gueuse », la République. Aussi, lors de la célèbre journée du 6 février 1934, ce jeune exalté de vingt-cinq ans commanda-t-il la charge contre les gardes mobiles lancée depuis le pont de la Concorde à l'assaut de l'Assemblée nationale. Il déclencha la fusillade. À la suite de l'échec de la manifestation antiparlementaire, lui et Deloncle créèrent la Cagoule. Pour prouver son sérieux au maréchal Franchet d'Espèrey, une éminente figure militaire et nationaliste, Deloncle s'empressa de décider l'exécution d'un Soviétique exilé à Paris, Dimitri Navachine. C'est Filliol qui se chargea de l'abattre de plusieurs balles avant de l'achever à la baïonnette sur une avenue parisienne, le 24 janvier 1937.

Ensuite, compromis dans le meurtre des Rosselli, il se réfugia en Italie dès 1937, puis en Espagne, où il jouit de l'hospitalité franquiste, protégé principalement par un ministre de l'Intérieur du général Franco, Severiano Martinez Anido. Ce dernier, un homme sanguinaire, est connu pour avoir été l'instigateur de la loi interdisant les syndicats dans les années 1920. Celle-ci a engendré une répression qui a coûté la vie à plusieurs centaines de syndicalistes catalans... Revenu dans la France collaborationniste en 1941, Filliol ne goûta pas longtemps à la liberté puisqu'il fut arrêté en novembre 1942 sur ordre du maréchal Pétain, échaudé par une tentative de meurtre contre lui et voyant en ce Filliol un assassin potentiel...

Relâché début 1944 par Joseph Darnand, alors dirigeant de la Milice, le collaborateur Filliol, à l'enfance bergeracoise et à l'adolescence angoumoise, fut affecté dans cette organisation fasciste créée début 1943. Il rejoignit la franc garde du Limousin, en charge du renseignement, des interrogatoires et de la torture, et c'est lui qui indiqua aux nazis de la 2e panzerdivision S.S. Das

Reich en déroute le nom d'un village qui deviendra martyr, décimé le 10 juin 1944 : Oradour-sur-Glane.

Onze années s'écoulent entre les faits et le procès, dont cinq ans de guerre mondiale qui temporisent l'instruction. En octobre et novembre 1948, le procès de la Cagoule se déroule enfin à Paris devant les Assises de la Seine. Preuve s'il en est de son importance, trente-six avocats assurent la défense des cagoulards. Douze inculpés sont morts entre-temps et d'autres se sont évaporés : au final, seules quarante-huit des cent vingt personnes arrêtées en 1937 doivent répondre de leurs actes, notamment de l'assassinat de Marx Dormoy, ministre du Front populaire assassiné le 26 juillet 1941.

Ce procès est l'occasion d'évoquer l'assassinat des frères Rosselli. Le principal instigateur, Eugène Deloncle, n'est pas présent. Et pour cause : en raison de ses initiatives jugées intempestives par les nazis, il a été exécuté à son domicile par la Gestapo le 7 janvier 1944, devant son secrétaire particulier, Jacques Corrèze, qui a, lui, échappé à l'attentat.

Présent au procès, l'ingénieur et industriel François Méténier est condamné à vingt ans de travaux forcés pour la conception du meurtre des frères Rosselli. Lié à la firme Michelin, il avait aussi introduit à la Cagoule un ingénieur chimiste de cette entreprise, René Locuty, lui demandant de fabriquer les deux bombes artisanales que tous deux et Macon déposèrent ensuite en plein Paris en septembre 1937. Ensuite, à l'instar de l'ancien cagoulard Joseph Darnand, il adhéra au régime de Vichy dès la défaite de 1940. Bien plus tard, François Mitterrand participera à ses funérailles. Étrange télescopage de l'Histoire : un ancien secrétaire général du parti socialiste français assistant aux funérailles de l'organisateur de l'assassinat d'un dirigeant du parti socialiste italien… Il est vrai qu'après avoir été arrêté en 1944, Méténier s'était évadé et avait rejoint les maquisards.

Qu'advient-il des neuf membres du commando contre les Rosselli ? Jean Filliol et Fernand Jakubiez, les deux tueurs, et les autres, François Baillet, Alice Lamy, Jacques Fauran, Jean-Marie

Bouvyer, Aristide Corre, Louis Huguet, Robert Puireux ont-ils été condamnés ?

Fernand-Ladislas Jakubiez, quarante-huit ans, est condamné aux travaux forcés à perpétuité. Il a raconté comment, ayant simulé une panne d'automobile qui fit s'arrêter les frères Rosselli, Filliol avait abattu à coups de revolver les deux frères, l'un après l'autre, Carlo en premier. Après quoi, il les avait poignardés de dix-sept coups. Les deux Italiens s'étaient affaissés dans le fossé. Ensuite, les agresseurs les avaient tirés par les pieds, transportant à grand-peine sous les taillis ces hommes de forte corpulence.

Après avoir combattu lors de la chute du Nord de l'Italie fasciste, le Parisien Jean Filliol, celui qui donna le coup de grâce à Nello, a traversé les Pyrénées dès 1945 et a trouvé refuge dans l'Espagne franquiste. Aussi n'est-il condamné à mort que par contumace. Trois fois condamné à mort par contumace, d'ailleurs. Il est alors âgé de trente-six ans. Surnommé « le Tueur » par ses propres compagnons, ce *serial killer* d'envergure nationale deviendra le sous-directeur de la filiale espagnole de L'Oréal, la multinationale cosmétique créée en 1907 par Eugène Schueller. Ce dernier n'avait pas hésité à financer la Cagoule à sa création et un certain nombre d'anciens cagoulards se réfugieront dans cette entreprise après la guerre. Quant à la suite de la vie du beau « Fifi », mystère... Il semblerait qu'il ait fini tranquillement ses jours dans cette Espagne alors sanctuaire du terrorisme international, travaillant à Madrid pour la firme de Liliane Bettencourt, savourant son vermouth entouré de phalangistes au célèbre et immuable bar du numéro 12 de la rue Gran-Via, le *Museo Chicote*.

Présente quant à elle au procès, Alice Filliol, née Lamy, de Verneuil-sur-Ligneraie dans l'Indre, une Berrichonne âgée de trente ans en 1937, est condamnée à cinq ans de travaux forcés. Le 30 novembre 1945, elle avait uniquement admis sa présence, et rien d'autre, à Bagnoles le jour de l'assassinat des Rosselli. Maîtresse de Filliol en 1937, elle l'épousa pendant la guerre et lui donna deux enfants. Ensuite, mystère... Elle et ses jeunes enfants ont-ils rejoint Jean en Espagne après qu'Alice a purgé sa peine ?

Condamné à mort par contumace, Jean-Marie Bouvyer avait quant à lui affirmé être resté garé sur la place de la cathédrale à Alençon, à proximité de la voiture des Italiens, le 9 juin 1937. Mais il est avéré qu'il conduisait avec Fauran une des deux voitures des cagoulards. À compter du 19 avril 1944, il devint chef de service d'enquête au commissariat général aux questions juives, un organisme administratif du régime de Vichy. Parallèlement, il cacha du matériel et fabriqua des faux papiers pour le mouvement de résistance d'un autre « vichysso-résistant », François Mitterrand, avec lequel il se lia alors d'amitié. Le futur président de la République, ami fidèle, le visita en prison à la Libération. Antoinette, la mère de Bouvyer, devint en 1946 la marraine de Jean-Christophe Mitterrand, le fils de François et Danielle. Après-guerre, l'ancien cagoulard s'exila confortablement au Paraguay, puis au Brésil, où sa trace se perd...

Aristide Corre, qui supervisa le meurtre des frères Rosselli et fit parvenir leurs papiers aux services secrets italiens, aurait disparu en Espagne au moment du procès de la Cagoule. Autre version, plus tardive : ce quadragénaire surnommé « Dagore », qui dirigeait les archives de la Cagoule, avait été fusillé comme résistant le 31 mars 1942 sous le nom de Claude Meunier.

Présent au début du procès, le Parisien Robert-Gaston-Émile Puireux, propriétaire et conducteur de la fameuse Peugeot 402 des assassins Jakubiez et Filliol, écope de cinq ans de travaux forcés. Pas si idiot et si naïf qu'on le dit, il prend lui aussi la tangente pour l'Espagne. Tout comme Louis Huguet, trente-cinq ans en 1937, et l'autre condamné à mort par contumace dans l'affaire Rosselli, Jacques Fauran, vingt-cinq ans au moment du double homicide.

Né à Égriselles-le-Bocage, dans l'Yonne, François Baillet, un cuisinier bourguignon de vingt-cinq ans en 1937, est quant à lui condamné à un an de prison avec sursis. Ainsi, les accusations de Jakubiez, qui a déclaré au cours du procès que François était la quatrième personne vue dans la voiture, n'auront pas eu raison de ce monarchiste, qui comparaît sur une civière, en raison d'une tentative d'évasion ratée lui ayant fracturé la colonne vertébrale.

Au total, le procès de la Cagoule s'achève sur vingt-six condamnations.

Couterne, un certain jour de juin 1937, dans un talus étoilé de pâquerettes, deux Italiens dorment à jamais. L'un des deux a les yeux au ciel. S'il voyait, il verrait la liberté dans le ciel cobalt de cette belle journée de juin. Il la verrait, bien au-delà des nuages de la guerre qui s'amoncellent déjà depuis quelques années. Quand beaucoup se fourvoyaient, les frères Rosselli ont été des visionnaires. Huit ans plus tard, s'ils avaient vécu, ils auraient vu Mussolini pendu à un croc de boucher, ce fasciste qu'ils avaient tant combattu et qui probablement commandita leur assassinat.

Jean-François Miniac,
Les Grandes Affaires Criminelles de l'Orne, 2008.

Le village de Tirepied au début du XXe *siècle.*
(Archives départementales de la Manche.)

À Tirepied, on déterre les cadavres

Affaire Jean-Marie Leport, Tirepied
Cour d'assises de la Manche, 18, 19 et 20 décembre 1953

GERMAINE LEPORT est-elle morte, comme le prétend son mari, écrasée par des rondins de bois ? Ou a-t-elle été assassinée à coups de serpe, comme le croient les experts ? Jean-Marie Leport, l'ancien gendarme de Tirepied, est-il l'assassin de sa femme ? C'est à ces questions que doivent répondre les huit jurés présents au procès de Jean-Marie Leport, qui s'ouvre devant les Assises de la Manche le 18 décembre 1953. Plus de dix ans après les faits, sans preuves ni aveux, et face à un inculpé qui crie son innocence, des jurés devront se prononcer selon leur intime conviction. Lourde tâche !

Dix ans en effet se sont écoulés depuis la mort de Germaine Leport, née Morel, dix ans pour que l'on rouvre le dossier et qu'une enquête soit menée : dix ans d'impunité pour le mari assassin, dira l'accusation.

Que s'est-il réellement passé, et qui est cet ancien chef de brigade de gendarmerie qui traîne derrière lui une réputation sulfureuse ? Autant dire qu'on est venus en nombre, ce 18 décembre 1953, pour le savoir. L'humble baraque qui sert de palais de Justice, puisque l'ancien céda quelques années plus tôt sous les bombardements de la Libération, est assiégée par une foule de curieux. Deux cars sont venus de Tirepied et des centaines de personnes ont investi le prétoire, tandis qu'au-dehors, ils sont encore nombreux à ne pouvoir entrer. Trois jours d'audience sont prévus pour tenter de démêler l'écheveau de cette sombre affaire dans laquelle l'accusé nie toute responsabilité.

Pour comprendre les tenants et les aboutissants de cette histoire aux multiples rebondissements, il faut revenir non pas à la mort de Germaine Morel, mais à celle d'Armand Gallier, beau-frère de Leport. Il n'est pas inutile cependant de remonter plus loin encore dans le passé de l'accusé, lorsque sonne pour lui l'heure de mettre un terme à sa longue et brillante carrière de gendarme et de s'installer à Tirepied, dans le canton de Brécey, près d'Avranches. Car c'est en effet à Tirepied que tout commence.

On coule des jours tranquilles dans ce petit bourg du Bocage normand, situé au bord de la Sée. Jean-Marie Leport est propriétaire d'une ferme au lieu-dit « La Butte » ; ses vaches et l'exploitation de sa terre l'occupent presque à temps plein, mais n'ayant pas complètement renoncé à servir la loi, il exerce avec zèle la fonction de garde-pêche. Grâce à cette activité, Leport connaît parfaitement bien la région, ses habitants, et leurs petits arrangements. Par habitude ou par rigidité d'esprit, il n'hésite pas à renseigner les gendarmes sur les contrevenants et à dénoncer les illégalités commises ici ou là par les paysans des environs. Comme l'on peut s'y attendre, ce genre d'attitude ne lui attire pas la sympathie de ses voisins qui, dans l'ensemble, l'évitent. Pour certains, sous les traits de l'ancien gendarme, Leport dissimule une personnalité hypocrite et roublarde. C'est un beau parleur dont il faut se méfier. Pour d'autres – les plus naïfs ou ceux qui n'ont rien à craindre de lui –, c'est un homme courtois et aimable, qui ne fait pas d'histoires. Au fond, Leport est un homme assez sûr de lui, qui joue de l'aura que lui confère son ancienne fonction. Il est intelligent, mais, vaniteux et séducteur, il s'applique à se faire aimer de tous. Bien éduqué, élégant, encore fringant, il n'est d'ailleurs pas à quarante-sept ans sans succès auprès des femmes qui le plaignent de sa situation de futur veuf. Car sa femme n'en a plus pour très longtemps.

En effet, Mme Leport est atteinte d'une cirrhose, une maladie incurable qui assurément l'emportera. Ses jours sont comptés et son mari veille sur elle avec sollicitude. Lorsqu'en 1934 survient le décès de sa femme, l'ancien gendarme ne fait cependant pas figure de veuf éploré et il ne met pas trois mois à demander la main d'une villageoise de Tirepied. Trois mois de veuvage, c'est peu, mais il faut bien s'occuper de la ferme et des bêtes, et puis Mme Leport était malade depuis si longtemps... Sans doute s'était-il déjà fait à l'idée de son veuvage précoce, peut-être avait-il même anticipé sa situation, qui sait ? On ne le saura d'ailleurs jamais et, quoi qu'il en soit, à peine sa première femme enterrée, il convole avec Germaine Morel.

La vie à « La Butte » reprend ses droits, et Leport ses activités. Le ménage est heureux, du moins en donne-t-il l'impression. Pour les gens de Tirepied, toutefois, Germaine Morel, la nouvelle épouse de Leport, n'est pas celle qui fera taire les rumeurs qui courent au sujet de l'ancien gendarme. Il est de notoriété publique que c'est un coureur de cotillons, et plus d'une mauvaise langue du village peut affirmer qu'il entretient avec la sœur de sa femme, Mme Gallier, des relations intimes. Les Gallier habitent le moulin de « La Butte », une belle propriété que Leport aime à fréquenter régulièrement, c'est un fait. Cependant, en tant que proche voisin et membre de la famille, il n'y a là rien d'anormal. Ainsi, Jean-Marie Leport n'a aucunement l'intention de changer ses habitudes, et du reste, il n'est pas au courant de ce qui se raconte dans son dos, ni de l'antipathie qu'il suscite. En outre, en 1942, les mesquineries de village sont relayées au second plan, en ces temps où la seule véritable inquiétude désormais reste l'occupation allemande qui focalise sur elle toutes les craintes et toutes les haines.

Un accident inattendu relance cependant les commérages sur l'ancien gendarme. Si l'on prend garde de ne pas le viser ou à ne pas le désigner directement, on ne se prive pas de sous-entendre que ce nouveau malheur, qui indirectement le frappe, pourrait ne pas le peiner outre mesure. Le 5 septembre 1942, de manière aussi inattendue qu'inexpliquée, Armand Gallier est pris de vomissements. Cinq jours plus tard, sans qu'aucun médecin appelé à son chevet ne puisse le sauver, Gallier passe de vie à trépas. Le docteur Lebreton, médecin légiste à Avranches, conclut à une mort par intoxication alimentaire et, après une brève enquête menée par la gendarmerie de Brécey, l'affaire est classée. L'ancien brigadier affirme avec autorité que son beau-frère s'est empoisonné et le permis d'inhumer est délivré. La veuve inconsolable aurait trouvé auprès de Leport un tendre réconfort, à en croire les ragots qui vont toujours bon train à Tirepied.

Après ce tragique décès, le quotidien à la ferme de « La Butte » reprend son cours, bon gré mal gré, car il faut composer avec la présence et les exigences allemandes. Les semaines passent et l'on en oublierait presque Leport, ses mesquineries et ses coucheries, d'autant qu'au cours de cette période trouble l'ancien gendarme se montre fervent patriote ; en effet, il n'hésite pas, au péril de sa vie, à recueillir chez lui des jeunes gens qui ne sont pas en règle avec l'occupant. Mais, en octobre 1942, un mois après le décès de Gallier, la famille est frappée par un nouvel épisode tragique. Germaine Leport en est cette fois la victime.

Le soir du 12 octobre, les époux Leport, après avoir passé la journée chez des parents au val de Sées, regagnent leur domicile vers 18 heures, à la nuit tombée. Ils y retrouvent Raymonde, la jeune sœur de Jean-Marie, qui vit depuis quelque temps avec le ménage. Avant la nuit, il faut s'occuper des bêtes et Germaine ressort, tandis que son mari se prépare à porter un sac de grain au moulin Gallier. Il est déjà parti lorsque Germaine entre dans le hangar attenant à la maison. Raymonde est seule dans la demeure lorsque, soudain, elle perçoit un cri déchirant ; elle s'élance immédiatement vers le hangar, puis entend le bruit d'un éboulement. En quelques secondes, elle a traversé la cour, mais il est trop tard pour sauver sa belle-sœur qui gît au milieu d'un amas de bûches. Jean-Marie Leport est déjà là lorsque Raymonde arrive sur les lieux du drame et, tandis qu'elle tente d'approcher Germaine, il lui intime l'ordre d'aller chercher du secours au val de Sées.

« Cours prévenir les voisins que Germaine s'est fait écrouler les bûches sur la tête ! »

Lorsque la jeune fille revient avec les Morel, l'ancien gendarme est toujours dans le hangar, près du corps inanimé de sa femme. On transporte alors Germaine dans la chambre, puis on l'installe sur son lit et on fait appeler le docteur Lebreton. Ce dernier ne peut que constater le décès de Mme Leport. Les fractures qu'il relève sur sa tête et qui ont entraîné la mort correspondent au scénario de l'accident relaté par Jean-Marie. Le lendemain, le chef de brigade de Brécey se rend sur les lieux du drame pour présenter ses condoléances, sans prendre la peine de mener une véritable enquête. La thèse de l'accident paraît des plus convaincantes et mettre en doute la parole d'un ancien collègue, qui est connu dans la région pour sa résistance à l'occupant, serait des plus déplacés. Enfin, grâce aux conclusions du docteur Lebreton, le permis d'inhumer est délivré et l'on se confond en paroles réconfortantes pour ce pauvre Leport qui perd sa seconde femme de manière si tragique.

Décidément, la mort rôde dans le voisinage de Jean-Marie Leport… Pourtant, lui seul semble ne pas en être affecté. Il affiche une certaine affliction qui sied aux bonnes convenances, mais il ne peut forcer sa nature et porter davantage le deuil d'une femme qu'il n'aimait plus depuis longtemps. Ainsi, après un petit mois de veuvage – une éternité pour Leport –, il demande sa belle-sœur, Mme veuve Gallier, en mariage. Est-ce le travail qui l'attend à la ferme ? Est-ce par crainte de la solitude ? Est-ce par amour ? Les tréfonds de l'âme de Leport resteront à jamais insondables. Quoi qu'il en soit, le temps passant, les délais de veuvage se réduisent comme peau de chagrin. Il essuie cependant un refus et voilà l'ancien gendarme veuf pour de bon… Mais libre comme l'air.

Le temps passe à Tirepied au rythme des conquêtes du propriétaire de « La Butte » et de ses dénonciations. À la Libération, le gendarme a repris ses anciennes habitudes et veille au respect scrupuleux de la loi, ne craignant pas de se mêler de ce qui ne le regarde en rien. Peu à peu, au fil des mois, et bientôt des années, il s'est attiré plus que de l'inimitié, c'est une rancune tenace et mauvaise qui, tôt ou tard, finira par se retourner contre lui.

À l'été 1951, l'heure de rendre des comptes a enfin sonné.

Début août 1951, un certain Aristide Bouillet vient rapporter aux gendarmes de Brécey la teneur d'une conversation qu'il aurait eue avec Leport près de dix ans auparavant et dont il garde un souvenir précis. « Si un jour, j'ai des ennuis, j'avalerai des pilules pour me supprimer. Il m'est arrivé de donner une pilule à un type qui ne s'est jamais réveillé », aurait confié Leport à son voisin Bouillet.

L'accusation est grave, prévient le gendarme et de telles allégations ne peuvent être faites à la légère. Bouillet en a conscience et loin de lui l'idée d'accuser un innocent, mais tout de même, il se pourrait très bien que le « type » dont a parlé Leport s'appelle Armand Gallier, son beau-frère, mort dans des circonstances troublantes. Qu'au reste, on savait bien au village que l'ancien gendarme de Tirepied avait un faible pour sa belle-sœur. Armand Gallier décède, puis, un mois après, c'est au tour de la propre femme de Leport... Germaine meurt dans un accident idiot et voilà que Jean-Marie se met en tête d'épouser la veuve Gallier.

« Alors, vous comprenez, je ne suis pas là pour accuser Leport, mais autant de morts en si peu de temps, c'est étrange tout de même. Et puis enfin, si je suis venu, c'est qu'il fallait que je parle, il fallait que je soulage ma conscience... »

Le chef de brigade a pris cette déclaration très au sérieux, et la thèse que vient de lui exposer Aristide Bouillet ne lui paraît malheureusement pas complètement saugrenue. Certes, le délateur semble motivé par la vengeance, mais porter une accusation de double homicide sur un ancien gendarme paraît vraiment trop gros pour avoir été inventée de toutes pièces. Quoi qu'il en soit, la gendarmerie se doit d'informer le parquet d'Avranches qui, sur la base de ces éléments nouveaux, ouvre une information pour double homicide et confie l'enquête à la police judiciaire de Rouen.

L'inspecteur principal Legueltel et son collègue Larronce reprennent les deux affaires, en commençant par l'audition de Raymonde Leport, le témoin principal dans l'accident de Germaine Morel. Leport ne se montre absolument pas troublé par la reprise de l'enquête. Il le devrait pourtant, car, pour la première fois, les inspecteurs semblent vouloir lier la mort d'Armand Gallier à celle de sa femme Germaine. Legueltel est en effet sur la piste d'un drame passionnel qui place Jean-Marie Leport aux premières loges. Ce dernier aurait empoisonné Gallier, puis se serait débarrassé de sa femme pour épouser sa belle-sœur. Une théorie qu'il faut cependant pouvoir prouver. Car si les circonstances qui entourent la mort de Germaine Morel sont encore imprécises, pour l'heure, rien n'indique que les deux victimes aient été assassinées. Legueltel demande alors que l'on déterre les corps pour pratiquer des autopsies. Près de dix ans après les faits, l'entreprise relève de la gageure, mais l'inspecteur, dans sa quête de la vérité, ne peut évidemment pas faire l'économie d'une telle opération. Le docteur Lebreton, d'Avranches, qui à l'époque avait conclu à une mort naturelle pour Gallier et à une mort accidentelle pour Germaine Leport, n'est évidemment pas sollicité pour pratiquer les autopsies. Elles sont confiées au professeur Leroy, de l'école de médecine de Rennes. Les résultats qu'il rapporte vont faire l'effet d'un coup de tonnerre.

Les analyses mettent en évidence la présence de strychnine dans les restes du corps d'Armand Gallier. Mais le professeur Leroy ne peut affirmer si la dose administrée a, ou non, provoqué la mort. Les relevés qu'il effectue sur le crâne de Germaine Leport le jour même de l'autopsie, dans le petit cimetière de Tirepied, en présence du juge d'instruction, seront en revanche plus décisifs. Il montre en effet que la principale blessure a été causée par un instrument tranchant et contondant. Le professeur estime cependant plus prudent de requérir un deuxième avis. Le crâne de Mme Leport est ainsi transmis sous scellés aux professeurs Piedelièvre, Desrobert et Bélot, de l'institut médico-légal de Paris. Tous affirmeront, sans la moindre hésitation, que la principale fracture n'a pu être faite qu'avec un instrument tranchant. En conséquence, Jean-Marie Leport, le principal suspect dans cette affaire, est arrêté pour meurtre et conduit dans les locaux de la police judiciaire de Rouen, pour interrogatoire.

Au cours de cette longue enquête, Jean-Marie Leport n'avouera jamais son implication dans ce double homicide. Cependant, ses multiples contradictions, les incohérences dans le récit de la mort de sa femme, ses tentatives de subornation de témoins, suffisent au juge d'instruction pour se forger une conviction et l'inculper de l'assassinat de Germaine Leport, née Morel. Quant à son implication dans le meurtre de son beau-frère, manquant de preuves, le parquet doit prononcer une ordonnance de non-lieu.

Jean-Marie Leport à son arrivée au palais de Justice.
(Ouest-France, *17 décembre 1953.)*

Dans l'attente de son procès, Jean-Marie Leport est incarcéré à la prison de Coutances, d'où il ne cesse de clamer son innocence. L'homme qui se présente devant les Assises de la Manche le 18 décembre 1953 paraît sûr de son fait, et semble prêt à faire valoir ses droits d'honnête citoyen injustement inquiété. Le sourire qu'il arbore à sa descente de la voiture cellulaire en dit long. Jean-Marie Leport, dossier en main, se tient prêt à brandir le spectre de l'erreur judiciaire. Trois jours de débats ne seront pas de trop pour tenter de percer le mystère Leport. Car, dans cette affaire, si les présomptions sont lourdes et nombreuses, les preuves manquent et, en l'absence d'aveux, une part de doute subsiste.

Après avoir attendu quelques instants que le silence s'installe dans ce prétoire assiégé, le président Kessis déclare l'audience ouverte. Leport est autorisé à demeurer assis, en raison de son état de santé déficient, ce qui ne l'empêche pas de répondre d'une voix forte et claire. Après l'interrogatoire d'identité, le président se penche sur la vie et les antécédents de l'accusé. Gendarme très bien noté, Leport finit sa carrière au poste de chef de brigade et obtient de surcroît la médaille militaire. Passant rapidement sur cette période, le président le questionne plus en détail sur la seconde période de sa vie, lorsque retraité, il s'installa à Tirepied.

« Votre première femme souffrait d'une cirrhose, n'est-ce pas ?

– Oui, monsieur le président.

– Alors pourquoi lui administriez-vous chaque jour quatre petits verres d'alcool ? Ce sont vos termes. C'est une bien curieuse thérapeutique.

– Elle souffrait, et c'était déjà la fin...

– Il n'empêche. Trois mois après son décès, vous demandez Germaine Morel en mariage. Trois mois, c'est court pour un veuvage.

– J'avais des bêtes à soigner, des vaches à traire, je ne pouvais pas rester seul.

– Il semblerait en effet, et à ce titre, on parle beaucoup de votre nature volage.

– Ce sont des mensonges.

– Nous verrons cela plus tard. En attendant, revenons à la mort d'Armand Gallier. Il était votre beau-frère, n'est-ce pas ?

– Oui, monsieur le président.

– Comment expliquez-vous sa mort ?

– Je ne l'explique pas, je crois qu'il est mort de sa belle mort.

– Aristide Bouillet vous accuse d'avoir donné une pilule à Gallier, vous lui auriez même avoué avoir administré une pilule à quelqu'un qui ne se serait jamais réveillé.

– C'est faux, archifaux, Bouillet est un menteur qui veut se venger de moi parce que je lui ai fait retirer les enfants qu'il avait en nourrice.

– Vous avez bénéficié d'un non-lieu dans cette affaire, on ne peut donc vous reprocher ces faits. En revanche, nous allons entrer dans les détails de la mort de votre femme. Pourquoi aucune enquête n'a été menée lorsque l'on a découvert le corps de Mme Leport ?

– Ah ça ! Si on m'avait écouté. C'est moi qui l'ai demandée au chef de brigade.

– Enfin, Leport, mais pas du tout, vous avez affirmé au juge d'instruction que le chef de brigade ne vous avait fait qu'une simple visite de courtoisie. De plus, vous avez dit à votre belle-mère : "L'enquête, c'est moi qui la fais !"

– Oh, eh bien ! s'il faut croire ma belle-mère, alors…

– Quelles étaient vos relations avec la veuve Gallier à l'époque ?

– Excellentes, monsieur le président.

– Certes, mais précisez. Un mois après le décès de votre femme vous êtes allé la demander en mariage, on peut donc supposer que vous entreteniez depuis longtemps des relations intimes avec elle.

– Ce sont encore des racontars. Je lui ai proposé de lui louer ma terre, voilà tout.

– Enfin, Leport, vous avez reconnu à l'inspecteur de la police judiciaire que vous l'aviez demandée en mariage. C'est à ne plus rien comprendre.

– Oh ! Vous savez, on m'en a fait dire bien d'autres. Les relations que j'avais avec elle étaient strictement amicales. »

L'attitude de Leport sidère l'assemblée. Sans craindre de contredire ses précédentes déclarations faites au juge d'instruction ou à l'inspecteur de police judiciaire, il s'entête à nier l'évidence. Mais il va aller plus loin en prétendant qu'on lui a extorqué des aveux, ou bien encore qu'on lui a fait signer de fausses déclarations. Si le président souligne chacune de ses contradictions, ce seront les témoins qui apporteront la preuve de ses mensonges répétés.

Après avoir évoqué avec précision les circonstances du drame du 12 octobre 1942, et au terme de l'interrogatoire, le président demande à l'accusé s'il a quelque chose à ajouter. Leport se lève et déclare avec solennité, écrit le chroniqueur judiciaire d'*Ouest-France* :

« Ici, on veut me faire passer pour un empoisonneur, un tueur et un menteur. Je vais vous dire toute la vérité : je suis innocent[1]. »

L'audience est suspendue et, à la reprise, commence le défilé des témoins. Aristide Bouillet, celui par qui l'affaire a éclaté au

1. Ouest-France, *le 18 décembre 1953.*

grand jour, vient rapporter le contenu de la fameuse conversation au cours de laquelle Leport aurait reconnu avoir donné des pilules « à un type ». Ce témoignage offre une nouvelle occasion à l'accusé de crier son indignation devant un tel tissu de mensonges. En retour à ces insinuations, il se venge sur Mme Bouillet, appelée elle aussi comme témoin, et prétend qu'elle venait régulièrement le visiter à des heures tardives alors qu'il se trouvait au lit. Toute la salle s'esclaffe, mais le président Kessis demande à l'accusé de ne pas insister davantage. Raymonde Leport, la sœur de l'accusé, est appelée à la barre.

« Au moment du drame, vous avez entendu un cri, puis vous êtes sortie de la maison ; n'avez-vous pas entendu un second cri ?

– Non, je n'ai entendu qu'un seul cri, et seulement après je suis sortie de la maison.

– Que s'est-il passé après ?

– Je suis arrivée sur le seuil de la porte, Germaine était par terre et les bûches tombaient encore.

– Où était M. Leport ?

– Mon frère était au bord de la remise.

– Au cours de l'enquête, vous avez affirmé que votre frère se trouvait près du corps de Germaine Leport lorsque vous êtes arrivée sur les lieux, puis, par la suite, vous vous êtes rétractée, n'est-ce pas ?

– C'est parce que je ne me souvenais pas très bien de ce qui s'était passé. »

En attendant que Raymonde Leport recouvre la mémoire, le président appelle l'inspecteur principal Legueltel. Il rappelle la mort d'Armand Gallier, puis décrit les lieux où l'accident de Germaine Leport s'est produit, il insiste sur le fait qu'il est impossible, selon lui, que les faits se soient produits comme le prétend l'accusé. Il est ensuite question des déclarations que Leport aurait signées sans les lire.

« M. Leport affirme avoir signé des déclarations sans savoir ce qu'elles contenaient. Est-ce vrai ?

– C'est entièrement faux, Leport est un ancien gendarme, et il n'aurait pas signé sans lire.

– C'est aussi mon avis. L'accusé vous a-t-il affirmé avoir demandé la veuve Gallier en mariage ?

– C'est exact, il me l'a confirmé par deux fois au cours de l'enquête.

– Raymonde Leport ne vous a-t-elle pas avoué que son frère lui aurait demandé de dire qu'il n'était pas auprès de sa femme lorsqu'elle est arrivée dans la remise ?

– C'est parfaitement exact, mais elle a nié par la suite.

– Raymonde Leport, peut-elle revenir à la barre ? Madame Leport, votre frère vous a bien dit : "Tu ne m'as pas vu." »

Cette fois, Raymonde Leport, en présence de l'inspecteur Legueltel, reconnaît que l'inculpé lui a bien fait cette réflexion. Cette déclaration, faite du bout des lèvres, sous-entend que Leport aurait mis au point avec sa sœur le scénario de l'accident. Ainsi, sa culpabilité se dessine en négatif, car un innocent ne peut en toute logique demander au témoin principal de faire un faux témoignage. Les soupçons se confirment lorsqu'un autre témoin, Alain François, vient préciser à la barre que l'inculpé lui aurait proposé 50 000 francs pour faire une fausse déclaration.

Au terme de cette première journée d'audience, si Leport n'a eu de cesse d'apporter de véhéments démentis et d'accuser en retour les témoins qui ne lui ont pas été favorables, les différentes déclarations n'ont pas manqué de faire forte impression sur l'auditoire.

Le lendemain, l'audition des témoins reprend avec en point d'orgue les déclarations des professeurs des facultés de médecine. Auparavant, Mme veuve Gallier a confirmé que l'inculpé était bien venu la demander en mariage un mois après le décès de Germaine Leport. Et c'est un autre mensonge de Leport qui ne résiste pas aux affirmations du témoin. Le professeur Leroy, de la faculté de médecine de Rennes, se présente à la barre et expose les conclusions de son autopsie, preuve à l'appui, car il tient le crâne de Germaine Leport en main.

« J'affirme, dit-il, que cette blessure – et il montre la principale fracture – n'a pu être faite qu'avec un instrument tranchant[1]. »

1. Ibid.

Le professeur Piedelièvre, de l'institut médico-légal de Paris, lui succède à la barre et, se saisissant cette fois de la serpe ayant appartenu à Leport, déclare :

« Je n'affirme pas que c'est avec cette serpe qu'on a frappé. Mais c'est avec un instrument du même genre. Cinq fractures ont été relevées. Une seule était mortelle et il se peut qu'elle ait entraîné les autres par éclatement[1]. »

La preuve du crime est faite. Mais alors, si celui qui est assis dans le box des accusés est innocent, qui a tué Germaine Leport ? En l'absence évidente de réponse, le coupable ne peut être que celui qui, depuis deux jours, s'en défend pied à pied.

Les témoins de la défense, quant à eux, ne réussissent pas tout à fait à présenter l'accusé sous un jour plus favorable ; ils n'apportent en outre aucun élément nouveau. Après une suspension d'audience, la parole est donnée à Me Gosselin, du barreau d'Avranches, pour la partie civile. Or, s'il précise que son rôle n'est pas de suppléer au ministère public, il se livre en réalité à un réquisitoire d'une extrême sévérité que rapporte le chroniqueur judiciaire du journal *Ouest-France* :

« Nous n'entendons pas monnayer le crime. Nous réclamerons seulement le franc symbolique. Si je suis ici, c'est parce que Leport l'a voulu. Nous ne pouvons pas admettre qu'après avoir été un auxiliaire de la justice, il cherche à éclabousser ceux qui l'ont approché.

« Mon rôle est de vous faire une synthèse objective et je ne ferai même pas appel aux témoins.

« La thèse d'une mort accidentelle ? Mais cette thèse n'est pas soutenable, elle est inadmissible. Pourquoi Leport est-il sur les lieux au moment de la chute du bois ? Comment Leport explique-t-il cette présence ? Cette thèse est fausse, pourquoi ?

« Il est absolument formel qu'au moment de la chute du bois, lui, Leport, était bien là. Comment se fait-il que le cri poussé soit antérieur à la chute ? Comment se fait-il qu'on n'ait pas relevé de blessure à la figure de la victime ? Là-dessus, le docteur Leroy est

1. Ouest-France, *le 19 décembre 1953.*

formel, il a même précisé que les os des maxillaires, les plus fragiles, n'avaient pas été touchés.

« Il ne s'agit pas d'un accident. Leport, vous devriez avoir la franchise de le reconnaître. Vous lui avez donné un coup et puis vous avez fait tomber les bûches [...].

« Une version de l'accident qui n'est pas exacte, une thèse qui n'est pas plausible, et tous ces mensonges. [...] Nous sommes en présence d'un faisceau de preuves accablantes, il ne suffit pas de nier. Nier des faits ne les réduit pas à néant [...].

« Je ne me suis pas servi de rancœurs, mais seulement de constatations indiscutables. Leport, pour vous, la justice a été vraiment juste, équitable et même large [...].

« Je vous demande de vous souvenir, messieurs, de ce qui est sûr, de ce qui est certain : Jean-Marie Leport, vous avez tué votre femme [...]. »

À la fin d'une plaidoirie qui a duré une heure, tout le public applaudit. L'audience est levée.

Samedi 20 décembre, l'audience reprend à 14 heures pour les plaidoiries et le verdict. L'avocat général, M. Agostini, reprend pas à pas l'historique de l'affaire, démontrant les failles de la thèse soutenue par l'accusé, soulignant ses contradictions et ses mensonges. Pour soutenir son accusation, il s'appuie sur les seules preuves formelles dont on dispose : les fractures que l'on a retrouvées sur le crâne de la victime. Elles attestent que Germaine Leport a bien été assassinée ; en conséquence, Jean-Marie Leport est le coupable désigné.

« Sans doute, Leport a-t-il toujours proclamé son innocence, mais l'aveu n'est pas nécessaire pour établir la culpabilité de l'accusé[1]. »

Si Leport avait avoué, le procureur Agostini ne se serait pas opposé aux circonstances atténuantes, mais étant donné l'attitude de l'accusé, « “sa jactance, son arrogance, sa mauvaise foi, il ne peut être question de circonstances atténuantes [...]. Si vous acquittez Leport, vous commettrez une erreur terrible. Et puis,

1. Ouest-France, *le 22 décembre 1953.*

Leport a bénéficié de dix ans d'impunité." Leport encourt la peine de mort[1]. »

Enfin, en conclusion, il ajoute en se tournant vers les avocats de la défense : « Messieurs, je crois que la tâche de la défense n'est pas écrasante, elle est désespérée. »

Maître Prieur, du barreau d'Avranches, prend la parole en premier et sa plaidoirie est suivie par celle de Me Lechevallier de Saint-Lô, qui soutient que la thèse de l'accident est recevable. Les conclusions du docteur Leroy ne sont pas suffisamment précises selon lui, celles du docteur Piedelièvre ne le sont pas non plus. Il souligne que l'éminent professeur de Paris a prétendu ne pas pouvoir être absolument mathématique, c'est pour Me Lechevallier la preuve qu'il existe un doute. Le défenseur n'en conçoit, pour sa part, aucun et affirme en conclusion : « Cet homme a toujours clamé son innocence, je vous demande de l'acquitter. Il n'a pas besoin que vous soyez cléments, il vous demande d'être justes. Je crois à son innocence, comme je crois à ma propre existence : rendez-lui la liberté[2]. »

Après une délibération de cinquante-quatre minutes exactement, l'audience est reprise. Le président Kessis prend alors la parole pour énoncer le verdict : « À la première question : oui à la majorité ».

Leport est donc déclaré coupable du meurtre de sa femme et, contrairement aux réquisitions de l'avocat général, il n'est pas condamné à la peine de mort, mais à celle de vingt ans de travaux forcés. Le président ajoute qu'ayant manqué à l'honneur, Leport est déchu de la médaille militaire. Enfin, la partie civile obtient le franc symbolique de dommages-intérêts.

Henri Pichon, rédacteur coutançais, et Jehan Tholomé, envoyé spécial, ont suivi pour *Ouest-France* les débats de ce procès fleuve. En conclusion, le chroniqueur judiciaire de la rédaction de Rennes écrit : « Jean-Marie Leport a été condamné… Et, dans sa

1. Ibid.
2. Ibid.

prison, il n'aura pas le droit de porter le ruban de la médaille militaire qu'il arborait avec crânerie.

« Plus de dix ans après le drame, la justice a trouvé et puni le coupable[1]. »

Lenaïc Gravis,
Les Grandes Affaires Criminelles de la Manche, 2007.

1. Ibid.

Le palais de Justice de Rouen.

Une famille formidable

Affaire L.-G., 1965-1967

« LE PROCÈS DU SIÈCLE ! » a titré la presse régionale concernant l'affaire de la famille L. Il est vrai que ce dossier pour le moins particulier donne dans le « spectaculaire ». On va juger neuf membres d'une même parentèle pour assassinats sur leurs aïeules. Julienne L., la mère de famille âgée de cinquante-neuf ans ; François, le fils de vingt-deux ans ; Jacqueline, l'aînée, vingt-huit ans ; Janine, vingt-trois ans ; Albert, le fils aîné, trente et un ans ; André, trente ans ; Louis, vingt-six ans et Jean-Claude, vingt-sept ans, le mari de Janine, ouvrier agricole... Toute cette brochette de L. se presse dans le box des accusés en ce mercredi 15 février 1967.

Une « saga familiale » au goût sordide.

Le procès se déroule à Rouen. Il draine la foule des grands jours, à la fois écœurée et voyeuse. Localiers et reporters parisiens s'entassent sur les bancs réservés à la presse. Voilà deux ans, depuis l'arrestation du clan, qu'ils attendent ce rendez-vous avec les *« tueurs de mémés »* ! Plusieurs centaines de curieux n'auront pas leurs tickets d'entrée et devront se contenter des couloirs ou du compte rendu ultérieur dans les journaux.

Pour peu, on se croirait dans une cour des Miracles où l'attraction serait l'exhibition de « dégénérés ». Inculte, amorale, affreuse, sale et méchante, la tribu L. a tout pour séduire les amateurs de grands frissons. En son sein, l'euthanasie vaut loi. À la différence des pratiques de certaines peuplades, il n'est pas nécessaire d'être au seuil de la mort pour être précipité dans l'au-delà...

Pour saisir toute la saveur de cette incroyable tragi-comédie, il faut remonter deux années en arrière.

Le 3 septembre 1965, à Darnétal, pour être exact !

François L., accompagné de ses deux oncles, pénètre dans les locaux de la gendarmerie. Il veut se rendre à la justice pour le meurtre de sa grand-mère. Invité à s'expliquer, il indique que le 26 octobre 1963, il a étouffé la « mémé » alors âgée de soixante-dix-sept ans. La déclaration, tardive, surprend. Les gendarmes ouvrent l'enquête et plongent dans le passé mouvementé des L.

1929, Eugène L. épouse sa cousine germaine Julienne B. Le couple a pour grand-père commun, Théophile L. Les deux tourtereaux s'installent à Vieux-Rue, près de Darnétal où Eugène travaille comme artisan-couvreur. Cette situation familiale peut surprendre, mais elle n'est pas si rare à l'époque. Mari et femme s'entendent à merveille. Le fruit de leur bonheur ne compte pas moins de dix-sept enfants qui connaîtront une espérance de vie plus ou moins longue ; à la fin des années 1950, douze ont survécu.

Les L. vivent en vase clos, repliés sur eux-mêmes, comme hors du temps.

En démêlant les filiations de cette famille *« tuyau de poêle »*, les policiers comprennent pourquoi elle évite tout contact avec le monde. Julienne B., la mère, est née en 1908. Atteinte de surdité, elle a appris à l'âge adulte qu'elle est l'enfant de sa mère avec son propre père. Le patriarche est mort depuis plusieurs années, au grand soulagement de sa femme et de sa fille régulièrement violée.

« Les L. sont absolument étrangers à ce que nous croyons être la civilisation », écrit un journaliste.

Une famille formidable

En 1959, Jacqueline L., fille d'Eugène et de Julienne, empoisonne sa grand-mère Marguerite avec la complicité de son frère Louis. La vieille femme de soixante et onze ans vivait à l'écart de la famille préférant sa petite maison de Pierreval. Jacqueline vient quotidiennement lui faire son ménage, préparer ses repas et la soigner.

Un soir, Jacqueline fait ingurgiter à l'aïeule un verre d'eau que lui tend sa mère. Julienne y a préalablement versé le contenu d'une petite fiole qu'elle conserve dans la poche de sa robe.

« C'était du sirop pour la désaltérer ! » justifiera plus tard Julienne.

Aux assises, lors du procès du clan, se pose la question : qui de la mère ou de la fille a empoisonné la septuagénaire ?

Julienne avoue :

« Je lui ai donné du poison par gentillesse parce qu'elle souffrait !

– Et vous, Jacqueline, vous saviez que votre mère avait versé du poison dans le verre ? demande le président en fronçant les sourcils.

– Oui ! Elle m'a dit : "Fais-lui boire, elle souffrira moins !"

– Vous saviez donc que c'était du poison ? »

L'accusée hausse les épaules :

« Je m'en doutais. Ma mère m'a dit : "Ce sera terminé vers 8 heures ou 9 heures demain." »

Louis a également participé au meurtre. C'est lui qui a acheté le raticide chez un pharmacien de Darnétal. Le trio attend tranquillement que la vieille femme pousse son dernier soupir. La mémé ne tarde guère à rendre son âme à Dieu. Après un rapide signe de croix, on fouille ses vêtements. Julienne trouve huit mille francs qui changent instantanément de poche.

« Moi, j'étais certaine qu'il y avait trois cent mille francs chez ma mère ! Jacqueline a dû voler l'argent ! »

Invité à s'exprimer sur ce premier meurtre, Eugène, le patriarche, a cette réplique étonnante :

« C'était une personne usée ! »

Une évidence s'impose au cours des débats. Ce n'est pas Eugène qui « porte la culotte », mais bien sa femme, Julienne. Une patronne à la poigne de fer qui, telle une matronne, décide de la vie et de la mort au sein de la sphère familiale...

Les enfants peu ou pas scolarisés se plaignent des conditions de vie.

« Je n'étais pas heureux chez mes parents, déclare François âgé de vingt-deux ans. Je devais travailler et donner tout mon argent à ma mère. Je n'avais pas le droit de sortir. »

Est-ce pour évacuer toute cette peur qu'il étrangle sa grand-mère en 1963 ?

« Moi, ma mère, François, André, Jean-Claude, même mon père, tout le monde en avait marre de la vieille ! explique Janine, sa sœur.

– Et vos autres frères, Albert et Michel ? s'enquiert le président.

– Eux pas tellement ! » répond la jeune fille, provoquant les rires du public.

Il faut savoir que Janine a en charge la grand-mère paralysée qui demande des soins quotidiens. Sa petite-fille rêve d'une existence romantique avec son fiancé. Le temps qu'elle consacre à la mémé rend aléatoires ses perspectives de mariage avec Jean-Claude G.

Janine n'envisage pas de sacrifier ainsi sa jeunesse plus longtemps. Son frère André voudra-t-il résoudre son « problème » ? À savoir faire passer la paralytique de vie à trépas ? André comprend « le problème » de sa petite sœur chérie, mais renâcle à jouer les assassins. Janine s'adresse alors à son autre frère François, plus réceptif :

« Je lui en ai parlé devant ma mère ! avoue ingénument Janine.

– J'ai toujours dit qu'il ne fallait pas le faire », proteste l'intéressée.

Jean-Claude, devenu depuis le mari de Janine, est accusé d'avoir donné des conseils à François pour que le meurtre se passe dans *« de bonnes conditions »* :

« C'était une blague », ironise-t-il sans convaincre, ajoutant : « Je ne pensais pas qu'ils allaient sérieusement le faire... »

Qu'importe ! L'enquête de la brigade criminelle montre qu'un « conseil de famille » s'est réuni pour décider d'une date. Eugène, fils de la future victime, ne participe pas au complot. La réunion s'achève sur une conclusion : François étranglera la mémé un samedi soir.

La Cour s'étonne. Pourquoi un samedi ?

« Parce que le dimanche, c'est pas facile pour les formalités », répond sèchement la mère, comme si cela allait de soi.

Le jour J venu, Julienne rejoint son mari occupé à lire un roman policier dans le lit conjugal. Dans le salon, Janine hausse le volume de la radio tandis que François enfile une paire de gants avant de se glisser derrière la vieille femme assoupie sur son fauteuil. Serrer le cou ridé et fragile de mémé devrait être une formalité. Pourtant elle résiste, se débat. Elle n'est pas prête à laisser son petit-fils lui ôter le peu de vie qu'il lui reste. Mais lutter contre un garçon de vingt-deux ans n'est pas un combat loyal. Son glapissement de révolte et de peur s'étrangle en un gargouillis de salive.

L'affaire est réglée. Le « problème », résolu.

Pour fêter dignement l'événement, on décide d'ouvrir une bouteille de muscat et de trinquer. On anticipe en quelque sorte le mariage de Janine et de Jean-Claude G.

Le lendemain matin, Eugène découvre le corps froid de sa mère. Cela ne l'étonne pas vraiment. Ce qui le met en colère, c'est de ne pas avoir été mis au courant. Il faut à présent déclarer le décès. Personne n'y avait pensé. Chacun a son avis pour camoufler les traces de strangulation. Un foulard noué autour du cou du cadavre fera l'affaire.

Le médecin de la famille L. n'y voit que du feu et signe le permis d'inhumer. Deux ans plus tard, lorsque l'on exhume le corps pour autopsie, les marques sont toujours visibles.

Au procès, le président reproche au médecin son manque de discernement. Ce dernier se défend :

« J'avais donné mes soins à la vieille dame. Elle me paraissait en de bonnes mains *(sic)*, mais quand j'ai constaté son décès, je ne l'avais pas vue depuis un an et demi. À son âge, un arrêt du cœur est chose normale. »

Un élément intrigue la Cour : pourquoi François a-t-il accepté de tuer sa grand-mère ? Qu'il ait éprouvé une forte affection pour sa sœur peut s'entendre. Son absence de pitié envers l'aïeule paraplégique, *idem*. Il manque cependant une pièce au puzzle pour rendre à l'acte toute sa cohérence.

La réponse vient du côté du mari de Janine. Eugène témoigne : il a donné « pour rire » des conseils afin de tuer silencieusement la grand-mère. Il n'imaginait pas une seconde que l'on puisse mettre en acte ce qu'il croyait être une boutade.

Au patriarche succède à la barre un officier. Il témoigne que Jean-Claude G. a demandé à ce que sa solde d'appelé soit versée à son beau-frère.

« Pourquoi cette générosité ? demande le président.

– Simplement comme ça, par gentillesse, ricane le nouvel époux de Janine.

– C'est pas vrai ! s'insurge François, jaillissant de son banc comme un diable. C'était pour me remercier d'avoir supprimé la grand-mère qui était un obstacle à son mariage avec ma sœur. »

On apprend, pour finir, que Jean-Claude n'a jamais réglé sa « dette ».

Fin de séance. Public, journalistes et avocats s'en vont fumer une cigarette ou déambuler dans la salle des pas perdus. C'est vrai que la famille L. donne la migraine !

À la reprise des débats, la Cour s'intéresse à Eugène, un vieil homme portant un collier de barbe mal coupé. Il jure ses grands dieux ne pas avoir été mis au courant des meurtres successifs de sa mère et de sa belle-mère. C'est d'ailleurs en tant que témoin qu'on l'entend et non comme accusé. Il est le seul avec deux de ses fils à ne pas avoir été incarcéré.

« C'est étonnant pour un grand lecteur de romans policiers, ironise le président.

– J'avais pas de “doutances”, j'ai pas cherché, répond l'intéressé.

– Vous avez la réputation d'un père autoritaire et vous ne savez rien de ce qui se passe sous votre toit ? Vous avez empêché vos enfants de sortir mais pas de tuer leurs grand-mères ? » s'étonne encore le juge.

Eugène reconnaît son incapacité à tout gérer. Sa femme, selon lui, a beaucoup plus d'influence sur ses enfants que lui-même.

Pierre, le cadet de la fratrie, s'exprime à son tour :

« Mon frère François voulait empoisonner le père ; il me l'a dit. Il en avait marre de ne rien pouvoir faire et de prendre des roustes. »

Ce déballage peu ragoûtant finit par lasser, même si la Cour et le public ne sont plus à une atrocité près. Il se poursuit néanmoins. Les débats l'exigent.

Théodule, le frère d'Eugène, a rompu le silence, brisé l'omerta, provoquant du même coup la dislocation de la tribu. Il s'en explique à la barre :

« J'ai appris toute l'histoire après le second meurtre, déclare-t-il au président en tripotant une casquette crasseuse. C'est ma nièce Julienne qui me l'a racontée.

– Et elle, qui le lui a dit ? questionne le magistrat.

– C'est sa belle-sœur Simone qui lui a confié. Elle-même avait reçu les confidences de Jacqueline. »

Théodule ne se voit pas garder pareil coupable secret sans réagir. Il en informe son deuxième frère, et ensemble ils parlent à François. Ce dernier ne nie pas son forfait mais refuse de se rendre à la police. Ses oncles lui font comprendre que c'est la seule solution, s'il veut bénéficier de l'indulgence de la justice.

« Si tu ne le fais pas, nous te dénoncerons ! » menace l'un des tontons.

Pour se venger de son beau-frère mauvais payeur, plus que par obéissance aux oncles, François se rend aux autorités. En quelques heures, on enferme la quasi-totalité de la famille L.

Les réquisitoires permettent à ceux qui se sont perdus dans les méandres de cette parentèle compliquée de faire le point. La défense tente un combat perdu d'avance alors que la partie civile noircit un tableau déjà bien sombre. Les jurés ne perdent guère de temps. La Cour rend son verdict :

- Julienne L. est condamnée à la réclusion à perpétuité ;
- François L. : réclusion à perpétuité ;
- Janine G., fille L. : vingt ans de réclusion criminelle ;
- Jean-Claude G. : dix ans de réclusion criminelle ;
- Jacqueline L. : cinq ans avec sursis ;
- André et Albert L. : deux ans avec sursis ;
- Louis est acquitté.

Les coupables sont conduits à la prison Bonne-Nouvelle de Rouen. Devant la porte d'entrée, Eugène, le mari de Jacqueline et leur enfant de deux ans sont là pour soutenir les condamnés. Même s'il se débarrasse sans états d'âme des « vieux », c'est la première fois que le clan se sépare pour un temps que l'on imagine sans fin. En ces jours difficiles, Eugène a estimé qu'il était important de retrouver l'esprit de famille.

Eddy Simon,
Les Grandes Affaires Criminelles de Seine-Maritime, 2006.

L'exécution de la Toussaint

Affaire non élucidée, Landemer
1er novembre 1969

Si les grandes affaires criminelles exercent depuis fort longtemps un véritable pouvoir d'attraction, c'est notamment parce qu'elles sont empreintes de mystères. La résolution de l'énigme, qui conduit à un juste et rassurant retour à la normale, participe de cette même fascination. Le crime, l'enquête, l'arrestation et le châtiment constituent pour le lecteur de faits divers un schéma tour à tour angoissant, haletant et finalement sécurisant. Cependant, lorsque l'affaire devient une énigme impossible à résoudre, ce même lecteur reste animé d'une curiosité intacte, une curiosité mêlée d'inquiétude…

L'histoire du lycéen de dix-sept ans assassiné le soir de la Toussaint 1969 sur un sentier côtier à Landemer, près de Cherbourg, est l'une de ces affaires. Traînant derrière elle son cortège de questions sans réponses, elle hante toujours la mémoire des habitants de la région. Pour preuve, l'article de novembre 1989 paru dans *La Presse de la Manche*, qui revient, vingt ans après les faits, sur tous ses développements. Plus qu'une affaire d'ailleurs, c'est davantage un mystère qui, s'il n'avait des relents tragiques, aurait pu constituer la trame d'un roman policier. Car tous les ingrédients du « polar » sont ici condensés : affaire d'espionnage, de mœurs, trafic de drogue, règlement de comptes, exécution, chantage. La police, les gendarmes, la justice ont exploré toutes les pistes, échafaudé toutes les hypothèses, en vain.

Peu habituée à ce genre d'énigme, la population du Nord-Cotentin, qui se tenait au courant des développements de l'enquête à travers la lecture des journaux, passait de surprise en surprise. On en apprenait chaque jour davantage sur la personnalité trouble de la victime, sur ses mystérieux agissements, sur les possibles mobiles de l'assassin. En somme, on découvrait médusé qu'à deux pas de chez soi pouvait se tramer, sans que l'on n'en sache rien, les plus obscures machinations.

C'est le week-end de la Toussaint, un vent glacial souffle sur la côte normande. Il ne fait pas bon mettre le nez dehors, mais une partie de pêche entre amis ne se refuse pas, quitte à rentrer avec les pieds gelés. En fin de matinée, ce 2 novembre, trois jeunes gens reviennent de la plage, les seaux chargés de coquillages. Au terme de leur balade, ils sont parvenus jusqu'à la petite crique de Ouy et, de là, décident de remonter la falaise pour rentrer par le sentier côtier. Ils vont y faire une macabre découverte. Là, barrant leur route, gît le cadavre d'un adolescent en veste bleu marine, le visage tourné vers le ciel.

Il est bien trop tard pour lui venir en aide. Les jeunes gens entament malgré tout une course effrénée pour avertir au plus vite les secours. Les pompiers, bientôt suivis par les gendarmes de Beaumont, un médecin et un journaliste de *La Presse de la Manche* arrivent sur les lieux. À première vue, il s'agit d'un banal et tragique accident. Le garçon aurait fait une mauvaise chute du haut de la falaise et serait mort en tombant sur une pierre. Le médecin relève une blessure au visage et ne peut que constater le décès du jeune homme. S'agissant d'un accident survenu dans des circonstances encore indéterminées, par acquit de conscience, il demande que soit effectuée une autopsie. Dans les taillis, à quelques pas du corps, les gendarmes retrouvent un sac de sport contenant divers objets, et dans les poches de la veste de l'adolescent, ses papiers d'identité, plus précisément un passeport. Il s'agit de Serge Le Petit, résidant avenue Delaville à Cherbourg ; il est né le 18 novembre

1952, il allait avoir dix-sept ans dans quelques jours. La scène du drame n'en apprendra pas davantage et tout le monde quitte les lieux à la suite des pompiers qui enlèvent le corps pour le transporter à l'hôpital Pasteur de Cherbourg.

À la gendarmerie de Beaumont, tandis que l'on cherche à joindre les parents du garçon, un brigadier vide le contenu du sac de sport pour en faire l'inventaire : un paquet de Gitanes, trois gros cigares, un briquet, un portefeuille qui contient principalement des timbres-poste soviétiques, un appareil photographique avec des accessoires perfectionnés, un plan de Paris, une grosse lampe torche, une paire de chaussures de tennis, 240 francs en billets de banque froissés et de la nourriture. Un ensemble d'objets hétéroclites qui, tout au plus, indique que l'adolescent fume, qu'il s'adonne à la photographie et qu'il avait prévu de se restaurer au cours de sa promenade. Le passeport de Serge, aux nombreuses pages visées par les contrôles aux frontières, livre davantage d'informations sur son passé récent. Il vient en effet d'accomplir un grand voyage en Union soviétique, en passant par l'Allemagne fédérale et plusieurs pays de l'Est ; plus récemment, à la fin de l'été, il a effectué un voyage en Angleterre. Voilà à quoi se résument les renseignements dont disposent pour le moment les gendarmes. Puisqu'il ne semble faire aucun doute que le jeune homme soit décédé des suites d'une chute, ils n'ont toutefois aucune raison d'approfondir leurs recherches.

Au cours de la journée, les gendarmes ont essayé en vain de prévenir la famille du défunt, ce n'est que tard dans la soirée qu'ils vont enfin y parvenir. Les gendarmes se sont déplacés jusqu'au domicile des Le Petit pour leur apprendre la terrible nouvelle. La disparition soudaine de leur fils cadet les plonge dans un profond chagrin. Malgré leur douleur, ils livrent aux gendarmes un maximum de détails afin de les aider à déterminer l'heure de l'accident. Ils sont partis tôt la veille, le jour de la Toussaint, pour passer le week-end en Bretagne, où résident leur fils aîné, professeur dans un collège technique, et la mère de Mme Le Petit. Exceptionnellement, Serge n'est pas venu avec eux. Il avait insisté pour rester seul à Cherbourg, prétextant qu'il allait profiter du week-end pour étudier. À dix-sept ans, Serge était presque un adulte, et les Le Petit s'imaginaient qu'il était assez responsable maintenant pour passer deux jours seul. La voisine d'en face avait en outre été prévenue de leur absence, elle leur avait même proposé de nourrir Serge pendant le week-end, mais il avait refusé. Avant de repartir, les gendarmes remettent aux Le Petit les effets personnels de leur fils. Le lendemain, un entrefilet dans la presse signale la mort accidentelle d'un adolescent de Cherbourg, survenue à Landemer le 2 novembre.

À l'hôpital Pasteur de Cherbourg, le lendemain après-midi, l'épouse du concierge descend à la morgue ; c'est elle qui est chargée de préparer les corps pour les autopsies. Celui de Serge est là, qui attend depuis la veille. Elle sait qu'il n'y a aucun caractère d'urgence, elle a donc naturellement pris son temps pour s'occuper du cadavre. En manipulant le corps, elle constate une plaie étrange au niveau de la nuque : un trou plein de sang. Cette lésion indique, elle en est certaine, une blessure par balle. Pour un adolescent mort d'une chute accidentelle, cette découverte la stupéfie. Elle alerte sans tarder la brigade de gendarmerie qui en informe le parquet. Immédiatement, une information pour meurtre est ouverte et les inspecteurs qui, la veille, s'étaient rendus au domicile des parents retournent sur les lieux pour les avertir et mener les premières investigations. Ils vont y faire d'étranges découvertes.

Pendant ce temps, le juge d'instruction chargé de l'affaire convoque une conférence de presse pour un communiqué laconique :

« C'est un crime. Le jeune Le Petit a été abattu d'une balle de petit calibre dans la nuque. Cette balle est ressortie par le sinus droit, en ne laissant que quelques traces. Il est mort foudroyé et s'est vidé de son sang[1]. »

On comprend immédiatement qu'engagés sur une mauvaise piste, les enquêteurs ont perdu un temps précieux. Plus de vingt-quatre heures se sont écoulées depuis la découverte du cadavre, c'est plus qu'il n'en faut à un assassin pour quitter la région, voire le pays. La déclaration du juge d'instruction, aussi brève soit-elle, laisse cependant entrevoir qu'il n'est pas question ici d'un meurtre banal ; l'affaire est grave : Serge Le Petit a été exécuté. Dès lors, les journalistes seront à l'affût des moindres informations

1. La Presse de la Manche, *le 2 novembre 1989.*

délivrées par la gendarmerie puis la police, et la presse se fera l'écho de chaque rebondissement de l'affaire.

D'après la boue retrouvée sous les semelles des chaussures de l'adolescent, la même qui se trouve en bas de la falaise, les gendarmes supposent qu'il a été abattu alors qu'il remontait de la plage. Était-il seul sur cette petite crique, s'est-il ensuite fait surprendre ? Ou bien alors était-il en compagnie de son futur assassin qui aurait attendu d'être sur le sentier, à l'abri des regards éventuels, pour le tuer ? La précision du coup de feu, l'endroit où l'on a tiré la seule et unique balle mortelle, tout indique que le meurtrier savait ce qu'il faisait, et qu'il était déterminé. À partir de ces hypothèses, tous les scénarios sont possibles ; il convient donc d'en apprendre davantage en fouillant dans le passé et la personnalité d'un lycéen de dix-sept ans apparemment sans histoire. L'enquête menée au domicile des parents lancera les gendarmes sur une multitude de pistes tant la vie de Serge Le Petit se révélera chargée de mystères.

Les premières constatations laissent penser que Serge a passé sa journée du samedi chez lui. Du moins, c'est là qu'il a consommé ses trois repas, la soupe que lui avait laissée sa mère a été bue en partie, et d'autres aliments manquent dans le réfrigérateur. Il a sans doute reçu de la visite, car deux verres sales ont été retrouvés dans le salon, l'un contenant du Coca-Cola, l'autre du Pschitt orange. Il s'agit d'une ou de deux femmes, car les draps de son lit conservent encore les traces de deux rouges à lèvres différents et des taches de sang. Quand les Le Petit sont rentrés de week-end, ils ont constaté que la baignoire était sale, qu'il régnait un désordre inhabituel dans la maison ; cela ne correspondait pas aux habitudes de Serge, précisent les parents. Mais ce qui va faire sombrer les époux Le Petit dans des abîmes d'incompréhension, c'est la découverte successive d'une valise puis d'une lettre. Dans une petite valise posée dans l'entrée, les affaires de Serge se trouvent bien pliées et rangées, comme s'il s'apprêtait de manière imminente à partir en voyage. Ce voyage, il semble que Serge avait la ferme intention de le réaliser, comme en atteste cette lettre ahurissante retrouvée dans le secrétaire de sa chambre :

« Chers parents... Ne vous affolez pas, oui, je suis parti mais je reviendrai d'ici quelques années peut-être. Quand vous lirez cette lettre, je serai sans doute loin de la France. La destination, je ne vous en fais naturellement pas part. Question argent, j'en aurai largement assez. Alors, encore une fois, ne vous inquiétez pas et je vous prie, ne me faites pas chercher... À bientôt peut-être[1]. »

Cette lettre, qui ébranle les certitudes d'un père et d'une mère déjà profondément bouleversés par la disparition de leur fils, fait l'effet d'un nouveau séisme. Serge envisageait de faire une fugue. Pour quel motif ? Et pour aller où ? Les questions se bousculent et M. et Mme Le Petit doivent vivre désormais avec le regret de n'avoir rien décelé des intentions de leur fils. Pour les inspecteurs, si la lettre apporte un nouvel éclairage sur la personnalité du jeune garçon, les indices matériels doivent être exploités en priorité afin de reconstituer l'emploi du temps de sa dernière journée. Les traces de sang et de rouge à lèvres retrouvées sur les draps de la victime constituent un premier élément. Ils sont d'ailleurs immédiatement envoyés à Paris pour analyse. Compte tenu de la couleur des cheveux également retrouvés, on recherche à Cherbourg, dans l'entourage de la victime, notamment parmi les lycéennes, une jeune femme ou une femme aux cheveux châtain clair ou blonds, susceptible de porter deux rouges à lèvres de couleur différentes.

Les auditions se multiplient, des Cherbourgeoises sont interrogées ; certaines, pressées de questions, ressortent en pleurs des interrogatoires. Les inspecteurs rencontrent de sérieuses difficultés, le champ de leurs investigations est bien trop vaste. Les proches, ou du moins ceux qui côtoyaient Serge, sont dans l'ignorance totale et se révèlent incapables de dire s'il entretenait une liaison avec une femme. Selon ses camardes de lycée, Serge était un garçon solitaire, très réservé qui ne se livrait pas, tandis que pour ses parents, Serge n'avait tout simplement pas ce genre de fréquentations. « Dans cette classe de première du lycée Victor-Grignard, Serge Le Petit n'avait d'ailleurs pas de véritable ami[2] », apprennent les enquêteurs. Les auditions ne donnent rien et pour

1. Ibid.
2. La Presse de la Manche, *le 3 novembre 1989.*

cause, le rapport d'expertise arrivé quelques jours plus tard affirme que le sang et les cheveux retrouvés sur les draps appartiennent à la victime ! Une autre découverte lance toutefois les enquêteurs sur une nouvelle piste : les experts ont décelé la présence de cheveux bruns inconnus. Cette fois, ce sont les brunes qui passent au gril des questions des gendarmes… Blonde ou brune, la ou les petites amies de Serge ne se font pas connaître, et force est de constater qu'en l'absence d'indications supplémentaires, ils ne parviendront pas à la retrouver.

En parallèle, une autre piste commence à intriguer sérieusement la brigade des recherches. Au premier temps de l'enquête, les objets que l'on avait retrouvés dans le sac de sport de la victime ne les avaient pas intrigués, mais ils y étaient revenus. Or, ce qui avait d'abord été pris pour un briquet s'était révélé être un Minox. Compact et discret, le Minox est un appareil photographique espion… Une découverte sidérante que l'on ne prend pas à la légère. On s'intéresse donc de près aux nombreux clichés que Serge a conservés dans sa chambre. Aucun d'entre eux ne livre la clé d'un mystère qui pourtant s'épaissit. Pourquoi Serge possédait-il ce type d'appareil ? Mais au fait, quelles étaient les raisons de ses voyages en U.R.S.S. et en Angleterre ? Pour les Le Petit, tout cela ne rime à rien, Serge est un garçon sans histoires, passionné de photo comme son frère et son père. Justement, le père de Serge commence, lui aussi, à intéresser les inspecteurs. Retraité de l'arsenal de Vannes, il travaille depuis cinq ans pour le Commissariat à l'énergie atomique à l'usine de la Hague. Site stratégique de retraitement des déchets nucléaires, on y extrait du plutonium utilisé dans l'armement nucléaire… N'y aurait-il pas un lien possible entre tout cela, qui se résumerait à une affaire d'espionnage industriel en direction des pays de l'Est ?

Peu à peu, pourtant, la piste va tomber dans une impasse. Serge s'est rendu en U.R.S.S. uniquement parce que son frère, inscrit à ce voyage, a eu un empêchement et qu'il a réussi à transférer le billet à son nom. Le séjour en Angleterre a quant à lui été effectué avec ses parents et des amis de la famille. Les investigations menées sur les déplacements de Serge, commission rogatoire transmise en U.R.S.S. à l'appui, si elles ne débouchent pas sur une affaire d'espionnage, livrent quelques autres clés. On apprend qu'il aurait connu là-bas sa première histoire d'amour, mais qu'il aurait également au cours de ce voyage fait l'expérience de la drogue.

Alors, pourquoi ne pas tenter la piste du trafic de drogue ? Cela pourrait expliquer la rentrée financière qu'il espérait et dont il a parlé dans sa lettre, l'argent retrouvé dans son sac, mais aussi la violence de son exécution. On cherche dans cette voie, sans trop y croire cependant car comme le souligne René Moirand, de *La Presse de la Manche*, « la police contrôlait bien [le trafic de drogue] sur Cherbourg à cette époque[1] ».

Les hypothèses, sitôt échafaudées, tombent une à une dans cette enquête, et l'on désespère de découvrir un jour ce qui s'est réellement passé. Un mari jaloux qui aurait découvert une liaison secrète se serait vengé ? On interroge les femmes mariées du voisinage, au point de provoquer quelques remous au sein de paisibles ménages…

Des mois d'investigation ne viendront pas à bout de ces multiples interrogations, mais dans cet écheveau, les responsables de l'enquête se forgent malgré tout une conviction.

On sait que Serge prenait beaucoup de photos, notamment de son balcon. On apprend également que, posté sur ce même balcon, il observait le voisinage, jumelles en main. A-t-il surpris quelqu'un ? Par ailleurs, le jour de la Toussaint, les voisins de l'étage inférieur ont entendu couler l'eau de la baignoire pendant une bonne heure, de 9 heures à 10 heures. Ils en ont conclu que Serge tirait des photos, comme il en avait l'habitude. Préparait-il alors les tirages qu'il s'apprêtait à remettre ? Parmi les clichés retrouvés dans l'appartement, l'un d'entre eux représente un immeuble voisin, avec une flèche dessinée au crayon ; au dos est inscrite l'adresse d'un grand magasin de Cherbourg : le lieu d'un rendez-vous ? La valise bouclée dans l'entrée, la lettre dans laquelle il indique qu'il aurait « largement assez » d'argent pour fuir de longues années : un chantage ? Tous ces éléments se réduisent à une hypothèse vraisemblable : Serge était en possession de documents compromettants, il a tenté de faire chanter quelqu'un, mais il est allé trop loin.

1. Ibid.

Si un faisceau d'indices et de présomptions permet d'imaginer ce scénario, aucune preuve ne conduit à l'homme ou à la femme qui a tiré sur Serge.

Après des mois d'investigation infructueuse, les inspecteurs en charge de l'enquête n'ont d'autre solution que de classer l'affaire. Elle sera toutefois rouverte à différentes reprises lorsqu'un fait nouveau apparaîtra, par exemple une lettre anonyme, mais à chaque fois sans succès.

Faute de preuve, le crime de la Toussaint 1969 ne sera jamais élucidé, il restera gravé dans les esprits comme « L'Énigme de Landemer[1] ».

Lenaïc Gravis,
Les Grandes Affaires Criminelles de la Manche, 2007.

1. Ibid.

JEAN DE BROGLIE : une tradition politique

La politique, dans la famille de Broglie, est une longue tradition qui se confond avec l'Histoire de France : trois maréchaux se sont illustrés au service de la Nation. Des savants et des lettrés ont également porté le renom de la famille hors nos frontières. Héritier de ce passé prestigieux, le prince Jean aura lui aussi connu une carrière exceptionnelle.

Né le 21 juin 1921 à Paris, il devient auditeur au Conseil d'Etat en 1946 après des études de Droit et un diplôme de Sciences politiques. Conseiller général du canton de Rugles (1951) et vice-président du Conseil général, il est Maître des Requêtes au Conseil d'Etat (1954) puis, député de l'Eure (1958) et Secrétaire d'Etat au Sahara et aux départements d'outre-mer. A ce titre, il négocie les accords d'Evian (1962) et est investi de nouvelles fonctions ministérielles dans les cabinets successifs de MM. Debré et Pompidou jusqu'en 1967. Maire de Broglie depuis 1954, il était également Président de l'Union des Maires de France.

Sa carrière parlementaire fut couronnée de succès. Indépendant puis, Républicain Indépendant de la première heure, il fut élu membre du Parlement européen en mai 1967.

A l'Assemblée nationale, il exerça des fonctions importantes. Président de la Commission des Affaires étrangères, il conduisit une délégation parlementaire française en Chine et fut chargé de mission auprès de plusieurs chefs d'Etats dans nombre de pays étrangers (Vietnam - URSS - Corée du Nord - Jordanie etc...)

Ses rapports sur le budget de la coopération, la construction de l'Europe, l'activité des Nations-Unies ont marqué son importante activité parlementaire jalonnée de nombreuses propositions de loi concernant tant l'organisation de la vie politique que l'agriculture, le commerce, la vie sociale ou le sport.

Chevalier de la Légion d'honneur, Croix-de-Guerre 39-45, Médaille de la Résistance, Jean de Broglie avait un talent éclectique qui le portait à s'occuper aussi bien d'une adduction d'eau locale que de l'abolition de la peine de mort (pour laquelle il fit une proposition de loi). Erudit et amateur de lettres (Mme de Staël n'est-elle pas son arrière grand-mère ?) il aimait faire découvrir à ses invités les richesses de sa bibliothèque (la première privée de France). Manuscrits et ouvrages précieux ont fait l'admiration d'hôtes de qualité reçus au château. Que ce soient le cosmonaute Beregovoï ou des Ministres Français ou étrangers, tous ont été séduits par ses talents de conteur et d'historien.

Certains le disaient en « disgrâce » auprès de l'Elysée. Il fut cependant un des parlementaires les plus reçus par le Président de la République. Néanmoins, sa présence au récent rassemblement de Jacques Chirac avait, dit-on, irrité les Giscardiens et surpris les milieux politiques : bien qu'engagé, il avait pour habitude, tant dans son action gouvernementale que parlementaire, de se tenir « au-dessus de la mêlée ». Politique, mais non politicien.

S'il fallait trouver une autre devise pour orner le blason des de Broglie, il viendrait à l'esprit d'associer Politique et Grandeur de la France. Beaucoup de membres de la famille ont été habités par la même ambition. Un peu distant et réservé, le prince Jean avait, comme ses ancêtres, le goût du service de l'Etat. Après une carrière bien remplie, il ajoute son prénom à l'Histoire d'une lignée prestigieuse dans laquelle, hélas, sa tragique disparition figurera au côté de ses exceptionnels états de service.

Bernard Méaulle

1968 : une période politique trouble et quelques jours de flottement dans la conduite de la France. Avant le grand rassemblement en faveur du Général de Gaulle sur les Champs-Elysées, Jean de Broglie « monta en première ligne » à Bernay. Avec beaucoup d'élan patriotique et de conviction, il stigmatisa dans une fougueuse allocution les « fauteurs de trouble ». C'était un des aspects de la personnalité de Jean de Broglie, orateur distingué, qui savait, dans les grandes occasions, transcender son style pour se muer en tribun.

Connaîtra-t-on un jour vraiment toute la vérité sur cette affaire ?
(L'Impartial, *janvier 1977.)*

Mort d'un prince

Affaire P. de Varga, G. Frèche, S. Tessèdre et G. Simoné, Paris
Cour d'assises de la Seine, 4 novembre au 24 décembre 1981

Un homme de taille moyenne, quelque peu enveloppé, le visage bouffi, est allongé sur le trottoir. Le sang coule de sa tête. Il est 9 h 22 en ce 24 décembre 1976, et l'ancien ministre Jean de Broglie vient d'être abattu à coups de feu au pied du numéro 2 de la rue des Dardanelles, un petit coin généralement tranquille du 17e arrondissement, non loin de la porte Maillot.

Le prince assassiné est l'héritier d'une célèbre famille française, les de Broglie. On compte dans son ascendance deux maréchaux, deux présidents du Conseil, quatre académiciens dont, en particulier, Louis de Broglie, physicien génial qui a reçu le prix Nobel en 1929 pour ses travaux concernant la mécanique ondulatoire. Jean a lui même été un des négociateurs des accords d'Évian en 1962, avec Louis Joxe et Robert Buron, accords qui ont mis fin à la guerre d'Algérie. Il a été secrétaire d'État de plusieurs gouvernements, mais ne faisait plus partie depuis quelques années de l'équipe au pouvoir tout en restant très proche du Mouvement des républicains indépendants dont il avait été le trésorier. Il était depuis longtemps déjà député de l'Eure, conseiller général de ce département et maire de la commune de Broglie.

Le commissaire Ottavioli, chef de la brigade criminelle, prend l'affaire en charge et se rend sur place pour les premières constatations. Le prince a été tué d'une balle dans la tête, qui l'a atteint sous l'oreille gauche.

Les premiers témoignages parlent d'un agresseur jeune qui a parlé au ministre avant de l'abattre à bout portant. Cet individu, son forfait accompli, s'est enfui par le boulevard de Dixmude, sautant dans une Mercedes qui l'a emmené loin du théâtre des opérations.

La police trouve dans les habits du prince des papiers, une carte grise et des clefs de voiture. On retrouve le véhicule, une Peugeot 204 diesel en mauvais état, en stationnement boulevard Gouvion-Saint-Cyr. À l'intérieur, les enquêteurs saisissent de nombreux dossiers. Le commissaire essaye de prévenir la famille par téléphone. Il n'obtient pas de réponse.

Les inspecteurs chargés de l'enquête immédiate constatent que Pierre de Varga, conseiller juridique du prince, habite justement au numéro 2 de la rue des Dardanelles, dans un bel appartement. Dans celui situé juste au-dessus du sien, réside Patrick Allenet de Ribemont, qui se trouve être l'expert financier de Jean de Broglie. Est-ce une coïncidence ?

Ottavioli répartit les tâches. Une équipe d'enquêteurs étudie les dossiers laissés par de Broglie dans sa voiture, qui lui servait visiblement de bureau, et une autre va essayer de remonter au tueur en interrogeant les relations du prince. Vu l'importance politique du mort, des moyens importants sont mobilisés. Les résultats en sont rapidement connus.

Il y a une dizaine d'années, Jean de Broglie s'est engagé dans plusieurs affaires financières très complexes. À la tête d'une fortune immobilière assez considérable (appartements à Paris, en Sicile, à Majorque ; de nombreuses terres dans l'Eure, le Jura, l'Oise, la Nièvre, sans oublier le château de Broglie), il s'est lancé dans les affaires en 1968, mais son manque d'expérience lui a fait rencontrer, entre autres conseillers, des escrocs.

La première société dans laquelle il devient administrateur est la Sodetex, créée en 1968. Elle est destinée à trouver, au moyen d'un emprunt par obligations, 15 à 20 millions de dollars au profit de la

S.A. Matesa, une importante société espagnole de machines textiles. À titre d'avance sur les commissions qui lui seront dues, la Sodetex perçoit 300 000 dollars. Elle est dirigée par un certain de Leon.

Hélas, en juillet 1969, la Matesa est atteinte par un scandale financier. Elle est accusée d'escroquerie au préjudice de l'État espagnol. Elle aurait servi de couverture pour le détournement de subventions publiques à l'étranger. Ce scandale implique, entre autres, des membres de l'Opus Dei, comme Loreno Rodo. Les dirigeants mis en prison, la Matesa n'a plus besoin de capitaux frais. Par conséquent, la Sodetex n'a plus de raison d'exister. Toutefois, le liquidateur judiciaire de la Matesa fait le maximum pour récupérer les 300 000 dollars. De Leon est insolvable. Par peur que son nom ne soit sali, Jean de Broglie accepte en 1974 de rembourser en six annuités 1 500 000 de francs français.

Pendant la même période, et toujours avec de Leon, de Broglie se lance dans l'immobilier en achetant toutes les actions d'une société. Deux ans plus tard, la société en question est dissoute sans passif. Jean de Broglie fait cependant l'objet d'un redressement fiscal, car une somme de plus de 2 500 000 francs a été encaissée, considérée comme des revenus par le ministère des Finances, et n'a pas été déclarée correctement.

En 1969, avec l'Algérien Akli Rahal, il fonde la Brincom (Bureau de réalisations industrielles et commerciales). Il s'agit essentiellement de transactions commerciales avec le Moyen-Orient. Le problème est que Jean de Broglie est, à cette époque, président de la commission des affaires étrangères de l'Assemblée nationale. La D.S.T. soupçonne rapidement des fuites en direction des services secrets algériens par l'intermédiaire de la secrétaire. On parlera aussi de trafic d'armes… Après une « mise au point » en haut lieu, de Broglie quitte la Brincom en 1974.

En 1969 également, Jean de Broglie devient P.D.G. de la Sofradel, une entreprise de développement économique, dirigée par son ancien directeur de cabinet, François Arendt. La situation de la société devenue catastrophique, Arendt se suicide et de Broglie paye le passif de 100 000 francs.

Confronté dès lors à de sérieuses difficultés financières, il contracte des emprunts. Il en obtient un de 2 millions de francs à neuf pour cent sur deux ans de la Manhattan Chase Bank, puis un autre de 6 millions de francs auprès de la banque de l'Union européenne, courant sur six ans. Ces prêts sont obtenus grâce à une garantie hypothécaire et une couverture d'assurance vie.

Compte tenu des impôts qui restent à courir, on peut estimer que la dette totale de Jean de Broglie approchera les 10 millions de francs lourds au moment de sa mort.

Pour l'heure, les besoins d'argent du prince sont connus de tous et il fait alors connaissance de deux autres conseillers financiers : Jean-Paul de Cambronne et Patrick Allenet, dit « de Ribemont ».

Cette nouvelle équipe est sollicitée par la société Publi-M.G. Il s'agit d'implanter des téléviseurs dans les lieux publics, lesquels diffuseraient des publicités en y intégrant des images « subliminales » indécelables à l'œil nu mais traitées par le cerveau. Elles seraient censées inciter les spectateurs à consommer tel ou tel produit. Jean de Broglie donne sa caution de 5 millions de francs. En échange, il recevra un intérêt annuel de vingt-quatre pour cent. Mais la société ne trouve pas de clients. Et cette technique sera d'ailleurs interdite par la suite. La perte est de 2 millions de francs. Jean de Broglie paye, une fois de plus. Certes, sa fortune n'est pas encore dilapidée, mais…

Une nouvelle idée surgit. Sur les conseils d'Allenet de Ribemont, le prince décide de prendre des participations dans une clinique et un restaurant. Le restaurant est célèbre, c'est *La Rôtisserie de la reine Pédauque*, tout près de la gare Saint-Lazare. Jean de Broglie contracte alors un nouvel emprunt de 4 millions de francs auprès de la B.N.P., moyennant une hypothèque sur huit cents hectares de forêts et des assurances vie. Il donne le chèque à de Ribemont qui s'engage à rembourser en quatre-vingt-une mensualités de 72 000 francs et à payer les primes de l'assurance contractée par Jean de Broglie. Celui-ci doit recevoir pour son entremise 600 000 francs en espèces et les actions de la Reine-Pédauque. Ce montage est assez compliqué.

L'enquête de proximité sur l'assassinat proprement dit commence par une découverte intéressante : Jean de Broglie et Pierre de Varga avaient rendez-vous à 9 heures le matin du 24 décembre à l'appartement du dernier nommé. Par ailleurs, Allenet de Ribemont, qui habite dans ce même immeuble de la rue des Dardanelles, était ce jour dans son château familial de la Chaussade. Il revient à Paris dare-dare.

La première question qui se pose à la deuxième équipe d'enquêteurs est celle-ci : quel était l'objet de ce rendez-vous ? Après bien des hésitations, de Varga finit par admettre l'évidence : il s'agissait de discuter de certains dossiers financiers. Il affirme d'abord que l'affaire concernée est celle de Publi-M.G. Évidemment, puisque cette affaire est réglée... Les policiers avancent mais avec beaucoup de difficultés.

Allenet de Ribemont n'apporte pas beaucoup plus de clarté. Il indique tout de même que de Broglie était venu voir de Varga pour avoir un conseil au sujet de ses démêlés fiscaux. Il s'agit d'une déclaration à la fois vraisemblable et convaincante.

Sur la foi d'un renseignement d'indicateur, la police soupçonne que de Varga a partie liée avec un inspecteur de police : Guy Simoné. La 10e brigade territoriale et l'antigang se sont déjà intéressés à lui, ils le soupçonnent d'être un peu ripou.

Un autre renseignement vient du « milieu » : le tueur n'a pas été payé. Et il ne convient pas de plaisanter avec un homme qui a tué... Toute l'équipe qui a organisé cet assassinat est sur les dents : rencontres, coups de fil... La police arrête pour les interroger un certain nombre de suspects dont Guy Simoné et un dénommé Gérard Frèche. Au début, les auditions ne donnent pas grand-chose.

Le lendemain, les enquêteurs ont un « coup de chance ». Le commissaire Ottavioli raconte dans son livre *Échec au crime* :

« Dans le cadre des écoutes "administratives" est surveillé, depuis la fin septembre, un truand nommé Bernard André. Le matin de Noël, celui-ci est réveillé par un coup de téléphone d'un de ses amis, Simon Kolkowicz :

« "Tu as écouté la radio ?

« – Non !

« – Tu sais, ce que tu devais faire, ils l'ont fait !

« – Ce que je devais faire ? Moi ?

« – Oui, ce pour quoi tu es allé au château.

« – Au château ?

« – Oui, dans l'Eure."

« Kolkowicz continue jusqu'à lui dire :

« "Réveille-toi. Je te dis qu'il a été tué !

« – Oh ! Putain !"

« Et ils se donnent rendez-vous. »

Ottavioli et Broussard, chef de l'antigang, décident de l'arrestation de ces deux hommes. Aussitôt dit, aussitôt fait. Craignant de payer pour un meurtre qu'ils n'ont pas commis, ils se mettent à table immédiatement. Kolkowicz explique que lui-même et Serge Tessèdre, qui est un de ses amis, ont été sollicités par un policier, Guy Simoné, pour trouver un homme capable, pour 50 000 francs, d'abattre le prince. Il a alors imaginé de proposer Bernard André, ce qui lui a permis d'avoir une avance de 6 000 francs. Quelque temps après, il a indiqué à Simoné que Bernard André avait été arrêté et ne pouvait pas accomplir sa tâche ni rembourser l'argent. Ils ont ainsi arnaqué le policier. André confirme les déclarations de Kolkowicz.

À la suite de cela, on interroge de nouveau avec insistance Simoné, Frèche et Tessèdre. Le policier reconnaît sa demande auprès de Kolkowicz et avoue avoir recruté Frèche, avec l'aide de Tessèdre, pour une opération « d'euthanasie » à la demande de de Varga.

Frèche affirme que, une fois l'acompte touché, Simoné l'a harcelé pour qu'il accomplisse sa tâche. On finit par connaître le déroulement de l'opération. Le 24 décembre au matin, Simoné et Frèche ont rendez-vous dans un bar de la porte Maillot. Simoné donne à Serge son arme de service et le dépose rue des Dardanelles. Dès que le prince sort, il fait feu trois fois. Jean de Broglie est tué par la deuxième balle. Frèche s'enfuit en courant jusqu'au boulevard de Dixmude et saute dans la Mercedes de Simoné. Il rend l'arme, quitte son blouson, jette le gant et donne rendez-vous à Guy pour toucher l'argent.

Les circonstances de l'assassinat sont alors définies clairement. Pour les policiers, il reste à connaître les responsables de ce meurtre. Qui est au-dessus de de Varga ?

Le soir même du 29 décembre 1976, Michel Poniatowski, ministre de l'Intérieur, prend la parole à la télévision pour informer la France entière des résultats de l'enquête. Le compte rendu qui paraît les jours suivants dans le journal *L'Impartial* semble prouver qu'il n'a guère convaincu la France profonde :

« Le crime se porte bien : l'hypocrisie officielle aussi.

« Voici donc où nous en sommes maintenant en France : on assassine, froidement, en pleine rue, un parlementaire, ancien ministre, de réputation internationale. Disons que ça n'a paru émouvoir que médiocrement ceux qui nous gouvernent. Au contraire, avec un cynisme insensé, c'est ce moment précis qu'a choisi le ministre de l'Intérieur, M. Poniatowski, pour tenir une conférence de presse au cours de laquelle il s'est permis de claironner, en s'appuyant sur des statistiques de lui seul connues, que le crime était en régression en France... sauf les attentats et les hold-up, bien sûr.

« Mais à part ça tout va très bien.

« Monsieur Poniatowski, dans ses commentaires, n'a même pas paru choqué qu'un policier de rang important soit directement mêlé à l'assassinat de M. de Broglie. Le ministre de l'Intérieur est pourtant le chef de toutes les polices et il en est le responsable. Mais il y a eu là encore, sans doute, une bavure qui ne mérite pas qu'on en parle.

« On préfère parler de la victime. Parce que c'est désormais la mode. Comme il s'agit avant tout d'excuser et de prendre en considération les malfaiteurs et les criminels, un des procédés les plus efficaces, à cet égard, consiste à salir les victimes ou, tout simplement par des allusions évasives, à laisser planer sur elles des suspicions d'autant plus graves qu'elles sont imprécises. C'est ce à quoi on vient d'assister dans cette tragique affaire, et jusque dans des interviews à la télévision officielle, sous l'œil impavide et en présence, toujours, du ministre de l'Intérieur. Décidément, une solide santé, celui-là !

« Pour essayer d'atténuer, si possible, le choc du scandaleux assassinat de Jean de Broglie, ses répercussions possibles sur le plan politique, comme aux yeux de l'opinion publique, on n'a pas hésité à s'en prendre à la mémoire même de la victime. Ainsi, on voit certains avocats essayer de démontrer que leur voyou de client est le plus à plaindre et que sa victime ne mérite pas qu'on s'apitoie sur son sort ni sur celui des siens. De l'ouvrage bien fait.

« Il s'agit, en particulier, que nul n'aille se laisser aller à penser que M. Jean de Broglie aurait pu, par exemple, être assassiné pour des raisons de haute politique, voire même internationale, étant donné sa personnalité. Pour satisfaire les curiosités, le scénario suivant a été officiellement présenté :

« Monsieur Jean de Broglie a été tué froidement par un petit truand, Gérard Frèche, assisté de deux pâles complices : Serge Tessèdre et Simon Kolkowicz, armé et dirigé par un inspecteur principal de police Guy Simoné qui donna son propre pistolet pour exécuter l'horrible besogne. Les commanditaires de l'assassinat seraient deux hommes d'affaires, MM. Ribemont et Varga avec qui M. de Broglie était en relations. Il leur aurait prêté 4 millions pour l'achat du restaurant *La Rôtisserie de la reine Pédauque*, à Paris, en empruntant lui-même cette somme à une banque qui, en garantie, aurait fait contracter, à son bénéfice à elle, une assurance vie d'un montant équivalent par M. de Broglie.

« Or la mort du député de l'Eure permet à la banque d'être garantie, mais elle ne libère en rien pour autant MM. Ribemont et Varga de leur dette. Alors ? En fournissant une telle explication aussi illusoire, on ne nous dit évidemment pas la vérité.

« Tous les habitants de Broglie étaient mardi à l'enterrement de leur maire. Pas un membre du Gouvernement, même pas un ministre ayant carrière politique en Normandie n'avait jugé bon de se déplacer. Croient-ils par cette attitude s'être rehaussés aux yeux de l'opinion publique ? Certaines hypocrisies ajoutent encore au scandale d'un assassinat dont on s'efforce, par les pires moyens, de minimiser le caractère. »

Effectivement, tout le monde considère que ce mobile est idiot, qu'il cache une grosse histoire, dont on ne saura jamais les vrais tenants et aboutissants. Même la princesse estime que c'est une explication ridicule. Pourtant, c'est ce scénario qui va servir de base à la préparation du procès en cour d'assises.

Il faut du temps pour préparer un dossier aussi sensible. Il sera « ficelé » par la chambre des mises en accusation fin mars 1980. Mais une bombe éclate soudain. En effet, quelques jours plus tard, début avril, *Le Canard enchaîné* publie de larges extraits de deux rapports rédigés par un inspecteur de police de la dixième brigade territoriale, Michel Roux.

Dans le premier, daté du 1er avril 1976, l'inspecteur signale qu'on envisage un trafic de faux bons du Trésor de 10 000 francs chacun, qui seront mis en circulation dans la région parisienne. On ne cite pas de noms. Il faut avouer que ce rapport n'est pas très précis.

Le second rapport, daté du 27 septembre 1976, précise que le trafic de bons du Trésor a pour commanditaires Pierre de Varga, Jean de Broglie et Patrick Allenet de Ribemont, tous soupçonnés de divers trafics : or avec la Suisse, dollars, drogue, voitures, armes... Mais le passage le plus important est celui-ci :

« [...] À la suite d'une indélicatesse commise par l'homme politique lors d'une affaire précédente portant sur plusieurs millions, ce dernier devrait être abattu par des hommes de main dans les jours prochains [...] »

On en conclut immédiatement que la police était au courant du projet d'assassinat du prince depuis septembre 1976. Dès lors, comment se fait-il qu'il n'ait pas été protégé comme aurait dû l'être un homme politique de son rang ? Aurait-on donné des ordres en ce sens ?

La révélation de ces rapports en avril 1980 cause une tempête médiatique et politique. On évoque plusieurs possibilités : la piste arabe, celle de la branche espagnole de l'Opus Dei, la mafia, le gang des ferrailleurs... On parle des polices parallèles, politiques...

L'opposition socialiste demande que Michel Poniatowski soit jugé par la Haute Cour de la République. Les députés gaullistes appuient cette demande et une commission d'enquête parlementaire est créée. Elle siège et Poniatowski, accusé de négligence, soutient devant elle la thèse officielle, ni plus ni moins. L'affaire traîne en longueur, dans l'attente de l'élection présidentielle. Et celle-ci, en changeant la majorité au pouvoir, supprime de fait cette procédure.

Le procès démarre enfin le 4 novembre 1981 devant la cour d'assises de la Seine, présidée par André Giresse, un juge « en bois brut », surnommé « l'amoureux de la Veuve », car il est partisan de la peine de mort. Malgré la volonté du président de faire la lumière sur cette affaire, on n'en saura pas beaucoup plus.

Le magistrat se mettra en colère contre le juge d'instruction Floch chargé du dossier et prononcera ces paroles historiques : « Il y a des polices parallèles, il n'y a pas de justice parallèle », et, devant l'impossibilité de connaître toute la vérité, parlera haut et fort de « Watergate à la française ».

Le 24 décembre 1981, Pierre de Varga est finalement condamné à dix ans de réclusion criminelle, bien qu'ayant clamé son innocence. Gérard Frèche, le tireur, a droit à la même peine, ainsi que Guy Simoné. Serge Tessèdre est condamné à cinq ans.

Patrick Allenet de Ribemont, accusé publiquement par le ministre de l'Intérieur, inculpé le 14 janvier 1977, incarcéré pendant un mois et demi, avait obtenu un non-lieu le 21 mars 1980 et fera condamner la France par la Cour européenne des droits de l'homme les 10 février 1995 et 7 août 1996. Il recevra 2,1 millions de francs à ce titre.

On ne connaîtra sans doute jamais la vérité. Il en est le plus souvent ainsi lorsqu'il s'agit d'affaires concernant des hommes politiques. On retrouve la sacro-sainte raison d'État, baptisée parfois « secret-défense »...

Roger Delaporte,
Les Grandes Affaires Criminelles de l'Eure, 2008.

Tiercé plombé

Affaire Dassac/Cons-Boutboul, 1988-1994

5 mai 1988. À la digue nord du Havre, flotte le corps d'un homme que les pompiers repêchent promptement. Le noyé, après enquête, dévoile son identité : Bruno Dassac, représentant de commerce le jour, homme du milieu la nuit.

Dassac doit son passage dans l'au-delà à une simple noyade, selon un premier rapport du légiste. Affaire classée.

Cependant, deux jours après avoir récupéré le cadavre, on trouve par hasard à l'entrée du port la voiture de Bruno incendiée. L'enquête redémarre. Une autopsie du corps plus rigoureuse est demandée par le parquet. Le médecin fait alors une découverte surprenante : Dassac n'est pas mort noyé mais abattu d'une balle dans la nuque. Sa voiture a été brûlée pour ne laisser aucune trace. Le fait divers porte la double signature du milieu, à n'en pas douter.

L'inspecteur rouennais José T. prend le dossier Dassac en main. Il se rend au Havre deux semaines après les conclusions du légiste. Ses premières investigations dessinent un portrait du mort.

Au quotidien, Dassac a une vie tout ce qu'il y a d'ordinaire. Il se dit représentant de commerce, honnête et travailleur. Le policier trouve son appartement fouillé de fond en comble. Meubles, papiers, vêtements ont été passés au crible. L'enquête dévoile que Dassac sert, à l'occasion, comme homme de main pour certains malfrats.

On lui confie les basses besognes, les sales boulots. L'homme est également un drogué du jeu. Les casinos normands le connaissent comme le loup blanc. Il y joue des sommes considérables. D'où viennent ces revenus ? Si l'inspecteur José T. cherche à en savoir plus sur le mort, il n'est pas seul. La presse havraise a mis sur le coup la journaliste Isabelle O. qui remonte la piste avec obstination. La localière se met à fréquenter la nuit et ses ambiances excitantes : bars interlopes, demi-sels, barbeaux susceptibles de la tuyauter sur Dassac. La mère du représentant de commerce est interviewée. Elle prévient qu'enquêter sur son fils équivaut à prendre de gros risques. Elle n'en dira pas plus !

L'investigatrice, de plus en plus passionnée, fouine partout. Sa persévérance finit par être récompensée. Un nom bien connu sort du dossier : Marie-Élisabeth Cons-Boutboul. Depuis des mois, cette maîtresse femme fait régulièrement la une des journaux. Voilà trois ans que son nom est mêlé à la disparition de son gendre Jacques Perrot.

Isabelle O. communique aux services de police les résultats de ses recherches.

Elle n'est pas prise au sérieux. Quel rapport entre Marie-Élisabeth Cons-Boutboul et Bruno Dassac ?

Il y en a certainement un puisque la journaliste reçoit des menaces de mort. La mère de Dassac n'avait pas tort. Isabelle quitte Le Havre pour une destination inconnue. Jouer les martyres ne fait pas partie dans son plan de carrière !

Les limiers de la crim, eux, poursuivent leur travail de fourmi. On fouille à nouveau les vêtements que Dassac portait sur lui le jour de sa mort. Dans la poche de son veston, un agenda divulgue quelques numéros de téléphone. Un labeur de vérification fastidieux commence.

Le numéro d'une certaine Marguerite S. correspond à un charcutier parisien portant un tout autre nom. Une erreur ? Un faux numéro ? La police se renseigne. À Paris, Marguerite S. est une parfaite inconnue. Pourtant, la P.J. parisienne qui, elle aussi, enquête sur la disparition de Jacques Perrot connaît bien la boutique mise sur écoute depuis trois ans. Que des confrères normands marchent sur leurs plates-bandes les étonne.

On confronte les données de chacun. Il apparaît qu'Élisabeth Cons-Boutboul se sert de la charcuterie comme cabine téléphonique pour recevoir et donner des appels sous le nom d'emprunt de Marguerite S. La plupart des appels reçus proviennent d'un dénommé Robert. Ce dernier appelle d'une cabine téléphonique havraise. Robert, c'est Bruno Dassac bien sûr ! La police a enfin le début d'une piste. Reste à la suivre en prenant la bonne direction, aux bons carrefours.

Marie-Élisabeth Cons-Boutboul, mêlée à des malversations ayant pour cadre la sphère politico-religieuse, mère d'une jeune femme très médiatisée dans le monde des courses, est une personnalité fascinante.

Issue de la bourgeoisie orléanaise, elle monte à Paris pour y étudier le droit. Elle veut être magistrate, mais rate l'examen d'entrée à l'École de la magistrature. Elle se tourne alors vers le barreau et devient avocate. Son parcours professionnel débute dans le cabinet de Pierre Delphy, spécialisé dans les affaires de contentieux. On lui confie un dossier concernant une association catholique officiant en Asie. Loin de défendre avec rigueur ses clients, elle multiplie mensonges, laisser-aller, incompétences, tout en s'allouant de fortes sommes en guise de rétribution. Manipulatrice, elle fournit de faux documents attestant qu'elle fait avancer le dossier.

En 1981, les Missions étrangères changent de père supérieur. Les malversations de l'avocate apparaissent au grand jour, Marie-Élisabeth est aussitôt rayée du barreau. Prenant soin d'organiser son insolvabilité, la machiavélique ex-avocate ne rend pas l'argent indûment perçu.

Côté vie privée, on nage également en eaux troubles. Marie-Élisabeth a connu en 1955 Robert Boutboul dont elle aura une fille, Darie. Mais Robert est un instable, un flambeur, peu enclin à la vie de famille. Le couple bat de l'aile. Le mari volage propose alors à son épouse un « deal » incroyable : faire croire officiellement qu'il est mort !

La propre fille de Robert suppose son père décédé. Une mise en scène peu crédible devant les caméras de télévision officialisera la résurrection du disparu et ses retrouvailles avec sa fille.

Darie, première femme jockey à gagner un tiercé, connaît une ascension fulgurante, se retrouvant du jour au lendemain sous les feux des médias. Elle n'a pas encore trente ans et s'apprête à convoler. Le mariage du couple Boutboul-Perrot est un événement mondain. Jacques Perrot, avocat renommé, compte parmi ses proches des hommes politiques influents, notamment le ministre Laurent Fabius. Pourtant, les jeunes mariés connaissent bien vite les affres du quotidien. Jacques est un séducteur. Sa femme ne supporte plus ses frasques. La naissance de leur fils ne change rien à une situation déjà conflictuelle. Perrot veut divorcer. Pour sa jeune femme, c'est inconcevable. Elle se sert de son enfant comme moyen de pression. Me Jacques Perrot n'est pas du genre à céder aux menaces.

Il mène une petite enquête sur sa belle-famille et cible particulièrement sa belle-mère. Le clan Cons-Boutboul s'est construit sur du vent, des mensonges : ainsi les arnaques de l'ex-avocate, la prétendue disparition du père, le niveau d'études de Darie qui se dit diplômée d'université. L'avocat a toutes les cartes en main pour récupérer son fils et obtenir le divorce. Sa belle-mère qu'il surnomme « la Pieuvre » le menace à mots couverts. Il n'en a cure. Erreur… mortelle.

Alors qu'il rentre chez lui le 27 décembre 1985, un tueur l'attend. Trois balles de fort calibre l'envoient *ad patres*. Son corps est retrouvé sur le palier par un voisin alerté par les détonations.

L'enquête s'oriente naturellement vers Marie-Élisabeth Cons-Boutboul. Témoins et amis confirment que le mari assassiné se vantait d'avoir soulevé pas mal de lièvres concernant sa belle-famille. Il avouait à certains qu'il se sentait menacé.

Marie-Élisabeth – on s'y attend de la part de cette maîtresse femme – nie tout en bloc. Sa fille prend sa défense. L'affaire fait la une des médias.

C'est à ce moment que les enquêteurs havrais découvrent l'existence de la charcuterie, le nom d'emprunt de Marguerite S. et le lien avec Bruno Dassac.

Les investigations durent depuis trois ans : beaucoup de coups de théâtre, de déclarations contradictoires, mais pas d'aveux.

Une seule certitude, un seul scénario possible : la suspecte a voulu se débarrasser de son gendre devenu gênant. Elle engage un tueur, Bruno Dassac. Les deux complices se rencontrent à Paris. Marie-Élisabeth a un chauffeur de taxi attitré qui confirme à la police avoir vu sa cliente et Dassac ensemble dans son véhicule, deux semaines avant la mort du gendre détesté.

Ce jour-là, la « veuve » remet un sac noir à Bruno. De l'argent ? Les enquêteurs le pensent. Entre les préparatifs du crime et son exécution, Cons-Boutboul et Dassac restent en contact *via* la charcuterie parisienne.

Une fois le contrat réalisé, une somme de cent quarante mille francs est versée sur le compte du Havrais par sa commanditaire. Peu satisfait de ce « travail », le tueur confiera à un proche :

« Dans l'affaire Boutboul, j'ai fait une grosse connerie ! »

Laquelle ? Le mystère reste entier et les questions sans réponse. Où est l'arme du crime ? Quel rôle exact a joué Dassac ? Tueur ou relais entre le milieu et la belle-mère ? Qui l'a exécuté au Havre ?

Pour cette dernière interrogation, l'hypothèse la plus plausible avance que la victime, joueur impénitent, n'hésitait pas à faire chanter sa commanditaire pour obtenir de quoi assouvir sa passion. Cons-Boutboul aurait payé les services d'un nouvel exécuteur pour se débarrasser du premier.

En 1994, le procès en cour d'assises de Paris garde à l'affaire tous ses mystères. Marie-Élisabeth apparaît comme une femme froide, impassible, contrôlant totalement ses émotions. Manipulatrice hors pair, elle déjoue les pièges de l'accusation, campe sur ses positions avec la fermeté d'un grognard de l'Empereur et met une partie du public dans sa poche. Reconnue complice de meurtre, elle est condamnée à quinze ans de prison et incarcérée à Fleury-Mérogis.

Régentant la vie de ses codétenues comme un adjudant, s'investissant dans l'aide scolaire, elle est libérée pour bonne conduite, après neuf ans de vie carcérale. Marie-Élisabeth a soixante-quatorze ans, mais n'a rien perdu de son caractère bien trempé. Mère, fille et petit-fils se retrouvent et partent vivre ensemble en Seine-et-Marne, loin des médias qui ont fait le bonheur et le malheur d'une famille surexposée aux feux de l'actualité.

Eddy Simon,
Les Grandes Affaires Criminelles de Seine-Maritime, 2006.

Madame Bovary n'est pas morte...

Affaire Édith L., Guéron
Cour d'assises du Calvados, 30 et 31 mars 1995

Cela va paraître incroyable, et pourtant c'est vrai... Quelle ne fut pas notre surprise, il y a peu, de recevoir, parvenue jusqu'à nous par des voies aussi impénétrables que celles de Dieu, une lettre rédigée à la plume sur un papier de format réduit et de couleur bleu pâle. Ça alors ! Pour être difficile à déchiffrer, notre correspondant l'était ! Et quelle écriture de cochon ! Mais quelle signature prestigieuse ! Comment était-ce possible ? Nous n'en crûmes pas nos yeux ! C'était Gustave Flaubert lui-même qui, de là où il était (!?), nous écrivait...

« À Brigitte Sesboüé et à Lionel Acher,

« [Vendredi 25 avril 2008, 4 heures],

« Chers auteurs,

« Cela fait déjà quelque temps que *je casse-pète de vous écrire, si l'expression était aussi rapide que la pensée*[1]. De là-haut, j'ai

1. *Les passages en italique non signalés comme empruntés à* Madame Bovary *proviennent de la correspondance de Flaubert, édition Jean Bruneau, collection « La Pléiade », tome II, Gallimard, 1980.*

suivi avec intérêt vos efforts pour réunir des histoires criminelles du Calvados et je vous ai vus trimer comme moi autrefois *dans cette galère de l'Art, dans ces affres* que j'ai bien connues. *La charrette quelquefois est bien lourde à désembourber*, aussi me suis-je décidé à vous apporter mon aide. *La cervelle me danse dans le crâne* de vous conter une histoire qui m'a profondément touché. Je l'avais lue dans la presse, il y a un peu plus de dix ans, et je ne l'ai jamais oubliée. Au moment où je suais sur mon roman qui a tant fait scandale, j'avais écrit à ma muse, Louise Colet, et je l'ai répété je ne sais combien de fois depuis : "*Ma pauvre Bovary, sans doute, souffre et pleure dans vingt villages de France à la fois, à cette heure même. C'était alors purement imaginé et l'autre jour, [en octobre 1994,] ç'a été éprouvé.*" Eh bien, à cette époque, quand j'avais lu l'histoire d'Édith L., j'avais constaté que la réalité avait copié la fiction, et les mots de mon propre texte m'étaient revenus spontanément à la mémoire, mélangeant passé et présent. Vous jugerez par vous-mêmes comme j'avais raison...

« Didier L., trente-sept ans, et Édith, trente-six ans, sa femme, formaient un couple comme il y en a tant, c'est-à-dire apparemment sans histoire. Lui était conducteur d'engins, un travailleur courageux, apprécié de ses employeurs. Il adorait sa femme et ses deux enfants, Stéphane et Anthony, de quatorze et dix ans. Ses loisirs, il les passait à restaurer la maison qu'ils avaient achetée à Guéron en 1986, non loin de Bayeux. En automne, il allait à la chasse. Elle, elle travaillait dans une lunetterie de Guéron même et était une mère de famille à qui il n'y avait rien à reprocher. *Énaurme* comme ce couple me rappelait celui de Charles et d'Emma ! À peine un petit effort d'imagination pour changer les noms, pour transposer le propos au XXe siècle, et je me retrouvais dans *Madame Bovary* ! *Quand [Didier] rentrait il trouvait auprès des cendres ses pantoufles à chauffer. Ses gilets maintenant ne manquaient plus de doublure, ni ses chemises de boutons, et même il y avait plaisir à considérer dans l'armoire tous les bonnets de coton rangés par piles égales*[1]. Somme toute, une vie d'un petit-*bourgeoisisme*, bien tranquille, bien rangé... du moins, en apparence...

1. *FLAUBERT, Gustave,* Madame Bovary, *deuxième partie, chapitre V.*

« Tellement tranquille, tellement rangée que, en réalité, comme dans la fable de La Fontaine des "deux pigeons", l'un s'ennuyait au logis. Avec le temps, les aspirations romanesques d'Édith nourries pendant sa jeunesse avaient fondu comme neige au soleil blafard de sa vie d'épouse. En face d'elle, *la conversation [de Didier, comme celle] de Charles, était plate comme un trottoir de rue, et les idées de tout le monde y défilaient dans leur costume ordinaire, sans exciter d'émotion, de rire ou rêverie*[1] *! Elle ne pouvait s'imaginer à présent que ce calme où elle vivait fût le bonheur qu'elle avait rêvé*[2]. *Avant qu'elle se mariât, elle avait cru avoir de l'amour ; mais le bonheur qui aurait dû résulter de cet amour n'étant pas venu, il fallait qu'elle se fût trompée, songeait-elle. Et [Édith] cherchait à savoir ce que l'on entendait au juste dans la vie par les mots de félicité, de passion et d'ivresse, qui lui avaient paru si beaux dans les livres*[3]. *"Pourquoi, mon Dieu, me suis-je mariée*[4] *?"* se répétait-elle. *Cependant d'après des théories qu'elle croyait bonnes, elle voulut se donner de l'amour*[5]. Aussi se laissa-t-elle aller à certaines aventures adultères, histoire d'épicer quelque peu la monotonie de ses jours... Autant d'hommes, autant de Léon et de Rodolphe, tous aussi médiocres et décevants que les amants de mon Emma... Tout cela, lors de son procès, en mars 1995, procès auquel j'assistai – mais n'anticipons pas ! –, Édith le dit à sa manière, moins travaillée que mon style, il est vrai, mais marquée des accents émouvants de la sincérité.

« Ainsi grandit chez Édith un ressentiment de plus en plus violent où se mêlaient les désillusions et les frustrations comprimées sous la chape de plomb de l'ennui. *Ce qui l'exaspérait c'est que [Didier] n'avait pas l'air de se douter de son supplice.* Car le mari, lui, continuait de l'aimer benoîtement, son Édith ! Mais pour l'épouse, *la conviction où il était de la rendre heureuse lui semblait une insulte imbécile et sa sécurité là-dessus de l'ingratitude*[6]. *Du reste, [se demandait-elle,] par quelle déplorable*

1. Ibid., *première partie, chapitre* VII.
2. Ibid., *première partie, chapitre* VI.
3. Ibid., *première partie, chapitre* V.
4. Ibid., *première partie, chapitre* VII.
5. Ibid.
6. Ibid., *deuxième partie, chapitre* V.

manie avoir ainsi abîmé son existence en sacrifices continuels ? Elle se [rappelait] tous ses instincts de luxe, toutes les privations de son âme, les bassesses du mariage, du ménage, ses rêves tombant dans la boue comme des hirondelles blessées, tout ce qu'elle avait désiré ; tout ce qu'elle s'était refusé ; tout ce qu'elle aurait pu avoir ! Et pourquoi ? et pourquoi[1] *? N'était-il pas, lui, l'obstacle à toute félicité ; la cause de toute misère, et comme l'ardillon pointu de cette courroie complexe qui la bouclait de tous côtés*[2] *?*

« Un jour, donc, Édith s'arma de courage et osa parler divorce à son mari. Didier tomba des nues, mais il était loin d'avoir le caractère du Charles de mon roman qui, lorsqu'il découvre sur le tard son infortune, prononce *un grand mot, le seul qu'il ait jamais dit : "C'est la faute de la fatalité*[3] *!"* Didier, dira Édith au procès, réagit violemment : "Si tu divorces, je te flingue et moi après !", parlant même de s'en prendre aussi aux enfants. Ces menaces parurent suffisamment sérieuses à sa femme pour qu'elle n'insistât pas, et elle continua de se morfondre...

« Une nuit, Édith n'y tint plus... Et c'est là où, évidemment – je ne vous ferai pas, chers confrères, l'injure de penser que vous n'avez pas lu mon roman –, le comportement d'Édith L. divergea de celui de mon héroïne... *Quelle drôle de chose que les femmes !* La nuit du 11 octobre 1994, profitant que ses enfants, partis dormir chez leurs grands-parents, étaient donc absents de la maison, Édith se leva discrètement du lit conjugal, descendit chercher le revolver de son mari et l'arma de deux balles. Après cela, elle remonta dans la chambre, approcha le canon à quelques centimètres de la tête de Didier qui dormait toujours paisiblement... et fit feu. Elle entreprit alors de maquiller son crime en un cambriolage qui aurait mal tourné. Pour cela, elle alla casser un carreau de la porte vitrée de la cuisine. Puis elle chaussa les mocassins de Didier et sortit imprimer dans la boue des traces de pas telles qu'aurait pu en laisser un cambrioleur qui serait entré et ressorti de la maison. Toujours dans cette optique, elle déroba de l'argent d'un tiroir qu'elle laissa ostensiblement

1. Ibid., *première partie, chapitre* XI.
2. Ibid., *deuxième partie, chapitre* V.
3. Ibid., *troisième partie, chapitre* XI.

ouvert et en désordre pour faire croire que quelqu'un l'avait fouillé. Elle poussa ensuite le raffinement jusqu'à se tirer une balle dans le bras, espérant par là, croyait-elle, se mettre hors de cause.

« Dès le lendemain matin, les enquêteurs venus de Bayeux ne furent guère longtemps dupes et eurent vite le sentiment que tout cela sentait la mise en scène. Aussi se mirent-ils à cuisiner sérieusement Édith, lui faisant répéter et répéter le récit des événements et les détails de son témoignage. Celle-ci se cramponna *mordicus* au scénario qu'elle avait élaboré, bien qu'il comportât de nombreuses invraisemblances. Il fallut attendre les derniers moments des trente-six heures de la garde à vue pour qu'Édith finît par craquer et faire des aveux complets. En fait, ce qui la confondit, ce fut le rapport du médecin légiste qui, après avoir examiné la blessure qu'Édith portait au bras, avait conclu que le trajet de la balle ne pouvait en aucune manière correspondre aux déclarations qu'avait faites la jeune femme. Elle connut aussitôt, pour reprendre une expression que j'affectionne, *la paille humide des cachots et avec des fers.*

« Telle est l'histoire que je voulais vous conter. *Je crois avoir mis dans la peinture des mœurs petites-bourgeoises et dans l'exposition d'un caractère de femme [si semblable à mon Emma,] autant de littérature et de convenances que possible, une fois le sujet donné, bien entendu.* Comme me l'écrivit autrefois une de mes correspondantes[1] : "*Non ! Cette histoire n'est point une fiction, c'est une vérité ; cette femme a existé...*" Vous en ferez ce que bon vous semblera. *Vous êtes parfaitement en droit de me considérer comme un polisson, puisque* je me suis permis, chers auteurs, d'intervenir dans votre travail. *Allons, adieu, songez à moi et donnez-vous une poignée de main de ma part.* »

« P.C.C. ». Gustave Flaubert[2]

« P.-S. : Si l'éternité me laisse un peu de temps, je vous narrerai le procès de cette dame, auquel j'ai pu assister par autorisation spéciale du *Ciel*. Ce n'était pas tous les jours qu'on jugeait une nouvelle Mme Bovary ! »

1. *Mademoiselle Leroyer de Chantepie, dans une lettre du 18 décembre 1856.*
2. *Pour copie conforme.*

Sans doute l'éternité laissa-t-elle quelque loisir au grand homme, car, à peine une dizaine de jours plus tard, nous reçûmes une nouvelle lettre de lui. Toujours sur le même petit papier bleu pâle, toujours de la même écriture aussi difficilement lisible... Mais quel honneur pour nous !

« [Samedi 3 mai 2008, minuit],

« Chers auteurs,

« La dernière semaine de mars 1995, j'assistai au procès d'Édith L. Il dura deux jours. *La salle était comble*, la curiosité de la foule ayant été excitée par des journaux aux titres un brin racoleurs et *putassiers* autour de “l'épouse trop romanesque”.

« Souvenirs, souvenirs... Je me retrouvai à nouveau dans un prétoire, mais *incognito* cette fois. Ce n'était pas la sixième chambre de police correctionnelle de Paris *où, [en 1857,] j'[honorai] de ma présence le banc des escrocs pour attaque aux bonnes mœurs et à la religion*, mais les Assises, ce qui est autrement sérieux. Cependant, le décor et le cérémonial étaient quasiment les mêmes, aussi vieillots. Il semblait que le temps n'eût eu aucune prise sur l'institution. L'ectoplasme que j'étais, profitant de sa condition immatérielle, s'était assis auprès de l'un des jurés afin de tout voir et de tout entendre.

« La femme qui se présenta devant le tribunal n'était plus du tout la même que celle qui, comme je l'avais lu dans un journal, avait impressionné un gendarme, le capitaine Le Serre, par sa forte personnalité et son calme durant son interrogatoire six mois auparavant. Édith, brisée par son séjour en prison, qui lui avait laissé tout à loisir le temps de prendre conscience de la situation délicate dans laquelle elle s'était mise, ne répondait qu'avec peine aux questions du président. La voix entrecoupée de sanglots et fréquemment interrompue de crises de larmes, elle ne put expliquer son geste qu'en évoquant le martyre que, sous des dehors bien conventionnels et comme il faut, lui faisait vivre son mari, Didier. À un moment elle tenta de se faire entendre : “Tout n'était qu'apparence... Il était alcoolique. Il me battait. Il était gros, vieux... Il me traitait comme sa chose...” *Sérieusement j'en ai été attendri.* Mais sa déclaration, vraie ou fausse, je ne sais, se heurta au scepticisme général. *L'hypocrisie sociale étant la plus forte*, la simple idée qu'un mari pût être un tyran domestique était scandaleuse à formuler *devant ces bourgeois épanouis*[1], inadmissible pour une opinion publique bien pensante. *Mièvreries pudibondes !*

« *Énaurme !* Vous me croirez si vous voulez, je *casse-pétai* de plaisir à écouter le rapport des deux experts psychologues. Selon eux, Édith L. était "une femme d'intelligence normale, mais qui n'[avait] pas les pieds sur terre. Elle se [faisait] une idée romanesque du mariage, et la monotonie de la vie quotidienne lui [pesait]. Aussi [tenta]-t-elle de fuir la réalité par des relations extraconjugales...". Vous vous rendez compte ?! N'était-ce pas *énaurme* ? C'était le portrait même de *ma Bovary*, parfait en tout point, qu'ils venaient de faire sans qu'ils s'en aperçussent !

« Bien entendu, la partie civile refusa catégoriquement l'image d'un mari alcoolique et brutal que, malheureusement pour cette pauvre femme assise dans le box des accusés, aucun témoignage n'était venu étayer.

« L'avocat général Enquebecq s'indigna lui aussi que l'on fît de la victime, le mari, "un être ignoble qu'il n'était pas !". Il insista sur "la froide détermination avec laquelle Édith [avait] préparé, exécuté et assumé son crime". Il me rappela à certains moments les excès de langage du procureur impérial Pinard à mon propre procès, lorsqu'il était allé jusqu'à trouver *une couleur lascive* à mon roman si inoffensif. L'avocat général força la dose en déclarant : "Le mari n'a pas été exécuté, il a été abattu comme un chien." On eût entendu une mouche voler, tant il captait l'attention. *Il n'avait pas besoin de l'appeler : car toutes les bouches de la multitude se tenaient ouvertes, comme pour boire ses paroles*[2]. Il termina d'une manière pathétique destinée à susciter à la fois l'indignation et la compassion de l'assistance : "On a fait des deux enfants des orphelins ! Un père mort et une mère assassin !" Il requit de quinze à dix-huit ans de réclusion criminelle, ce qui me parut beaucoup. *Je n'accuse pas [son] intelligence, mais [sa] préoccupation*, son absence de commisération, son manque de sympathie humaine...

---

1. Madame Bovary, *deuxième partie, chapitre* VIII.
2. Ibid.

« *La plaidoirie [du bâtonnier Caratini, défenseur d'Édith,] a été splendide.* Il ne chercha ni à nier les faits ni à minimiser les torts de l'accusée, mais il s'efforça surtout de replacer le drame de sa cliente dans la perspective de la souffrance d'une conscience. Je sentis – j'en suis même sûr – à certains de ses accents qu'avant de venir il avait relu mon roman, *Madame Bovary*, et qu'il l'avait à l'esprit pendant qu'il parlait. L'histoire d'Édith était l'histoire désolante d'une femme qui avait abordé le mariage l'âme habitée d'un idéal romanesque et qui, de désillusion en désillusion, avait vu cet idéal se déliter progressivement. D'où une immense frustration qui, à elle seule, expliquait tout et constituait indéniablement une circonstance atténuante. Une relative clémence serait d'autant plus légitime que, de ce marasme conjugal, il restait "les enfants à sauver !".

« Par discrétion, je n'accompagnai pas le jury et la Cour – ce que j'aurais pu faire, étant donné mon statut d'ectoplasme – lorsqu'ils se retirèrent pour délibérer. Au bout de deux heures, Édith L. fut condamnée à treize ans de réclusion criminelle et à dix ans d'interdiction de droits civils, civiques et familiaux. *Tout cela est trouvé très bien par certaines gens.* Je me laissai aller pour ma part à d'amères réflexions qui me rappelèrent celles que m'avait faites dans une lettre la correspondante que je vous ai déjà citée : "*Voici la morale qui ressort de ceci : les femmes doivent rester attachées à leurs devoirs quoi qu'il leur en coûte. Mais il est si naturel de chercher à être heureux !*"

« En 1857, mon roman, *Madame Bovary*, avait été acquitté de l'accusation "d'offenses à la morale publique et à la religion". Le roman, oui... Une Emma Bovary de l'époque qui, dans la réalité bien concrète, au lieu de s'empoisonner à l'arsenic comme mon héroïne, aurait tiré une balle en pleine tête de son Charles aurait été indubitablement condamnée à la peine de mort... Là n'est donc pas la question... La question que je me pose aujourd'hui – impertinente, ironique, scandaleuse, et qui fera hurler de fureur tous les Charles du monde – est celle-ci : ne faut-il pas voir, dans le fait qu'Édith, au lieu de retourner ses illusions perdues contre elle-même, les ait retournées contre son mari, le résultat d'un siècle et demi d'émancipation féminine... ?

Madame Bovary n'est pas morte...

« *Adieu, [mes chers auteurs,] tâchez d'être plus gais que moi.*
« Vôtre, Gustave Flaubert. »

Que pourrions-nous dire après cela ? Rien... Le grand homme a bien mieux dit que nous ce qu'il y avait à dire...

Lionel Acher et Brigitte Sesboüé,
Les Nouvelles Affaires Criminelles du Calvados, 2009.

Méli-mélo, drames et énigmes...

Affaire Godard, Tilly-sur-Seulles et côtes bretonnes
Non jugée, 1999-2007

Il fait un temps doux sur Saint-Malo en ce 1er septembre 1999. Un petit voilier, le *Nick*, un Sun Odyssey 30 de huit mètres quatre-vingt-dix, sort lentement du bassin des Sablons. Il est un peu plus de midi. À la barre, un homme d'une quarantaine d'années. Deux jeunes enfants, une fille et un garçon, regardent défiler les remparts de la cité malouine et répondent d'un geste de la main aux gens qui leur font signe depuis les quais ou la jetée.

Le lendemain, jeudi 2 septembre, dans la baie de Saint-Brieuc, une vedette de la douane contrôle ce même voilier, le *Nick*, qui marche au moteur et n'a pas hissé de voiles. Un douanier monte à bord. Rien à dire, tout est en règle.

« Ma femme et mes enfants dorment », aurait dit l'homme à la barre, un peu « fébrile », au douanier qui, apercevant un garçonnet endormi sur une couchette, n'insiste pas.

Le 5, un bateau de pêche signale aux autorités maritimes qu'il a trouvé une annexe[1] dérivant au nord de l'île de Batz, dans le Finistère. Le canot est celui d'un voilier, le *Nick*, et les pêcheurs y

1. *Un petit canot permettant d'embarquer sur un bateau amarré à une bouée.*

ont découvert un blouson et un carnet de chèques au nom d'un certain Yves Godard, médecin domicilié à Tilly-sur-Seulles, à une vingtaine de kilomètres à l'ouest de Caen, dans le Calvados. Mais qu'en est-il du voilier et de ses occupants ? Deux avions, un français et un anglais, survolent en vain la région à la recherche du bateau que l'on suppose avoir fait naufrage. Les gendarmes se renseignent auprès de la société Alet Club Croisière, qui loue des bateaux à Saint-Malo, et à qui appartient le *Nick*.

« C'est exact, répond le patron. J'ai bien loué pour cinq jours le *Nick* à un médecin, le docteur Godard. Il me l'avait retenu vers le 15 août et avait payé la location par chèque le 17. Mercredi dernier, il m'a donné comme destination Perros-Guirec. Je n'en sais pas plus... »

Le jeudi 9 septembre 1999 au matin, alors que l'on est toujours sans nouvelles du *Nick*, à près de deux cents kilomètres de là, dans le département du Calvados, des gendarmes pénètrent dans une maison de Tilly-sur-Seulles, domicile de la famille Godard. La demeure est vide. Dans l'entrée, un petit mot manuscrit indique que la famille est partie jusqu'au dimanche. Il y a tout de même des éléments inquiétants : on découvre des marques de sang sur l'un des murs de la chambre, ainsi que dans le lit conjugal et sur un gant de toilette dans la salle de bains. Le même jour, d'autres gendarmes, de Rennes cette fois, découvrent sur l'un des parkings de Saint-Malo une fourgonnette, un Combi Volkswagen immatriculé dans le Calvados qui appartient au docteur Godard et présente lui aussi des traces de sang qu'on a manifestement cherché à effacer. Aussi, dès le lendemain, 10 septembre, sans attendre les résultats des analyses sanguines[1], une information judiciaire est-elle ouverte, à tout hasard pourrait-on dire, contre ce médecin pour « homicide volontaire », et l'enquête est confiée à un magistrat instructeur de Saint-Malo, le juge Zaug. L'affaire Godard, l'une des plus complexes et des plus énigmatiques de ces dernières années, l'une des plus rocambolesques aussi par certains aspects, commence.

---

1. Les analyses montreront très vite, milieu septembre, que le sang, aussi bien celui de Tilly-sur-Seulles que celui du Combi de Saint-Malo, est celui de Marie-France, la seconde épouse du propriétaire de la maison et de la fourgonnette, le docteur Godard.

Les enquêteurs sont confrontés à deux mystères : l'un dans le Calvados, l'autre en Ille-et-Vilaine. Qu'est devenue Marie-France, seconde épouse d'Yves et mère des deux enfants, Camille, six ans, une fille, et Marius, quatre ans ? Qu'est-il arrivé au *Nick* et à ses occupants ?

Si une voisine a bien témoigné avoir vu, le 31 août, vers 8 h 45, le docteur Godard partir au volant de sa fourgonnette, les enfants lui ayant même fait un signe de la main, personne ne se souvient d'avoir aperçu sa femme. L'hypothèse sur laquelle travaillent immédiatement les enquêteurs est celle d'un assassinat. Yves Godard aurait tué sa femme, puis se serait enfui en emmenant ses enfants. Mais émettre une hypothèse et la prouver sont choses différentes. On a beau explorer tout le bocage autour de Tilly-sur-Seulles, fouiller la rivière, les mares, les bosquets, etc., on ne découvre rien qui corrobore formellement cette idée. À supposer qu'il y ait eu assassinat, on peut tenir pour certain – du fait des traces de sang retrouvées – que Marie-France a été transportée dans la fourgonnette Volkswagen, mais son corps demeure introuvable. Les faits doivent avoir eu lieu vers le 29 ou 30 août, car, le 31 août et le 1er septembre, la présence des enfants dans le Combi en route vers Saint-Malo rendait la chose fort peu probable.

Quant à la disparition en mer du *Nick*, d'Yves Godard et de ses enfants, elle demeure inexpliquée. La justice hésite, à ce stade de l'enquête, à croire à la mort du médecin. En effet, le 13 septembre est lancé un mandat d'arrêt international nominativement contre lui. Si le juge d'instruction et les enquêteurs avaient été persuadés qu'il était mort, cette mesure n'aurait eu aucun sens. C'est donc qu'ils estiment que le navigateur expérimenté qu'était le médecin n'a pas pu se laisser surprendre par la mer – il n'y a d'ailleurs pas eu de gros temps à cette époque – et que le *Nick* n'a pas coulé accidentellement. Certes, mais cela ne fait qu'épaissir le mystère... Pourtant, le 16 septembre, un navire de plaisance repêche au nord-ouest du Cotentin, au large du cap de La Hague et du nez de Jobourg, un gilet de sauvetage appartenant au voilier, et, le 23, c'est le radeau de survie qui est découvert non loin des côtes anglaises, à proximité de Weymouth. On commence alors à envisager deux hypothèses. Ou bien Yves Godard a tué ses enfants, a sabordé le bateau et s'est suicidé, mais rien pour le moment ne permet de l'affirmer... Ou bien, version on ne peut plus machiavélique, il faut considérer que le médecin a mis en scène une disparition, a sabordé le *Nick* après avoir libéré l'annexe ainsi que le radeau de survie afin d'égarer les recherches et, avec ou sans ses enfants (?), a trouvé moyen de disparaître pour se refaire une vie ailleurs. Cela paraît énorme, mais sait-on jamais ? Encore faudrait-il aussi trouver des mobiles à un tel comportement... C'est ce que cherchent les enquêteurs en fouillant papiers et documents, en accumulant les témoignages. L'idée d'un sabordage et d'une fuite calculée, *a priori* extravagante et romanesque, n'est cependant pas sans fondements. Elle prend corps petit à petit et sera même considérée comme la plus plausible jusqu'en juin 2000.

Les investigations sur la personnalité du docteur Godard et sur les relations à l'intérieur du couple font apparaître plusieurs informations dont les enquêteurs se disent qu'elles peuvent éventuellement avoir constitué pour le médecin des mobiles d'organiser la macabre mise en scène de sa disparition.

Yves Godard est né à Paris, dans le 16e arrondissement, le 2 juin 1955. Étudiant brillant, il fait son internat de médecine au centre hospitalier universitaire (C.H.U.) de Caen. C'est là qu'il rencontre et épouse sa première femme, Régine, infirmière. Ils ont deux enfants et s'adonnent à leur passion, la voile. Yves s'installe avec un confrère dans un cabinet, rue Basse, à Caen. Des amis de cette époque témoignent qu'il caressait le rêve de partir aux îles Cocos[1] – « Peut-être a-t-il enfin réalisé son rêve ? » songent les policiers en apprenant cela. De cette époque, ceux qui l'ont bien connu conservent le souvenir de quelqu'un de séduisant, de gai, de bon vivant.

Professionnellement, Yves Godard a évolué depuis les années de son internat. De la médecine classique il s'est de plus en plus tourné vers d'autres plus marginales, comme l'acupuncture, l'homéopathie, la mésothérapie[2]. Marginal, il le devient lui-même,

---

1. *Ou îles Keeling, archipel de l'océan Indien.*
2. *Il sera même sanctionné de trois mois de suspension par le conseil de l'ordre des médecins en 1996.*

et de plus en plus bohème, surtout depuis qu'il a rencontré Marie-France, une jolie brune, qui est devenue sa maîtresse.

« Elle le voulait tellement, dira un ami. Elle a fini par l'avoir. »

Régine et Yves divorcent. Ce dernier et Marie-France, qui vient elle aussi de divorcer de son premier mari, avec qui elle a eu deux enfants, vivent alors en communauté avec des amis dans un château qu'ils louent, celui de Fresney-le-Puceux. Camille, leur fille, naît le 18 mai 1993. Ils se marient le 23 juillet 1994, achètent à Tilly-sur-Seulles une ancienne étable qu'ils restaurent. Yves a un nouveau cabinet, boulevard du Maréchal-Lyautey, toujours à Caen. En 1996, ils ont un fils, Marius. Ils entretiennent d'excellentes relations avec le voisinage.

« Ici, ce sont des gens sans histoire, témoigne le maire de Tilly-sur-Seulles, Olivier Quesnot. Leur histoire était ailleurs. »

Financièrement, en 1999, découvrent les enquêteurs, le médecin caennais devait être aux abois. En plus de la pension alimentaire qu'il doit payer à sa première femme, il doit près de 2 500 000 francs à la Sécurité sociale et au fisc, essentiellement pour des raisons politico-syndicales. Depuis 1996, il adhère en effet à un syndicat, le Comité de défense des commerçants et artisans (C.D.C.A.), en lutte contre les prélèvements sociaux et la pression fiscale, et il fait la grève des cotisations. Cela fait maintenant près de trois ans que, pour éviter d'être saisi, il jongle avec toutes les astuces possibles, en mettant, par exemple, ses biens dans une société civile immobilière (S.C.I.), la Maryve. Mais, en cet été 1999, l'échéance inéluctable approche : il va devoir payer tous ses arriérés, d'où peut-être cette fuite...

Tous les témoignages recueillis par la justice s'accordent pour décrire le couple Godard comme un couple adorant ses enfants et ayant vécu pendant des années une idylle passionnée, car Marie-France a du caractère, un caractère entier. Mais il semble que, durant l'été 1999, l'épouse a pris ses distances et s'est plus ou moins amourachée d'un psychothérapeute caennais qu'elle consultait régulièrement. C'est ce qu'il ressort d'une espèce de journal intime que les gendarmes ont trouvé dans la maison de Tilly-sur-Seulles. Faut-il imaginer une explication orageuse entre les époux qui se serait terminée par un crime passionnel ? C'est ce vers quoi inclinent les enquêteurs, tout en restant prudents, car

Yves n'est pas réputé violent. Un brocanteur qui fréquentait le couple résume parfaitement ce que tout le monde pense alors :

« Au pire des cas, cela pourrait être un accident ou une dispute qui a mal tourné. Personne n'est à l'abri d'un *pétage* de plombs. Ils se battent, elle tombe mal. Blessée, il l'aurait soignée. Mais si elle est morte, le connaissant, il a fui. La prison pour lui, Camille et Marius à la D.D.A.S.S. [Direction départementale des affaires sanitaires et sociales]. C'était impensable, il aurait préféré le suicide. »

Cependant, toutes ces considérations, si elles fournissent une sorte de toile de fond d'englobant psychologique de ce qui a pu se passer, ne répondent toujours pas à la question fondamentale : que sont devenus Marie-France, Yves Godard et leurs deux enfants ?

L'enquête passionne la France entière, qui suit les rebondissements de l'affaire. Cette histoire, où une mère a peut-être été assassinée mais dont le corps demeure introuvable, où un père, personnage séduisant et hors du commun, a disparu en mer avec ses enfants, où des indices multiples et contradictoires reviennent périodiquement à la surface, alimente tous les fantasmes… Ce fait divers réunit les ingrédients des affaires les plus mystérieuses.

Que ce soit dans la presse régionale, bientôt relayée par les journaux de diffusion nationale, à la radio ou à la télévision, chacun y va de ses extrapolations. *Paris Match*, dans les premiers, publie un long article très bien documenté, au titre révélateur : « Le mystère du docteur Godard, romantique ou machiavélique ? » Tilly-sur-Seulles est envahi par les reporters et les curieux. Les rumeurs les plus étonnantes circulent. À chaque fois, cela donne lieu à des articles qui ressassent l'affaire ; à chaque fois, les gendarmes du service régional de police judiciaire (S.R.P.J.) de Rennes doivent se livrer à des vérifications. Il faut dire que, de septembre 1999 à juin 2000, les événements propres à entretenir le suspense n'ont pas manqué, et que l'affaire est maintenant devenue un joli sac d'embrouilles !

Dans les premiers jours d'octobre 1999, une source anonyme – une mystérieuse informatrice ? – signale que le docteur Godard et ses enfants auraient été vus sur l'île Lewis, dans les Hébrides, au large de l'Écosse. Puis, toujours d'après la même source anonyme, c'est un hôtelier de l'île de Man – un paradis fiscal anglais dans la mer d'Irlande – qui, milieu octobre, est interrogé. Sans être totalement affirmatif, il croit reconnaître sur une photo les trois disparus, qu'il aurait hébergés pendant plusieurs jours en septembre. Le 17 janvier 2000, un sac contenant des papiers et des vêtements appartenant aux Godard est repêché au large de l'île de Batz par un chalutier. Cependant, l'absence du livret de famille et du passeport, qui avaient été présentés au douanier lors du contrôle du 2 septembre en mer, entretient la thèse d'une fuite à l'étranger. Fin avril, début mai 2000, les gendarmes découvrent dans les papiers de la maison de Tilly-sur-Seulles l'existence d'un compte bancaire à la Banif, Banco international do Funchal, qui, comme son nom l'indique, a son siège social dans la capitale de l'île portugaise de Madère – autre paradis fiscal. Comme le remarque un enquêteur[1] :

« On se doutait que le fugitif devait avoir un matelas financier à l'étranger, car il n'y avait presque pas d'argent sur son compte courant français et parce qu'il n'avait pas fait de retraits importants. »

Aussi, le 9 mai, la justice française émet-elle une commission rogatoire internationale, et, après des négociations difficiles avec les autorités portugaises réticentes, trois gendarmes se rendent à Madère. Démarche vaine, le compte n'a fait l'objet d'aucun mouvement de fonds depuis au moins neuf mois. La piste financière n'a pas donné les résultats escomptés, c'est une impasse…

Arrive la nuit du 6 juin 2000. Dans la baie de Saint-Brieuc, entre le phare de Rohein et la bouée du Petit-Léjon, *L'Indomptable*, un chalutier de Dahouët (Côtes-d'Armor), pêche la sole. C'est dire s'il ratisse le fond. Or… Le patron du bateau, Jérôme Cabaret, racontera lui-même dans la presse les macabres découvertes que ses équipiers et lui feront d'abord à 3 heures du matin, puis un peu après 5 heures :

« C'est un mystère. On avait traîné pendant deux heures au fond quand on a ramassé le premier, le dessus d'un crâne et une orbite. J'ai dit aux gars : "Balancez-moi ça à l'eau !" Je n'aurais

1. *Journal* Ouest-France *du 24 mai 2000.*

peut-être pas dû, mais vous pêchez ça en pleine nuit... Le deuxième crâne, après un deuxième trait de chalut de deux heures dans le même secteur, ça m'a interpellé, et on l'a ramené aux gendarmes[1]. »

Immédiatement confié au laboratoire de biologie moléculaire du C.H.U. de Nantes, le crâne, auquel il demeurait quelques dents, est identifié vers le 20 juin, par croisement avec l'A.D.N. de Marie-France établi à partir du sang recueilli sur les murs de la maison et dans le Combi Volkswagen, comme étant celui de la fillette des Godard, Camille. Le procureur de la République de Saint-Malo, Rémy Heitz, dans une conférence de presse, annonce alors que « l'hypothèse de la fuite [d'Yves Godard] est très sérieusement remise en cause » et que des recherches[2] pour essayer de localiser l'épave du *Nick* vont être entreprises par la Marine nationale, à la demande du juge d'instruction Zaug. On semble donc abandonner l'idée d'un docteur Godard réfugié à l'étranger après un simulacre de naufrage. On commence sérieusement à se demander si le médecin n'aurait pas tué ses deux enfants avant de se suicider et de saborder le voilier.

« Même si l'hypothèse d'un drame est quasiment acquise dans le cœur de la famille, l'incertitude l'empêche de faire un deuil particulièrement douloureux », commente Me Delom de Mézerac, avocat des proches de Marie-France Godard.

Les nouvelles explorations de la Marine n'ayant rien donné, le dossier demeure en sommeil le reste de cette année 2000. En sommeil... mais pas clos.

Comme dans ces feuilletons où l'on croit que tout est terminé au moment même où surgit un nouvel épisode, l'affaire rebondit en 2001, et cela pour une période de cinq ans et demi au cours de laquelle vont alterner trouvailles concrètes et témoignages surprenants.

La mer continue de distiller des objets ayant appartenu à Yves Godard. En février, la carte professionnelle du médecin est

1. *Journal* Ouest-France *du 20 juin 2000.*
2. *Déjà, le 20 janvier, suite à la découverte du sac contenant des papiers et des vêtements, le chasseur de mines* Sagittaire *avait en vain fouillé une zone au large de l'île de Batz.*

trouvée sur la grève d'une petite île, celle des Ebihens, au milieu d'une petite baie comprise entre Saint-Briac-sur-Mer, à l'est, et Saint-Cast-le-Guildo, à l'ouest. Quelque temps plus tard, une carte de crédit, en mai, puis une autre, en juillet, toutes deux au nom d'Yves Godard, sont retrouvées dans le même secteur. En août 2003, un pêcheur récupère encore une mallette ayant appartenu au médecin caennais. Bien que le procureur de Saint-Malo lui-même s'interroge et que les marins familiers de ces parages se montrent sceptiques sur tous ces objets, après tant d'autres, que l'on retrouve un peu partout et dont la dispersion ne semble pas correspondre aux courants, les faits sont là, indéniables. Et pourtant…

Fragilité des témoignages humains… Pendant ces années, des témoins, croyant avoir aperçu le docteur Godard ici ou là, continuent de se manifester. À les entendre, celui-ci aurait été un véritable globe-trotter. En février 2001, les enquêteurs doivent se rendre en Crète sur la foi du témoignage de quelqu'un qui y aurait rencontré Yves Godard. En juillet 2003, c'est à Miami qu'un témoin l'aurait vu, début 2002, à trois reprises. Puis ce sera en Thaïlande. En avril 2005, une autre personne déclare que le médecin vivrait dans un port d'Afrique du Sud, où elle l'aurait croisé début 2004. Mais toutes les vérifications effectuées ne mènent à rien… Si ce n'est à montrer, par le fait même que toutes ces pistes soient un temps prises au sérieux, que les enquêteurs ne sont toujours pas intimement convaincus de la mort d'Yves Godard. En outre, ces témoignages illustrent combien est grande la fascination qu'exerce sur des esprits dont la bonne foi n'est pas en cause le mythe de la *tabula rasa*, ce rêve, caressé par beaucoup de personnes, de tout quitter un jour, de disparaître de son univers habituel et de reprendre de zéro, à l'autre bout du monde, une vie entièrement nouvelle.

Il faudra attendre jusqu'en septembre 2006, soit sept ans après la disparition mystérieuse du *Nick*, pour que la mer livre enfin un élément permettant de connaître avec certitude la vérité sur le sort du médecin caennais. Au large de Roscoff (Finistère), *L'At Fyl*, un chalutier-fileyeur breton, ramène dans ses filets un tibia et un fémur, qui sont aussitôt envoyés à Nantes pour expertise A.D.N.

« S'il est confirmé que les ossements qui ont été retrouvés sont bien ceux du docteur Godard, l'action publique à son encontre se trouvera éteinte », précise le procureur Jean-Luc Desport.

Ce même mois, le 22, le chasseur de mines *L'Aigle*, de la Marine nationale, effectue des recherches sur la zone où les os ont été découverts afin de tenter de localiser l'épave du *Nick*. Deux mois plus tard, en novembre, le procureur de la République de Saint-Malo communique les résultats des analyses A.D.N. : ce sont bien les ossements d'Yves Godard. L'enquête judiciaire est alors officiellement close.

On connaît donc maintenant avec certitude le sort de deux des membres de la famille : Yves, le père, et Camille, la petite fille de six ans, sont morts. On peut en outre supposer que, selon toute vraisemblance, le crâne plus petit, repêché puis rejeté à l'eau par l'équipage de *L'Indomptable* le 6 juin 2000, deux heures avant celui de Camille, était celui de Marius, son frère, le petit garçon de quatre ans. Il faut admettre qu'il s'est passé à bord du *Nick* un drame que jusqu'alors tout le monde se refusait à admettre : il est fort vraisemblable qu'Yves Godard a tué ses enfants avant de se donner la mort et de saborder le voilier.

Ces informations ne résolvent cependant pas le cas de Marie-France, épouse d'Yves et mère des enfants. Tout le monde pense qu'elle est morte, mais, en dehors des traces de sang trouvées dans la maison de Tilly-sur-Seulles et dans le Combi Volkswagen, personne n'en a la preuve formelle. Et voici, soudain, que l'affaire est relancée en janvier 2007. Une lettre anonyme, postée à Avranches le mercredi 17, parvient le 18 à la mairie de Lingèvres (Calvados), à sept kilomètres de Tilly-sur-Seulles dans la direction de Balleroy. Le maire de la commune, M. Christian Marie, la lit le 19. À sa grande surprise, son correspondant l'informe que les restes de Marie-France Godard se trouveraient dans le bac du cimetière de sa commune, un bac où l'on jette les fleurs fanées et les déchets végétaux. Dès la semaine suivante, le parquet de Caen et la gendarmerie se rendent sur les lieux. On trouve effectivement des os à une cinquantaine de centimètres sous terre ; « en mauvais état, ces ossements semblent d'aspect ancien », selon le parquet de Saint-Malo. Exhumés, ils sont aussitôt envoyés au laboratoire de biologie moléculaire du C.H.U. de Nantes pour en expertiser l'A.D.N. Le 23 février, les résultats sont publiés : ces ossements ne sont pas ceux de Marie-France Godard. Un homme, mécontent d'avoir été traité de « corbeau » par la presse, se présente alors spontanément aux gendarmes. Il s'agit d'un radiesthésiste amateur qui, de bonne foi, avait cru avoir localisé les restes de la malheureuse...

Le mystère reste entier sur les circonstances dans lesquelles a disparu Marie-France Godard. Son corps n'a toujours pas été retrouvé... et ne le sera sans doute jamais.

Certes, une bonne partie de l'affaire Godard a été résolue avec l'identification des ossements repêchés au large de Roscoff, mais, comme l'a déclaré Me Jean de Mézerac, avocat de la famille de Marie-France, « il reste encore des zones d'ombre[1] ». Nombre d'informations, publiées une fois dans la presse, puis délaissées, donnent le sentiment de ne pas avoir été approfondies. Certains éléments finissent en apories, du moins selon ce qui a été rendu public.

Ainsi, le corbeau qui par deux fois a orienté les enquêteurs, d'abord vers l'île Lewis, ensuite vers l'île de Man, était-il simplement un – ou une – malade, ou quelqu'un qui, en accord avec Yves Godard, aurait sciemment égaré les recherches pour lui ménager du temps ? Les enquêteurs n'ont guère communiqué sur ce sujet.

Toutes ces affaires et cartes retrouvées un peu partout, parfois jusqu'à près de deux ans après le naufrage, ont été accueillies avec scepticisme par les pêcheurs, on le sait. Le patron de *L'Indomptable* avait lui-même déclaré en juin 2000 :

« Ça paraît suspect. Quand il y a un naufrage, cela ne se passe pas comme ça. »

Et Me de Mézerac, se fiant à certains propos du procureur de Saint-Malo, surenchérit en 2006 :

« Des expertises ont prouvé que ces cartes n'ont pas pu arriver par la marée, mais qu'elles ont bien été amenées par une main humaine. »

1. La Voix-Le Bocage, *n° 4422, du vendredi 22 au jeudi 28 décembre 2006.*

Si cela est vrai, cette main qui aurait possédé ces documents et les aurait déposés a de quoi laisser perplexe, non ?

Toutes ces énigmes non éclaircies ont créé un climat de doute tel que l'imaginaire de certains a été jusqu'aux suppositions les plus folles, même sur des faits avérés. On est allé jusqu'à imaginer que le sang sur les murs de la maison de Tilly-sur-Seulles n'aurait été qu'une mise en scène et, plus rocambolesque encore, que le docteur Yves Godard se serait lui-même amputé la jambe pour faire croire définitivement à sa mort !

Enfin, à propos de la disparition de Marie-France, un journal, un seul[1], a rapporté qu'on avait trouvé des seringues de morphine, dont deux utilisées, dans la fourgonnette Volkswagen sur le parking du bassin des Sablons. Si cela est vrai, cela pourrait encore conduire à une autre hypothèse. Puisque les recherches autour de Tilly-sur-Seulles n'ont rien donné, ne faut-il pas envisager que Marie-France, blessée mais vivante – seule condition pour que les enfants acceptent sans problème de partir dans le Combi –, a été emmenée à Saint-Malo en même temps que son mari lui faisait des piqûres pour atténuer ses souffrances ? Puis, en cachette, à l'insu du loueur qui n'a vu qu'Yves Godard et ses enfants, elle aurait été déposée dans le roof du *Nick*. Cela expliquerait aussi pourquoi le médecin, « fébrile », a dit au douanier de la vedette qui l'avait arraisonné le 2 septembre que sa femme et ses enfants dormaient, ce qui était très risqué si une fouille du *Nick* révélait que celle-ci n'était pas à bord. Puis, Yves Godard aurait supprimé tout le monde avant de se suicider et de saborder le voilier. Selon cette hypothèse, les restes de Marie-France se trouveraient quelque part dans l'une des fosses de quatre-vingts à cent mètres où le *Nick* s'est vraisemblablement abîmé. Mais ce n'est là qu'une hypothèse...

Dans de telles conditions, quand autant d'éléments – à notre connaissance – n'ont pas été éclaircis, toutes les suppositions demeurent de l'ordre du possible...

Ainsi, on le voit, si l'affaire Godard a été en partie résolue – car il n'est pas question de mettre en doute les résultats des analyses

1. *Journal* Ouest-France *du 28 janvier 2007.*

d'A.D.N. réalisées –, elle est aussi loin d'avoir été expliquée. De nombreux points d'interrogations subsistent… Que s'est-il réellement passé ? Quels sont les mobiles à l'origine de tout cela ? Mystère… On a véritablement là l'affaire criminelle la plus emblématique de ces dix dernières années. On pourrait malheureusement aussi y trouver matière à réflexion sur le comportement de certains journalistes qui, dans la course au sensationnel, n'ont pas hésité à recourir à des « méthodes de voyous », ne respectant pas même la douleur de la famille. Après avoir rendu hommage à certains, corrects, Olivier Quesnot, maire de Tilly-sur-Seulles, ne s'est pas privé de fustiger les autres :

« Ce qui m'a frappé, c'est la concurrence entre ces médias, presse, radio ou télé, qui voulaient absolument faire plus que leur voisin. Puis la dernière catégorie, je les appelle les paparazzi. Ils se fichent pas mal de la famille, de la tragédie. Ils font tout pour vendre du papier. Il y en a un qui s'était perché dans un arbre pour avoir une photo différente. D'autres qui attendaient à la sortie de la classe pour prendre les camarades d'école des petits Godard. Ces journalistes sont abjects, ils écrivent un roman-feuilleton plutôt que les faits. Pour avoir des clichés, certains ont même payé. Cette histoire a vraiment déchaîné une passion. »

On peut même dire plus que ce qu'a dit le maire : cette histoire a vraiment déchaîné toutes les passions… et bien souvent, malheureusement, sans le moindre égard envers la douleur des familles restantes…[1]

Lionel Acher et Brigitte Sesboüé,
Les Nouvelles Affaires Criminelles du Calvados, 2009.

1. *« Comme si l'affaire n'était pas déjà assez compliquée, le journal Ouest-France a rapporté dans son édition du 27 janvier 2009 que le procureur de la République de Saint-Malo, Alexis Bouroz, avait révélé la veille qu'une carte plastifiée d'assuré social du docteur Godard avait été retrouvée intacte le dimanche 14 décembre 2008, plage de la Chapelle, sur l'îlot des Ébihens, et que le magistrat avait fait le commentaire suivant : "Cette vraie carte a manifestement été déposée par quelqu'un qui joue avec des indices, et qui pourrait être poursuivi pour dissimulation de preuves. Elle ne comporte ni empreinte digitale ni trace d'ADN. Ce n'est pas de nature à remettre en cause la clôture du dossier". Faut-il s'attendre (et pendant combien de temps encore ?) à des rebondissements ? ».*

Table des matières

Des mêmes auteurs

Lionel Acher

Jean Racine, « Phèdre », P.U.F., collection « Études littéraires », 1999

Éditions commentées

ROSTAND, Edmond, *Cyrano de Bergerac*, Gallimard, collection « La Bibliothèque Gallimard », 2004

HUGO, Victor, *Ruy Blas*, collection « Univers des lettres Bordas », 2004

Avec Brigitte Sesboüé

Les Grandes Affaires Criminelles du Calvados, Éditions De Borée, 2007

Les Nouvelles Affaires Criminelles du Calvados, Éditions De Borée, 2009

Roger Delaporte

Kanji à Gisors, Éditions Maître Jacques, 2000
Landier monte au créneau, Éditions F.C.P., 2001
Une Semaine aux Enfers, Éditions Bertout, 2002
Les Diaboliques de Quièvreville, Éditions Bertout, 2003
L'Andelle et le Trocart, Éditions Bertout, 2004
Le Secret de Daniel, Éditions Ingenidoc, 2005
En route pour le paradis, Éditions Page de Garde, 2006
Les Grandes Affaires Criminelles de l'Eure, Éditions De Borée, 2008
Les Nouvelles Affaires Criminelles de l'Eure, Éditions De Borée, 2009

Lenaïc Gravis

Les Grandes Affaires Criminelles de la Manche, Éditions De Borée, 2007

Les Grandes Affaires Criminelles du Finistère, Éditions De Borée, 2008

Les Grandes Affaires Criminelles de Bretagne, en collaboration avec Christophe Belser et Danièle Vaudrey, Éditions De Borée, 2009

Les Mystères d'Ille-et-Vilaine, en collaboration avec Christophe Belser, Éditions De Borée, 2009

Jean-François Miniac

Caen, du chagrin à l'espoir, Comptoir des Vents, 1994
Les Grandes Affaires Criminelles de l'Orne, Éditions De Borée, 2008
Les Nouvelles Affaires Criminelles de l'Orne, Éditions De Borée, 2009
Les Mystères de la Manche, Éditions De Borée, 2009

Avec François Rivière

Outsiders, tome 1 : Le Couronnement du professeur Clegg, Éditions Glénat, 1998
Outsiders, tome 2 : Créatures de cauchemar Éditions Glénat, 1999
Outsiders, tome 3 : La Revanche de Ronald Blank, Éditions Glénat, 2000
Mort sur le Nil, EP-La Martinière, 2002
Le Crime de l'Orient-Express, EP-La Martinière, 2003
Death in the Nile, Harper Collins, 2007
Murder on the Orient-Express, Harper Collins, 2007

Collectif

Amiante, Chronique d'un crime social, Septième Choc, 2005 (Prix Tournesol au Festival international d'Angoulême 2006)

Avec Christian Briec et Bruno Genton

L'Histoire de Rennes, Éditions Apogée, 2007

Brigitte Sesboüé

Avec Lionel Acher

Les Grandes Affaires Criminelles du Calvados, Éditions De Borée, 2007
Les Nouvelles Affaires Criminelles du Calvados, Éditions De Borée, 2009

Eddy Simon

Le Havre, ah quel estuaire !, en collaboration avec Antoine Fiszlewicz, Éditions Petit à Petit, 2001
Cinq nouvelles noires, ouvrage collectif, Éditions Ancres noires, 2003
Les Grandes Affaires Criminelles de Seine-Maritime, Éditions De Borée, 2006

Chez le même éditeur

Les Grandes Affaires Criminelles de l'Aisne
Bruno Dehaye

Les Grandes Affaires Criminelles des Alpes-Maritimes
Arnaud Gobin

Les Grandes Affaires Criminelles d'Alsace
Laurent Lallemand

Les Grandes Affaires Criminelles d'Ardèche
Marie-Pascale Vincent

Les Grandes Affaires Criminelles de l'Aube
Alain Dommanget

Les Grandes Affaires Criminelles d'Auvergne
Jean-Michel Cosson et Jean-Philippe Savignoni

Les Grandes Affaires Criminelles de l'Aveyron
Paul Astruc, Jean-Michel Cosson et Jean-Philippe Savignoni

Les Grandes Affaires Criminelles du Bas-Rhin
Suzanne Braun

Les Grandes Affaires Criminelles des Bouches-du-Rhône
Charles Bottarelli

Les Nouvelles Affaires Criminelles des Bouches-du-Rhône
Charles Bottarelli

Les Grandes Affaires Criminelles du Bourbonnais
Pierre-Marc Téty

Les Grandes Affaires Criminelles de Bretagne
Christophe Belser, Lenaïc Gravis, Danièle Vaudrey

Les Grandes Affaires Criminelles du Calvados
Lionel Acher et Brigitte Sesboüé

Les Nouvelles Affaires Criminelles du Calvados
Lionel Acher et Brigitte Sesboüé

Les Grandes Affaires Criminelles du Cantal
Christian Estève et Jean-Pierre Serre

Les Grandes Affaires Criminelles de Charente
Jean-Charles Gonthier et Annie Ragnaud-Sabourin

Les Grandes Affaires Criminelles de Charente-Maritime
Emmanuel Peraud

Les Grandes Affaires Criminelles de Corrèze
Jean-Michel Valade

Les Grandes Affaires Criminelles de la Côte-d'Or
Marie-Françoise Barbot

Les Nouvelles Affaires Criminelles de la Côte-d'Or
Marie-Françoise Barbot

Les Grandes Affaires Criminelles des Côtes-d'Armor
Danièle Vaudrey

Les Nouvelles Affaires Criminelles des Côtes-d'Armor
Danièle Vaudrey

Les Grandes Affaires Criminelles de la Creuse
Jean-Marie Chevrier

Les Grandes Affaires Criminelles du Doubs
Jean-Michel Bessette et Lucie Jouvet

Les Grandes Affaires Criminelles de la Drôme
Alain Balsan

Les Grandes Affaires Criminelles de l'Eure
Roger Delaporte

Les Nouvelles Affaires Criminelles de l'Eure
Roger Delaporte

Les Grandes Affaires Criminelles d'Eure-et-Loir
Gérald Massé

Les Nouvelles Affaires Criminelles d'Eure-et-Loir
Gérald Massé

Les Grandes Affaires Criminelles du Finistère
Lenaïc Gravis

Les Grandes Affaires Criminelles de France
Sylvain Larue

Les Nouvelles Affaires Criminelles de France
Sylvain Larue

Les Grandes Affaires Criminelles du Gard
Jean-Michel Cosson et Gisèle Vigouroux

Les Grandes Affaires Criminelles de Gascogne
Sylvain Larue

Les Grandes Affaires Criminelles du Gers
Sylvain Larue

Les Grandes Affaires Criminelles de Gironde
Jean-Charles Gonthier

Les Nouvelles Affaires Criminelles de Gironde
Jean-Charles Gonthier

Les Grandes Affaires Criminelles de Haute-Garonne
Sylvain Larue et Gisèle Vigouroux

Les Grandes Affaires Criminelles de Haute-Loire
Jean-Christophe Belz et Christophe Bouyer

Les Grandes Affaires Criminelles de la Haute-Marne
Alain Dommanget

Les Grandes Affaires Criminelles du Haut-Rhin
Suzanne Braun

Les Grandes Affaires Criminelles de Haute-Savoie
Jean-Philippe Buord

Les Grandes Affaires Criminelles de Haute-Vienne
Vincent Brousse et Philippe Grandcoing

Les Nouvelles Affaires Criminelles de Haute-Vienne
Vincent Brousse et Philippe Grandcoing

Les Grandes Affaires Criminelles des Hauts-de-Seine
Sylvain Larue

Les Grandes Affaires Criminelles de l'Hérault
Gisèle Vigouroux

Les Grandes Affaires Criminelles d'Ille-et-Vilaine
Christophe Belser

Les Grandes Affaires Criminelles de l'Indre
Christine Méry-Barnabé

Les Grandes Affaires Criminelles de l'Isère
Jean-Philippe Buord

Les Grandes Affaires Criminelles du Loir-et-Cher
Pascal Nourrisson

Les Nouvelles Affaires Criminelles du Loir-et-Cher
Pascal Nourrisson

Incroyables Affaires Criminelles du Loir-et-Cher
Pascal Nourrisson

Les Grandes Affaires Criminelles de la Loire
Jean-François Vial et Jacques Rouzet

Les Grandes Affaires Criminelles de Loire-Atlantique
Christophe Belser et Dominique Bloyet

Les Grandes Affaires Criminelles du Loiret
Pascal Nourrisson

Les Grandes Affaires Criminelles de Lozère
Marie-Pascale Vincent

Les Grandes Affaires Criminelles de la Manche
Lenaïc Gravis

Les Grandes Affaires Criminelles de la Marne
Bruno Dehaye

Les Nouvelles Affaires Criminelles de la Marne
Bruno Dehaye

Les Grandes Affaires Criminelles de Mayenne
Christophe Belser

Les Grandes Affaires Criminelles de Meurthe-et-Moselle
Frédérique Volot

Les Grandes Affaires Criminelles de la Meuse
Alain Fisnot

Les Nouvelles Affaires Criminelles de la Meuse
Alain Fisnot

Les Grandes Affaires Criminelles du Morbihan
Christophe Belser

Les Grandes Affaires Criminelles du Nivernais
Thierry Desseux

Les Nouvelles Affaires Criminelles du Nivernais
Thierry Desseux

Les Grandes Affaires Criminelles du Nord
Bernard Schaeffer

Les Nouvelles Affaires Criminelles du Nord
Bernard Schaeffer

Les Grandes Affaires Criminelles de Normandie
Lionel Acher, Roger Delaporte, Lenaïc Gravis, Jean-François Miniac, Brigitte Sesboüé, Eddy Simon

Les Grandes Affaires Criminelles de l'Orne
Jean-François Miniac

Les Nouvelles Affaires Criminelles de l'Orne
Jean-François Miniac

Les Grandes Affaires Criminelles de Paris
Sylvain Larue

Les Nouvelles Affaires Criminelles de Paris
Sylvain Larue

Les Grandes Affaires Criminelles du Pas-de-Calais
Bernard Schaeffer

Les Grandes Affaires Criminelles des Pyrénées
Gisèle Vigouroux

Les Grandes Affaires Criminelles du Rhône
Albine Novarino

Les Grandes Affaires Criminelles du Roannais
Jacques Rouzet

Les Nouvelles Affaires Criminelles du Roannais
Jacques Rouzet

Les Grandes Affaires Criminelles de Saône-et-Loire
Albine Novarino

Les Grandes Affaires Criminelles de la Sarthe
Alain Moro

Les Grandes Affaires Criminelles de Savoie
Anne-Marie Bossy

Les Grandes Affaires Criminelles de Seine-et-Marne
Sylvain Larue

Les Grandes Affaires Criminelles de Seine-Maritime
Eddy Simon

Les Grandes Affaires Criminelles de Seine-Saint-Denis
Sylvain Larue

Les Grandes Affaires Criminelles de la Somme
Magali Rigaut

Les Grandes Affaires Criminelles du Tarn
Sylvain Larue

Les Grandes Affaires Criminelles de Touraine
Pascal Nourrisson

Les Grandes Affaires Criminelles du Val-de-Marne
Sylvain Larue

Les Grandes Affaires Criminelles du Val-d'Oise
Sylvain Larue

Les Grandes Affaires Criminelles du Var
Charles Bottarelli

Les Nouvelles Affaires Criminelles du Var
Charles Bottarelli

Les Grandes Affaires Criminelles du Vaucluse
Sylvain Larue

Les Grandes Affaires Criminelles de la Vendée
Christophe Belser

Les Grandes Affaires Criminelles des Yvelines
Nathalie Michau

Tueurs en série de France
Sylvain Larue